Financial Markets Operations Management

金融市场运营管理

基思·迪金森（Keith Dickinson）/ 著
刘琰 / 译

WILEY 中国金融出版社

责任编辑：王雪珂
责任校对：潘　洁
责任印制：赵燕红

Title：Financial Markets Operations Management by Keith Dickinson, ISBN 978－1－118－84391－8（cloth）

Copyright© 2015 Keith Dickinson. All rights reserved.

This translation published under license. Authorized translation from the English language edition, Published by John Wiley & Sons. No part of this book may be reproduced in any form without the written permission of the original copyrights holder

Copies of this book sold without a Wiley sticker on the cover are unauthorized and illegal.

本书中文简体中文字版专有翻译出版权由 John Wiley & Sons, Inc. 公司授予中国金融出版社。未经许可，不得以任何手段和形式复制或抄袭本书内容。

本书封底贴有 Wiley 防伪标签，无标签者不得销售。

北京版权合同登记图字 01－2017－1695

《金融市场运营管理》一书中文简体字版专有出版权属中国金融出版社所有，不得翻印。

图书在版编目（CIP）数据

金融市场运营管理（Jinrong Shichang Yunying Guanli）/（英）基思·迪金森著；刘琰译. —北京：中国金融出版社，2018.1
ISBN 978－7－5049－8333－6

Ⅰ.①金… Ⅱ.①基…②刘… Ⅲ.①金融市场—运营管理—研究—中国 Ⅳ.①F832.5

中国版本图书馆 CIP 数据核字（2017）第 282780 号

出版　**中国金融出版社**
发行
社址　北京市丰台区益泽路 2 号
市场开发部　（010）63266347，63805472，63439533（传真）
网上书店　http://www.chinafph.com
　　　　　（010）63286832，63365686（传真）
读者服务部　（010）66070833，62568380
邮编　100071
经销　新华书店
印刷　保利达印务有限公司
尺寸　169 毫米 × 239 毫米
印张　28
字数　525 千
版次　2018 年 1 月第 1 版
印次　2018 年 1 月第 1 次印刷
定价　79.00 元
ISBN 978－7－5049－8333－6
如出现印装错误本社负责调换　联系电话（010）63263947

前　　言

我从事金融运营行业至今已超过40年，曾做过市场从业者、经理人培训讲师和大学讲师。当我还在金融行业从业的时候，"运营"领域几乎没有可以参照的书籍，而且当时的互联网远不如现在的发达，也并未被大众所熟知，因此运营部门从业者很难获得足够的所需信息。

而今天，对于包括"运营"在内的所有课题，我们都可以在互联网上通过登录一些特定网站来获取所需信息，这些网站包括金融资产交易所、存管机构、托管机构、监管部门以及各类行业协会的网站。尽管如此，金融市场仍然缺少帮助金融市场"运营"领域从业者学习证券及衍生产品结算及结算后业务操作内容的参考书。

而本书则填补了这一信息渠道的空白。

本书将对四类读者有所帮助：第一，在金融行业运营领域工作的从业者可以将本书作为运营业务的学习手册；第二，金融专业的在校本科或硕士生可以将本书作为学科的参考教材；第三；在非运营领域（前台部门）工作的金融从业者可以通过本书来了解交易行为背后的故事；第四，任何想进入金融领域或是对金融行业感兴趣的读者均可从本书获益。

本书涵盖了金融证券和衍生产品从交易捕获（trade capture）、预结算（pre–settlement）、结算（settlement），一直到资产托管（custody of asset）、资产服务（asset servicing）的整个交易生命周期。此书共分为四个部分：

➢ 第一部分：在不同金融工具、数据管理以及金融机构类型的背景下，"金融运营"的含义是什么。

➢ 第二部分：金融工具交易后流程处理；交易捕获、清算与结算。

➢ 第三部分：托管、资产服务与资产优化等交易后环境。

➢ 第四部分：两种重要监控方法——证券的会计处理与资产对账（asset reconciliation）。

各章节内容介绍如下：

- 第一章介绍了一家典型投资公司运营部门的组织架构，并着重介绍了运营管理业务所涉及的内部及外部关系。

- 第二章介绍了一些主要金融工具的运营特性和交易中用到的计算方法，比如债券的应计利息。

- 第三章介绍了数据的重要性及数据管理方法。

- 第四章介绍了各种中介机构和市场基础设施建设如何促成借贷双方进行交易。

- 第五章开始介绍交易后的处理流程。本章主要介绍了清算系统，并区分了清算公司和中央对手方。

- 第六章继续介绍金融行业基础设施，重点介绍证券存管机构。

- 第七章介绍交易后初期的清算流程及对现金和证券的结算前预测。

- 第八章介绍了包括券款对付（delivery versus payment）在内的不同结算方式，结算失败的原因及其应对措施。

- 第九章将重心由证券转移到衍生产品，介绍了衍生产品在场内市场和场外市场不同的清算方式。

- 第十章介绍证券的托管，包括代理人账户的使用、实益所有人与证券发行人之间的关系，以及证券托管人和证券存管机构等中介机构。

- 第十一章介绍运营领域中风险最高的部分：公司行为。介绍了其复杂性、处理要求和信息流。

- 第十二章介绍不同形式的证券融资，不同市场主体使用它们的动机和证券借贷的生命周期。证券融资具备一定风险，本章介绍这些风险以及其缓释办法。

- 第十三章介绍证券交易对损益表和资产负债表的影响，以及如何从会计视角看待交易生命周期。
- 第十四章介绍高效及时的资产对账的重要性以及如何利用对账来预防问题的发生。

受章节篇幅所限，本书无法覆盖运营方面的所有内容，而是就证券与衍生产品的主要运营操作流程进行了重点介绍。虽无法覆盖所有的股票、债券及衍生产品的产品类型，但本书仍可作为读者了解金融市场的"引擎室"——即交易发生后的操作流程——提供了足够详细的信息。

同样地，本书未对监管进行详细阐述。金融市场依赖于公众的信心，而公众信心离不开监管，因而金融市场离不开监管。因为监管是一个非常复杂且技术性的问题。而且，在全球范围内，各国监管要求各不相同，难以一概而论。

出于两方面原因，本书也没有涵盖大宗商品相关内容：其一，实物大宗商品与金融大宗商品的交易与清算完全不同；其二，我的同事兼好友尼尔·斯科菲尔德先生已著有一书对大宗商品进行了详细的阐述①。

最后，本书未涉及基金管理（funds administration）。基金管理是指对一揽子投资项目（如传统的共同基金、对冲基金、养老金、单位信托或类似的投资项目）的支持活动。

监管、大宗商品、基金管理各自内涵及外延丰富，或许需要再写三本教材才能尽书其意！

感兴趣的读者可以从 www.wiley.com 的网站上寻找相关教材。

---

① 尼尔·斯科菲尔德（2007），《大宗商品衍生产品——市场与应用》，威利金融（Wiley Finance）出版（ISBN978-0-470-01910-8）。

关于作者

基思·迪金森

结算与管理研究咨询有限公司（The Settlement & Management Research Consultancy Limited）公司董事。

金融市场培训有限公司（Financial Markets Training Limited）创始人。

基思目前是运营领域的独立企业顾问和培训师。他在证券市场的结算和运营领域已有四十多年的经验。在证券市场上，他曾担任市场部门和投资管理部门的高级管理职位。

基思1972年进入伦敦巴克莱国际银行（Barclays Bank International）股票部门。在巴克莱，他先后参与了英国股票结算、境外证券结算、新股发行、公司行为部门，以及他主管的欧洲债券结算部门。

离开巴克莱之后，基思加入了住友国际金融（Sumitomo Finance International）。当时他作为结算经理，负责日本本土和欧洲债券的交易、做市、经纪活动中的结算业务。

随后，基思在农银国际（ABC International）担任助理董事并管理证券与衍生产品结算团队。离开ABCI后，基思在鹰星投资管理公司（Eagle Star Investment Managers）担任结算经理的四年时间里，他负责英国和外国证券及衍生产品的结算业务和托管与证券借贷业务。

从2006年至2013年，基思担任国际资本市场协会高级经理人培训组织（ICMA Executive Education）的运营证书项目（Operations Certificate Programme，OCP）和其他一系列运营课程的负责人。基思与雷丁大学ICMA中心保持紧密合作，将运营课程融入ICMA中心金融研究生课程中。2014年，基思加入西交利物浦大学（IBSS）和苏州国际商学院（XJTLU），为投资管理专业研究生讲授"金融市场运营管理"课程。

基思拥有国际资本市场协会（International Capital Markets Association）的金

融市场运营证书（Diploma in Financial Markets Operations，DipFMO）和金融市场基础证书（Financial Markets Foundation Certificate），以及英国开放大学（Open University）商学院的职业管理证书（Professional Diploma in Management）。

基思曾为证券协会（所在地伦敦，后更名为特许证券与投资协会，Chartered Institute for Securities & Investment）的投资管理资格证书（Investment Administration Qualification，IAQ）与国际资本市场资格证书（International Capital Markets Qualification，ICMQ）著书三本：

➢全球托管（IAQ，1994—2001 年）

➢债券结算（IAQ，1995 年）

➢证券结算与托管（ICMQ 科目四，1995 年）

目 录

第一部分

第1章 运营概述 ········ 3
1.1 前言 ········ 3
1.2 投资公司的组织架构 ········ 5
  1.2.1 前台部门 ········ 5
  1.2.2 中台部门 ········ 7
  1.2.3 后台部门/运营部门 ········ 9
1.3 运营部门所涉及的关系 ········ 10
  1.3.1 客户（外部）········ 10
  1.3.2 客户（内部）········ 11
  1.3.3 交易对手方 ········ 11
  1.3.4 供应商 ········ 12
  1.3.5 监管当局 ········ 13
1.4 其他业务部门 ········ 13
1.5 本章总结 ········ 14

第2章 金融工具 ········ 16
2.1 前言 ········ 16
2.2 为什么要发行金融工具 ········ 17
2.3 货币市场工具 ········ 18
  2.3.1 欧洲货币存款（Euro – Currency Deposits）········ 18
  2.3.2 大额存单 ········ 22

2.3.3　商业票据 …………………………………………… 23
　　2.3.4　短期国债 …………………………………………… 24
2.4　债务工具 ……………………………………………………… 26
　　2.4.1　债券定义 …………………………………………… 26
　　2.4.2　债券发行 …………………………………………… 26
　　2.4.3　债券的类型和特点 ………………………………… 27
　　2.4.4　债券的其他特点 …………………………………… 28
　　2.4.5　债券类型 …………………………………………… 29
　　2.4.6　债券形式和利息支付 ……………………………… 30
　　2.4.7　到期日和赎回条款 ………………………………… 31
　　2.4.8　计算 ………………………………………………… 32
　　2.4.9　应计利息 …………………………………………… 33
　　2.4.10　首期短期息票 ……………………………………… 36
　　2.4.11　首期长期息票 ……………………………………… 37
2.5　权益类工具 …………………………………………………… 38
　　2.5.1　股权定义 …………………………………………… 38
　　2.5.2　股票分类 …………………………………………… 40
　　2.5.3　股票发行 …………………………………………… 42
　　2.5.4　定价与计算 ………………………………………… 43
　　2.5.5　地方税示例 ………………………………………… 44
　　2.5.6　披露 ………………………………………………… 44
　　2.5.7　现金市场工具小结 ………………………………… 45
2.6　衍生产品 ……………………………………………………… 46
　　2.6.1　引言 ………………………………………………… 46
　　2.6.2　定义 ………………………………………………… 47
　　2.6.3　衍生产品用途 ……………………………………… 48
2.7　场内衍生产品 ………………………………………………… 51
　　2.7.1　引言 ………………………………………………… 51

2.7.2 衍生产品交易所的作用 52
2.7.3 主要衍生产品交易所 52
2.7.4 持仓量及成交量 56
2.7.5 期货 58
2.7.6 期权 64
2.7.7 场内衍生产品总结 71

2.8 OTC（场外）衍生产品 71
- 2.8.1 引言 71
- 2.8.2 远期 73
- 2.8.3 远期利率协议 74
- 2.8.4 互换 76
- 2.8.5 小结——OTC衍生产品 80

2.9 本章总结 81
- 2.9.1 金融产品概论 81
- 2.9.2 现金市场 81
- 2.9.3 衍生产品市场 81

第3章 数据管理 83

3.1 前言 83
3.2 参考数据及其标准化的重要性 83
- 3.2.1 引言 83
- 3.2.2 基础证券交易 84

3.3 参考数据的类型 86
- 3.3.1 所需参考数据 86
- 3.3.2 所需数据——证券 87
- 3.3.3 所需数据——交易对手方与客户 91
- 3.3.4 所需数据——结算信息 93
- 3.3.5 参考数据的来源 93

3.4 数据管理 ······ 95
3.4.1 什么是数据管理 ······ 95
3.4.2 数据管理的方法 ······ 95
3.4.3 数据加工 ······ 96

3.5 法人实体的识别 ······ 96
3.5.1 背景 ······ 96
3.5.2 "法人实体" ······ 97
3.5.3 全球法人机构识别编码体系（GLEIS） ······ 97
3.5.4 LEI 结构 ······ 98

3.6 本章总结 ······ 100

第4章 市场参与 ······ 101

4.1 前言 ······ 101

4.2 市场参与者 ······ 102
4.2.1 零售客户 ······ 102
4.2.2 机构客户 ······ 103
4.2.3 银行 ······ 117
4.2.4 卖方中介机构 ······ 129
4.2.5 市场监管机构和市场协会 ······ 131

4.3 市场结构 ······ 134
4.3.1 引言 ······ 134
4.3.2 受监管市场 ······ 134
4.3.3 其他交易场所 ······ 138
4.3.4 场外交易市场 ······ 139

4.4 本章总结 ······ 140

第二部分

第5章 清算所和中央对手方 … 143
- 5.1 前言 … 143
- 5.2 清算与结算概述 … 143
- 5.3 清算所模式 … 145
- 5.4 中央对手方模式 … 147
- 5.5 中央对手方和清算所的特点 … 149
- 5.6 本章总结 … 151

第6章 证券存管机构（中央证券存管机构和国际中央证券存管机构） … 153
- 6.1 前言 … 153
- 6.2 历史背景 … 153
- 6.3 定义 … 156
  - 6.3.1 国内（地方/国家）中央证券存管机构 … 156
  - 6.3.2 国际中央证券存管机构 … 156
- 6.4 中央证券存管机构 … 156
  - 6.4.1 中央证券存管机构和国际中央证券存管机构的特点 … 156
  - 6.4.2 中央证券存管机构的功能 … 157
  - 6.4.3 中央证券存管机构的变化 … 160
  - 6.4.4 中央证券存管机构联系和互操作性 … 163
- 6.5 国际中央证券存管机构 … 165
  - 6.5.1 背景 … 165
  - 6.5.2 国际中央证券存管机构的特点 … 166
  - 6.5.3 卢森堡明讯银行 … 166
  - 6.5.4 欧洲清算银行（Euroclear Bank，EB） … 168
- 6.6 交易所、结算系统和中央证券存管机构 … 170

6.6.1 美国 ·· 171
6.6.2 欧洲 ·· 171
6.6.3 世界其他地方 ·· 173
6.7 中央证券存管机构协会 ·· 173
6.7.1 引言 ·· 173
6.7.2 美洲中央证券存管机构协会（ACSDA） ································ 174
6.7.3 亚太中央证券存管机构集团（ACG） ···································· 174
6.7.4 欧亚中央证券存管机构协会（AECSD） ································ 174
6.7.5 欧洲中央证券存管机构协会（ECSDA） ································ 175
6.7.6 非洲及中东存管机构协会（AMEDA） ·································· 175
6.8 本章总结 ··· 175

第7章 证券清算 177

7.1 前言 ·· 177
7.2 一般清算周期 ·· 178
7.2.1 交易捕获 ··· 178
7.2.2 交易丰富与验证 ·· 178
7.2.3 交易报告 ··· 179
7.2.4 交易确认与批准 ·· 179
7.2.5 清算指令 ··· 180
7.2.6 预测——现金 ··· 181
7.2.7 预测——证券 ··· 182
7.3 交易捕获 ··· 183
7.3.1 交易商的临时记录簿 ··· 183
7.3.2 交易输入信息 ··· 184
7.3.3 交易输出信息 ··· 185
7.4 交易丰富与验证 ··· 186
7.5 监管报告 ··· 188

- 7.5.1 背景 ·· 188
- 7.5.2 交易报告 ·· 188
- 7.5.3 交易报告机制 ·· 189
- 7.5.4 交易信息库 ·· 189
- 7.5.5 交易信息库的例子 ·· 190
- 7.6 交易确认和批准 ·· 190
  - 7.6.1 交易确认书 ·· 190
  - 7.6.2 交易批准 ·· 192
- 7.7 清算指令 ·· 195
  - 7.7.1 指令类型 ·· 195
  - 7.7.2 指令验证 ·· 196
  - 7.7.3 指令匹配 ·· 197
- 7.8 预测——现金 ·· 199
  - 7.8.1 引言 ·· 199
  - 7.8.2 计时问题 ·· 200
  - 7.8.3 现金预测方法 ·· 200
  - 7.8.4 融资不确定性 ·· 202
- 7.9 预测：证券 ·· 203
  - 7.9.1 引言 ·· 203
  - 7.9.2 可供交割的证券 ·· 204
  - 7.9.3 不可交割的证券 ·· 204
- 7.10 本章总结 ·· 205

第8章 结算与结算失败管理 ·· 207
- 8.1 前言 ·· 207
- 8.2 不同类型的结算 ·· 207
  - 8.2.1 全额结算 ·· 208
  - 8.2.2 净额结算 ·· 210

8.3 DVP（券款对付） ·················· 211
8.3.1 DVP 的定义 ·················· 212
8.3.2 DVP 模型 ·················· 213
8.3.3 DVP 的结算指令 ·················· 214

8.4 纯券过户（Free of Payment）结算 ·················· 215
8.4.1 纯券过户结算指令 ·················· 215
8.4.2 结算地点 ·················· 216
8.4.3 结算惯例 ·················· 216

8.5 结算失败 ·················· 217
8.5.1 结算失败概述 ·················· 217
8.5.2 为什么交易结算失败 ·················· 218
8.5.3 买进（Buy-Ins） ·················· 224
8.5.4 卖出（Sell-Outs） ·················· 226
8.5.5 系统性问题 ·················· 227

8.6 转为较短的结算周期 ·················· 228
8.6.1 背景 ·················· 228
8.6.2 项目状态 ·················· 228

8.7 本章总结 ·················· 230

第9章 衍生产品清算与结算 ·················· 232

9.1 前言 ·················· 232

9.2 监管变化 ·················· 233
9.2.1 背景 ·················· 233
9.2.2 金融稳定委员会（FSB） ·················· 233
9.2.3 改革要求 ·················· 234

9.3 场内交易的衍生产品合约 ·················· 235
9.3.1 引言 ·················· 235
9.3.2 衍生产品交易所和清算系统 ·················· 235

####### 9.3.3 放弃协议（Give-Up Agreements） ········· 236
####### 9.3.4 清算流程 ········· 237
####### 9.3.5 保证金计算 ········· 237
####### 9.3.6 初始保证金——合格资产 ········· 240
9.4 集中清算的场外衍生产品合约 ········· 241
####### 9.4.1 集中清算的场外衍生产品类型 ········· 241
####### 9.4.2 交易平台 ········· 243
####### 9.4.3 交易信息库 ········· 244
####### 9.4.4 中央对手方 ········· 244
9.5 非集中清算的场外衍生产品合约 ········· 245
####### 9.5.1 文本记录 ········· 246
####### 9.5.2 非集中清算的 OTCD 的处理 ········· 248
####### 9.5.3 交易捕获 ········· 248
####### 9.5.4 确认书 ········· 249
####### 9.5.5 结算 ········· 249
####### 9.5.6 抵押品 ········· 251
####### 9.5.7 事件监控 ········· 253
####### 9.5.8 对账 ········· 253
9.6 本章总结 ········· 254

第三部分

第 10 章 托管和托管人 ········· 259
10.1 前言 ········· 259
10.2 托管 ········· 259
####### 10.2.1 什么是托管 ········· 259
####### 10.2.2 证券形式 ········· 260
####### 10.2.3 所有权转让——无记名证券 ········· 261

  10.2.4 所有权转让——记名证券 261

10.3 持有证券 263

  10.3.1 登记为托管人姓名 263

  10.3.2 代理人账户 263

  10.3.3 持有方式——总结 266

10.4 托管人 267

  10.4.1 地方市场的托管 267

  10.4.2 全球市场托管 269

  10.4.3 欧洲市场托管 275

10.5 Target2Securities（T2S） 277

  10.5.1 引言 277

  10.5.2 欧元体系（Eurosystem） 278

  10.5.3 T2S 如何运作 279

  10.5.4 迁移计划 280

  10.5.5 更多信息 280

10.6 本章总结 281

第11章 公司行为 282

11.1 前言 282

11.2 公司行为事件的类型 283

  11.2.1 自愿或强制型事件 283

  11.2.2 可预测或已公布事件 283

11.3 参与公司行为的相关方 284

  11.3.1 基金经理 284

  11.3.2 全球托管人 284

  11.3.3 地方/次级托管人 284

  11.3.4 地方中央证券存管机构（Local CSD） 285

  11.3.5 国际中央证券存管机构（ICSD） 285

11.3.6 数据供应商 ·· 285
11.3.7 收/付款代理人 ··· 285
11.4 权利、关键日期和索赔 ··· 286
11.4.1 权利（Entitlement） ······································ 286
11.4.2 登记日（Record Date） ·································· 287
11.4.3 除息日（Ex–Divident Date） ··························· 287
11.4.4 付款日（Payment Date） ································ 288
11.4.5 索赔（Claims） ·· 289
11.4.6 债券的关键日期 ··· 290
11.5 公司行为事件处理 ··· 291
11.5.1 引言 ··· 291
11.5.2 现金股利 ·· 292
11.5.3 可选股票股利 ··· 295
11.5.4 固定利率债券息票 ·· 296
11.5.5 浮动利率票据（FRN）息票和利率重置 ················ 298
11.5.6 债券赎回 ·· 301
11.5.7 债券转换 ·· 303
11.5.8 资本化发行（送股） ····································· 305
11.5.9 配股（Rights Issue） ···································· 306
11.5.10 其他事件类型 ·· 310
11.6 信息流 ··· 311
11.6.1 引言 ··· 311
11.6.2 沟通问题 ·· 311
11.6.3 全球沟通链 ··· 312
11.6.4 地方沟通链 ··· 314
11.6.5 国际中央证券存管机构链 ································ 314
11.6.6 小结 ··· 314
11.7 公司行为的风险 ·· 315

- 11.7.1 引言 ... 315
- 11.7.2 数据/信息获取风险 ... 316
- 11.7.3 重置风险（Replacement Risk） ... 317
- 11.7.4 决策/选择风险 ... 317
- 11.7.5 声誉风险 ... 317
- 11.7.6 对账风险 ... 317

11.8 行业举措 ... 318
- 11.8.1 引言 ... 318
- 11.8.2 国际证券服务协会（ISSA） ... 318
- 11.8.3 Giovannini Group ... 319
- 11.8.4 欧洲中央证券存管协会（ECSDA） ... 320

11.9 公司治理和代理投票 ... 322
- 11.9.1 引言 ... 322
- 11.9.2 与股东的关系 ... 323
- 11.9.3 代理投票 ... 324
- 11.9.4 与优先股股东的关系 ... 325
- 11.9.5 与债券持有人的关系 ... 326
- 11.9.6 公司破产或破产保护 ... 326
- 11.9.7 披露报告 ... 326

11.10 预扣税 ... 328
- 11.10.1 引言 ... 328
- 11.10.2 双重征税问题 ... 329
- 11.10.3 双重征税协定 ... 329
- 11.10.4 退税 ... 330

11.11 对其他部门的影响 ... 331
- 11.11.1 引言 ... 331
- 11.11.2 前台 ... 331
- 11.11.3 客户 ... 332

11.11.4	结算	332
11.11.5	证券借贷	332
11.11.6	对账	332
11.11.7	定价与估值	333
11.11.8	参考数据	333
11.11.9	小结	334

11.12 附录 ·· 334

　　附录 11.1　公司行为事件类型 ·· 334

　　附录 11.2　股票和债券的自愿和强制性事件 ·· 335

第 12 章　证券融资 ··· 336

12.1　前言 ·· 336

12.2　证券融资类型 ··· 337

　　12.2.1　证券借贷 ··· 337

　　12.2.2　回购协议 ··· 337

　　12.2.3　售出/购回交易 ·· 338

　　12.2.4　证券融资总结 ··· 338

12.3　市场主体及其动机 ·· 339

　　12.3.1　引言 ·· 339

　　12.3.2　买方 ·· 339

　　12.3.3　卖方 ·· 340

　　12.3.4　融入证券填平空仓 ·· 341

　　12.3.5　融入现金以建立仓位 ··· 343

　　12.3.6　所有权临时转让 ··· 343

　　12.3.7　小结 ·· 345

12.4　中介机构 ··· 345

　　12.4.1　融出方与融入方的关系 ·· 345

　　12.4.2　代理类中介机构 ··· 345

12.5 协议和指导准则

- 12.4.3 委托类中介机构 ············ 346
- 12.4.4 融出方和融入方的选择 ············ 346

12.5 协议和指导准则

- 12.5.1 引言 ············ 347
- 12.5.2 证券借贷协议 ············ 347
- 12.5.3 回购协议 ············ 349
- 12.5.4 指导准则 ············ 349

12.6 证券借贷的生命周期

- 12.6.1 第一阶段：借贷交易启动 ············ 350
- 12.6.2 第二阶段：借贷交易维护 ············ 354
- 12.6.3 第三阶段：借贷交易结束 ············ 359
- 12.6.4 贷出费用 ············ 360

12.7 回购协议的生命周期

- 12.7.1 交易动机 ············ 362
- 12.7.2 回购协议类型 ············ 363
- 12.7.3 售出/购回交易 ············ 366
- 12.7.4 结算 ············ 369

12.8 抵押品和保证金

- 12.8.1 专业术语 ············ 371
- 12.8.2 抵押品类型 ············ 372
- 12.8.3 回购协议（与售出/购回交易） ············ 372
- 12.8.4 证券借贷 ············ 373
- 12.8.5 按值交割（DBV） ············ 373
- 12.8.6 回购风险、垫头和保证金 ············ 374

12.9 违约与终止条款

- 12.9.1 引言 ············ 376
- 12.9.2 违约事件 ············ 377
- 12.9.3 违约事件的后果 ············ 378

12.10 中央对手方（CCP）服务 ·············· 378
  12.10.1 引言 ·············· 378
  12.10.2 美国期权清算公司（OCC） ·············· 379
  12.10.3 欧洲期货交易所清算公司（Eurex Clearing） ·············· 379
  12.10.4 伦敦清算所（LCH. Clearnet） ·············· 380
  12.10.5 卢森堡明讯银行（CBL） ·············· 381
  12.10.6 欧洲清算银行（Euroclear Bank） ·············· 381
12.11 本章总结 ·············· 381
12.12 附录 ·············· 382
  附录12.1 信用评级（长期） ·············· 382
  附录12.2 按值交割（DBV）分类列表 ·············· 383
  附录12.3 技术供应商 ·············· 384

第四部分

第13章 证券的会计处理 ·············· 387

13.1 前言 ·············· 387
  13.1.1 会计及其作用 ·············· 387
13.2 会计恒等式 ·············· 388
  13.2.1 主要财务报表 ·············· 389
13.3 证券的会计生命周期 ·············· 392
  13.3.1 引言 ·············· 392
  13.3.2 交易日 ·············· 393
  13.3.3 结算日 ·············· 394
  13.3.4 价值重估 ·············· 395
13.4 损益 ·············· 396
  13.4.1 引言 ·············· 396
  13.4.2 公允价值（市值） ·············· 397

13.4.3　摊余成本 …………………………………………… 399
　　13.4.4　计算惯例 …………………………………………… 402
13.5　衍生产品的会计生命周期 ……………………………………… 403
　　13.5.1　引言 ………………………………………………… 403
　　13.5.2　场内衍生产品 ……………………………………… 403
　　13.5.3　场外衍生产品 ……………………………………… 406
13.6　本章总结 ………………………………………………………… 407
13.7　附录 ……………………………………………………………… 408
　　附录13.1　新加坡股票收盘价（SGX）……………………… 408

第14章　对账 …………………………………………………………… 409

14.1　引言 ……………………………………………………………… 409
14.2　对账的重要性 …………………………………………………… 409
　　14.2.1　内部记录与外部记录 ……………………………… 410
　　14.2.2　所有权和托管人 …………………………………… 411
14.3　对账类型 ………………………………………………………… 413
　　14.3.1　对账方式 …………………………………………… 413
　　14.3.2　对账——例子 ……………………………………… 414
14.4　对账自动化 ……………………………………………………… 418
14.5　本章总结 ………………………………………………………… 419

第一部分

第1章 运营概述

1.1 前言

每一个行动,都会有一个反应。同样,每一个交易,都会连带出一系列的后续行为,例如支付、资产交割、信息交换或者这三者的结合,而我们把这些行为叫做运营流程。本章将介绍一个投资公司的运营部门与公司内其他部门及公司外部组织之间的关系。

首先,我们需要对两种"运营"进行区别:一是企业的"商业活动";二是金融机构中"交易后"的运营行为。

以下几种公司的商业活动分别是什么呢?

- 葡萄酒庄园
- 出版社
- 酒店
- 保险公司

简单来说,以上几种公司都会生产某些东西(常被称为"产出"):

- 葡萄酒庄园生产红酒
- 出版社生产书籍、报纸和计算机软件
- 酒店生产使顾客满意的服务
- 保险公司降低客户的金融风险

这些"产出"是各种不同的"投入"经过一系列转化之后的结果,这些"投入"包括但不限于以下内容:

- 葡萄酒庄园——葡萄、酵母、水、糖等;
- 出版社——作者、想法、纸张、数字化资源等;
- 酒店——场地(客房、餐厅)、食物、员工(前台招待、厨师、保洁人员)、环境氛围等;
- 保险公司——保险产品、销售人员、研发人员、销售渠道等。

这就是公司的"商业活动",即将"投入"转化成"产出"的一系列行为。

问题:

一个投资公司同样有其商业活动。您认为其投入和产出分别是什么呢？一个投资公司如何获利？

答案:

表 1-1 给出了答案。

表 1-1　　　　　　　　　　投资公司的投入与产出

投资公司	
投入	1）为客户管理投资组合（资产管理） 2）公司自有账户交易（进行证券、现金、外汇、衍生产品的自营交易） 3）为发行人客户提供融资建议（股权融资或债权融资） 4）在企业并购业务中为收购方企业客户或被收购方企业客户提供建议（合并与收购） 5）设计新的产品（创新） 6）运用策略对资产价值进行保护（对冲）
产出	1）增加公司盈利 2）增加客户财富 3）保护投资组合免受市场风险影响 4）成功为发行人客户融资、发行证券 5）应对投资中的挑战或监管上的变化，提供创新性解决方案
赢利点	1）向交易对手方和客户发放贷款的利息收入 2）交易获利（买卖价差，bid-offer spread） 3）向客户收取的服务费 4）存款、股权投资、债权投资的收益（利息、分红、息票收益） 5）融资发行的佣金收入等

这里没有涉及的是："投入"进行之后的处理流程。一个交易员执行一笔交易，其中的交易决策、与交易对手方的谈判，以及最终执行都是企业"商业活动"的一部分，接下来就是这笔交易的最终达成。这"最终达成"的过程就是"结算"，即金融工具与现金的交换。这些交易后的一系列行为便是金融市场"运营"的全部内涵。这也就是"运营部门"的主要工作内容。

因此，企业"商业活动"与企业"生产投入"发生之后的"运营"流程是两个完全不同的概念①。在本章，您将学习：

1. 一个投资公司的典型架构。
2. 不同部门的职责分别是什么？
3. 运营部门与公司内部其他部门和公司外部机构的关系是什么？
4. 公司内其他服务类业务部门。

1.2 投资公司的组织架构

如何搭建一家投资公司的组织架构没有正确或错误一说。这取决于公司规模，交易的产品类型，以及公司办事处所在地点等因素。

那些规模很大的投资公司——比如投资银行——一般都有上千名员工以及遍布世界各地的办事处。相较而言，一些规模很小的投资公司——比如一个对冲基金——可能员工数量不过百人，也只有一个办事处。

而可以确定的是，一个公司通常有一个为公司产生业务的创收部门，以及一个确保业务可以高效、可控、及时、安全运营的部门。在许多公司，还会设立第三个部门来支持前两个部门的业务。

我们将这三种部门命名为：

1）前台部门——业务产生者（创收者）。
2）中台部门——行政管理者。
3）后台部门②——支持者。

1.2.1 前台部门

前台创造收益，负责金融产品的买卖。

在前台部门（见图 1-1）通常有五个业务模块。

1）公司金融（Corporate Finance）——该模块的业务是帮助客户在金融市场上募集资金以及为客户的合并和收购业务提供建议。公司金融可以按行业划分（如金融机构、工业、医疗等），也可以按产品类型划分（如杠杆融资、股权、公共部门融资等）。

2）销售（Sales）——销售柜台负责为客户（机构或高净值人群）推荐交易策略并接受客户的交易指令。交易指令必须以最优价格执行，这就意味着销

---

① 译者注：在英文中，企业经营（business operation）与运营（operation）中都有 operation 一词，为避免混淆，原作者在此加以解释。

② 从逻辑顺序来讲，后台部门是针对前台和中台部门而言的，但现在的金融市场上，"后台部门"的称谓已基本被"运营部门"所取代了。

售柜台可能需要与公司内部或与外部交易柜台进行交易。

3) 交易（Trading）——交易柜台（trading desk 或 dealing desk）为投资公司的自有账户进行交易（也被称为自营交易或坐盘交易）。交易员可根据授权对金融工具进行做多和做空的双向交易。同时交易柜台也可以为上述的销售柜台进行交易。

4) 回购柜台（Repo Desk）——回购柜台为交易员头寸提供融资方面的支持和帮助。当交易员做多时需要资金，于是回购柜台交易员通过回购融入资金。与之相反，当交易员做空时需要借入证券，这时回购台交易员通过逆回购融入证券。

5) 研究（Research）——研究业务多种多样。其中，如股权研究需要对公司进行分析，撰写公司前景报告并给出"买进""卖出"或"持有"的建议。研究是投资银行中"建议与策略"层面的重要服务，它还可以包括信用研究和固定收益研究。

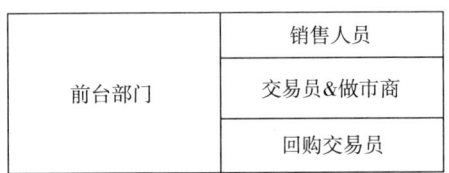

图 1-1 投资公司的组织架构

投资公司也会设立其他类似的前台部门：

1) 股票经纪商（Stockbrokers）——股票经纪商是可以代表客户进行交易的代理机构。他们可以提供的经纪服务包括："仅执行"经纪服务（不提供任何建议），非全权委托经纪服务（提供建议，但只能在客户指令下进行交易），以及全权委托经纪服务（经纪商根据客户的整体投资目标进行全权操作，而不必每笔交易都听取客户指令）。

2) 做市商（Market Makers）——使用公司资本做市，对预先设定的证券进行买进与卖出的双边报价。做市商必须在任何市场条件下都报出双边价格。

3) 投资经理（Investment Managers）——根据客户的投资目标为其做出投资决策。决策后，由经纪商在市场上下单并执行交易。

4) 经纪自营商（Broker/Dealers）——既可以作为交易商（为自己的账户进行交易），也可以作为经纪商（为客户的账户进行交易）。

5) 交易商间经纪商（Inter-Dealer Brokers）——这是代表卖方机构（如经纪自营商和做市商）执行交易的一种特殊中介机构。交易商间经纪商能够进行匿名交易，从而卖方机构可以对市场隐瞒其实际头寸。

但无论哪种业务，前台部门都是在股票交易市场或场外交易（OTC）市场上进行交易的。

1.2.2 中台部门

并不是每一个投资公司都一定要有中台，但是大规模的投资公司更有可能设置中台部门。中台是连接前台和各个运营部门的中枢（见图1-2）。

前台部门	销售人员
	交易员&做市商
	回购交易员
中台部门	交易确认&风险信息

图1-2 投资公司的组织架构

中台既要对前台部门提供支持并控制前台部门的产出，还要确保录入系统的各笔交易都正确无误，以及交易的经济后果符合各种事先规定的限额，例如：

- 交易金额要符合交易对手方的限额
- 交易金额要符合交易员的限额
- 交易员要有权限对该资产进行交易

中台部门需要监控已经发生的交易，并识别那些不满足上述限额的交易。交易员临时记录簿（blotter）上的资产每日都要进行检查并重新估价。同时，中台部门需要确保价格数据的准确性，并且对看上去可能有问题的价格进行调查。

中台部门会针对已经发生的交易与交易双方交换交易确认书（confirmations），如发现双方信息不符，则需要从交易员处获取更正确认书，并对交易系统做出相应更新。信息更正必须以交易台提供的更正确认书为基础，否则会造成一种假象：是中台自己在进行交易而非更正已有交易的错误信息。

作为监控流程的一部分，中台部门需要确保一天中发生的所有交易都被录入系统中，并且每天都要进行重新估值并撰写报告。

～～～～～～～～～～～～～～～～～～～～～～～～～～～～～～～～

您在马沙姆交易公司（账号：859327）的中台部门工作，系统显示如下交易信息：

- 买入：面值100万美元，2021年9月15日到期，票面利率5%的ABC债券
- 价格：99.1250加72天的应付利息（年化，30/360）
- 交易日：2016年6月30日
- 结算日：2016年7月3日
- 交易对手方：斯基普顿银行有限公司（账号：132546）
- 总成本：1 031 125.00美元

> 几个月后,交易对手方处传来如下交易确认:
> - 确认来源:斯基普顿银行国际(账号:132654)
> - 卖出:面值 100 万美元,2021 年 9 月 15 日到期,票面利率 5% 的 ABC 债券
> - 价格:99.0625 加 72 天的应付利息(年化,30/360)
> - 交易日:2016 年 6 月 30 日
> - 结算日:2016 年 7 月 3 日
> - 交易对手方:马沙姆交易公司(账号:859327)
> - 总成本:1 030 625.00 美元

问题:

交易确认书中有无错误?谁是对的?您需要采取什么措施?

答案:

有两处错误:

1)交易对手——原本交易对手方是斯基普顿银行有限公司(账号:132546),而交易确认书却来自斯基普顿国际银行(账号:132654)。虽然两者来自同一家银行集团,但是他们是不同的交易对手方。

2)价格——我们的价格是 99.1250 而对方的确认价格是 99.0625。

至于哪方提供的信息是正确的,我们无从知晓:

- 交易对手——我们可能在最近一段时间与两方都进行过交易,所以任何一方都可能是对的。
- 价格——如果在交易日,市场价格为 99.140625(买入价)和 99.203125(卖出价),哪方价格更可能是正确的呢?如果我们是卖方(因此斯基普顿是买方),那么我们的价格更有可能是正确的。作为卖方交易员,我们的买入报价应该更接近市场买入价(更低的价格)。

我们此刻应该做的就是与相关交易员进行沟通,请交易员在必要时与交易对手方联系,以确认交易信息。交易员一定要授权给中台部门进行信息修改,否则中台工作人员无法对系统中的错误信息进行更正。

在大多数情况下,当交易双方信息有出入的时候,中台需要与前台一起对问题进行调查。表 1-2 列出了几种典型的调查类型,以及负责信息更正的相应部门:

表 1-2　　　　处理交易信息出入的主要责任部门

清算指令部分	清算指令部分所指代的交易详情	主要责任部门
证券账号	交易公司	前台部门和/或运营部门

续表

清算指令部分	清算指令部分所指代的交易详情	主要责任部门
银行账号	交易公司	前台部门和/或运营部门
交易参考号	不适用	不适用
发送/接收	购买或出售	前台部门
结算方式	券款对付（DVP 或 RVP）、纯券过户（FOP）	前台部门
结算日	结算日	前台部门
数量	数量	前台部门
证券参考号	证券	前台部门
结算货币	结算货币	前台部门
总净额（TNA）（本金）	价格	前台部门
总净额（TNA）（应计利息）	应计利息	运营部门
交易对手方的证券账号	交易对手方	交易对手方—前台部门 交易对手方账号—运营部门
交易对手方的银行账号	交易对手方	交易对手方—前台部门 交易对手方账号—运营部门

1.2.3 后台部门/运营部门

如果公司没有中台部门，那么就由运营部门从交易系统中捕获初始交易（见图 1-3）。而且包括结算在内的所有交易后流程都会在运营部门进行。交易结算涉及证券的交付与接收，以及现金的支付与收款；我们下面会看到，理想的情况是证券和资金同时进行交付，我们称为券款对付［对卖方来说称为 DVP (delivery versus payment) 和对买方来说称为 RVP (receive versus payment)］。

通常情况下，证券都被集中托管在一种叫做中央证券存管机构（CSD）的组织中，并被记录成电子文件。因此，当进行结算时，对于相关中央证券存管机构系统中需要记入贷方（对于购买行为）或记入借方（对于出售行为）的证券数量，运营部门有责任保证其准确性。

运营部门有可能并不是一个中央证券存管机构的直接参与者，这时它会借助直接参与中央证券存管机构系统的托管银行等组织来参与其中。因此除了结算之外，运营部门现在还负有托管和保管责任。

在本书中我们将会看到，运营部门的许多责任都涉及来自前台部门的交易的后期执行和最终达成的过程，此外还涉及一些方面：

	销售人员
前台部门	交易员&做市商
	回购交易员
中台部门	交易确认&风险信息
后台部门（运营部门）	结算，托管&管理

图 1-3 投资公司的组织架构

➢ 监测与控制——运营部门必须确保所有的证券交付与资金支付必须有相应的权限，授权方式包括加押电传、经过认证的电子邮件和传真、已被签名确认（可能会有加签）的硬拷贝指令，以及通过像SWIFT（环球银行间金融电信网络）这样安全自动的电子信息系统传送的信息。

➢ 对账——这是一项重要的监控手段，是为了确保公司记录在案的资产与来自交易对手方、银行、托管机构的外部报表数据相一致。

➢ 收益保护——前台部门通过交易为公司带来收益，同时每笔交易也会产生特定且已知的成本，如经纪商佣金、交易手续费、托管费、清算费和印花税等。上述费用代表了正常交易的成本；然而，如果出现处理失误，很有可能还要面临相关的罚金。在一个绝对有效率的环境中是不会出现失误的，因此也不会产生任何罚金。但如果付款超时，那么很有可能由此产生的利息费用甚至要高于基础交易所获得的收益，因此运营工作人员要格外注意细节，避免此类问题的发生。

1.3 运营部门所涉及的关系

运营部门不会也无法独立运作，而是需要与许多不同类型的组织保持合作：
- 客户（外部）
- 客户（内部）
- 交易对手方
- 供应商
- 监管当局

1.3.1 客户（外部）

外部客户是付费客户，您为他们提供服务并取得报酬。表1-3列举了一些外部客户的类型：

表 1–3　　　　　　　　　　外部客户的例子

您的公司	您的外部外部客户（例子）	您的收益来源
投资管理公司	养老基金	• 管理费 • 手续费
交易商/经销商	企业	• 交易双方买卖差价 • 佣金
经纪商	高收入人群	• 交易金额产生的佣金
托管银行	保险公司	• 交易费用 • 托管费

出于各种原因，您会和外部客户定期联系，如对他们的咨询进行反馈，接收公司行为指令，并向其发送包括评估和绩效相关信息在内的证券或现金报表。

1.3.2　客户（内部）

内部客户包括本公司其他部门（如前台部门）的同事。前台部门会向您索要报告，您则会找他们进行特定交易调查或索要对自发公司行为事件所做的决定。因此，这种关系是建立在信息交换，而非费用支付的基础上的。此外，还有一些业务部门（下文会讲到）也被视为内部客户。

1.3.3　交易对手方

"交易对手方"有两层含义：一方面，它是指在任何交易中相对于您方的另一方；另一方面，这个词也可以指可能对您产生金融风险（称为交易对手方风险或者信用风险）的一切交易实体对象。

请回顾马沙姆交易公司与斯基普顿银行有限公司进行的交易。在这里，您将斯基普顿银行作为您的对手方，与其交换了 ABC 债券交易的确认书，并就有关合同条款内容不符的情况与之进行沟通。

无论商业竞争多么激烈，与您的交易对手方保持良好的工作关系都是一个明智的做法。

我们以斯基普顿银行面临的金融风险为例。

问题：
　我们可能面临什么风险？
答案：
　如果我们在结算日向斯基普顿银行进行了付款，但是该银行并没有如约将证券交付给我们,那么我们就面临着该银行决定不向我们交付债券或该银行因违约而无法履行交付义务的风险。我们将其称为交易对手方风险,它也是一种信用风险。

但是,如果我们可以在收到债券后再付款,那么当银行无法或者不愿意交付证券时,我们就可以保留资金。这是一种较低的风险,称为"结算风险"。该"结算风险"可能导致我们面临"市场风险",即我们之后又需要返回市场中,可能面临要以更高的价格购买债券的风险。

出于这个原因,我们公司会对所有交易对手进行信用分析,并据此确立对该交易对手方的交易限额。只要我们与同一交易对手方的交易的金额总和在限额之内,公司就不必担心。公司需要不时地对这种交易限额进行审查,一旦发现交易对手的信用情况变坏,则应该及时调低对应的交易限额。

1.3.4 供应商

金融市场上有各种不同的中介机构(供应商),有了它们投资管理公司才能够履行其职责。表1-4中就挑选了其中一小部分典型的供应商进行展示。

表1-4 典型供应商

供应商	介绍
托管机构	典型托管机构为商业银行,托管机构代表客户持有其资产
中央证券存管机构(CSD)	在任何一个特定市场发行的证券,通常都由当地中央证券存管机构集中保管。证券交易的清算由相应的清算系统完成后,其结算也是在中央证券存管机构进行的
登记处	公司通过发行股票募集资金,那么它就必须知道股东是谁。因此,会有专门的登记处代表发行人登记股东名册
付款代理人	债券发行人有义务定期向其债券持有人支付利息。发行人会将利息总额支付给其付款代理人,再由付款代理人支付给债券持有人(或者其托管人)
法律专家	在金融市场中,包括新发行证券在内的许多活动都需要和大量的法律文件打交道。即使有可用的标准协议或主协议,仍然需要律师来起草/审查相关文本
清算系统	作为结算过程的一部分,清算系统会将与交易双方对所有交易进行匹配,以核实双方有足量的资产可用,然后才会通知中央证券存管机构进行交易结算。一些清算系统承担了来自初始交易双方的交易对手方风险——我们称这些清算系统为"中央对手方"(Central Counterparties, CCPs)

1.3.5 监管当局

运营部门还会与一系列监管当局产生关系，这些监管当局（如政府部门或市场组织）在其职权范围内可以对该公司机构履行管理、监督和审查的职责。

大部分市场要求市场机构必须经过授权才能参加某些受到监管的活动，此后还要接受定期检查。如果市场机构未能满足这些要求或违反了相应规则，则会面临罚款、公开谴责甚至是限制商业活动的惩罚。

市场机构必须如期向其监管者提交报告，并遵守其制定的规则。

金融机构有义务根据其所获利润缴纳企业所得税，因此，公司运营部门需要与公司注册当地税务局保持良好的工作关系。

企业所得税并不是金融公司唯一的税负，其他需要缴纳的税费还包括：
- 在某些情形下，需要支付印花税（比较典型的是购买证券时，根据交易的市场价值按预先设定的比例支付）。
- 预扣税（WHT）通常是从支付给股东的股息中扣除。根据股东的税收状况，税务局可能会部分或全额退还税金。在这种情况下，运营部门就需要向相关税务机关提交退税文件。
- 金融交易税（FTT）是针对特定类型的交易征收的一种税（印花税其中一种）。欧盟委员会提议引进一种可以影响金融机构之间交易的欧盟金融交易税，对股票和债券交易征收0.1%的税率，对衍生产品征收0.01%的税率。在2011年，这个税种被预计每年可以征收570亿欧元[①]。这个提议得到了11个欧盟成员的支持，并已经得到了欧洲议会和欧盟委员会的批准，但细节仍在进一步敲定中。

1.4 其他业务部门

除了通常的前台、中台、后台部门以外，公司还有一些其他的业务部门，它们对于一个运行良好的投资公司也是不可或缺的。正如之前提到的，如何管理这些部门取决于公司的规模及其运作模式。

这些职能部门包括：
- 会计部门
- 合规部门
- 人力资源部门

---

① 资料来源：欧盟内幕（EU Inside，online），"欧盟一项新金融税预计年收入570亿欧元"，http://www.euinside.eu/en/news/the-eu-expects-57-billion-euros-a-year-by-a-new-bank-tax。

- 信息技术/系统部门
- 内部审计部门
- 风险管理部门
- 司库部门

各部门详细信息参见表 1-5。

表 1-5　　　　　　　　　　　其他业务部门

业务部门	简　介
会计部门	财务会计：在账本中记录业务交易，撰写财务报表（损益表、资产负债表等），报告倾向于回顾性（如前期信息）； 管理会计：评估、分析所获信息并出具报告，以使管理层对未来业务目标做出决策。报告倾向于前瞻性（如未来12个月的预算）
合规部门	确保公司运营遵守相应的规章、法律、内部政策及合约合同； 识别违规行为并进行纠正
人力资源部门	在任何公司都是重要部门，负责员工招募、培训发展、业绩评估和薪酬
信息技术/系统部门	金融行业涉及信息的存储、检索、传输、读取和安全存储； 电脑的数据库、数据表格、电子通信等功能满足了这些要求，并免除了纸面存储（分类记账）和人工劳动的繁复； 高速的网络促使产生了每毫秒可以执行上千单的电子交易； 互联网使得指令和信息能够快速、安全地传递，而不再需要专用的传输系统
内部审计部门	为公司风险管理、治理和内部控制的有效运行提供独立的保障； 内审计部门独立于业务部门，直接向公司董事会和高级管理层进行汇报
风险管理部门	金融机构面临多种风险，包括： - 信用风险 - 市场风险 - 流动性风险 - 商业环境风险 - 运营风险 运营风险管理部门的首要目标是使运营风险事件的发生概率和影响最小化，特别是要避免极端或者灾难性事件的发生，为公司实现战略目标保驾护航
司库部门	司库主要处理客户业务：维护公司的银行账户，通过提供司库产品来支持信贷业务，管理流动性（日常现金流），并进行些许交易活动

1.5　本章总结

运营部门是一家投资公司的"引擎室"，也是引导前台部门执行的交易向后流动的导管。

运营部门具有"处理"职能——确保这些交易及时准确地完成。

运营部门具有"支持"职能——帮助前台部门降低成本,并确保利润不会因延迟支付导致的利息升高而降低。

运营部门还具有"保管"职能——确保资产被合理托管,而且托管的资产只有通过正确的授权指令才可以交出。

运营部门不会单打独斗——它们为其他职能部门提供信息,并需要获取例如员工(从人力资源部门)和资金(从司库部门)的资源支持。为了有效地完成这些工作,运营部门需要维持许多不同类型的关系,包括内部关系(如与前台部门)和外部关系(如交易对手方、客户、托管人等)。

第 2 章 金融工具

2.1 前言

金融工具是一种可转让（即可交易）资产，分为现金工具和衍生产品工具。现金工具由法人实体（如公司或政府）发行，是用于筹集资金的工具，一般分为证券和贷款。本书将重点关注证券。

衍生产品工具的价值是根据一个或多个标的资产（如证券、利率或市场指数）的价值和特性而确定的。衍生产品工具不是由标的资产或指标的发行人所创造的，而是由衍生产品交易所或场外市场参与者所创造的［所创造的产品分别为场内衍生产品（ETD）和场外衍生产品（OTCD）］。

我们也可以从市场角度来学习不同金融工具。首先我们来分析一下货币市场与债券、股票市场（统称为资本市场）之间的差别。如表 2-1 所示，融资期限、信贷工具类型和融资目的等信息均可以体现出货币市场与资本市场之间的差异。

表 2-1　　　　　　　　　货币市场与资本市场的差异

差异	市场类型	说　　明
融资期限	货币市场	短期的借/贷交易，融资期限最长 12 个月
	资本市场	长期的借/贷交易，融资期限超过一年
信贷工具	货币市场	有抵押的现金贷款（cash loans）、银行承兑票据（bankers's acceptances）、大额存单（certificate of deposit）、商业票据（commercial paper）和汇票（bills of exchange）
	资本市场	股票、公司债券和政府证券
融资目的	货币市场	基于业务需求的短期信贷，货币市场工具为企业提供了运营资金（working capital）
	资本市场	基于业务需求的长期信贷，资本市场工具为购买土地、设备等固定资产提供了资金。资本市场工具可以为公司提供足够的资金以达到法定最低资本金的标准

此外，还有一些需要重点关注的差异：

续表

差异	市场类型	说　　明
风险	货币市场	货币市场工具是短期金融工具，其信用风险低于资本市场工具，因为其周期较短，从而违约的机会也较少
	资本市场	资本市场工具为长期金融工具，其信用风险大于货币市场，因为较长的回收期增加了发行方违约的机会
基本作用	货币市场	流动性调整
	资本市场	将资本投入生产

2.2　为什么要发行金融工具

正如我们在本章即将看到的，市场上存在各种类型的金融工具。从运营的角度来说，每种金融工具都具有不同程度的复杂性。那么，发行这些金融工具的目的是什么呢？

任何实体发行金融工具最根本的原因是为了筹集资金。如果您观察一家公司的年度报表和会计报表，会发现资产负债表上的资产与负债数额是相等的：资产是公司所拥有的资源，负债则反映了资产的融资方式。根据自身情况，公司可以通过发行证券（股票、债券等）、筹借资金或两种方法同时使用的方式来进行融资。

发行的证券类型取决于筹集资金的目的和资金的需求期限，表2-2中给出了一些示例。

表2-2　发行证券的目的和时间期限

融资目的	时间范围	证券类型
营运资本	短期，少于12个月	货币市场工具，如大额存单等
基础设施项目融资	长期，如10年	债务工具，如10年期债券
业务扩张	无确定的时间期限，但肯定是长期	权益类工具，如普通股

发行证券的一个"软性"福利是可以使发行人进入某个证券市场：对于在东京、纽约或伦敦等主要证券市场上市的公司，公众会认为其具备了某种品质认证。股票和债券的特征之一就是其可转让性，即投资者可以根据该证券发行市场中的规章制度自由买卖这些证券。我们称为二级市场。

投资本身是有风险的。市场价格可能会偏离投资者预期，如果投资者决定出售其资产，就可能会导致亏损。此外，投资者还可能面临其他风险，如发行人可能违约，将毫无价值的资产留给投资者，或者股票的所有权收益未能发放或低于预期等，这些同样会造成投资者的损失。

与股票和债券不同，衍生产品金融工具是由市场，而非其标的资产的发行人发行的。市场可以基于很多目的发行和使用衍生产品工具，比如：

- 对冲相关标的资产的现有头寸
- 获取对标的资产的风险暴露
- 获取进行某种交易的权利
- 通过市场投机行为赚取收益

本书的目的并不是讨论公司为什么要发行债券和股票——如果您想学习这些知识，有其他更适合的书籍——我们介绍这些是为了说明我们管理金融工具的方式是由这些工具自身的特点决定的。我们的主要学习目标是要充分了解一些常见的金融工具，以便能够理解其结算、托管、资产服务中的主要流程。

当本章学习结束时，您应该能够：

- 定义不同类型的金融工具
- 描述这些金融工具的运营特性
- 使用正确的计息日数惯例来计算债券的应计利息
- 计算一系列金融工具的交易金额

2.3 货币市场工具

货币市场和资本市场共同组成了金融市场。两者之间的主要区别是，货币市场侧重于短期债务融资，而资本市场则侧重于通过发行和交易股票、债券和其他类型的证券，来进行中长期金融行为。

在本节中，我们将介绍货币市场工具的主要类型，包括存款、息票证券（如大额存单）、贴现证券（如短期国债和商业票据）。鉴于这些工具的短期特性，融资方可以通过以下两种方式向投资人支付利息：

- 融资工具以其面值进行折价发行，到期后按照票面价格（即面值）偿还。我们将此称为贴现工具（discount instruments）。
- 融资工具以其面值发行，到期后偿付款为票面价格与利息之和。我们将此称为付息工具（Accrual Instruments）。

2.3.1 欧洲货币存款（Euro – Currency Deposits）

任何货币要在其发行国之外进行交易，都叫"欧洲货币"交易。例如，一个总部位于东京的交易商如果想要筹集到美元资金，那么他最终会借入欧洲美元。

欧元货币存款是不可流通的，因此也就没有二级市场。在未经借贷双方同意时，存款所有权是不可以被分配或转让的。所以当一方想要对这笔存款取现时，情况就会变得相当复杂：如果一方想要"取消"这笔存款，常规做法是进行一笔等额反向，并且到期日相同的交易。

欧洲货币利率是一个以银行间卖出、买入的双边报价为基础的年化百分比。传统上，主要基准利率是伦敦银行同业拆出利率（LIBOR，即市场的放款利率）和伦敦银行同业拆入利率（LIBID，即市场的借款利率）。在伦敦，主要币种（见表 2-3）在一系列发行期限（见表 2-5）内每天的 LIBOR 和 LIBID 利率是由被称作"报价银行"（Panel Banks）（见表 2-4）的银行团所固定下来的。

表 2-3　　　　英国银行家协会（BBA）LIBOR 货币

AUD	澳元	GBP	英镑
CAD	加元	JPY	日元
EUR	欧元	NZD	新西兰元
CHF	瑞士法郎	SEK	瑞典克朗
DKK	丹麦克朗	USD	美元

资料来源：www.bbalibor.com。

表 2-4　　　　欧元 LIBOR 的报价银行

欧元 LIBOR 报价银行①		
阿比国家银行（Abbey National plc）	德意志银行（Deutsche Bank AG）	荷兰银行（Rabobank）
东京三菱 UFJ 有限公司（Bank of Tokyo - Mitsubishi UFJ Ltd）	汇丰银行（HSBC）	加拿大皇家银行（Royal Bank of Canada）
巴克莱银行（Barclays Bank plc）	摩根大通（JP Morgan Chase）	法国兴业银行（Société Générale）
花旗银行（Citibank NA）	劳埃德银行集团（Lloyds Banking Group）	苏格兰皇家银行集团（The Royal Bank of Scotland Group）
瑞士信贷（Credit Suisse）	瑞穗企业银行（Mizuho Corporate Bank）	瑞士联合银行集团（UBS AG）

资料来源：www.bbalibor.com。

---

① 最后审核日期为 2012 年 5 月。

表 2-5　　　　　　　　　　　期限范围

隔夜（O/N）	今天开始，明天到期
次工作日—隔夜（T/N）	次工作日开始，后一天到期
现货—隔夜（S/N）	从即期交割日开始，后一天到期
1 周	从起息日开始，1 周后到期
1 月	从起息日开始，1 个月后到期
2 月	从起息日开始，2 个月后到期
3 月	从起息日开始，3 个月后到期
6 月	从起息日开始，6 个月后到期
12 月	从起息日开始，12 个月后到期

2.3.1.1　定息日，起息日和到期日

对存款来说，交易的执行日（定息日，fixing date）、存款的开始日（起息日，value date）和结束日（到期日，maturity date）三者是不同的。

一般来说，在定息日和起息日之间会隔上两个工作日，而到期日则会从起息日算起，在经过交易中注明的天数或月数（如 3 个月）后到来。在 BBA LIBOR 的指导说明中，10 种货币的定息日和起息日之间的时间间隔在表 2-6 中列示。

表 2-6　　　　　　　　　定息日和起息日的时间差

货币	定息日和起息日之间的期限间隔
除欧元和英镑外的所有货币	两个伦敦工作日后
欧元	两个 TARGET2 工作日*后
英镑	定息日和起息日相同

注：* TARGET2 工作日是欧元区支付系统向所有参与国家/地区开放的日期。该系统会在以下时间关闭：1 月 1 日，耶稣受难日（复活节前的星期五），复活节后的星期一，"五一"国际劳动节和圣诞节期间（12 月 25 日、26 日）。

资料来源：bbalibor（在线）。

网址：www.bbalibor.com/technical-aspects/fixing-value-and-maturity。

2.3.1.2　计算

在这里，我们需要知道两个计算公式：

1）单利计算公式（2-1）。

2）还款计算公式（2-2）。

单利计算

以单利原则为基础，用实际存款天数除以 360 天（英镑为 365 天）来计算利息。

公式 2–1

$$\text{利息} = \text{存款面值} \times \left(\frac{\text{利率}}{100}\right) \times \left(\frac{\text{实际存款天数}}{360}\right)$$

还款计算

公式 2–2

$$\text{还款额} = \text{存款面值} + \text{利息}$$

$$\text{还款额} = FV + \left(FV \times r \times \frac{d}{360}\right)$$

$$\text{即：还款额} = FV \times \left[1 + \left(r \times \frac{d}{360}\right)\right]$$

备注	
FV	存款面值
d	起息日和到期日之间的间隔天数
r	年利率÷100（即 5.00% 表示为 0.05）

公式（2–2）还款计算

以下两个练习将检验您是否理解了：

1) 定息日、起息日和到期日的概念。
2) 利息和还款的计算。

问题：

请将正确日期填入表 2–7 中。

表 2–7　　　　定息日、起息日和到期日

币种	期限	定息日	起息日	到期日
英镑	3 个月	2014 年 6 月 18 日		
欧元	1 个月		2014 年 5 月 30 日	
美元	6 个月			2014 年 10 月 30 日

答案：

表 2–8 给出了答案。

表 2–8　　　　定息日、起息日和到期日答案

币种	期限	定息日	起息日	到期日
英镑	3 个月	2014 年 6 月 18 日	2014 年 6 月 18 日	2014 年 9 月 18 日
欧元	1 个月	2014 年 5 月 28 日	2014 年 5 月 30 日	2014 年 6 月 30 日
美元	6 个月	2014 年 4 月 28 日	2014 年 4 月 30 日	2014 年 10 月 30 日

练习

请计算上述定息日存款的利息和还款金额(四舍五入到小数点后两位),并填入表 2-6 和表 2-10 中。

表 2-9　　　　　　　　　　利息和还款金额

币种	面值	利率	天数	利息	还款额
英镑	1 000 000	0.05150			
欧元	2 500 000	0.08357			
美元	5 000 000	0.03930			

表 2-10　　　　　　　　　利息和还款金额答案

币种	面值	利率	天数	利息	还款额
英镑	1 000 000	0.05150	92 天	£ 12 980.82	£ 1 012 980.82
欧元	2 500 000	0.08357	31 天	€ 17 990.76	€ 2 517 990.76
美元	5 000 000	0.03930	183 天	$ 99 887.50	$ 5 099 887.50

2.3.2　大额存单

大额存单(CD)是一种银行为存入其中的存款开出收据证明的定期存款。与我们之前见过的欧洲货币存款不同,CD 可以在最终到期前进行转售。因此,不用等到到期日,存款人就可以在市场上出售 CD 以获取现金流动性。CD 持有人可以按固定或浮动的利率来获取利息。

CD 是以按收益率折现(discount-to-yield)的方式来定价的,到期时,持有人会获得票面价值和利息(固定或浮动利率)的总和。CD 采取与欧洲货币存款相同的计息方式,如表 2-11 所示。

表 2-11　　　　　　　　　　大额存单示例

发行银行	Nycredit 银行
面值	100 万欧元
利率	0.16%
合约期	180 天

到期时,持有人将获得 1 000 800.00 欧元(即 1 000 000.00 欧元的面值加上 800.00 欧元的利息)。

$$到期值 = 票面价值 \times \left[1 + \left(息票利率 \times \frac{合约期}{一年总天数}\right)\right]$$

公式（2-3）

$$到期值 = 1\,000\,000 \times \left[1 + \left(0.0016 \times \frac{180}{360}\right)\right]$$
$$到期值 = 1\,000\,800.00$$

公式（2-3） 大额存单到期值

假设持有人在还剩90天到期时以0.15%的收益率出售这份CD，那么到期收益将按剩余期限内的回报率进行折现：

$$收益 = 票面价值 \times \left[\frac{1 + \left(息票利率 \times \frac{合约期}{一年总天数}\right)}{1 + \left(剩余期限回报率 \times \frac{剩余天数}{一年总天数}\right)}\right]$$

公式（2-4）

$$收入 = 1\,000\,000 \times \left[\frac{1 + \left(0.0016 \times \frac{180}{360}\right)}{1 + \left(0.0015 \times \frac{90}{360}\right)}\right]$$

$$收入 = 1\,000\,000 \times \frac{1.000800}{1.000375}$$

$$收入 = 1\,000\,424.84$$

2.3.3 商业票据

商业票据（CP）是由公司发行的短期无担保证券。由于CP通常不额外支付利息，所以它以其面值的折价发行，到期时持有人会获得全额的票面价值，而发行时的折扣就是投资者的利息收益。

虽然CP是可转让的，可以在二级市场出售，但大多数CP持有人会选择持有至到期。

CP有两个主要市场：
1) 美元国内市场（US-CP）。
2) 欧元商业票据市场（ECP）。

2.3.3.1 美元商业票据

美元商业票据以折价率进行市场报价。这个折价率就是将其面值折价到发行价值或出售价值的折扣率。按照7%的年化折价率，一年期的US-CP（面值100）将以93%（100%-7%）的折价发行。以7%的年化贴现率，180天期的

US – CP 将以 96.50%（100% – 7.00% × $\frac{180}{360}$）的折价发行。

2.3.3.2 欧元商业票据

大部分欧元商业票据以美元计价，期限范围在 7 天至 12 个月之间，通常以 90 天为主。ECP 的定价像 CD 一样是按收益率折现的方式报价，而非像 US – CP 那样基于票面价值的折扣报价。非英镑 ECP 的计息日数惯例为（实际持有天数/360），而英镑 ECP 则是（实际持有天数/365）。

购买 ECP 的成本将是将面值根据该票据的收益率和合约期进行折现后的价值。

例如：

投资者购买 50 万英镑的 ECP，持有期限为 90 天，收益率为 0.65%，成本为：

公式（2 – 5）

$$购买成本 = \frac{面值}{\left[1 + \left(\frac{收益率 \times 合约期}{100 \times 365}\right)\right]}$$

$$购买成本 = \frac{500\,000}{\left[1 + \left(\frac{0.65 \times 90}{100 \times 365}\right)\right]}$$

$$购买成本 = \frac{500\,000}{\left[1 + \left(\frac{58.50}{36\,500}\right)\right]}$$

$$购买成本 = \frac{500\,000}{1 + 0.001603}$$

购买成本 = 499 199.91 英镑（折扣为 800.09 英镑）

2.3.4 短期国债

短期国债（T – bills）由政府发行和担保，是其债务融资活动的一部分。短期国债是定期招标发行的，期限最长为 52 周，以票面价值的折扣定价。

短期国债不计息，面值和购买成本之间的差额即为该国债赚取的利息。

2.3.4.1 美国

有 4 种国债可供投资者购买[①]。表 2 – 12 展示了这 4 种国债及现金管理票据（cash management bills）的基本信息。

---

① 见 http://www.treasurydirect.gov/instit/marketables/tbills/tbills.htm。

表 2-12　　　　　　　　　　美国国债招标频率

期限	招标发行频率	
4 周	每周	竞争性出价（投资者指定折扣率）或非竞争性（投资者接受在招标中确定的折扣率）
13 周	每周	
26 周	每周	
52 周	每四周	
现金管理票据（CMBs）	无定期发行计划；CMBs 根据需要进行招标	

例如，如果一张面值 1 000 美元、期限为 26 周的国债以 0.145% 的折现率出售，那么购买价格为 999.27 美元，折扣为 0.73 美元。购买价格的计算参照下面的公式：

$$P = F\left[1 - \left(d \times \frac{t}{360}\right)\right]$$

公式（2-6）

$P = 1\,000 \times \left[1 - \left(0.00145 \times \frac{182}{360}\right)\right]$，解得 $P = 999.27$ 美元

这里：

P = 价格；

F = 面值；

d = 贴现率；

t = 距到期日天数。

在现金余额特别少时，财政部可能出售现金管理票据（CMBs）。这是一种像国债一样以折扣价格招标出售的票据。与国债不同，CMBs 的金额、期限（通常少于 21 天）和在周几进行招标、发行和到期期限都没有统一规律。

2.3.4.2　英国

英国短期国债是零息票政府证券，最小面额为 5 000 英镑，通过对其面值折价来进行定价，期限最长为一年。英国短期国债的价格是基于货币市场到期收益率（yield to maturity）计算得到的。到期收益率以现行的一般抵押品（GC）回购利率为基础，在一些情况下还可以根据近期国债招标的情况和其他特定的供需要素进行调整。

英国国债的发行期限通常为 3 个月（91 天），偶尔也会有 28 天、63 天和 182 天期的国债发行。它们可以：

- 通过每周五向一系列购买者发行，出价最高者中标

- 应国家债务管理办公室①的要求，向一系列购买者发行
- 随时为政府部门发行（仅指"不流通国债"，non–marketable bills）

国债的二级市场近年来越发不活跃，除了最近发行的 91 天期国债的利率之外，其他类型的国债利率都不具有代表性。

2.4 债务工具

我们已经了解了货币市场工具，并知道这些融资工具的期限较短，通常最长不超过 12 个月。现在让我们通过几种不同的债务工具来了解一下资本市场。"债务"可以细分为三种类型：

1) 双边贷款（bilateral loan），例如，客户从其银行借入现金。

2) 银团贷款（syndicated loan），例如，一个企业客户不是从一家银行，而是从一个由许多银行构成的银团借款。

3) 证券化贷款（securitized loan），其典型形式是发行债券：贷款总额可以被分成小的债券额度，可供其他投资者进行买卖交易。

我们重点关注第三种类型的债务工具，并且本书中不会涉及双边和银团贷款相关的内容。

2.4.1 债券定义

债券是一种证券，代表了债券发行人（即借款人）对债券持有人（即投资者）的债务关系。发行人需要通过定期支付利息并在到期时偿还债务本金，来履行其偿债义务。

需要注意的是，债券持有人最终不享有任何投票权，除非出现发行人处于财务困境而无法偿还债务的情况。债券持有人是发行人的债权人，并且相对于持有发行人股份的投资者（股东）享有优先受偿权。

2.4.2 债券发行

债券可以由各种实体发行，包括：

- 政府和政府机构
- 主权国家
- 公司
- 超国家机构
- 公共部门

---

① 英国债务管理办公室（DMO）负责政府英镑债务的大规模发行。

政府债券往往通过招标的方式来发行。根据市场的不同，要么只有做市商竞争性地对债券进行投标，要么做市商竞争性的投标与其他投资者非竞争性的投标共同进行。

相比之下，其他类型的债券可以承销发行，即银行和证券公司联合组成银团，购买新发行的债券并卖给其他投资者。银团内部会组建一个小团队，称为账簿管理人（book runner），作为债券发行人的顾问和债券发行的安排组织者，直接与银团和其他投资者联系。

由于政府债券以招标的形式发行，在这个过程中，潜在投资者竞购债券，不一定可以竞购成功。银团承销发行的债券则不同，账簿管理人承担了整个发行过程的风险，直到他们将债券卖给其他投资者。

我们将这个活动称为债券的一级市场中发行，一旦债券发行成功（发行人收到资金），就会自动进入二级市场，直到债券被清偿。因此，一级市场是债券的新发行市场，而后续交易和投资活动都在二级市场中进行。

2.4.3 债券的类型和特点

债券有多种分类方式，包括：
- 发行地
- 利率
- 期限

2.4.3.1 发行地

从发行人的角度来看，债券可以以本币或外币发行。我们可以将债券分为以下三种类型：

- 国内债券：这些债券在发行人本国发行，以其本币计价，承销时会选择国内银团，面向的也是国内投资者。
- 外国债券：这是一种国际债券，这类债券的承销主要由来自一个国家的银团承担，以该国货币计价，并且主要该国出售，但发行却是在该国以外进行的。例如，如果欧洲投资银行（EIB）想要在纽约筹集美元资金，那么这就被称为外国美元债券。外国债券通常是根据一些当地特色来命名的，比如，非美国本土机构在美国市场发行的美元计价债券被称为扬基债券（Yankee），此外，还有武士债券（Samurai，日本）、猛犬债券（Bulldog，英国）和套娃债券（Matrioshka，俄罗斯）等外国债券。
- 欧洲债券：像外国债券一样，欧洲债券也是一种国际债券。但与其他类型国际债券不同的是，它的承销银团是由多国的商业银行和投资银行组成的国际银团，并且该债券可以在不同国家销售，而不在计价货币国销售。例如，如果欧洲投资银行（EIB）想要在美国以外的地区筹集美元，那么该债券将由国际银团承销，并在美国以外的国家/地区首次发行。从投资者的角度来看，欧洲债券和外国债券之间的差异主要是技术性的，涉及承销银团的组成和销售程序特点。

2.4.3.2 利率

利率也称为"息票率"，是发行人向债券持有人支付的利率。"息票"字面意义是指当债券为（经过认证的）纸质形式时，债券持有人必须从债券凭证上撕下（或剪下）息票部分，交给相应的付款代理人来收取利息。根据债券类型的不同，息票通常以半年度或年度方式支付。

发行债券时，息票率可以设定为固定不变的，该债券即为固定利率债券。相对地，也存在利率定期变化的债券，最常见的是浮动利率债券（FRN），通常每半年支付一次利息，也可以按季度支付。

2.4.3.3 到期日

到期日是指发行人必须偿还本金的日期。长期债券的期限通常长于7年，而从传统上看，大多数债券的限期在25~30年，也有一些债券的期限是50年，甚至有的债券是没有到期日的——这些被称为无限期债券（undated bond）、永久性债券（perpetual bond）或不可赎回债券（irredeemable bond）。

2.4.4 债券的其他特点

2.4.4.1 本金

本金是发行人支付利息的基数以及到期后需要偿还的金额。贷款偿还的通常是本金金额（票面价值）。"本金"一词通常与面值，面额等词同义，但请注意，本金金额与市场价值不同，我们稍后将更详细地讨论这一点。

2.4.4.2 收益率

收益率是债券投资的回报率，分为两种类型：

- 当期收益率（或现时收益率，"current yield""running yield"）——由年化利息收益除以债券的当前市场价格得到
- 到期收益率（或赎回收益率，"yield to maturity""redemption yield"）——除当前市场价格外，该收益率还考虑了所有剩余未支付息票的金额以及距离到期日的时间等因素

2.4.4.3 市场价格

债券的市场价格用百分比的形式表示，通过考虑所有未来现金流量（即息票支付和到期时本金偿还）并将其转换为净现值（NPV）来计算。这个净现值就是债券的市场价格。尽管市场价格其实是一个百分比，但它可以报到四位小数。

例如，英国4.5%票面利率、2042年到期的国债的价格为115.4500，到期

收益率为3.64%。我们注意到，虽然该债券每年支付4.5%的息票，但收益率仅为3.64%。这是因为其价格（115.4500）高于票面价值，这会降低实际收益率。我们将在计算部分更加详细地讨论收益率和价格之间的这种关系。

2.4.5 债券类型

债券的类型有很多，但我们将着重学习一些主要的类型。以介绍的类型介绍可能互相是有交集的，任何债券都可能有多重属性。

2.4.5.1 固定利率债券

债券首次发行时就已设定好利率，并且在债券的偿付期内保持不变（请注意，"息票率"一词与"利率"同义）。

例如，通用资本（GE Capital）2016年1月到期的，利率为5.00%的美元债券。该债券从发行之初直到2016年1月清偿为止，每年需要支付5%的利息（即息票）。

2.4.5.2 浮动利率债券（FRN）

利率定期变化，并和LIBOR（伦敦银行间同业拆借利率）、EurIBOR（欧洲银行间欧元同业拆借利率）等参考利率相关联。根据发行人的信用度，利率可能会有额外溢价，例如，债券利率可能除了与6月期LIBOR挂钩之外，还需再增加0.15%的额外溢价。在这种特殊情况下，每6个月会重新计算利率，并重新固定下来。

例如，2024年5月15日到期的ENEL公司的美元浮动利率债券（6L + 15）。这个浮动利率票据将直到2024年5月之前，在每年的5月15日和11月15日都会支付前一期的息票，并且固定下一期的息票率。如在5月，6个月期的美元LIBOR利率为0.3734%，那么未来6个月的年息票将被定为0.5234%（即0.3734% + 0.15%）。在11月将以0.5234%的年化息票支付此前6个月的利息，并固定接下来6个月的息票。

2.4.5.3 零息债券

这类债券不附带任何息票，但其发行价格相对票面价值进行了较大折扣。例如，如果零息债券以80%的价格发行，那么到期后它将以票面价值（即100%）全额偿还。这20%的收益通常被认为是利息而非本金，这样的处理是出于税务角度的考虑。

2.4.5.4 高收益债券

这类债券之所以被称为高收益债券，是因为信用评级机构对它们的评级为低于投资级，因此它们的收益率会更高以吸引投资者。

例如，一家名为Kazkommerts国际的公司发行了一只具有B + 信用评级（标准普尔公司评级）的欧元债券，票面利率为6.88%，到期日为2017年2月。该债券价格为96.65%,收益率为8.02%。如果将这个收益率与可投资级别发行人所发行的到期时间相似的债券收益率进行比较,您会发现后者收益率在2.5%左右,与示例债券相去甚远。

2.4.5.5 可转换债券

这类债券具有固定的票面利率,期限通常在10~15年,并且该债券具有被转换为公司普通股的权利。通常来说,这种转换权是归债券持有人所有的,而转换成的普通股是由债券发行人所发行的股票。但也有一些可转换债券将转换的权利赋予给发行人,并且可以将债券转换为发行人以外的其他公司的股票。

转换价格和转换期限是在发行时就设定好的。

2.4.6 债券形式和利息支付

传统上,债券以凭证的形式发行(凭证式债券,实物形态)。而现在更普遍的情况是,发行债券仅仅需要一份单一的全球凭证,并用记账的方式反映其交付和接受的情况(记账式债券,无实物形态)。

国内债券、外国债券与政府债券都倾向于采用记账形式,在这种形式下,债券发行人会[通过登记处(registrar)或过户代理人(transfer agent)等第三方组织]记录下投资者及债券持有的变动情况。这些债券的利息通常每半年支付一次,但需要注意的是,有些FRN会依据发行条款在每季度都支付利息。

欧洲债券总是以无记名形式(即凭证式、凭票即付形式)发行,没有相应的债券登记,债券持有人则被默认为债券的所有人。欧洲债券的利息通常按年度支付,并且每次都会支付利息全额,而没有预扣税或其他税项的扣除。

欧洲债券是以票面价值的百分比来报价的,且含有相应应计利息。

债券通常以计价货币1 000单位的整数倍(面额)发行,但可以根据发行条款,把面额设定得更小(如英国金边国债可以以0.01英镑的面值进行交易)或更大(如10 000美元或更大的面额)。小面额债券比较适用于只想把一定数量的现金用于投资而非购买固定面额的债券的投资者。接下来的例子展示一位想要把10 000.00美元现金用于投资的投资者。

示例1:(见表2-13)

表2-13 债券面值为0.01美元

可用现金	债券价格	购买债券的本金金额
$ 10 000.00	97.1250	$ 10 296.01

在示例1(见表2-13)中,投资者能够使用的金额为10 000美元,他购买债券的本金金额则反映出精确到美分的债券价格。

示例2：（见表2-14）

表2-14　　　　　　　　　　债券面值为1 000美元

购买债券的本金金额	债券价格	应付现金
$ 10 000	97.1250	$ 9 712.50
可投资的现金		$ 10 000.00
未投资（但需支付）的现金		$ 287.50

在示例2（见表2-14）中，投资者只能以10 000的倍数购买债券，所以投资者剩余的287.50美元也无法投资了。

2.4.7　到期日和赎回条款

债券发行人会根据发行条款偿还债券，有的是在到期日一次性偿清本金，另一些则是在债券期限内分期偿还——在第二种类型中，有的债券是投资者可以强制赎回的，比如偿债基金（sinking fund），有的则是有条件赎回，比如回购基金（purchase fund）。

2.4.7.1　偿债基金

发行人有义务在预先设定的时期内赎回特定金额的债券，比如，它可能必须在第三年和第四年每年赎回10%的债券，第五年、第六年每年赎回20%的债券，并在到期日赎回所有剩余金额（见表2-15）。

表2-15　　　　　　　　　　偿债基金偿付计划的示例

2020年到期、发行额 $ 1 000 000 000 的 ABC 债券

2016年	2017年	2018年	2019年	2020年
10%	10%	20%	20%	40%
$ 100 000 000	$ 100 000 000	$ 200 000 000	$ 200 000 000	$ 400 000 000
			总计	$ 1 000 000 000

当债券的交易价格低于票面价值时，发行人通常会利用这样的机会在市场上召回事先规定的债券数量。或者，债券可以分批偿还，并按票面价值进行偿付，并由相关中央证券存管机构通知那些其债券将被提前偿还的投资者。

2.4.7.2　回购基金

在任一年份，如果债券在市场中的交易价格低于票面价值，发行人最多只需购回指定数量的债券。

但有时候，债券发行人可以选择加速偿还部分或全部债券，在这种情况下，他们通常要支付溢价，并且溢价会随着加速偿还期的时间长短而不同。允许发行人加速偿债的条件会在债券条款中详细说明，我们可以将这种权利称为一种

"看涨期权"(call option)。此外,有时债券持有人也有权以低于票面价值的价格将债券卖回给发行人,我们也可以将其称为一种"看跌期权(put option)"。(更多详情见本书第11章:"公司行为"。)

2.4.8 计算

债券交易的结算金额包含两个要素:

1)交易的市场价值(或对价,"consideration"),即债券的面值乘以价格(价格百分比表示),我们称为净价格。

2)应计利息金额,由发行人支付。

在我们更深入地探讨"应计利息"问题之前,我们将用以下示例说明债券买方对卖方应付金额的计算。

举例:

交易商 A 于 2014 年 9 月 12 日(交易日),向客户 B 出售 5 000 000 美元 EDF 公司的到期日为 2020 年 1 月 27 日、票面利率为 4.60% 的债券,交易价格为 112.1560 美元。应计利息金额如表 2-16 所示。

表 2-16 应计利息

交易明细		注意事项
结算日	2014 年 9 月 12 日	该资产是欧元债券,对应的结算日惯例为 T + 3
面值	$ 5 000 000.00	
价格	112.1560	严格来说,正确的报价方式应该是112.1560%,这里指的是"净价格"。
市场价值	$ 5 607 800.00	这是债券的市场价值——"净价值"
计算应计利息的天数	225	使用 30E/360 惯例
应计利息	$ 143 750.00	
总净值(TNA)	$ 5 751 550.00	客户 B 应于 2014 年 9 月 12 日向交易商 A 支付的现金总额——"含息价"

在上面的例子中,我们使用"净价格"和"净价值"这样的术语来代表债券的市场价值。应计利息与债券的市场价值无关,而是卖方因为在特定时期内持有债券而得到补偿的方式。然而,总净值确实掩盖了债券的市场价值,因此我们将其称为"含息价"(或脏价,dirty price)。

问题:

您认为这只债券的含息价是多少?

答案：

含息价是 115.0310（用总净值 5 751 550.00 美元除以面值 5 000 000 美元得到的百分比）。

根据市场惯例，债券是以净价格进行交易的。结算部门的工作是计算出正确的应计利息数额，并应用于交易中。

2.4.9 应计利息

发行人根据发行条款支付其债券的利息，可以是每年一次（如欧洲债券）或每半年一次（如政府债券），甚至每季度支付一次（如FRN）。

以上述的 EDF 债券交易为例。EDF 债券是一种欧洲债券，按年度支付利息。根据其到期日的日期，我们也可以知道每次支付利息的日期（和到期日的月份和日期一致，即每年的 1 月 27 日）。虽然我们不知道交易商 A 最初购买债券时间，但我们默认 A 开始持有债券的时间刚好是上次息票刚刚支付完的时候。对于本次交易，我们知道上一次支付利息的日期是 2014 年 1 月 27 日（下一次为 2015 年 1 月 27 日）。

在从 2014 年 1 月 27 日至上述交易日（2014 年 9 月 12 日）的这段期间，交易商 A 可以获得债券产生的利息。在上面的例子中，累计计息日数为 225 天。

问题：

您认为这个数字正确吗？请尝试计算并记录一下您得到这个结果的过程。

答案：

正确答案是 225 天。如果您对应计利息的概念比较陌生，您可能觉得这个结果和您想的不太一样。计算的困难在于有两种方法可以计算从上一个息票支付日到交易日之间的计息日数。我们可以选择计算实际的日历天数（即示例中的 228 天），也可以不考虑某一特定月份的实际天数而假设每个月都是 30 天（即 225 天）。在表 2-17 中，我们可以逐月比较两种计算惯例的差别。

表 2-17　　　　　　　　　　应计利息天数

上一个息票日	交易日	天数（30 天/月）	天数（实际）
2014 年 1 月 27 日	2014.9.12	225	228
计算分析			
计息日数	1 月	4	5
	2 月	30	28

续表

上一个息票日	交易日	天数（30 天/月）	天数（实际）
	3 月	30	31
	4 月	30	30
	5 月	30	31
	6 月	30	30
	7 月	30	31
	8 月	30	31
	9 月	11	11
	总计：	225	228

因此，若按 30/E 的计息日数惯例，本 EDF 交易中的计息日数为 225 天。那么我们如何得到 143 750.00 美元这一结果呢？

1）应计利息应该根据债券的面值计算，而非债券的市场价值。

2）每天的利息都会进行累积，直到下一次支付利息。因此，我们需要知道每个付息周期有多少天。对于欧洲债券，每个月都有 30 天，从而一年有 360 天，计算如下：

公式 (2-7)

$$应计利息 = 面值 \times \left(\frac{息票率}{100}\right) \times \left(\frac{计息日数}{一年总天数}\right)$$

$$应计利息 = 5\,000\,000\text{ 美元} \times \left(\frac{4.60}{100}\right) \times \left(\frac{225}{360}\right)$$

$$应计利息 = 143\,750.00\text{ 美元}$$

因此我们可以总结出，以美元计价的固定利息欧洲债券是按照 30E/360 的惯例来计算计息日数的。但除此之外还有别的的债券类型，所以我们需要一套适用于所有类型的计算规则。

国际资本市场协会①（ICMA）代表了其在国际资本市场上活跃的成员机构，它在"250 条款"中制定了应计利息的计算规则：《应计利息计算规则及建议》。

"细则 251.1"对计息开始和结束的时间进行了规定。它指明："计息日数应从上一个付息日或一只新债的第一天计息日算起并包含这一天，直到该债券交易的起息日为止，并且不包括这一天。"②

让我们通过这些规则来看看上面的 EDF 交易。上一个付息日是 2014 年 1 月

---

① International Capital Market Association，简称 ICMA。

② 资料来源：ICMA 集团（官方网站），"ICMA 规则手册"仅供成员和订阅者使用，可参考 www.icmagroup.org/Regulatory-Policy-and-Market-Practice/Secondary-Markets/。

27 日,因此 27 日成为下一轮计息的第一天,即该月计息时间为 4 天。交易结算日为 2014 年 9 月 12 日,因此当月计息日数为 11 天(因为不包括 12 号)。从 2 月到 8 月,共 7 个月,每月按 30 天计。

"细则 251"指出了不同债券的区别,以及在 1999 年 1 月引入单一欧洲货币(欧元)之前和之后发行的债券之间的区别。表 2 – 18 给出了该条款中所描述的"计息日数"和"一年总天数",图 2 – 1 也对此作了总结。

表 2 – 18　　　　　　　ICMA 的应计利息惯例规则

债券类型	发行日期	计息日数	一年总天数
所有可转换债券	1999 年 1 月 1 日之前	每年 360 天(每月 30 天)	360 天
所有普通债券	1999 年 1 月 1 日之前	每年 360 天(每月 30 天)	360 天
欧洲英镑浮动利率债券	任意时间	日历天数(包括闰年)	自然年中的实际天数
所有浮动利率债券(除欧洲英镑浮动利率债券外)	任意时间	日历天数(包括闰年)	360 天
非美元计价的可转换债券	1998 年 12 月 31 日之后	日历天数(包括闰年)	计息期间的实际日历天数乘以每年计息期数
非美元计价的普通债券	1998 年 12 月 31 日之后	日历天数(包括闰年)	计息期间的实际日历天数乘以每年计息期数
美元计价可转换债券	1998 年 12 月 31 日之后	每年 360 天(每月 30 天)	360 天
美元计价的普通债券	1998 年 12 月 31 日之后	每年 360 天(每月 30 天)	360 天

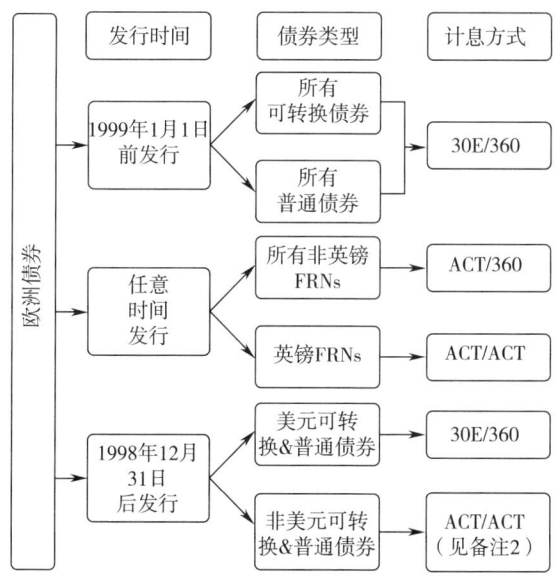

注:图 2 – 1 中的计息日数计算惯例见表 2 – 19。

图 2 – 1　ICMA 应计利息规则总结

表 2-19　　　　　　　　　　计息日数计算

惯例	解释
30E/360	每月按 30 天算，每年 360 天，当结算日落在某月的 31 日时使用欧洲方法计算（欧洲 30/360）
实际（ACT）/360	每月按实际日历天数算，一年按 360 天算。
实际（ACT）/实际（ACT）	每月和每年都按实际天数计算（包括闰年的额外天数）。
其他方式	
实际（ACT）/365	每月按实际日历天数算，一年按 365 天。
30/360	每月按 30 天算，每年 360 天，当结算日落在某月的 31 日时使用美国证券交易商协会（NASD）方法计算。

注：①"/ACT"的全文是："……计息期间的实际日历天数乘以每年计息期数。"例如，如果计息期包含 181 天，债券是每半年支付利息，则分母为 362 天。

②"实际天数"包含闰年中的额外天数。

当我们考虑政府债券和国内公司债券时，计息日数惯例也有所不同。

- ACT/ACT：适用于大部分政府债券和许多公司债券。
- 30/360：有许多公司债券使用此法。即使有的月份是 28 天、29 天或 31 天，也全部当做每月 30 天来计算。
- 30E/360：对欧洲债券市场常见的 30/360 惯例进行了稍许修改，即如果先前的息票日或结算日落在任何一个月的 31 日，则假定该日为 30 日。
- ACT/360、ACT/365：各自有一些超国家债券和公司债券在使用。

2.4.10　首期短期息票

根据付息频率，第一次付息通常是在债券发行后的 6 个月或 12 个月。例如，如果在 2014 年 1 月 15 日发行了每半年付息的债券，那么第一次付息将会在 6 个月后，即 2014 年 7 月 15 日（接下来为 2015 年 1 月 15 日、2015 年 7 月 15 日等）。

当发行人（通常是政府）发行一只债券，但暂时只允许投资者投资其中一部分（首期），到未来某个时间才会允许投资者投资余下的部分（第二期）时，情况就会变得很复杂。这种债券被称为"随卖债券"或"随卖发行"[1]。

表 2-20 显示了分两期发行的虚拟债券的详细信息。

---

① 译者注：英文称为"tap bond"或"tap issue"，tap 即水龙头，意为像水龙头滴水一样不断发行。

表 2-20　　2024 年到期的、利率为 5.00% 的 ABC 债券详情

	首期债券	第二期债券
发行人	ABC	
发行日期	2014 年 1 月 15 日	2014 年 10 月 15 日
到期日	2024 年 1 月 15 日	
息票率	5.00%	
首次付息日期	2014 年 7 月 15 日	2015 年 1 月 15 日
计息日数惯例	ACT/ACT	
计息期天数	181 天	92 天

从表 2-20 中我们可以看出，首期债券的计息日数是整整半年（即从 2014 年 1 月 15 日至 2014 年 7 月 15 日的 181 天），但第二期债券只有 92 天的计息日数。第二期债券的首期付息时间早于发行后的 6 个月，我们称为"首期短期息票"（First Short Coupon）。自 2015 年 1 月 15 日起，这两部分将合并为一只债券，息票也将按正常的 6 个月周期进行支付。

2.4.11　首期长期息票

再次回到 ABC 的例子（见表 2-21），如果第二期债券于 2014 年 12 月 15 日发行，那么发行人可能并不想仅仅在 1 个月之后（即 2015 年 1 月 15 日）就支付第一笔短期息票。相反，他们可能会将第二期债券的首次付息延迟到 2015 年 7 月 15 日，这就会使得首次付息时间晚于发行后 6 个月，我们称之为"首期长期息票"（First Long Coupon）。

表 2-21　　2024 年到期的、利率为 5.00% 的 ABC 债券详情

	首次付息	第二次付息
发行人	ABC	
发行日期	2014 年 1 月 15 日	2014 年 12 月 15 日
到期日	2024 年 1 月 15 日	
息票率	5.00%	
首次付息日期	2014 年 7 月 15 日	2015 年 7 月 15 日
计息日数惯例	ACT/ACT	
计息期天数	181 天	212 天

问题：

这两期债券在什么时候合并？

答案：

2015 年 7 月 15 日（与首期短期息票不同，不是在 2015 年 1 月 15 日）。

2.5 权益类工具

2.5.1 股权定义

股权，又称股票，是与现金工具（包括准现金工具）和债务工具并列的第三类资产。如前所述，债务表示现金的借入，相比之下，发行股票的公司实际上是在向投资者出售该公司的股权以换取资金。

当公司刚成立时，它可以通过向外部投资者出售股份来筹集资金。由于公司的法定总股本是有限的，所以能出售的股权数量也是有限的。股本金额会在公司章程大纲和细则中公布，如下所示。

ABC 有限公司股本金
ABC 有限公司的法定股本为 1 000 万英镑
法定股本分为每股面值 25 便士的股票（即 4 千万股普通股）
ABC 有限公司无须立即发行所有法定股本，只需发行一定股票来筹集所需现金即可

问题：

我们假设公司顾问估计公司价值为 2 000 万英镑。以此为基础，4 千万股股票，每股的价值多少？

答案：

每股股票价值 50 便士（20 000 000 英镑÷40 000 000 股）。

问题：

如果公司希望筹集 1 000 万英镑现金，则不必发行所有股票。那么公司需要发行多少股股票？

答案:

如果每股估值为50便士,那么只需要发行2 000万股股票(2 000万股×50便士)。

在本次发行工作结束时,ABC股份有限公司的财务报告将显示如下内容:
- 法定股本1 000万英镑(4千万股)
- 已发行股本500万英镑(2千万股)
- 未发行股本500万英镑(2千万股)

例子中提到了"面值"这个术语,它表示每股的"资本价值"(不同于"市场价值")。在上面的例子中,ABC股份有限公司以4股面值为25便士的股票代表一英镑股本。以后,ABC股份有限公司可以通过拆股,使每股面值更低(如10便士)来增强其流动性。于是每英镑股本将由10股股票来代表,法定总股本的股数上升为1亿股(1 000万英镑×10股)。

和债券发行人必须支付利息和在到期日偿还本金不同,股票发行人并没有这种义务。债券持有者知道他们在何时将获得多少现金,但股票持有者只有在公司以现金股息的方式分配利润时才会获得收益。股票不像债券一样有到期日。除了获得股息以外,唯一可预见的好处就是股票持有者在公司年度股东大会(AGM)和特别股东大会(EGM)上行使其投票权。

股价会由于各种原因产生波动,有时波动还很剧烈。如果股票的市场价格高于初始购买价格,就意味着股价上涨,股票持有者就可以从中获利——他们可以卖出股票来赚取差价;但如果股价低于初始购买价格,这时卖出股票就会导致亏损。

股票持有者可能蒙受的最大损失是多少?由于股价不可能低于零,所以股票持有者最多会亏损掉其所有股票投资。那么可能获得的最大利润是多少?根据公司具体情况,股价可以无限地增加,因此获利也有可能是没有上限的。

问题:

作为潜在投资者,通常哪种资产类别风险较高——债券还是股票?

答案:

一般来说,资产类别中股票比债券风险更大。

表2-22从投资者的角度对股票与债券进行了比较。

表 2-22   债券与股票特征对比

股票	特征	债券
股息、投票权	收益	息票收入
股息——不确定；投票权——确定	收益确定性	确定（默认发行人有能力支付）
股息——年度/半年度/季度，取决于市场惯例和/或发行人偏好 投票权——AGM / EGM	收益时间	根据发行说明书，可以确定收益时间；FRN 会根据已知的基准利率在每个息票期间固定其息票率，并定期支付
没有到期日——股票可以由发行人回购，由第三方公司收购，或在公司破产清算时退市	到期日/赎回	除永久债券外，根据上述注意事项，可以确定债券到期时间
优先级低于其他所有资产	破产清算优先级	破产清算优先级高于股票，有抵押债券优先级高于无抵押债券

鉴于上述讨论，您可能会好奇为什么投资者还会冒险投资股票。而事实是，如果您大致观察一家典型机构投资者的投资组合，会发现其中超过 60% 的资产是股票，债券占总资产的 30%，剩下的 10% 是现金、准现金工具或其他投资（也可能是衍生产品工具）。

从运营的角度来看，我们不关心为什么要进行这些投资，只需要关心已经做了哪些投资以及需要怎样处理。只是，投资者购买股票是希望（但无法保证）他们这只股票的市值上升，并且公司定期支付现金股息。我们知道，从理论上讲，股价可以随着时间无限上涨，而正是这种上涨的预期激励投资者购买股票。

相较之下，债券投资者是在寻求一种确定性：收益确定（息票）、时间确定和清偿确定。您也许会说，这种确定性的"成本"是债券价格相对稳定（不会大幅上升）和一个已知的票面利率（不会增加）。但请不要忘记，债券价格仍然会发生波动，且与主要与市场收益率挂钩：如果市场收益率上升，债券价格就会下跌；反之则会上涨。但是您可以理解为市场收益率的波动是有限的。

2.5.2　股票分类

股票有两种类型：
- 普通股
- 优先股

2.5.2.1　普通股

普通股（ordinary shares, common stocks）是股票中最基本的类型，示例如下：

劳埃德银行集团公共有限公司，每股 10 便士的普通股
有表决权的股票总数：71 367 953 697 股（于 2014 年 4 月 30 日）

ISIN 编码：GB0008706128
SEDOL 编码：0870612
伦敦证券交易所股票代码：LLOY：LSE
登记处：Equiniti

2.5.2.2 优先股

优先股（preference shares，preferred stocks）可以看做一种混合型证券，因为它同时具有普通股和债券的一些特征。并非每家公司都会发行优先股，而那些发行的公司则会确保普通股的数量比优先股更多。

表2-23列出了优先股的主要特点，以及这些特点对应的资产类型。

表2-23　　　　　　　　　　优先股的主要特点

特点	描述	对应资产类型
股息	优先股可以以固定金额或浮动金额支付股息	债券
	优先股的股息支付先于普通股	—
累积股息	公司在某个时期的盈利不足以支付优先股股息时，则累计到次年或以后某一年盈利时，在普通股的红利发放之前，连同本年优先股的股息一并发放	—
非累积股息	非累积优先股并不承担以往优先股股息未付足的补偿责任，以往未发的股息不再派发（与普通股情况类似）	股票
投票权	大多数优先股是没有投票权的，但在某些特定情况下它却能够获得表决的权利，比如发行人拖欠股息时	股票
可转换性	一些优先股可以转换为普通股	债券
优先级	优先股的优先级别高于普通股，但低于债务工具	—
到期日	优先股分为可赎回和不可赎回（永久性）两种	债券/股票
信用评级	优先股可由各种信用评级机构进行评级，但评级结果一般低于债券	债券

安托法加斯塔公司就是一家同时发行了普通股和优先股的位于智利的铜矿公司。该公司在伦敦证券交易所（ANTO：LSE）上市，是FTSE100指数的成员公司之一。截至2013年12月31日[1]，该公司已发行并缴足了下述股本。

普通股股本	985 856 695 股普通股，每股5便士
优先股股本	2 000 000 股，股息5%，累积优先股，每股1英镑 这些优先股不可赎回，每年需支付100 000英镑股息

---

[1] 资料来源：公司的年度报告（网络），网址：www.antofagasta.co.uk/~/media/Files/A/Antofagasta/pdf/annual-reports/ar-2013.pdf。

2.5.3 股票发行

当一家公司首次发行股票时,我们称为首次公开发行(IPO)。已进行过 IPO 的公司后续可以增发更多的股票,我们称其为股票二次发行(如供股,Rights Issue)。我们将在第 11 章"公司行为"中讨论供股的问题。

一家公司通过 IPO 成为上市公司,并将股票卖给投资者换取资金。任何一家拟上市的公司必须在招股说明书中披露详细的上市计划,这份文件向潜在买家展示了公司包括历史财务概况在内的业绩表现,通常需要得到当地监管机构的批准。招股说明须提供足够的材料,以供有意向的投资者作出投资判断。

公司不会自己进行 IPO 业务,而是聘请一家投资银行作为其承销商,为 IPO 最佳发行方式提供建议,评估股票的发行价,以及安排股票的销售。公司还会聘请一家律师事务所来担任相关证券的法律顾问。

发行股票的一种方法是公开发售:发行人通过媒体宣传以及与潜在机构投资者召开会议,邀请投资者以一定的价格申购股票,但该价格直到发行结束前的几天才会公开。有意向的投资者会申购一定数量的股票,并向发行代理人支付相应资金。如果初始公共关系运作良好,投资者意向较高,那么最终设定的发行股价可能会处于预期价格范围的高点。同时,股份的申购量也可能会远远高于供应量,在这种情况下,公司就需要决定如何分配这些股票。

反之,如果市场条件不理想和/或没有足够的投资者申购股票,那么就会出现供大于求的情况,承销商将买进余下的全部股票。通过这种方式,发行公司就能够发行足够的股份来筹集所需资金。

以一个著名的 IPO 为例,英国政府将英国皇家邮政集团(Royal Mail Group)上市,于 2013 年 10 月首次公开发行了 17 亿英镑的股票。发行时该股的市场意向很高,发行价最终达到了每股 330 便士(处于预估价格区间的高点)。由于对机构投资者分配份额的已 20 倍超额认购,许多机构只得到了一点配额,或者根本没有。零售发行的分配份额也达到了 7 倍超额认购,因而只有那些申购量低于 10 000 英镑的人买到了股票。在交易的第一天,股价就上涨至最高 459 便士,而收盘价为每股 431 便士。

近些年来,规模最大的几笔 IPO 发生在中国和美国,表 2-24 列出了规模最大的 IPO 其中的六笔。

表 2-24　　　　　　　　　规模最大的 IPO　　　　　　　　单位:十亿美元

公司	年份	金额
中国农业银行	2010	22.1
中国工商银行	2006	21.9

续表

公司	年份	金额
美国友邦保险（AIA）	2010	20.5
维萨公司（Visa）	2008	19.7
通用汽车（GM）	2010	18.1
脸书网（Facebook）	2012	16.0

2.5.4 定价与计算

股票交易通常以计价币种的主币单位来定价。例如，ABC 公司股票的价格可能是每股 5.50 欧元。但英国是个例外，其股票价格以便士定价（而非英镑），因此巴克莱银行的股价可能是每股 250 便士。

为了便于正确地计算，我们需要知道各地关于经纪商佣金以及所有证券交易所费用和税收的市场情况。假设我们在一个虚拟市场中进行交易，经纪费用为交易市场价值的 25 个基点，同时也会征收 50 个基点的地方税。

那么，如果我们以每股 3.25 单位货币的价格购买了 XYZ 公司 10 000 股股票，我们需要支付多少钱？众所周知的是，此次交易的总成本为交易的股票数量乘以每股价格，但此外我们还需要分别计算经纪商佣金和所有本地相关税种的成本（见表 2-25）。

表 2-25　　　　　购买 XYZ 公司股票的总成本

项目	数量	价格/费用/税率	金额
购买：XYZ 公司股票	10 000 股	3.25	32 500.00
佣金（bp）		25 个基点（0.25%）	81.25
地方税（bp）		50 个基点（0.50%）	162.50
总成本			32 743.75

问题：

如果我们以每股 266 便士的价格出售巴克莱银行的 50 000 股股票，经纪商收取 15 个基点的佣金，那么我们会收到多少钱？（请注意，在英国出售股票不收取地方税）。

答案：

答案是 132 800.50 英镑。切记这些英国股票的特点：（a）每股以便士定价；（b）股票售出没有地方税。另外，经纪商佣金直接从市价中直接扣除（而不是另外收取）（见表 2-26）。

表 2-26　　　　　　　出售巴克莱银行股票所得款项总额

项目	数量	价格/费用/税率	金额
出售：巴克莱银行股票	50 000 股	266p	£ 133 000.00
佣金（bp）		15 个基点（0.15%）	£ (199.50)
地方税（bp）		0	£ 0.00
总收入			£ 132 800.50

2.5.5　地方税示例

如表 2-27 所示，每个国家都有不同的税收制度。通常，由当地结算中心收取相关税款，并定期交给相应的政府机构。

表 2-27　　　　　　　各国地方税的示例

国家	印花税	支付人
美国	不适用	不适用
英国	0.5%（印花税预征 - SDRT）（见下面注释）	买方
中国	A 股 0.1% B 股 0.1%	卖方
德国	不适用	不适用
日本	不适用	不适用
新加坡	转移印花税：持股证明需转移注册的将按合同价的 0.2% 支付税费	不适用于记账式的证券结算

注：伦敦证券交易所从 2014 年 4 月 28 日起取消了 AIM 和 High Growth 市场的股票印花税。

2.5.6　披露

由于拥有表决权股票的持有人与发行公司的实际利益休戚相关，公司必须知道谁是大量持股的股东。如果一个投资者拥有公司超过 50% 的表决权，他实际上对这个公司具有控制权——股票发行公司可能并不愿意看到这样的状况。因此，披露规则规定，当任何一个股东的持股量超过发行公司总股本某个预先设定的百分比时，他就必须向发行公司（有可能还要向当地证券交易所和监管机构）进行披露。该规定因市场而异，但通常持股量低于 3% 的阈值时不需要进行披露（见表 2-28）。

不仅当投资者购买股份而使持股量向上突破指定阈值的股份时需要披露，当其出售股份而使持股向下突破阈值时，也需要进行披露。

在第3章"数据管理"中,您会发现有一个数据是已发行的股票总量(total number of shares in issue),我们所说的投资者持股占比就是计算投资者持股量对该数据的占比得到的。如果不能按规定进行披露,在交付股票和获得收益时就会面临罚款和财产冻结。

表2-28　　　　　　　　　　披露限制

国家	披露阈值	交易日后的披露时限
美国	达到每类股份的5%时	10天内向美国证券交易委员会(SEC)披露
英国	(a) 持股量达到3%后每增加1%时; (b) 达到15%时	(a) 在2个工作日内,向伦敦证券交易所和发行公司披露; (b) 1个工作日后的12:00前
中国	三个级别: 1. 达到5%时; 2. 超过5%,不到20%时; 3. 超过20%,不到30%时	3个工作日内,向相关证券交易所、中国证监会、发行公司和媒体披露; 以后每增加或减少5%同样需要进行披露
德国	超过或降至低于3%、5%、10%、15%、20%、25%、30%、50%或75%的表决权时	在达到、超过或降至低于任何一个阈值后的4个工作日内,向德国联邦金融监督局(BaFin)和发行公司披露
日本	(a)《外汇与外贸法》第55-5条 - 非居民:超过10%时; (b)《金融工具和交易法》第27-23条(1) - 居民和非居民:超过5%时	(a) 15个工作日内向日本银行(Bank of Japan)披露; (b) 5个工作日内向当地财政局披露。 此外,每增加或减少1%,披露要求同上
新加坡	超过5%时	在2个工作日内向证券交易所和发行公司

2.5.7　现金市场工具小结

到目前为止,我们已经从本章学习了三种主要的现金市场工具,同时涉及了货币市场和资本市场。产品类型涵盖了从短期的大额存单到长期的债券和股票。从公司机构到政府财政部,很多发行主体都可以发行这些金融工具。

问题:
政府或其机构不能发行哪种证券?
答案:
股票。政府可以向市场借款但不能发行股本。

这些金融工具有一个共同点,即都是为了满足发行人出于某种目的而想要筹集资金的需求。投资者可以通过购买这些工具成为发行人的债权人和/或发行公司的利益相关者。

接下来我们将通过了解衍生产品市场来继续学习金融工具。

2.6 衍生产品

2.6.1 引言

尽管发行人直接参与现金市场工具的发行,但他们不能发行衍生产品。那么您可能就会问,什么是衍生产品?市场上有很多不同类型的衍生产品,我们可以将其定义如下:

> 衍生产品是一种根据另一资产的表现来决定其自身价值的金融契约,而被盯住的资产被称为"标的资产"。

如果您能理解这个定义,美国货币监理署(Office of the Comptroller of the Currency)(美国财政部的一个部门)对其下了一个更为严密的定义:

> 衍生产品是一种金融契约,其价值源自于标的市场因素的表现,如利率、汇率、大宗商品、信贷和股票价格。衍生产品交易包括多种金融契约:如结构性债务(structured debt obligations)和存款、互换(swaps)、期货(futures)、期权(options)、利率上限(caps)、利率下限(floors)、利率双限(collars)、远期合约(forwards)及其各种组合。

资料来源:美国货币监理署(OCC)(官网),衍生产品定义,网址为 www.occ.gov/topics/capital-markets/financial-markets/trading-derivatives/index-derivatives.html。

我们可以从OCC的定义中了解什么?有两点是值得关注的:

1) 衍生产品的挂钩标的资产类型广泛,如利率、股指、大宗商品、股价等。
2) 衍生产品交易分为四种类型:
- 远期
- 期货
- 期权
- 互换

我们可以对衍生产品进一步划分：

首先，有许多种衍生产品是由交易所创造、在交易所进行交易，并通过中央结算系统进行清算的。我们将这些衍生产品称为场内衍生产品。

其次，也有一些其他的衍生产品是由银行等金融机构创造，并且不经过交易所而直接在买卖双方之间交易的。我们将其称为场外衍生产品。

不仅仅是交易，所有场外衍生产品交易后买卖双方之间的活动也都是发生在场外，中央结算系统并不会参与。但这种场外情况正在逐渐发生着变化，因为有许多简单的场外衍生产品交易也开始被集中清算，然而许多复杂的衍生产品交易还未有定数。

本书不可能涉及所有衍生产品，但我们会仔细考察一两个场内衍生产品（ETD）和场外衍生产品（OTC）的例子，这足以使您了解四种主要类型的衍生产品，及使用它们的主要原因。

2.6.2 定义

我们知道有四种主要的衍生产品，其各自定义如下：

1. 远期

> 远期合约是买卖双方约定在未来某个特定时间，以现在约定的价格对约定好的资产和数量进行交易的合约，对买卖双方都具有法律约束力。

远期是一种场外衍生产品（OTC）。

2. 期货

> 期货合约是买卖双方约定在未来某个特定时间，以现在约定的价格对标准金额的标准资产进行交易的合约，该合同对买卖双方都具有法律约束力。

期货是一种场内衍生产品（ETD）。

注意期货定义与远期定义十分类似，关键区别在于期货合约的条款在以下方面更加标准化：

- 数量/金额
- （标的）资产/大宗商品
- 特定交割日期

3. 期权

> 看涨期权给予买方（持有人）在指定到期日或之前按指定价格购买资产的权利。

> 看跌期权给予买方（持有人）在指定到期日或之前按指定价格出售资产的权利。

期权既可以是场内衍生产品（ETD），也可以是场外衍生产品（OTC）。看涨、看跌期权也可以出售给其他人，出售合约的一方被称为立权人（writer）。

4. 互换

> 互换合约是一种交易双方将各自金融资产的某些利益互相交换的金融衍生产品。
> 互换现金流以名义本金金额计算，并被称为互换合约的"端"（legs）。

互换是一种场外衍生产品（OTC）。

2.6.3 衍生产品用途

2.6.3.1 对冲

许多市场参与者都会使用衍生产品来对冲或减少他们对未来市场状况的风险敞口。例如，航空公司会要求其银行设计一份期权合约组合，以对冲掉航空燃料价格不断上涨的影响。如果燃料价格上涨超过预先设定的价格，银行就会返还燃料现货价格和期权合约行权价格之间的差额。本节的后面部分会展示一个相关例子。我们还可以通过另一个例子来看看衍生产品是如何发挥对冲作用的：基金经理可以通过出售一定数量的期货合约来对冲掉债券组合价值降低的风险。如果投资组合确实价值下降了，那么基金经理将从增值的期货合约中获益。因此，一个完美的对冲可以使投资组合价值的减少部分与期货合约价值的增加部分完全抵销。

2.6.3.2 交易

ETD 和 OTC 合约均由银行和证券公司的交易商进行交易。他们代表雇主公司进行交易，为其客户提供咨询服务，并代表客户进行交易。这些交易商对于从标准 ETD 合约到复杂 OTC 合约组合的各种衍生产品都了如指掌。

2.6.3.3 投机

买卖股票和债券等标的资产非常耗时且价格高昂。对于投机者来说，通过购买衍生产品合约并在价格上涨时卖出，可以更简单直接地获得收益。相较而言，卖空标的资产似乎是不可能的，但卖空衍生产品就像买多一样容易。此外，衍生产品交易也更加快速、成本低廉。

投机交易的一个常见类型是差价交易（spread trading，也叫做跨期交易、跨价交易），即对同一产品的不同方面同时进行买、卖的操作组合，例如：

- 两个不同的交割月份（如3月和6月）
- 两种不同的股票市场指数（如德国DAX和法国CAC）
- 两种不同的商品（如西德州轻质原油和布伦特原油）

2.6.3.4 套利

套利者是利用同类产品在不同市场中的价差来获利的。在表2-29中，我们可以通过比较看出套利者是如何从利率期货和其标的政府债券的价差中获利。

表2-29 政府债券和期货合约套利

政府债券	债券价格	长期债券期货	期货价格
日本10年期国债	99.44	日本10年期国债期货合约	114.14
如果价格变化……			
价格减少到	99.40	价格增加到	114.20
套利者相信价格会上涨，所以买入债券……		套利者相信价格会下跌，从而卖空期货……	
买入债券@	99.40	卖出期货@	114.20
如果价格回到之前的位置附近，套利者会卖出债券头寸并对期货头寸进行平仓			
卖出债券@	99.43	买入期货@	114.15
卖出债券获利……		平仓期货获利……	
收益	0.03	收益	0.05

套利者仅仅利用短时间内的价差就赚取了收益。需要注意的是，在交易结束时，套利者对债券和期货头寸都进行了平仓。

2.6.3.5 资产分配

一个机构客户（如保险公司）可能持有某个特定市场不同证券的投资组合。如果它希望降低在该市场的风险敞口，并增加在另一个市场的风险敞口。有两种方法可以实现这一点。

1. 第一种做法是，它可以在第一个市场出售证券，并用回收的资金买入第二个市场中的证券，但这样做成本很高，既有交易成本，又需要耗时去选择合适的证券，还有价格方面的不确定性风险。另外，这种方法可能并不符合保险公司分配资金的长期投资策略，而只能作为一个短期策略。

2. 而第二种做法是，保险公司可以卖出一定数量第一个市场的期货合约，并买入一定数量第二个市场的期货合约。这只需要通过两个执行迅速且价格低廉的交易即可完成。如果保险公司希望恢复初始状态，只需要对这两个期货合约进行平仓即可。

2.6.3.6 改变风险

一家公司如果按照浮动利率借款，就会担心利率上升的风险。在这种情况下，它可以进行利率互换，即将浮动利率的利息支付交换为固定利率的利息支付。通过这种方式，如果浮动利率确实如其所担心的上升了，公司的利息支付也不会因此受到影响。

2009年4月，国际互换和衍生产品协会（ISDA）公布了世界500强公司的衍生产品使用情况调查结果。结果表明这些公司中有94%都在使用衍生产品。表2-30显示了各行业部门衍生产品的使用情况和类型，表2-31显示不同国家/地区的使用情况。

表2-30　　　　　　各行业部门衍生产品的使用情况和类型

行业名称	公司数量总计	衍生产品使用总计	利率衍生产品	外汇衍生产品	大宗商品衍生产品	信贷衍生产品	股票衍生产品
基础材料	86	97%	70%	85%	79%	0	6%
生活消费品	88	91%	81%	84%	39%	1%	9%
金融	123	98%	94%	96%	63%	76%	80%
医疗保健	25	92%	80%	72%	8%	4%	20%
工业产品	49	92%	86%	86%	37%	2%	20%
服务业	40	88%	75%	85%	35%	3%	13%
科技行业	65	95%	86%	92%	15%	6%	15%
公共事业	24	92%	92%	88%	83%	0	8%
总计	500	94%	83%	88%	49%	20%	29%

资料来源：ISDA（官网），2009年4月23日新闻稿，"世界500强公司衍生产品的使用情况"，网址：www2.isda.org/functional-areas/research/surveys/end-user-surveys。

表2-31　　　　　　不同国家/地区的衍生产品用户数量和百分比

国家	用户数量	使用情况
加拿大	14	100.0%
法国	39	100.0%
日本	64	100.0%
荷兰	13	100.0%
瑞士	14	100.0%
英国	34	100.0%
德国	36	97.3%
美国	140	91.5%
韩国	13	86.7%
中国	18	62.1%

资料来源：ISDA（官网）。2009年4月23日新闻稿，"世界500强公司衍生产品的使用情况"。网址：www2.isda.org/functional-areas/research/surveys/end-user-surveys。

这些都是衍生产品的主要用途及其使用情况。从运营的角度来看，使用衍生产品的原因往往是次要的，不管这些原因多吸引人。我们更关心的是进行衍生产品交易开始后会发生什么，而最好的方法就是把场内衍生产品（ETD）交易与场外衍生产品（OTC）交易区分开，并记住将有越来越多的场外衍生产品交易参与集中清算，而非直接由买卖双方直接进行双边清算。

2.7 场内衍生产品

2.7.1 引言

在更深入地学习场内衍生产品（Exchange – traded derivatives，ETD）之前，请回顾一下期货和期权这两种场内衍生产品的定义。

问题：

定义中出现了哪些关键字词？

答案：

以下是上述定义中的关键字或关键词，以粗斜体显示：

- 中期货合约是买卖双方约定在**未来某个特定时间**，以**现在约定的价格**对**标准金额的标准资产**进行交易的合约，该合约对买卖双方具有**法律约束力**。
- 看涨期权给予买方（持有人）在**指定到期日**或之前以**指定价格**购买资产的**权利**。
- 看跌期权给予买方（持有人）在**指定到期日**或之前以**指定价格**出售资产的**权利**。

让我们来看看期权和期货的相同点和不同点。

（a）期货合约是指具有做某事的义务；期权则是一项可以选择是否做某事的权利。实际上，在许多情况下，期货合约的买卖双方是不希望对标的资产进行交割的。为了避免履行义务，期货交易双方必须通过卖出（由原始买方）或买入（由原始卖方）相同数量的合约来进行平仓，同时一定要通知交易对手本次交易已经平仓。

（b）两类衍生产品合约均涉及"标准金额"和"指定的价格和日期"这样的关键字。这表明除了交易双方之外的第三方已经事先规定了金额、价格和日期。换句话说，这些衍生产品合约是由第三方设计和制定的。而这里第三方指的就是衍生产品交易所。

2.7.2 衍生产品交易所的作用

ETD 合约是由衍生产品交易所设计的，每份合约的标准属性参见下方合约条款（见表 2 – 32）。

表 2 – 32　　　　　　　　　　合约条款

合约条款	介绍
标的资产	未来将会交付/接收的资产名称
合约规模	一份合约中所涉及的资产数量
交付细则	合约到期时，用以交付标的资产的详细信息，比如交付日期、交付价格和交付发起人（买方或卖方）
交易细则	交易的详细信息，比如首次和最后一次交易日期、交易所的交易时间和交易方式（即公开叫价、电子报价或两者结合）
价格细则	合约交易使用的币种、定价方式和最小价格变动量（即最小报价单位）

2.7.3 主要衍生产品交易所

如果一个市场上有一个证券交易所，那么通常会伴随有一个衍生产品交易所，这两个交易场所既可能是两个独立的机构，也有可能合并为一个（见表2 – 33）。

表 2 – 33　　　　　　　　衍生产品交易所的示例

国家	交易所名称
澳大利亚	澳大利亚证券交易所（ASX）和 ASX24
比利时	泛欧布鲁塞尔证券交易所（Euronext Brussels）（前布鲁塞尔交易所 BXS）
巴西	巴西衍生产品交易所（BmfBovespa – Derivatives）
加拿大	加拿大洲际交易所（ICE Canada）、蒙特利尔交易所（Montreal Exchange，MX）
中国	上海证券交易所（Shanghai Stock Exchange）、深圳证券交易所（Shenzhen Stock Exchange）
中国	中国金融期货交易所（China Financial Futures Exchange）
法国	泛欧巴黎证券交易所（Euronext Paris）（前法国国际期货市场 MATIF 和巴黎期权交易所 MONEP）
德国	欧洲期货交易所（Eurex）
中国香港	香港期货交易所（Hong Kong Futures Exchange）（港交所集团，HKEx Group）
印度	国家股票交易所和孟买证券交易所（National Stock Exchange & Bombay Stock Exchange）

续表

国家	交易所名称
意大利	意大利衍生产品市场（Italian Derivatives Market，IDEM）
日本	日本交易所集团（Japan Exchange Group）（东京证券交易所 Tokyo Stock Exchange，大阪证券交易所 Osaka Securities Exchange）和东京金融交易所（Tokyo Financial Exchange）
韩国	韩国交易所（Korea Exchange）
马来西亚	马来西亚证券交易所（Bursa Malaysia）
墨西哥	墨西哥衍生产品交易所（Mexican Derivatives，MexDer）
荷兰	泛欧阿姆斯特丹证券交易所（Euronext Amsterdam，前阿姆斯特丹证券交易所 AEX）
俄罗斯	莫斯科联合交易所（Moscow Exchange）MICEX – RTS
新加坡	新加坡衍生商品交易所（Singapore Exchange Derivatives Trading，SGX – DT）
南非	约翰内斯堡证券交易所（Johannesburg Stock Exchange）
西班牙	西班牙证券期货市场（Mercado Español de Futuros Financieros，MEFF）
瑞典	纳斯达克 – OMX 斯德哥尔摩（NASDAQ OMX Stockholm）
瑞士	不适用（2011 年将其欧洲期货交易所股份出售给了德意志交易所）
土耳其	土耳其衍生产品交易所（Turkish Derivatives Exchange，TurkDex）
英国	英国伦敦国际金融期货期权交易所（NYSE LIFFE UK）
英国	欧洲洲际交易所（ICE Europe）
美国	芝加哥商品交易所集团（CME Group）
美国	美国伦敦国际金融期货期权交易所（NYSE LIFFE US）
美国	群岛期权交易所（NYSE ARCA Options）
美国	国际证券交易所（International Securities Exchange）
美国	芝加哥期权交易所（Chicago Board Options Exchange）
美国	OneChicago 期货交易所

2013 年 11 月，洲际交易所集团（Intercontinental Exchange Group，ICE）宣布顺利完成收购纽约 – 泛欧证交所（NYSE Euronext）[①] 的交易，股票和现金的交易总价值约为 110 亿美元。

合并后的公司经营了 16 个全球交易所和五个中央清算所，而 ICE 和纽约 – 泛欧交易所将继续沿用各自的商标名称。与之前宣称的一样，根据市场条件和

---

① 资料来源：洲际交易所（网络新闻稿，2013 年 11 月 13 日），"洲际交易所完成收购纽约泛欧交易所"，见 http：// ir. theice. com/investors – and – media/press/press – releases/press – release – details/2013/IntercontinentalExchange – Completes – Acquisition – of – NYSE – Euronext / default. aspx。

监管审批,该公司预计作为一家独立的实体公司在欧洲的泛欧交易所集团进行 IPO(2014 年)。

芝加哥商品交易所集团——深入了解

虽然我们不会详细介绍每一个衍生产品交易所,但是深入了解一下或许是全球最大的交易所——芝加哥商品交易所集团(www.cmegroup.com)还是很有必要的。该集团由两个芝加哥交易所于 2007 年合并组成:芝加哥商品交易所(Chicago Mercantile Exchange)和芝加哥贸易局(Chicago Board of Trade)。

在交易所上市的产品中,有超过 1 800 种金融合约,共可分为 10 类。表 2-34列举了这些金融衍生产品的类别及相应例子。

表 2-34 芝加哥商品交易所的上市产品

	子类别	示例
农业	谷物 家畜 乳制品 林业 商品指数 软商品	玉米 活畜 现金结算的奶酪 随机长度的木料 道琼斯-瑞银大宗商品指数 咖啡
能源	原油 天然气 成品油 生物燃料 煤炭 电力 排放 货运 石油化工	WTI 金融期货 天然气期权 纽约港超低硫柴油期货 乙醇期货 煤炭期货 PJM50MW 日历-月 LMP 期权 欧盟航空津贴期货 货运路线 TC2(波罗的海)期货 蒙特贝尔乌天然气汽油期货
股票指数	美国指数 国际指数 行业	标普 500 指数 日经 225 指数(美元) E-迷你工业行业选择指数(E-mini Industrial Select Sector)
外汇	主要市场 新兴市场 交叉汇率 E-micro	欧元/美元 美元/人民币 欧元/英镑 E-micro 欧元/美元
利率	短期利率(STIR) 美国国债 互换期货	2014 年 3 月到期的欧洲美元 美国政府长期债券 10 年期可交割利率互换

续表

	子类别	示例
金属	贵金属 基础金属 亚铁 焦煤 其他	黄金期货 铜期权 铁矿石（含铁量62%），CFR 中国期货 澳大利亚焦煤（普氏）期货 UxC 铀 U308 期货
期权	农业 能源 股票指数 外汇 利率 金属	大豆期权 WTI 原油平均价格期权 标普 500 期权 欧元外汇期权（美国） 欧洲美元期权 黄金期权
场外产品	利率互换 信用违约互换 外汇 NDFs 和 CSF 能源 农业互换 金属 商品指数互换	美元、欧元、英镑；固定/浮动利率互换，期限长至 51 年 CDX IG 系列 8：7 年和 10 年 美元 NDF 包括人民币、台币、俄罗斯卢布等 参见上面的能源部分内容 玉米清算场外日历互换（亚洲方式） 参见上面的金属部分内容 OTC 商品指数清算互换
气候	温度 飓风 霜 降雪 降雨	美国月/季度性升/降温 月/季节性飓风次数 月/季节性霜冻次数 月/季节性降雪量 月/季节性降雨量

正如您所看到的，CME 集团涵盖了各种类别及其子类别的产品。您也可能注意到，其中有一些产品是基于大宗商品的，而这在本书中并未涉及①。

除了产品之外，衍生产品交易所还会提供交易设施（主要是电子交易平台，一些交易所还会提供公开喊价的实体交易场所）和产品定价数据，其中定价数据有可能是实时公布的，也可能会随后跟交易的成交量和持仓量信息一起公布。

我们将在第 9 章中讨论清算和结算，但这里要说明的是，衍生产品交易所既可以有自己的清算中心，也可以借助第三方清算系统进行清算。在本案例中，

---

① 关于这个主题我可以推荐一本很好的书，尼尔·斯科菲尔德的《商品衍生产品：市场和应用》(2007)，由约翰威立国际出版公司出版（国际标准图书编号 978-0470019108）。

芝加哥商品交易所（CME）就拥有自己的清算服务系统 CMEClearing。

2.7.4 持仓量及成交量

场内衍生产品（ETD）市场和现金市场不同，现金市场中发行的可供交易或其他目的的股份和债券数量都是有限的。而场内衍生产品合约则完全不需要额外发行，只要有人需要，就可以创建新的 ETD 合约；一旦持仓量下降，ETD 合约就会被取消。

每天都有 ETD 合约进行交易。这些交易或者创造新的风险敞口（一份新建合约），或者关闭风险敞口（对合约进行平仓），而这些交易总量就是被交易的合约数量。因此，"持仓量"指的就是在某特定时刻已经被交易但尚未被关闭或进行交付的合约总量。

表 2-35a 和 2-35b 展示了持仓量和交易量之间的不同。

表 2-35a　　　　　　　　　持仓量与交易量

时间（天）	交易活动	持仓量	交易量
1	A 从 B 处购买 1 份合约 B 向 A 出售 1 份合约	1	1
2	C 从 D 处购买 5 份合约 D 向 C 出售 5 份合约	5	5
3	A 向 D 出售 1 份合约（A 平仓） D 从 A 处购买 1 份合约	-1	1
4	E 从 C 处购买 5 份合约 C 向 E 出售 5 份合约（C 平仓）	0	5
5	总计	5	12

表 2-35b　　　　从不同交易商的角度来看持仓量和交易量

交易商	购买合约数量	出售合约数量	持仓量-多头	持仓量-空头
A	1	1	0	0
B	0	1	0	-1
C	5	5	0	0
D	1	5	0	-4
E	5	0	5	0
总计	12	12	5	-5

这里需要注意两点：

1) 计算成交量：购买一份合约加上出售一份合约才等于一份合约的成

交量。

2）注意多头持仓量和空头持仓量的总和为零，这个数据毫无意义，因此我们只考虑多头持仓量数据，即上例中的5。

~~~~~~

问题：

在表2-36中交易量和未平仓数量各是多少？

表2-36　　　　　　　　　　5天的交易活动

时间（天）	交易活动	持仓量	交易量
1	A 买进 50 份合约 B 卖出 50 份合约		
2	C 买进 30 份合约 D 卖出 30 份合约		
3	A 卖出 20 份合约 E 买进 20 份合约		
4	A 卖出 20 份合约 D 买进 20 份合约		
5	D 买进 10 份合约 F 卖出 10 份合约		
	总计		

答案：

总交易量130份合约，持仓量60份合约。

未平仓合约计算过程见表2-37。

表2-37　　　　　　　　总交易量和持仓量的计算

交易商	买进合约数量	卖出合约数量	持仓量-多头	持仓量-空头
A	50	40	10	0
B	0	50	0	-50
C	30	0	30	0
D	30	30	0	0
E	20	0	20	0
F	0	10	0	-10
总计	130	130	60	-60

我们之前看到，像 CME 这样的交易所会对各种产品类型的衍生产品交易进行处理，而其中的大部分产品都可以分为两类：期货和期权。接下来我们将学习这两大类型产品的一系列的典型合约条款以及相应的例子。

2.7.5 期货

问题：

您能回忆起期货的定义吗？

答案：

期货合约是买卖双方约定在未来某个特定时间，以现在约定的价格对标准金额的标准资产进行交易的合约，该合约对买卖双方具有法律约束力。

当衍生产品交易所开发出一个新的衍生产品时，合约条款必须包含足够的信息以便用户了解这个产品。以政府债券为标的资产的利率衍生产品就是一个不错的例子。在表 2-38 中，您会看到三个不同衍生产品交易所发行的基于三种长期政府债券的衍生产品合约的主要条款。

表 2-38　　　　美元、英镑和欧元债券期货合约的对比

	美国长期国债期货	英国长期国债期货	欧元区长期国债期货
交易所	芝加哥商品交易所集团（CME）	伦敦国际金融期货期权交易所（NYSE LIFFE）	欧洲期货交易所（EUREX）
基本单位（面值）	100 000 美元	100 000 英镑	100 000 欧元
交割等级（见注解）	美国长期国债（T-bond），息票率为 6%，期限为 15 年到 25 年	英国长期国债（gilt），息票率为 4%，期限为 8.75 年到 13 年	德国长期国债，息票率为 6%，期限为 8.5 年到 10.5 年
报价	1 个点和 1/32 个点（如 120-16 表示 120 16/32）	以面值百分比	以面值百分比
最小报价单位	1/32 个点（如 31.25 美元）	0.01（如 10.00 英镑）	0.01（如 10.00 欧元）

续表

	美国长期国债期货	英国长期国债期货	欧元区长期国债期货
合约月份(即期货到期的月份)	3月、6月、9月和12月的循环周期中的最近三个季度(即最长9个月)		
最后交易日	交割月最后一个工作日之前的第7个工作日12:01前。	交割月最后一个工作日之前的2个工作日的11:00前	交割月最后一个工作日之前的2个交易日的中欧时间(CET)12:30前
最后交付日	交割月最后一天	交割月任何一个工作日(卖方自己决定)	交割月10日

注：空头的交付义务只有在涉及德国、意大利、法国或瑞士发行的某些债券时才需要履行。每个国家的债券到期日稍有不同。

通过对比，我们发现这三种期货合约之间共性和差异并存。首先，它们具有如下相似点：

1) 交付物(标的资产)都是长期政府债券。
2) 每面值标的资产的单位(合同)都是100 000。
3) 其报价惯例都反映出了标的资产的报价惯例。
4) 合约月份都是按照三个季度的周期计算的。
5) 最小报价单位都遵循了相同的模式，尽管美国的最小报价单位是1/32，而另外两个国家/地区是以小数的形式。

其次，它们的不同之处在于：

1) 名义息票率不同——英国长期国债为4%，另外两个国家/地区的国债为6%。
2) 在芝加哥商品交易所和欧洲期货交易所，期货合约只能在交割月中特定的一日交付，而在伦敦国际金融期货期权交易所则可以在交割月的任一交易日交付。芝加哥商品交易所和欧洲期货交易所规定的最后交付日也不相同。

2.7.5.1 可交割债券

仔细研究合同条款就会发现，并没有一种特定的债券就是直接被认定成为可交割债券的，这就意味着在构建投资组合时可以选择一只或多只在一定程度上达到可交割标准的债券。

但也很可能并没有一只债券的息票率和到期日都满足上表给出的标准，针对这个问题，交易所发布了一张表单，列出了每一个特定交割月所适用的所有债券。

例如，2014年6月的英国长期国债期货合约规定，可交割债券的息票为4%，期限为8年零9个月到13年的债券。因此这份合约需要的就是2023年3

月到 2027 年 6 月之间到期的标的债券。伦敦国际金融期货期权交易所（NYSE LIFFE）在 2013 年 9 月①首次发布了包含 2 只可交割的英国国债的一览表，并在 2014 年 3②月进行了一次更新。到原书截稿时为止，该表中包含 3 只证券：

- 2023 年 9 月 7 日到期、票息为 2.25% 的长期国债
- 2024 年 9 月 7 日到期、票息为 2.75% 的长期国债
- 2025 年 3 月 7 日到期、票息为 5% 的长期国债

有时，一览表上会有多达四五只的可交割证券。而现在的问题是这 3 只债券中交割哪只，以什么价格交割？

从合同条款中我们知道，交割时间是由卖家决定的。在上述 2014 年 6 月的期货合约的情形中，卖家可在这三只债券里选择一只。但要明确的是，卖家最终应该通过计算选择最便宜可交割（cheapest to deliver，CTD）的那只。我们将在后面的期货定价的章节学习 CTD——最便宜可交割。从运营的角度来看，这是一个将衍生产品转换成现金市场产品的例子。通常情况下，用户会在最后一个交易日前对所有多头、空头头寸进行平仓，因而无须对标的资产进行交割。

债券的交割价格由交易所宣布，这个价格叫做"交易所交割结算价格"（exchange delivery settlement price，EDSP），我们会在第 9 章"衍生产品清算与结算"中介绍该价格的实际运行机制。

2.7.5.2 期货定价

期货合约和其标的债券使用的是同一种定价惯例，并且标的可交割的英国国债也是用类似方式进行定价的。表 2 – 39 给出了 2014 年 6 月的期货合约和上述三种标的可交割英国国债的收盘价格。

表 2 – 39　　　　　伦敦国际金融期货期权交易所 2014 年 6 月
英国长期国债期货合约

产品	价格	来源	日期
2014 年 6 月英国长期国债期货合约	110.66	伦敦国际金融期货期权交易所（NYSE LIFFE）	2014 – 04 – 25
2023 年 9 月 7 日到期、票息 2.25% 的长期国债	96.84	英国债务管理办公室（DMO）参考价格	2014 – 04 – 25
2024 年 9 月 7 日到期、票息 2.75% 的长期国债	99.88	英国债务管理办公室（DMO）参考价格	2014 – 04 – 25

---

① 资料来源：NYSE LIFFE（官网），可交割英国国债 LON3742 一览表，见 https：//globalderivatives. nyx. com/en/bond – derivatives/nyse – liffe/deliverable – bonds。

② 资料来源：NYSE LIFFE（官网），对可交割英国国债 LON3806 一览表的更新，见 https：//https：//globalderivatives. nyx. com/sites/globalderivatives. nyx. com/files/ lon3806. pdf。

续表

产品	价格	来源	日期
2025年3月7日到期、票息5.00%的长期国债	121.05	英国债务管理办公室（DMO）参考价格	2014-04-25

资料来源：1　伦敦国际金融期货交易所（网络）结算价格，见 https：// globalderivatives. nyx. com/en/products/bond – futures/R – DLON/settlement – prices。

2　债务管理办公室（网络）参考价格，见 www. dmo. gov. uk/ rpt _ parameters. aspx? rptCode = D3B&page = Gilts%2fDaily _ Prices。

一般认为期货合约的价格曲线是线性的，这就意味着当您买进一份期货合约（多头）时，如果其价格上升，您就获得了未实现利润；反之则为未实现亏损（见图 2 – 2）。

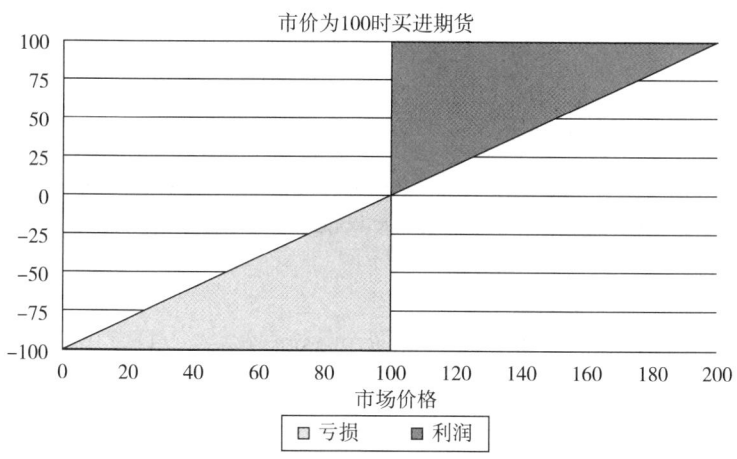

图 2 – 2　市价为 100 时买进期货合约

如果您持有该期货的空头仓位时，结果与上述情况相反：价格上涨时，您会亏损，而价格下跌时，您才会盈利（见图 2 – 3）。

当您进行标的资产的交易时，需要很快结清这笔交易的全部经济价值（如 T + 3，即交易日三天后）。一旦完成结算，原有的交易对手方风险敞口就消失了。期货合约等衍生产品则不同，它的经济价值在交易结束后并不是立即结清，而是要等到至少几个月后合约交付时才进行结算。这种时间差就导致了交易对手方风险敞口的产生——如果不是清算公司承担了这种来自买卖双方的风险，交易商是不会接受这种风险的（由清算公司替代原交易对手方进入交易，成为原买方的卖方和原卖方的买方，称为约务更替，Novation）。

直到期货合约平仓或交割以前，买卖双方都会通过保证金系统来反映合约的价值变化。如果一份合约对于交易一方的价值升高，那么清算公司就会把差

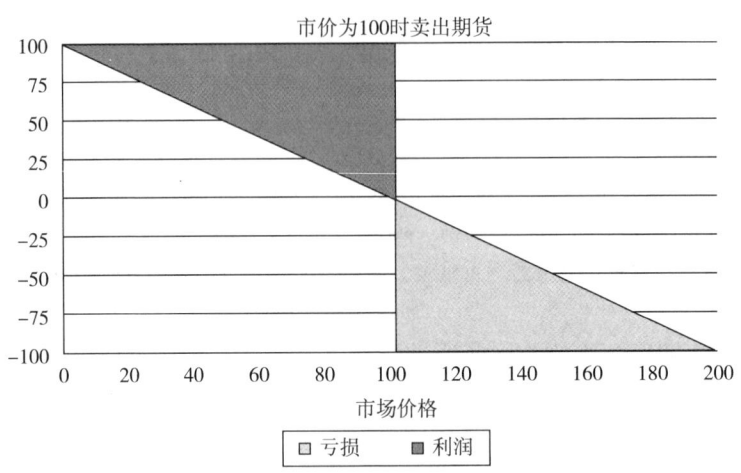

图 2-3 市价为 100 时卖出期货合约

价贷记入该交易方的账户上。相反，如果合约对于某一方价值下降，清算公司则会把差价借记入该方的账户上。

结果是，期货合约的任何交易方每天都要结清其当天的收益和亏损。而与期货合约不同，标的资产的收益或损失只能在其交易（多头卖出，空头买进）时才能实现。

2.7.5.3 价格（或转换）因子

对于 2014 年 6 月的期货合约[①]，我们已经知道了有三只可用的可交割债券。为了使这些债券"看起来像"息票率 4% 的英国国债，我们给每只债券都设定了一个价格因子（price factor，PF）。这些价格因子从合约开始时就已经被设定好，并在整个债券期限中都将保持不变。对于息票率小于 4% 的英国国债，其 PF 会小于 1；若息票率大于 4%，则 PF 大于 1。上述三种可交割英国国债的 PF 值如下：

2023 年 9 月 7 日到期、息票率 2.25% 的英国国债，价格因子为 0.8655782

2014 年 9 月 7 日到期、息票率 2.75% 的英国国债，价格因子为 0.8955672

2025 年 3 月 7 日到期、息票率 5.00% 的英国国债，价格因子为 1.0867250

在实际交易中，交易所会宣布交易所交割结算价格（EDSP），并用其乘以价格因子，此外，应计利息也包含在价格的计算中：

$$\text{价格（invoicing amount）} = \text{面值} \times \left(\frac{\text{交易所交割结算价格}}{100}\right) \times \text{价格因子} + \text{应计利息} = 100\,000 \times \left(\frac{\text{交易所交割结算价格}}{100}\right) \times \text{价格因子} + \text{应计利息}$$

---

① 数据来源见表 2-39。

这个公式只适用于仅有一个交割日期的期货合约。而对于英国长期国债期货来说，其合约可以在交割月的任一工作日交割，因此必须调整该公式以反映出所选交割日的应计利息：

$$价格 = 100\,000 \times \left(\frac{交易所交割结算价格}{100}\right) \times 价格因子 + 应计利息（即每日应计利息 \times 该交割月计息日数）$$

也可以这样表述：

$$价格 = 1\,000 \times 交易所交割结算价格 \times 价格因子 + 应计利息（即每日应计利息 \times 该交割月计息日数）$$

如果我们选择第一只英国国债且 EDSP 为 110.66，那么在交割日 2014 年 7 月 14 日时 10 份合约的价格将是 963 901.83 英镑（见表 2-40）。

表 2-40　　　　　　　第一只可交割英国国债的发票价

参数	EDSP	价格因子	初期利息	每日应计日利息	合同数量	交割月计息日数
2023 年 9 月 7 日到期息票率 2.25%	110.66	0.8655782	519.701087	6.114130	10	14
价格	£ 963 901.83					
每 100 000 英镑计算公式	(1 000 × EDSP × PF) + 初期应计利息 + （计息日数 × 每日应计利息）					

问题：

如果另外 2 只可交割英国国债的 EDSP 也是 110.66，那么其价格分别是多少？您需要用到可交割英国国债一览表（修订版）。

答案：

价格分别是 998 059.12 英镑（2024 年到期、息票率 2.75% 的英国国债；参见表 2-41）和 1 216 020.97 英镑（2025 年到期、息票率 5.00% 的英国国债；参见表 2-42）。

表 2-41　　　　　　　　第二只可交割英国国债发票价

参数	EDSP	价格因子	初期利息	每日应计日利息	合约数量	交割月计息日数
2024 年 9 月 7 日到期息票率 2.75%	110.66	0.8955672	597.826087	7.472826	10	14
价格	£ 998 059.12					

表 2-42　　　　　　　　第三只可交割英国国债发票价

参数	EDSP	价格因子	初期利息	每日应计日利息	合约数量	交割月计息日数
2025 年 3 月 7 日到期息票率 5.00%	110.66	1.0867250	1 154.891304	13.586957	10	14
价格	£ 1 216 020.97					

2.7.5.4　最便宜可交割（CTD）

由于不同期限的债券有不同的投资收益率，但价格因子却是基于所有可交割债券都是以相同收益率定价的这一假设，因而几只债券的价格因子相同。这就导致了在所有可交割债券中会有一只"最便宜可交割"（CTD）债券，而这只最便宜可交割债券就在一个期货空头头寸时被交割。简单来说，如果可以对其进行赊购并且满足期货空头交付需求，那么最便宜可交割债券获利最高。

从运营角度来说，我们并不需要知道如何找到最便宜可交割债券。如果需要交付一只债券，我们会被告知 EDSP，并借此计算总价。在实际中，大多数期货合约会在到期前进行平仓，而只有很少的合约会实际交付。

2.7.6　期权

问题：

您能回忆起期权的定义吗？

答案：

看涨期权是买方（持有人）指定到期日或之前以指定价格购买资产的权利。

看跌期权是持有人有权在指定到期日或之前以指定价格出售资产的权利。

期权有自己的一套术语，比如我们会分别把买方和卖方称为一份期权合约的持有者（holder）和立权人（writer）。在后面我们还会讲到其他独有的术语。上述的期权定义我们是从持有者（买方）角度给出的，即持有者有权购买（看涨期权）或卖出（看跌期权）一份资产。但每一位购买方都会有对应的立权人（出售方）。

在实际交易中，是由期权持有者（买方）决定是否行使权利，如果买方要求进行交易，则立权人（卖方）必须进行交割。

问题：
从理论上讲，买卖双方的角色哪个更具有吸引力？
答案：
因为买方拥有决定权，所有买方更具吸引力。也正因如此，买方会在交易时通过支付一笔费用来部分补偿卖方。

对买方来说，期权费（premium）就是有权在合适的时间决策执行合约是否有利的代价；对卖方来说，期权费就是当他们不得不执行交易（译者按：通常对买方有利）时所收到的部分补偿。我们认为期货是"期权费结算"（Premium Settled）的。

更多术语：期权合约的价格被称为期权保险费（即期权费）。

举例

一个投资人持有一只看涨期权（call option），从而他有权利（而非义务）在2014年6月以100的行权价格购买一份资产。这种资产的现货价格是115。投资人在交易次日（T+1）支付给卖方10的期权费。

我们可以假设现在是2014年6月，来思考下可能出现的两种情况：

1）如果该资产价格降到95，买方不愿意执行合约，则该期权失效。对买方来说，其损失就是最初支付给卖方的10的期权费。对卖方来说，既没有没有交付资产，又赚取了期权费。

2）如果该资产价格涨到130，买方很可能愿意执行该合约。于是他以100的行权价格获得了市场价130的资产，净赚20（现价130 − 执行价100 − 支付的期权费10）。卖方则必须以100的价格出售市价130的资产，净损失20（行权价格100 − 现价130 + 最初挣到的期权费10）。

问题：

您能从上例中买卖双方的可能损益中得出什么结论？

答案：

表 2-43 给出了答案。

表 2-43　　　　　　　　　买卖双方的可能损益

角色	最大收益	最大损失
买方	理论上来说，买方的可能收益是无限的，即现价越高收益越大	最大损失为期权费，因为如果价格不合适买方可以不执行合约
卖方	最大收益是收到的期权费	现价越高损失越大，当现价等于行权价加上期权费时，损失为零

这是一个非线性价格关系的例子——如果我们观察其损益平衡图，就会发现损益线在行权价金额所表示的点被截断了。

下面四幅图展示了看涨期货和看跌期货的损益情况（行权价格均为100，期权费均为10）：

- 买进看涨期权（见图 2-4）

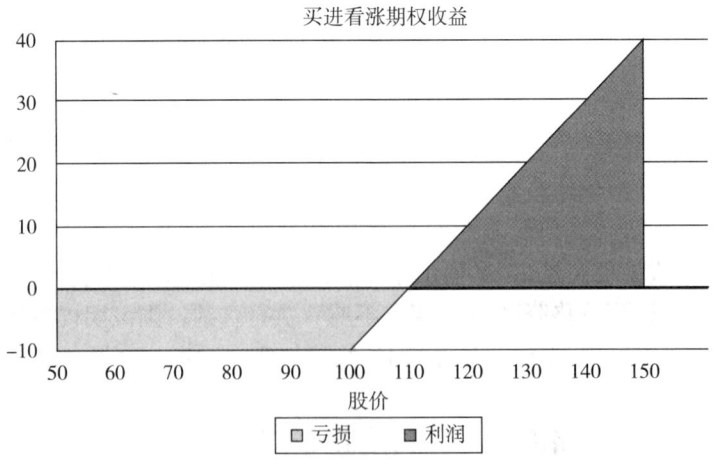

图 2-4　买进看涨期权

- 卖出看涨期权（见图2-5）

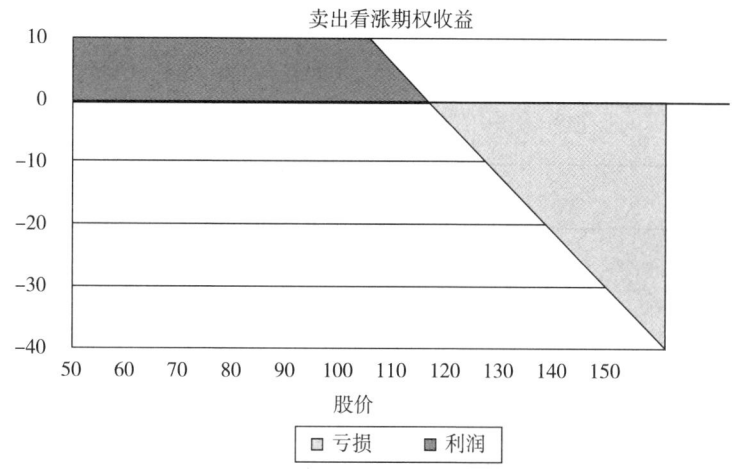

图2-5 卖出看涨期权

- 买进看跌期权（见图2-6）

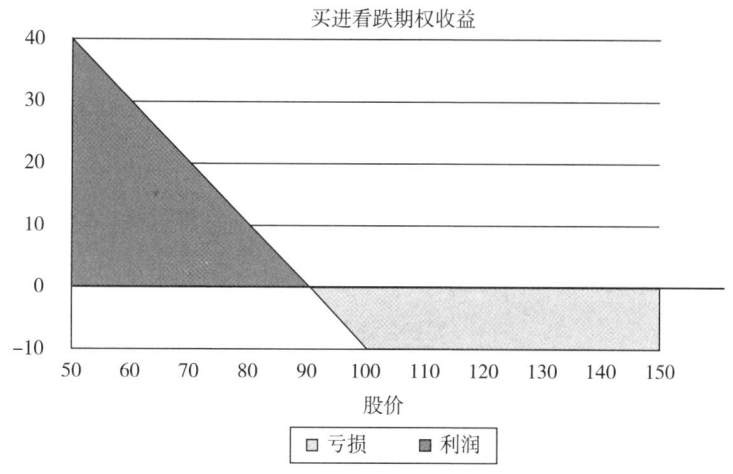

图2-6 买进看跌期权

- 卖出看跌期权（见图2-7）

看涨期权的价值会随着标的资产价格的上升而上升。如果您购买了一份看涨期权，那么当标的资产价格上升时您就会获利，但当其市价下降时，您的损失最多也就是开始支付的期权费。

如果您卖出一份看涨期权，那么当标的资产市场价格上涨时，您就会亏损，但如果市场价格下跌，您也只能最多赚取最初收到的期权费。这一点和保险业务相似，虽然其风险/收益比并不那么吸引人。对看涨期权的卖方来说，收到的期权费用/价格比才是关键。

看跌期权的价值随着标的资产市价的下跌而上升。如果您买进一份看跌期权,那么当标的资产市价下跌,您就会获得收益,而当其市价上涨,您会最多损失已支付的期权费。

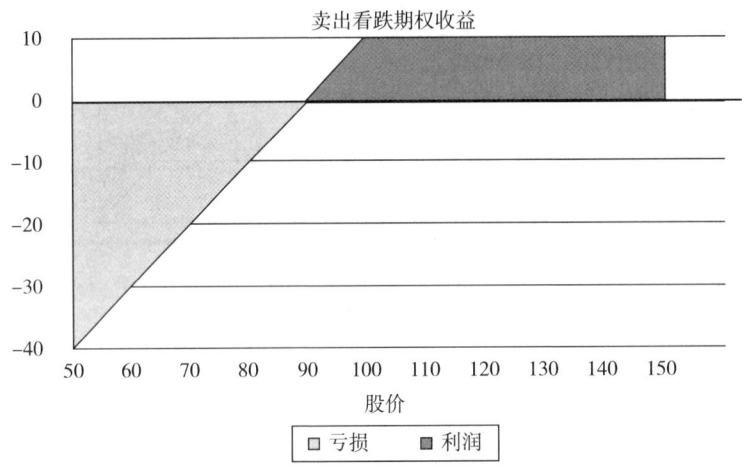

图2-7 卖出看跌期权

卖出看跌期权的价值会随着标的资产市价的下跌而下降。如果标的资产市价上涨,您的收益也仅限于收到的期权费。

2.7.6.1 期权条款

和期货合约一样,期权合约的条款也是由衍生产品交易所制定的。表2-44列出了期权合约通常包含的主要条款。

表2-44　　　　　　　　　　　期权合约条款

合约条款	详情
期权种类	看涨期权(买方有权购买标的资产)、看跌期权(买方有权出售标的资产)
期权履约方式	美式期权——这类期权可以在到期前的任意时间行权 欧式期权——只能在期权执行月的某一天执行
标的资产数量和类别	例如,ABC公司1 000股普通股
行权价格(或执行价格)	标的资产的交易执行价格
最小报价单位	最低价格变动量
合约月份	通常基于季月周期
到期日	可对合同行权的最后一天
结算方式	是以标的资产的实际交割结算,还是以等量现金结算

表 2-45 给出了以佳能股份有限公司的股票作为标的资产的期权合约的例子。

表 2-45　　　　　　　　　佳能股份有限公司期权合约条款

合约条款	详情
期权种类	看涨期权和看跌期权都是以东京证券交易所上市的证券为标的资产
期权履约方式	欧式期权
标的资产数量和类别	100 股佳能股份有限公司股票，当地股票代码：7751 ISIN 编码：JP3242800005
行权价格（执行价格）	行权价格及其区间是以首个交易日设定的标的资产的最终交易价格为基础的。
最小报价单位	取决于期权费的多少。例如，如果期权费在每股 1 000 到 3 000 日元之间，那么最小报价单位就是 1 日元。
合约月份	最近连续 2 个月以及最近连续 2 个季月（3 月、6 月、9 月、12 月）
到期日	最后一个交易日（欧式期权类型）
最后交易日	每个合约月份第二个周五的前一个工作日
结算方式	行权日五天后进行现金结算和标的资产现货交割

资料来源：东京证券交易所（官网）。

网址：www.tse.or.jp/english/rules/derivatives/eqoptions/index.html。

2.7.6.2　期权价格

在学习期权定价前，我们需要知道一些相关术语：

标的资产价格和期权行权价格之间有一定关系。表 2-46 中的 ITM（In the Money，价内：期权到期或到期之前，买家有利可图。译者注，下同）和 OTM（Out of the Money，价外：期权到期或到期之前，买家无利可图。还有 ATM，At the Money，平价：合约价格等于现货价格）头寸是针对期权买方说的，对卖方来说则刚好相反。

表 2-46　　　　　　　　　期权买方的 ITM/OTM/ATM

价内期权/实值期权	ITM	● 对于看涨期权：行权价格低于现货价格 ● 对于看跌期权：行权价格高于现货价格
平价期权/平值期权	ATM	● 行权价格和标的证券现货价格相同［在实际中，这样的情况很少发生，实际上我们这里指的是"近价"（near-the-money）］
价外期权/虚值期权	OTM	● 对于看涨期权：执行价格高于标的证券现货价格 ● 对于看跌期权：执行价格低于现货价格

问题：

在表 2-47 中显示的情形中，您的期权是 ITM、ATM 还是 OTM？

表 2-47

情形	执行价格	现货价格
您买入看涨期权	340	350
您卖出看涨期权	235	260
您买入看跌期权	75	100
您卖出看跌期权	225	245
您买入看涨期权	78	77
您买入看跌期权	1 350	1 351

答案：

表 2-48 给出了答案。

表 2-48　　六种情况的答案

情形	执行价格	现货价格	答案
您买入看涨期权	340	350	ITM
您卖出看涨期权	235	260	OTM
您买入看跌期权	75	100	OTM
您卖出看跌期权	225	245	ITM
您买入看涨期权	78	77	ATM
您卖出看跌期权	1 350	1 351	ATM

现在我们可以总结出期货和期权合约相关的风险（参见表 2-49）。

表 2-49　期货和期权风险比较

头寸	风险	收益
买进看涨期权	最多亏损掉期权费	可以无限获益
买进看跌期权	最多亏损掉期权费	几乎可以无限获益
卖出看涨期权	可以无限亏损*	最多赚取期权费
卖出看跌期权	几乎可以无限亏损	最多赚取期权费
卖进期货	几乎可以无限亏损	可以无限获益
卖出期货	可以无限亏损	几乎可以无限获益

注：* 除非进行补进。

问题：

在表2-49中，为什么有些风险和收益"几乎"（而非真的）没有限制？

答案：

因为标的资产（股票、债券、商品、利率等）市场价格既不可能低于零也不可能无限上涨。

2.7.7 场内衍生产品总结

场内衍生产品（ETD）产品主要是期货和期权合约，他们是衍生产品交易所创造的产品，通过清算所集中清算。这些产品的标的资产、执行日期、交易等产品合约条款的所有要素都是标准化的。

这些合约都是根据用户要求制定的；对合约的总数量并无限制。用户可以通过交易量和未平仓合约的数量来了解其市场规模。这些信息和开盘价、收盘价、最高价和最低价都会在衍生产品交易所公布，这个衍生产品交易所即是创造该产品的交易所。

本章最后，我们把目光聚集在第二类衍生产品——场外（OTC）衍生产品。

2.8 OTC（场外）衍生产品

2.8.1 引言

和场内衍生产品不同，OTC衍生产品不是由交易所创造的具有标准化合约条款和交易规则的衍生产品，而是由买卖双方在交易所以外私下协商而创建的。这就涉及其行业监管的一系列问题。

1）因为这些合约不是集中清算，所以没有中央对手方。

2）一笔交易的成功完成依赖于交易双方彼此履约。并且由于一些OTC合约在交割前可能会持续很多年，所以交易对手方风险很高。

3）因为OTC合约不在交易所交易，所以并不需要上报交易情况。

4）OTC衍生产品在设计和内容方面相对简单。但也有一些产品的结构非常复杂，从而导致了其风险也相应变得复杂。

5）OTC衍生产品条款是在交易时制定的。不过，"香草型"（Vanilla，即普通型）合约是按照基础模式制定的。

这种情况也在发生着改变，随着来自监管部门的压力越来越大，OTC合约正在逐步向中央清算系统靠拢：交易开始需要进行上报（不管是否是集中清算的交易），并且交易本身将来都有可能也会转到交易所中进行。

而我们更需要关注的是复杂衍生产品（exotic derivatives）。因为没有集中统一的交易所公开定价，所以很难对 OTC 衍生产品进行估值。如果清算公司不了解某种衍生产品的产品风险并无法对其进行准确估值，它们可能就不会接受这类衍生产品的清算业务，这就会导致复杂金融衍生产品数量的减少或消失。

当我们交易远期和互换产品时，会涉及一个"名义金额"（notional amount）的概念。这些衍生产品中除了货币互换之外，其他的名义金额都是不能参与交换的，但是其产生的现金流是可以进行交换的。

我们可以在国际清算银行（Bank for International Settlements）的"季度报告"[①] 统计附件中找到关于 OTC 衍生产品名义价值存量（Notional Amounts Outstanding）和总市值（Gross Market Value）的可靠信息。2013 年 12 月季度报告中的"表19 OTC 衍生产品存量金额"显示了主要产品类别的金额和价值（见表2-50）。

表2-50　　　　　　国际清算银行——OTC 衍生产品存量金额

表19　OTC 衍生产品存量金额根据风险种类和工具

单位：十亿美元

产品种类/工具	名义价值存量					总市值				
	2011.06	2011.12	2012.06	2012.12	2013.06	2011.06	2011.12	2012.06	2012.12	2013.06
合约总量	706 884	647 811	639 396	632 579	692 908	19 518	27 307	25 417	24 740	20 158
外汇合约	64 698	63 381	66 672	67 358	73 121	2 336	2 582	2 240	2 304	2 424
远期和外汇互换	31 113	30 526	31 395	31 718	34 421	777	919	771	803	953
货币互换	22 228	22 791	24 156	25 420	24 654	1 227	1 315	1 184	1 247	1 131
期权	11 358	10 065	11 122	10 220	14 046	332	345	285	254	339
利率合约	553 240	504 117	494 427	489 703	561 299	13 244	20 001	19 113	18 833	15 155
远期利率协议	55 747	50 596	64 711	71 353	86 334	59	67	51	47	168
利率互换	441 201	402 611	379 401	369 999	425 569	11 861	18 046	17 214	17 080	13 663
期权	56 291	50 911	50 314	48 351	49 396	1 324	1 888	1 848	1 706	1 325
股权相关合约	6 841	5 982	6 313	6 251	6 821	708	679	645	604	693
远期和互换	2 209	1 738	1 880	2 045	2 321	176	156	147	157	206

---

① 在国际清算银行季度报告官网 www.bis.org 上的"发布＆研究"板块中可以找到。

续表

产品种类/工具	名义价值存量					总市值				
	2011.06	2011.12	2012.06	2012.12	2013.06	2011.06	2011.12	2012.06	2012.12	2013.06
期权	4 813	4 244	4 434	4 207	4 501	532	523	497	448	487
大宗商品合约	3 197	3 091	2 994	2 587	2 458	471	481	390	358	386
黄金	468	521	523	486	461	50	75	61	53	80
其他商品	2 729	2 570	2 471	2 101	1 997	421	405	328	306	306
远期和互换	1 846	1 745	1 659	1 363	1 327					
期权	883	824	812	739	670					
信用违约互换	32 409	28 626	26 931	25 069	24 349	1 345	1 586	1 187	848	725
单一卖方	18 105	16 865	15 566	14 309	13 135	854	958	715	527	430
多重卖方	14 305	11 761	11 364	10 760	11 214					
（多重卖方中）标的指数产品	12 473	10 514	9 731	9 663	10 170					
未分配产品	46 498	42 613	42 059	41 611	24 860	1 414	1 978	1 842	1 792	775
备忘项目										
总信贷风险敞口						2 971	3 939	3 691	3 609	3 900

资料来源：2014 年 3 月国际清算银行季度报告（官网），网址：www.bis.org/publ/qtrpdf/r_qt1403.htm。

到目前为止，利率合约的名义价值存量金额和总市值的数额最大，分别为 5 612 990 亿美元和 151 550 亿美元。

2.8.2 远期

问题：

您能回忆起远期合约的定义吗？

答案：

远期合约是买卖双方约定在未来某个时间，以现在约定的价格对约定好的资产和数量进行交易的合约，对买卖双方都具有法律约束力。

我们看两个远期合约的例子：

1）远期利率协议（FRA）。
2）利率互换（IRS）。

2.8.3 远期利率协议

FRA 可以来解决用于名义金额上的两个利率不同的问题。FRA 常被银行和企业作为对冲利率风险的工具。设想一下，您是一个公司的财务工作人员，需要为公司借入 1 000 万美元，期限是 6 个月。如果您想要今天借入，就要以即期利率支付 6 个月利息；但假如您需要在 3 个月以后再借入（而不是今天），您会面临什么风险？没错，接下来 3 个月利率可能会上涨，使您的借款成本增加。

为了对冲利率上涨的风险，您以年化利率 2.00%（固定利率，fixed rate）的价格购买了名义金额 1 000 万美元的 FRA。这个价格反映了 3 个月后开始、为期 6 个月的一份 3×9 FRA（9 个月 − 3 个月 = 6 个月）的贷款利率。

在接下来的 3 个月里，您可能会发现 6 个月期贷款的年利率变成了 2.50%（参考利率，reference rate）。于是您的担心变成了现实，利率上涨了。

那么现在，这两种贷款价格间的差额是 0.5%（2.50% − 2.00%）的年化利率，根据 FRA 条款，卖方要将此利率差在名义金额上的差价支付给买方，完成这项支付后，这份 FRA 就算正式结清了。

直接点讲，卖方需要支付：

名义金额 × 6 个月期的利率差额。

需要注意的是，和一般贷款不同，卖家需要在 6 个月借贷期开始时（即 3 个月后）就把差价支付给买方，而不是等到借贷期结束（即 9 个月后）。为了调整和纠正这种异常，需支付的金额会根据参考利率进行折现。因此在本例中，卖方需支付的实际金额是 24 962.28 美元：

$$\text{支付款} = \text{名义金额} \times \left(\frac{(\text{参考利率} - \text{固定利率}) \times \text{计息日数}}{1 + (\text{参考利率} \times \text{计息日数})} \right)$$

$$\text{支付款} = 10\,000\,000 \text{ 美元} \times \left(\frac{(2.5\% - 2.0\%) \times \frac{182}{360}}{1 + (2.5\% \times \frac{182}{360})} \right)$$

$$\text{支付款} = 10\,000\,000 \text{ 美元} \times \left(\frac{0.0025}{1.0126} \right)$$

$$\text{支付款} = 24\,962.28 \text{ 美元}$$

这里假设这 6 个月的贷款期共 182 天。

有两点需要注意：

1）如果您想借入1 000万美元，您的借款利率还是按即期利率2.50%计算，并将收获FRA差额。这样您的成本会降到2.00%左右，即协议固定利率。

2）如果您仅仅是通过预测利率走向来进行投机交易，那么您会得到24 962.28美元作为预测准确的回报。

问题：
如果参考利率变成了1.50%，情况会如何？

答案：
买方将支付给卖方25 087.53美元。

$$\text{支付款} = 10\,000\,000 \text{ 美元} \times \left(\frac{(1.5\% - 2.0\%) \times \frac{182}{360}}{1 + (1.5\% \times \frac{182}{360})} \right)$$

$$\text{支付款} = -10\,000\,000 \text{ 美元} \times \left(\frac{0.0025}{1.0076} \right)$$

$$\text{支付款} = -25\,087.53 \text{ 美元}$$

尽管贷款期开始（生效日期，Effective Date）前不需要进行结算支付，但从交易建立到生效日期的这段时间，当事双方都面临着利率风险。为了规避这种风险，双方每日都会重新对FRA进行估值，并且面临风险的一方（译者注：即对方可能违约时）会收到抵押品。本书后续会讲到抵押品。

在上述例子中，我们用标记3×9表示生效日期（Effective Date）和到期日（Termination Date）。表2-51进一步给出了关于这个符号的更多例子，这里以伦敦银行间同业拆借利率（LIBOR）作为基准利率（在不同情况下，我们还可以用别的银行间利率作为参考）：

表2-51　　　　　以LIBOR为基准的FRA标记法

生效日期	到期日	利率	符号
1个月后	4个月后	3个月期 – LIBOR	1×4
1个月后	7个月后	6个月期 – LIBOR	1×7
3个月后	6个月后	3个月期 – LIBOR	3×6
3个月后	9个月后	6个月期 – LIBOR	3×9
6个月后	12个月后	6个月期 – LIBOR	6×12
12个月后	18个月后	6个月期 – LIBOR	12×18

总而言之，您可以通过签订 FRA 来锁定利率，防止其上涨（如例子中显示的那样）。这样，您需要购买一份 FRA。相反，您也可以通过出售 FRA 来防止利率下跌。

2.8.4 互换

问题：
您能回忆起互换合约的定义吗？

答案：
互换合约是一种交易双方将各自金融资产的某些收益交换为对方金融资产的某些收益的金融衍生产品。

互换现金流以名义本金金额为基础进行计算，并被称为互换合约的"端"（legs）。

根据标的资产的不同，互换合约可以分为几种类型，但每一种都符合上述定义，表 2-52 给出了一些例子。

表 2-52　　　　　　　　　　互换合约类型

标的资产	OTC 互换	定义
股权	股权互换	股票或股指表现与融资成本（如 LIBOR 利率）进行互换
利率	利率互换	固定利率与浮动利率（如 3 个月 Euribor）进行互换或浮动利率与浮动利率进行互换（如 1 个月 LIBOR 对 6 个月 LIBOR）
信用	信用违约互换	信用违约互换（CDS）：CDS 购买者支付一系列费用给出售方，一旦出现贷款违约或其他信用问题，卖方将对其进行补偿
外汇	货币互换	两个币种的本金及利息相互交换。可以有不同的互换的结构
大宗商品	大宗商品互换	与固定 vs. 浮动利率互换类似。一种商品（如原油）的浮动（现货）价与同商品的固定价格互换

我们之前看到，在 OTC 衍生产品种类中，目前利率互换（IRS）在所有种类中占比最大，可用于对冲风险和投机目的。IRS 的不同种类见表 2-53。

表 2–53　　　　　　　　　　利率互换合约类型

一端		另一端	货币
固定	换	浮动	同种货币
固定	换	浮动	不同货币
浮动	换	浮动	同种货币
浮动	换	浮动	不同货币
固定	换	固定	不同货币

接下来让我们深入探究一下表 2–52 中的第一类合约：同种货币的固定利率与浮动利率之间的互换。

问题：

ABC 公司按 6 个月期 LIBOR 利率上浮 200 个基点的浮动利率借入 1 000 万美元，期限为 5 年，那么 ABC 公司会面临什么风险？该公司担心在未来 5 年中利率会稳定上涨。

答案：

一个解决方案，如果基准利率确实上涨了，该公司的利息成本会随基准利率一起上浮。该公司可能想将此浮动利率贷款转换为固定利率贷款。但这种办法也许并不可行，因为这可能会违背原有的浮动利率贷款合约的条款，或者/并且新的固定利率贷款的利率可能会很高。

另一个解决方案，就是保留此浮动利率贷款，同时签订一份美元固定/浮动利率互换合约。

在这里，ABC 公司将采用利率互换来对冲其现有头寸。利率互换合约的名义金额将为 1 000 万美元，期限为 5 年，ABC 公司希望最终只需要支付固定利率。理论上讲，ABC 公司需要找到一个有相反需求的交易对手方，即它们有一份固定利率负债并且确信利率会下跌。而实际上，ABC 公司只需要找一个利率互换的交易商（假设叫做互换银行，Swap Bank）来作为直接交易对手方或作为其他交易方的经纪商进行交易。

ABC 公司会接受浮动利率来部分或全部抵销现有浮动利率端，同时支付固定利率。在这里，ABC 被称为"支付方"，而互换对方的银行则是固定利率的"接受方"。

IRS 合约条款如表 2–54 所示。

表2-54　ABC利率互换合约条款

（固定利率）接受方	互换银行（Swap Bank）	接收"固定利率"
（固定利率）支付方	ABC公司	支付"固定利率"
固定利率	年化利率1.60%	30/360。在＜日期1＞和＜日期2＞时各支付一次半年期利息，以抵销其原浮动利率支付
浮动利率	6个月期LIBOR上浮50个基点	30/360。在＜日期1＞和＜日期2＞时各支付一次半年期利息，以抵销其原固定利率支付
名义金额	10 000 000美元	
期限	5年	

注：请注意以上利率只起举例说明的作用。当执行互换交易时，以使得交易净现值（NPV）为零的方法定价。

通过这个IRS交易，ABC公司的利率支付成功地从浮动利率转变成为固定利率。我们知道，ABC公司原支付的浮动利率是6个月期LIBOR上浮200个基点，这里可以用"管道图"（见图2-8）来追踪利率变动情况并计算ABC公司的新利率。

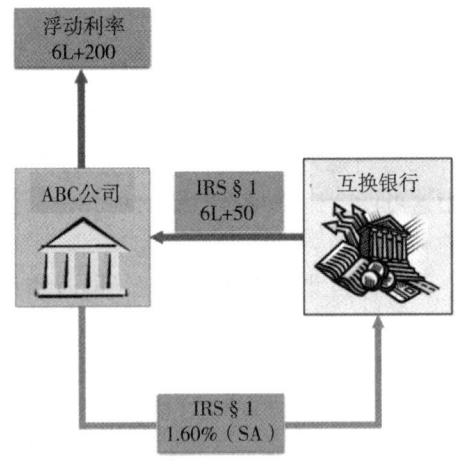

图2-8　管道图

我们看到，通过支付新的固定利率并接受浮动汇率，ABC公司抵销了6个月期LIBOR，只剩下150（200减50）个净基点作为成本。另外，由于固定利率是1.60%，ABC公司的年化总有效固定利率达到了3.10%，如表2-55所示。

表2-55　ABC公司的总有效固定利率

细节	支付/接收	利率	±	基点	结果
现行利率	支付	6个月期LIBOR	+	200	－（6L+200）
浮动利率端	接收	6个月期LIBOR	+	50	－150
固定利率端	支付	1.60%	－		－3.10%

假设 XYZ 有限公司是这家互换银行的第二个交易方/客户，它拥有一份固定利率 1.80% 的贷款。XYZ 按照表 2-56 显示的条款和互换银行（Swap Bank）进行了 IRS 交易。

表 2-56　　　　　　　　　　XYZ 有限公司的成本

（固定利率）接受方	XYZ 有限公司	接受"固定利率"
（固定利率）支付方	互换银行	支付"固定利率"
固定利率	年化利率 1.58%	30/360。在 <日期 1> 和 <日期 2> 时各支付一次半年期利息，以抵销其原浮动利率支付
浮动利率	6 个月期 LIBOR 上浮 50 基点	30/360。在 <日期 1> 和 <日期 2> 时各支付一次半年期利息，以抵销其原固定利率支付
名义金额	10 000 000 美元	
期限	5 年	

问题：

请计算下面内容：
- XYZ 有限公司的总成本
- 互换银行（Swap Bank）的利润/亏损

答案：

XYZ 有限公司的成本是 6L+72（支付 1.8%，接收 1.58%，其中 22 个基点的差值是成本，再加上浮动利率 6L+50），见表 2-56。

表 2-57　　　　　　　　　　XYZ 有限公司的成本

细节	支付/接受	利率	±	基点	结果
现行利率	支付	1.80%			-1.80%
固定利率端	接受	1.58%			-0.22%
浮动利率端	支付	6L	+	50	6L+72

如果我们把这两个 IRS 交易合并起来（见图 2-9），就可以清楚地看出作为代理方的互换银行（Swap Bank）的盈亏情况。

对于互换银行：

通过这两个互换交易，互换银行（Swap Bank）可以在这 5 年内赚取 10 000.00 美元的利润，如表 2-58 所示。

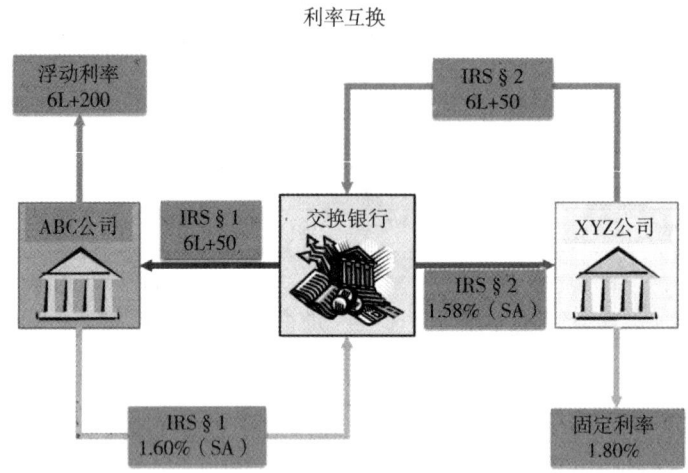

图 2-9 作为代理商的互换银行

表 2-58　　　　　　　　　　互换银行在五年间的利润

固定/浮动端	交易§1	交易§2	净值
浮动端	支付 6L+50	接受 6L+50	抵销为 0
固定端	接受 1.60%	支付 1.58%	+0.02%
总利润		年化利率 0.02%，5 年期	
总利润（美元）		10 000.00	
每年利润（美元）		每年 2 000.00	

在交易期间，无论利率上涨下跌，都不会影响互换银行的利润。那么互换银行可能面临什么风险呢？在这段时期内，两个交易方都会给银行带来交易对手方风险，如果一方（或双方同时）违约，银行就会面临风险。但如果这笔互换交易进行集中清算，就可以避免这种情况。关于这个问题，本书会在后续章节进行讲解。

其他类型的互换合约也遵循相同的固定/浮动 IRS 基本原则，但是每种交易都有自己独特的特点。

2.8.5　小结——OTC 衍生产品

OTC 衍生产品是私下协商、场外交易的合约，其优点是用户可以根据自身需求对交易细节进行调整。和场内衍生产品交易不同，OTC 衍生产品的交易对于市场和监管部门是不透明的。而随着越来越多普通类型的合约逐渐转向集中清算，这种情况正在改变。但最终场外衍生产品合约是否会在场内进行交易，还有待进一步观察。

OTC 的一个缺点是每桩交易的条款和适用条件都必须在交易确认书中明确规定，甚至需要详尽到计息日数惯例这样的细节。

国际互换与衍生产品协会（ISDA）书店（www.isda.org/publications/pub-guide.aspx）出版了一系列包括 ISDA 主协议、定义手册与确认书、监管文件在内的书籍刊物，可供我们学习。

2.9 本章总结

2.9.1 金融产品概论

金融产品是为了特定目的而发行，并且随后可以在市场进行交易。

2.9.2 现金市场

现金市场分为短期产品和长期产品市场，这些产品由政府部门（和它们的各类代理机构）、超国家组织和公司企业发行，来满足它们的特定融资需求。

我们把短期产品发行和交易的市场称为货币市场，其产品包括：
- 现金贷款/存款
- 商业票据
- 大额存单
- 银行承兑汇票
- 短期国债
- 汇票

与之相反，我们把长期产品的市场称为证券市场，其产品包括：
- 股权（普通股票）
- 债券（公司债券、长期国债、超国家债券）
- 混合证券（优先股、可转换债券、普通股认购权证）

证券是以现金进行交易结算的，并需要在交易日后几天内完成全部支付。

2.9.3 衍生产品市场

衍生产品是将价值基于其标的资产（如股权、债券、利率、股指等）的金融合约。衍生产品合约并不是由标的资产的发行方发行，而是通过衍生产品交易所创建（场内衍生产品，TED）或者交易双方私下协商创建［场外（OTC）衍生产品］的。

衍生产品合约主要分四种：

1）远期（OTC）。
2）期货（ETD）。
3）期权（ETD & OTC）。
4）互换（OTC）。

然而这个市场在逐渐发生着变化：随着越来越多的 OTC 衍生产品需要向交易信息库（trade repository）提交报告，并且通过中央清算系统进行清算，它们变得越来越透明。而 ETD 衍生产品则必须在交易所内交易，并进行集中清算。

衍生产品合约要在最后一个交易日前执行（转换成标的资产或现金）或进行提前平仓而终止。同时，根据产品类型的不同，它们的金融风险管理方式包括保证金制度、期权费支付和抵押品交换等制度。而且，这类合约的经济价值不在交易日结算。

第 3 章 数据管理

3.1 前言

在如今的金融界，典型的运营部门必须要获取并处理数量庞大的数据和信息。而我们在个人生活里，也不得不去记忆大量的注册账号、密码、个人识别码、电话号码，以及我们的朋友和客户的地址等。那么我们是怎样去记忆这些不同种类的信息呢？我们可以把它们存储在记忆中（但可能会被遗忘），也可以把它们写在纸上（纸也可能会丢失），但不论怎样，我们都面临着在需要时却无法获得正确信息的风险。

我们或许可以准确识别出自己的电话号码、家庭住址和最常用的个人密码，也可能自认为可以记住一些不常用的信息，但基本记不住那些偶尔才会用到的信息。这时候我们该怎么办呢？一个显而易见的办法是建立一个数据库，可以存储各种不同的信息以便我们需要时能够轻易获得。但随即您会发现这种方法有一个很紧迫的问题——您的数据库可能会很好地满足您的需要，但并不能同时符合所有人的要求！从某种意义上来说，这就是如今出现在金融行业里的问题：银行、证券交易所、基金管理公司和其他所有类型的金融业参与者，他们都基于自身的需要建立了自己的数据库，但现在所缺少的却是一种高度的标准化，即所有有需要的个人或机构都可以从某个单一来源处获取并理解所获得的信息。

在本章的学习结束时，您应该可以：
- 理解数据以及其中蕴含的信息的重要性
- 了解不同类型的数据，以及它们是如何对运营部门产生影响的
- 明白如何管理数据
- 学会法人实体识别的新国际标准

3.2 参考数据及其标准化的重要性

3.2.1 引言

20 世纪 80 年代早期，本书作者就职于一个欧洲债券结算部门，当时那里仍

然在通过人工记账的方式来记录欧洲债券的交易。他回忆道："替我们持有欧洲债券的欧洲结算系统，每6个月会出版一本很厚的硬拷贝（纸质版）名录，囊括了他们可能会持有的每一种证券的基本情况。

每当从交易大厅传来一张交易票据，我们要做的第一件事就是从那本名录里找到对应的债券——在名录里，我们可以找到这只债券的如下信息：

- 准确的名称，包括其息票率和到期日
- 在欧洲结算系统内的独特债券识别编码
- 上一个息票支付日期

这些信息让我们得以计算出应计利息，安排好需要打印的交易确认书，并且准备好相应的交付/接收指令。这些信息将经过一个与电话听筒相连接的声音耦合器（一种通过声学方法来连接电子信号的接口设备）被传送到欧洲结算系统的专有系统（被称为"欧几里得，Euclid"）。

实际上，我们是把这份名录当成了一个人工版本的证券数据库在使用，而这么做的最大弊端就是其过程相当耗时，特别是当整个部门只有一本名录的时候！后来整个部门的计算机化让情况好转了一些，然而，我们购买的计算机系统使用的是欧洲清算中心的那套证券识别系统（正如我们之前在人工环境下所做的工作一样）。而当我们和世达国际结算系统（Cedel，即现在的卢森堡的明讯银行，Clearstream Banking Luxembourg）交流时，问题就出现了：世达也有它自己的名录和一套独特的编号系统……"

3.2.2 基础证券交易

先来看一个基础的证券交易。思考一下，一份由前台部门提供的信息和我们要对交易进行有效结算所需要的信息相比，两者之间有什么差别？在当今环境下，绝大部分交易信息将以自动化和电子化的方式到达运营部门。为了使这些信息可视化，我们来看一个使用了硬拷贝（纸质）交易单的交易案例。

问题：

一个交易商会为您选择的交易提供什么样的信息？只许您列出交易商能够提供的信息。

答案：

表3-1提供一些建议，以及我们所需要的一些额外信息。

表 3–1　　　　　　　　　　　　　　交易单的内容

	交易单内容	评论
交易商	AKD 公司	该交易商是否有权进行这笔交易？该交易是否超越了其交易限额？
交易日期	2016 年 3 月 10 日	有三种不同的日期表述格式： 2016 – 03 – 10（SWIFT） 10 – 03 – 2016（欧洲等地区） 03 – 10 – 2016（美国）
交易时间	9：16	这是美国东部标准时间（EST）、格林威治标准时间（GMT）、中欧时间（CET）还是其他时区的时间？
交易场所：	国际资本市场协会（ICMA）/场外交易市场（OTC）	如果有多个交易场所，就需要格外关注
交易方向	卖出	错误的交易方向会影响交易的经济效果
证券	2020 年到期、息票率 4.60% 的 EDF 债券	2020 年到期息、票率 4.60% 的 EDF 债券可能不止一只，因此最好能够列示出完整的偿债日期（本例中为 2020 年 1 月 27 日），以及一个可区别于其他债券的独特识别编码
数量	\$ 5 000 000	该证券的最小交易单位（board lot size）是多少？交割金额必须是这个单位的整数倍
到期收益率	2.3663%	大部分债券是以票面价值的百分比来定价的，但如果我们的系统需要，我们就得重新表述（本交易中是 112.1070）
交易对手方	ABC 交易公司	本次交易是否在交易对手方的交易限额内？我方进行交易的账户号是什么？
自有账户/客户账户	交易账户（trading book）	此账户是否合适？——如果我们出售的是"持有至到期"（held – to – maturity）账户上的证券，那就要另当别论了
一些额外信息		
应计利息	\$ 29 388.89	根据相适应的计息日惯例计算出来的（在国际资本市场协会第 251 条规则（ICMA Rule 251）下，以美元计价的欧洲债券是基于 30E/360 的计息日数方式来计息的）
结算日期	2016 年 3 月 13 日	根据欧洲债券的结算日惯例：T + 2
结算方式	DVP	用一家或两家国际中央证券托管结算机构（ICSD）： ● 内部交割（在欧洲结算中心或明讯银行各自内部进行交割） ● 搭桥交割（在欧洲结算中心进行资金交付，同时在明讯银行进行证券交割，或者反过来进行）

接下来仔细考虑一下这张交易单是否已经提供了足够的信息来帮助您对这笔交易进行处理——当然只有这些是不足以完成交易结算的,所以我们有责任添加一些适当的信息要素,比如交易确认书、结算指令、更新我们的账户和记录,以及进行一些其他的运营操作。

3.3 参考数据的类型

3.3.1 所需参考数据

针对上述交易,我们可以列出一系列结算所需的参考数据的例子(见表3-2)。

表3-2　　　　　　　　　　所需参考数据

数据类型	数据要素
交易数据	<ul><li>交易价格</li><li>交易数量</li><li>交易对手方</li><li>客户(如果适用)</li><li>交易所/交易场所</li><li>结算指令</li></ul>
证券标识信息	<ul><li>本国市场的标识码(identifier)</li><li>国际标识码</li><li>证券/产品等级</li><li>到期时间</li></ul>
交易对手信息	<ul><li>信用评级(内部评级 & 外部评级)</li><li>账户详情</li><li>交易历史</li></ul>
客户信息	<ul><li>信用评级(内部评级)</li><li>账户详情</li><li>人口统计信息</li><li>交易历史</li></ul>
结算信息	<ul><li>清算中心(可能不止一家)</li><li>清算模式(国际清算银行)</li><li>结算日惯例(T+n)</li><li>计算惯例</li></ul>

现在我们来考虑一下对于下述三种数据类型,我们分别需要哪些数据:
➢ 证券

> 交易对手方和客户
> 结算信息

从事金融行业的挑战就在于，您需要将信息分类并且使之标准化，从而无论用户来自于什么行业、身处哪个国家的证券市场，都能够获得并理解这些信息。

3.3.2 所需数据——证券

在本节，我们将讨论关于证券的两个问题——证券的识别方式和分类方式。传统上，在某个特定市场上发行的证券，将被该国的国家"编号系统"（numbering system）赋予一个在该市场上独一无二的识别编码。表3-3展示了一些国家编号系统的样例。

表3-3　　　　　　　　　国家编号系统样例

国家	编号系统	简介
美国	美国统一证券识别程序委员会编号（CUSIP）	9位字符 由字母和数字组成
英国	证券交易所每日正式牌价表（SEDOL）	7位字符 由字母和数字组成
德国	德国WKN证券编码	6位字符 由字母和数字组成

尽管一国的国家编号系统在该市场上运行良好，但对于每种（在国际上流通的）证券来说，在国际环境中仍然需要一个独一无二的国际识别码。国际公认的证券识别标准被称为"国际证券识别码"（International Securities Identification Numbering System, ISIN）体系，该体系下各证券的国际编号是由各国的"国家编码机构"（National Numbering Agencies, NNAs）根据其协会（国际编码机构协会，ANNA，官网 www.anna-web.org）出版的指导方针编写的。一个ISIN编码由12位字符组成，主要包括三部分：前缀是由2位字母组成的国家或地区代码；然后是9位字母或数字代表该证券的国内识别码；最后1位是校验码。

NNA通常都会设立在证券发行人合法登记的国家或地区；对于债券来说，NNA有时由国际证券清算组织来担任。

ISIN编码适用的国际标准是国际标准化组织（International Organization for Standardization, ISO）6166号。

ANNA同时也是ISO 10962（金融工具分类（CFI）编码适用的国际标准）的注册机构。和ISIN编码一样，CFI编码也是由编码机构NNA分配的，它由6位字母组成，用户可以根据其识别出金融工具的类型、特征和属性（见表3-4）。

表 3-4　　　　　　　　　　　　CFI 编码

字符位数	分类等级	
第 1 位字符	工具的种类	权益类（E） 债务类（D） 认股权类（R） 期权类（O） 期货类（F） 结构性产品（S） 参照性工具（R） 其他工具（M）
第 2 位字符	工具的分组	举例——权益类 • 普通股（S） • 优先股（P, R） • 可转股（C） • 可转换优先股（F, V） • 单位工具，如共同基金（U） • 其他工具（M） 举例——债务类 • 债券（B） • 可转债（C） • 附有认股权公司债（W） • 中期票据（T） • 货币市场工具（Y） • 资产担保证券（A） • 抵押支持证券（G） • 其他工具（M）
第 3~6 位字符	属性	多达 4 个的金融工具相关属性

资料来源：ISO 2006. "证券和相关金融工具——金融工具分类（CFI 编码）——ISO 10962：2001 的修订版本。"

网址：www.fixtradingcommunity.org/mod/file/view.php?file_guid=43074。

表 3-5a 和 3-5b 展示了一些 CFI 分类的例子：

表 3-5a　　　　　　　　　　　权益类金融工具

ISIN 编码	US4592001014	IBM 国际
CFI 编码	ESVUFR	E = 权益类工具 S = 股票，即普通股 V = 含投票权 U = 无限制（没有所有权/转让权限制） F = 全部付讫 R = 记名证券

表 3-5b　债务类金融工具

ISIN 编码	GB0002146073	澳大利亚联邦银行 1988 年发行的永久可交换 FRN
CFI 编码	DCVTQB	D = 债务类工具 C = 可转换/可交换债券 V = 可变利率 T = 政府/财政部担保 Q = 含看涨期权（含赎回权）的永久债券 B = 无记名证券

总而言之，对于每种金融工具，都会有独一无二的识别码和分类编码，使用户能够准确识别这种标准化的信息。然而，我们仍然需要获得更多的信息来对手头的证券进行下一步处理。接下来将分别通过一只债券类证券（见表 3-6）和一只股权类证券（见表 3-7）的例子来看看我们都需要哪些信息。

表 3-6　参考数据——债券

静态数据项	一只债券的例子	数据的主要用途
证券全称	英国地产公司有限公司（British Land Company Co., Ltd）发行，2023 年到期，息票率为 8.875% 的债券	对于该证券的正式描述，写在交易确认书及其他与客户的通信文件上的名称
ISIN 编码	XS0047184964	国际通用的证券识别编码，用于交易确认书和交易指令等外部联络使用
CFI 编码	DBFUGB	D = 债务类，B = 债券，F = 利息类型（固定利率），U = 担保类型（无担保），G = 偿还类型（具备早赎权利的固定到期日偿还），B = 持券人兑付（无记名形式）
发行币种	英镑（GBP）	在交易确认书和结算指令中用于报价的币种。在内部则代表了交易头寸和交易对手应付/应收的资金种类
发行数量	150 000 000	可计算持仓量头寸在发行总量中所占比例
证券类型	债券	可以根据证券类型出具内部统计和报告
证券组别	欧洲债券（以英镑计价）	在其他静态数据不全时仍可以识别证券类型
息票率类型	30E/360	能够正确计算应计利息
息票率	8.8750%	能够计算出债券在交易和息票支付中应计利息的最终金额

续表

静态数据项	一只债券的例子	数据的主要用途
派息频率	每半年一次	能够计算出债券在交易和息票支付中应计利息的最终金额
派息日期	3月25日、9月25日	能够计算出债券在交易和息票支付中应计利息的最终金额
最初起息日	1993年11月15日	一只新发行证券的最早起息日,也是债券应计利息的起算时间点
首个派息日	1994年3月25日	能够测定(首期)长期息票、(首期)短期息票或常规息票期间
到期日	2023年9月25日	标明了最终偿还本金的日期
是否可提前赎回	可以	早赎行为在任何时候都应以相关通知为准,赎回价格以票面价值,或特定基准债券的"总赎回收益"(Gross Redemption Yield, GRY)的价格孰高而定
到期价格	100%	标明了到期后债券发行者应付的债券价格
最小交易单位(可能不止一种规格)	100 000 10 000	确保交易以可接受的面额执行
默认账本	交易账户	以确定此证券交易的默认内部账户
信用评级	A$^+$	以便计算出这只证券的抵押价值,也能够确保从风险管理的角度来看这只证券是安全的

表3-7 参考数据——所有者权益

静态数据项	一只股票的例子	数据的主要用途
证券全称	巴克莱公共有限公司发行,25便士每股完全支付的普通股	对于该证券的正式描述,写在交易确认书及其他与客户的通信文件上的名称
股票代码	BARC; LSE	
NSIN编码(国家证券识别编码)	3134865	单只证券的国内识别码(英国使用的是SEDOL码)
ISIN编码	GB0031348658	国际通用的证券识别编码,用于交易确认书和交易指令等外部联络使用
CFI编码	ESVUFR	E=权益类证券,S=普通股,V=拥有投票权(一股一票),U=无限制(无所有权转让限制),F=完全付讫,R=记名证券

续表

静态数据项	一只股票的例子	数据的主要用途
结算币种	英镑	在交易确认书和结算指令中用于报价的币种。在内部则代表了交易头寸和交易对手应付/应收资金的货币种类（注意：英国定价以便士为单位）
流通股份	161亿	可计算持仓量占总发行量的比例；该指标具有监管意义（监管部门对该指标有披露要求）
证券类型	权益类	可以根据证券类型出具内部统计和报告
股息发放日	期中：6月、9月、12月 期末：3月	给定了发放股息的日期（如有另行通知则以通知为准）
上市日期	1953年12月31日	上市并允许交易的时间
最小交易单位（可能不止一种规格）	1	该股份的最低可交易数量
交易市场规模	10 000	正常的市场规模——确保交易金额的合理
默认账本	交易账户	以确定此证券交易的默认内部账户

3.3.3 所需数据——交易对手方与客户

金融机构需要掌握足够的交易对手方和客户信息，从而：

1）能够有效地与其对手方和客户进行沟通。
2）可以核查对手方、客户的身份信息。
3）对手方和客户的操作不违反反洗钱法规的要求。
4）可以对客户进行尽职调查。
5）可以识别出政治敏感人物（politically exposed persons，PEPs）。
6）可以向相关权力机构提交可疑交易报告（suspicious activity reports，SARs）。

问题：
仔细思考一下，在您自己身上有哪些个人属性是您一生都不可能改变的？
答案
表3-8给出了关于这个问题的一些思考。

表 3-8　　　　　　　　　　　　　个人属性

属性	详情
姓	记录在您的出生证明上，可以通过婚姻或改名契而更改
名	同上
出生日期	决定了某些权利和责任，比如，何时拥有投票权、何时可以考取驾照、何时成年等
社会保险编号	一国居民拥有的独一无二的个人编号，可以作为身份识别号码或/和税务编号
国籍	通常指出生国，但以后可以通过移民而改变

当然还有很多其他的个人属性，像家庭住址、电话号码、护照号、驾照号、银行账户详情和职业等，这些都可以在个人生活中进行变更

对公司来说，我们需要掌握以下识别信息：

- 公司实体的全称
- 该公司的性质（如有限公司、公共有限公司、股份公司和股份有限公司等）
- 交易名称
- 注册编码
- 增值税和/或税务参考编号
- 公司成立国家
- 经营/交易地址
- 公司注册地
- 公司董事姓名
- 公司实际所有者/控制人/掌权者的详细信息

这些信息让我们能够了解相关的个人、交易对手、客户，等等。除此之外，我们还需要一些其他信息，包括：

- 交易对手和客户的简称及其对应的参考编号（用于内部报告使用）
- 交易对手的类型（如机构客户、经纪商、交易组织等）
- 交易对手的所有关联公司（要注明两者关系）
- 托管机构的名称、地址，以及证券和资金的账号
- 现行结算指令（指令传送给托管人和清算公司的媒介）
- 交易所的会员资格（用于报告使用）

3.3.4 所需数据——结算信息

在前面的部分我们看到，我们可以用 CFI 系统对金融工具进行编码，但这并没有告诉我们通常情况下金融工具是如何被清算与结算的。表 3-9 展示了一个国家典型的中央对手方（CCPs）和中央证券存管机构（CSDs）的信息模板。

表 3-9　　　　　　　　　　CCP 和 CSD 信息模板

	CCP	CSD
国家	国家名称	国家名称
系统名称	中央对手方名称	中央证券存管机构名称
清算产品	证券 金融衍生产品 回购协议	
持有证券（国内/国际）		债券 政府证券 货币市场工具 权益类证券 其他
货币（可能不止一种）	本国货币/国际货币	本国货币/国际货币
DVP 模式		DVP 三种模式： ● DVP1：证券与资金均以逐笔全额方式同时交收 ● DVP2：证券以逐笔全额方式，资金以净额方式交收 ● DVP3：证券与资金均以净额方式同时交收
结算延迟（settlement lag）		T+0 T+1 T+2 T+3 等
资金结算代理		中央银行、商业银行或其他代理机构

注："支付、清算和结算系统在 CPSS 国家的统计。" 见 http://www.bis.org/publ/cpss112.htm。
资料来源：国际清算银行支付清算系统委员会（CPSS 官网）。

3.3.5 参考数据的来源

我们可以通过各种不同的渠道来获得所需要的参考数据，包括从向交易对手直接索取，到向专门提供市场数据和证券参考数据的资讯供应商购买。

关于交易对手和客户的信息，我们可以直接去他们的公司索取。有一些公开的信息很容易取得，比如年度报告和会计账目；而另一些则是公司的机密，像证券与资金的托管银行和账户详情，我们就很难获得。作为尽职调查的一部分，特别是考虑到"了解您的客户"（know your customer，KYC）原则和反洗钱（anti-money-laundring，AML）法规，我们要尽可能对收集到的信息进行核查。

投资经理、经纪自营商和托管银行都可以通过和在线全球数据库 Omgeo ALERT 系统相连接，自动共享客户公司的精确账户信息和现行结算指令（standing settlement instruments，SSI）信息。Omgeo 是美国存管信托和清算公司（Depository Trust & Clearning Corporation，DTCC）的全资子公司，而这种连接是基于网络或直接通过 Java 应用程序界面建立的。

关于证券的信息，我们可以从各种不同的渠道获得，不同渠道包括证券发行者（直接索取或者通过其招股说明书和发行说明书获取）、相应的中央证券存管机构、托管人和做市商、经纪商等市场参与者。这是一个相当艰苦耗时的工作，而另一个更加省时省力的办法就是从资讯供应商那里购买，下面就列出了一些常用的资讯供应商。

在表 3-10 中，您将会看到一些资讯供应商以及他们的网址和提供的一系列服务。

表 3-10　　　　　　　　　　　资讯供应商

公司	网址	资讯服务
彭博资讯	www.bloomberg.com	市场数据 参考数据 证券主数据 定价 & 估值
交互数据公司	www.interactivedata.com	参考数据： ● 服务条款 ● 公司行为 ● 企业实体 定价服务 公允价值信息 衍生产品估值
SIX 金融信息公司	www.six-financial-information.com	参考数据 公司行为 定价 & 实时估值 市场数据 新闻服务

续表

公司	网址	资讯服务
标准普尔公司	www.standardandpoors.com	证券参考数据 企业参考数据 估值 & 定价 信用评级 & 调查研究
汤森路透	www.thomsonreuters.com	公司数据 金融分析 金融新闻 定价 & 估值数据 市场指数

3.4 数据管理

3.4.1 什么是数据管理

数据管理是指对数据进行监督、监控与管理,从而保证数据的准确性与稳定性。有时候信息会变得很重沓,从而需要大量的人工维护。在同一个机构里,可能不同部门都需要各自获取、储存和使用相同的信息,这就会导致信息的冗余。机构需要对获取的信息进行准确性检验,而这需要高成本的人工维护。

3.4.2 数据管理的方法

数据管理有三种传统的方法:

1)交易型方法

这种方法以流程为基础,通常被称为"提取、转换、加载"(extract, transform and loan,ETL)系统。ETL 系统通过多种信息源获取不同金融产品的数据。

2)分析型方法

这种方法以信息存储为基础,通常被称为"仓库"(Warehouse)。在一个以"仓库"为基础的系统中,所有新获得的信息被存储在一个共同的数据结构中。这就需要先对新信息进行处理以适应这个结构,而且这个数据库很难收纳复杂的金融工具,因为它很可能无法适应特定的数据结构。

3)混合型方法

这是以上两种方式的结合,同时具有这两种方法的优势。而其劣势在于,在数据进入仓库前需要对其进行预处理,并且/或者当从仓库调出数据时还要对其进行重新调整。

3.4.3 数据加工

在从数据获取到数据发送的这个过程中,需要对数据进行适当的维护和支持,包括:

1) 从多样化的来源获取数据,来源包括资讯供应商和交易对手/客户的数据系统。

2) 匹配数据以确保能够以统一的视角来观察证券、发行、交易对手和客户信息。

3) 新获取的数据要经过准确性、完整性和质量的检验。

4) 为了适应用户的数据结构,调出的数据需要进行重新调整。

5) 将数据提供给经授权可以使用的部门,比如交易柜台、运营部门和数据管理维护团队,并确保数据可用。

3.5 法人实体的识别

3.5.1 背景

在进入本章最后一节之前,让我们先回忆一下,在前面的部分中我们是用一个独一无二的编号来识别某一"实体"的。比如,在表 3-11 中就列举了几种实体类型。

表 3-11　　　　　　　　　　实体类型

实体类型	识别方法
1. 证券	国际证券识别码体系（ISIN）& 当地/国内编号系统
2. 书（精装本或平装本）	国际标准图书编号（ISBN）
3. 医院里的病人	标在腕带上的一维条形码
4. 商店里的商品	标于产品上的一维条形码
5. 智能手机	二维矩阵条形码（如二维码）
6. 您和您的公司	您的名字和您公司的名字

上述所有实体类型都有独一无二的标识系统,但第 6 类除外——这是否说明当我们要识别个人、交易对手和客户时,仅靠他们的名称、简称或账户编号即可,而并不需要一套独一无二的识别系统?

但正如接下里的几个例子所展现的,这种想法有一些潜在的问题:

- 对于一个名称中所包含的字母数量,并没有标准化的规范

- 姓、名的书写是可以改变的，比如可以将姓写在名前，也可以写在名后。
- 一个机构的首字母缩略词可以有所变化，比如世界银行（World Bank）可以写成 IBRD 或 BIRD。并且，两种简写方法 IBRD 或 I. B. R. D，是否有差别呢？
- 许多公司都有一个复杂的组织结构，使其每个单元都有不同的商业目标。比如，银行可以被构造成商业银行、投资银行、保险公司、资产管理公司、信用卡公司和其他银行的客户公司等。
- 所有这些实体公司都可能拥有不止一个供应商，而每一个供应商都会通过自己的内部识别系统来了解其客户。

如果使用这种随意的方式来识别这些实体，很可能它们的详细信息会被加倍复制、错误归类，或者它们的风险预测会被低估，因为缺乏全国或全球视角。因此，现在需要的是一个独一无二的识别系统，它只给一个实体公司分配一个 ID，而不论它究竟在哪里注册或者经营业务。此外，一个公司的风险分析应考虑进其在全球的所有风险敞口。

3.5.2 "法人实体"

国际标准化组织的 ISO 17442 号标准适用于作为"法人实体机构"（legal entity）的表 3-9 中的第 6 类实体。法人机构被定义为那些能为其金融交易活动的后果负法律或金融责任，或在其辖权范围内有权合法独立地签订法律合同的实体机构。

因此法人机构包括：
- 金融中介机构
- 银行
- 金融公司
- 所有资产类型的发行人和担保人
- 在交易所和其他交易场所挂牌交易的实体公司
- 交易对手方
- 投资工具（包括"伞形结构"（umbrella structures））
- 所有受到金融监管机构监督管理的实体公司及其附属公司、子公司和控股公司

3.5.3 全球法人机构识别编码体系（GLEIS）

2012 年，G20 要求金融稳定委员会（Financial Stability Board，FSB）来协调推进全球"法人机构识别编码"（Legal Entity Identifier，LEI）系统的建立，于是 FSB 为推动 GLEIS 的发展而出版了大量相关原则和 35 条推荐规范。

GLEIS 的结构建立在三个执行层面上,如图 3-1 所示。

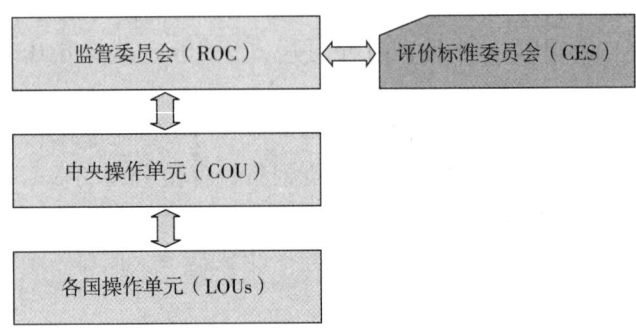

图 3-1 全球 LEI 体系结构

- 监管委员会:拥有全球范围管辖权的金融监管者
- 中央操作单元:协调和监管各国操作单元的活动
- 各国操作单元:负责分配和维护 LEI 编码。这些机构是基于其所在国的管辖权进行操作并由该国监管者资助的

在 GLEIS 正式使用前会有一个过渡阶段,即各国监管者会授权一个国内的"预操作单元"(Pre-LOU)来编制一种"预法人机构识别编码"(Pre-LEIs)。GLEIS 正式启用后,这些 Pre-LEI 编码可以经过一些适当的调整加工而转变成正式的 LEI 编码。

3.5.4 LEI 结构

ISO 17442 号标准明确规定,每一个 LEI 编码必须由 20 位字母及数字字符组成,以保证每一个编码独一无二,可以展示出所有的关键信息,使公司的识别信息一目了然。

这 20 个字符是由以下部分组成的:
- 第 01~04 位:分配给每个国家操作单元(LOU)的前缀
- 第 05~06 位:两个被设置为 0/0 的保留字符
- 第 07~18 位:一个随机产生的字母数字编码
- 第 19~20 位:两位数字表示的校验码(根据 ISO 17442 号标准设置)

表 3-12 和 3-13 分别展示了 LEI 编码的结构和一个 LEI 编码的例子。

表 3-12　　　　　　　　LEI 编码结构

前缀	保留字符	字母数字编码	校验码
1234	00	A1B2C3D4E5F6	78

LEI 编码包含了以下参考数据:

- 法人机构的官方名称
- 法人机构的总部地址
- 法人机构合法成立地点
- 法人机构成立时被要求进行公司注册记录的官方工商登记处（如适用）
- 相关官方商务登记处对注册机构的索引信息（如适用），如公司注册号
- 最新数据更新日期
- 曾用合法名称（如适用）
- 失效时间及原因

表 3 – 13　　为土耳其伊斯坦布尔的 ING 银行股份有限公司的发行 LEI 编码

预 LEI 编码（Pre – LEI）	7890001L64KNSIBT1H47
正式法律名称	ING BANK Anonim Şirketi
英文法律名称	ING BANK Anonim Sirketi
企业注册地址	Reşitpaşa Mahallesi Eski Büyükdere Caddesi No：8 /Sarlyer
邮编	34467
城市	伊斯坦布尔
国家	土耳其
办公地址	Reşitpaşa Mahallesi Eski Büyükdere Caddesi No：8 /Sarlyer
邮编	3467
城市	伊斯坦布尔
国家	土耳其
企业现状	活跃
企业法律形态/企业类型	股份制公司（Anonim Şirket）
档案状态（是否经过公证）	土耳其 LEI 编码，已经过公证（LEITR _ Validated）
初次分配编码日期	2013 年 10 月 25 日
最近一次编码更新日期	2013 年 10 月 25 日
下一次编码认证日期	2014 年 1 月 7 日
LEI 编码到期日	2014 年 1 月 7 日
LEI 编码失效原因	—
法人机构到期日，如果适用	—
由另一个 Pre – LOU/LOU 机构分配的 LEI 编码	—
贸易登记地	伊斯坦布尔

续表

预 LEI 编码（Pre-LEI）	7890001L64KNSIBT1H47
其他标识编码-工商注册号码	269682
其他标识编码-MERSIS ID	2332-9421-6542-8742
其他标识编码-MKK ID	12658493
其他标识编码-证券市场结算托管银行（Takasbank）基金编码	—
NACE 行业编码	64.19.01
母公司	荷兰国际商业银行/阿姆斯特丹
母公司 LEI 编码	3TK20IVIUJ8J3ZU0QE75
法人机构网站	www.ingbank.com.tr

资料来源：土耳其证券市场结算托管银行（Takasbank）（网络），"土耳其法人机构 LEI 编码列表"（Turkey Legal Entity LEI List EN），网址：www.takasbank.com.tr/en/Pages/Numaralandirma.aspx。

3.6 本章总结

在本章中我们看到，任何金融交易都涉及对金融工具和交易对手/客户信息的收集和发布。在今天，金融工具确实已经实现了全球化——从而使信息转换成标准形式，以便在当今这个直通式处理环境中能够很容易被我们的处理系统识别应用，就变得尤为重要。

从直接获取到通过资讯供应公司间接获得，我们有非常多样化的渠道来获得关于金融工具、交易对手和客户的信息。

我们也了解到，金融工具已经通过国际证券识别编码系统（ISIN）、国内编码系统和金融工具分类编码系统（CFI）大体实现了标准化。然而对于交易对手方和客户（即所谓的法人机构）的信息标准化问题直到近些年才被提出。G20峰会和金融稳定委员会（FSB）于2012年开始自发建立全球 LEI 系统，目前已在一些国家（英国、土耳其等）设立了各国操作单元（LOU）以便在国内分配预法人机构识别编码（Pre-LEIs）。

第 4 章　市场参与

4.1　前言

在金融世界中,需要资金的实体和资金充盈的实体之间存在着联系。我们可以将这些实体分别称为"借款方"和"贷款方"。

问题:
为什么借款方和贷款方很难直接交易?
回答:
有三个主要原因:
1) 规模:贷款方往往可用于贷款的资金较少,而借款方需要大量的资金。
2) 期限:贷款方倾向于随时向存款或储蓄账户中存入多余资金,而借款方则需要的贷款期限可能或短或长(可能长达25年或更长)。
3) 风险:贷款方面临借款方可能不愿意或不能偿还借款金额的风险。这被称为信用风险,可能导致贷款方失去所有资金。此外,贷款方可能无法评估现有的和潜在的借款方的信用风险。

基于这些原因,将存在一些介于贷款方和借款方之间的中介机构,帮助将贷款规模由小变大,将贷款方的短期资金贷出愿望匹配为借款方的长期资金需求,并分散借款方信用风险。

这些关系如图 4-1 所示,我们将在本章后续章节讨论这些关系。
到本章结束时,您将:
- 了解不同类型的贷款方和借款方,以及它们各自的动机
- 知道为什么需要中介机构,它们是谁,它们具备什么功能
- 了解市场基础设施及其所扮演的角色

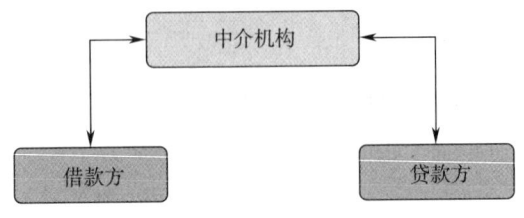

图4-1 借款方、贷款方和中介机构

4.2 市场参与者

4.2.1 零售客户

4.2.1.1 银行账户

我们大多数人都有银行账户,用来存入我们的工资薪酬和其他收入,以及支出我们的日常开销,如租金、按揭贷款、食品、移动电话账单。这些账户通常称为"活期账户"(current account)或(在美国)称为"经常账户"(checking account)。这些账户的余额可能相当小;然而,我们可以很容易将现金转入和转出,因为我们不必向我们的银行提供这些活动的预警(或称为"通知")。银行将使用客户的经常账户的余额作为其信贷活动资金的一部分,将资金借给需要借款的人。例如,客户需要借款10 000欧元,并请求银行借出这笔金额。银行不直接从存款方的活期账户中扣除这笔钱;相反,不同客户的现金余额都被集中在银行账户中,并且从该账户中将钱贷出给借款方。请注意,经常账户持有人不是直接借出资金;然而,银行将利息记入这些账户。这些利率将小于银行对借款方收取的贷款利息。这些利率的差额(或差价)代表银行损益账户的净利息收入。

除了我们的现金账户,我们可能有一个存款账户(deposit account)或储蓄账户(savings account)。我们将使用它来持有我们可能不立即需要的现金;事实上,这个账户可以用来积累可观的余额,以支付购房首付或其他重大投资目的。与现金账户余额相比,存款或储蓄账户不仅有更高的余额,而且余额保留在账户中的时间更长。银行也将利用这些余额,因为知道存款账户持有人不需要立即使用现金(与现金账户不同)。

4.2.1.2 直接投资

零售客户还会如何使用其资金？例如，如果客户持有的现金超过了其日常需求，他可能决定购买一些投资。他可以直接或在线上使用投资经纪商。客户现在成为了投资者。他的动机可能包括从以下渠道受益：

- 投资收益（股息或利息）
- 本金增长（投资价值的增加）

可以说，直接投资者需要获得相对大量的现金才可以使他的投资多元化；也许大约是几万英镑的现金。

潜在投资者常常被告知不要投资任何现金，如果（a）这些资金是其他更急迫的目的所需，或（b）投资者不能承受投资受损。

如果投资者没有足够的现金直接投资股票和债券等，投资者可以做什么？还有另一种选择——间接投资。

4.2.1.3 间接投资

市场上有大量被称为"集合投资"（collective investments）的投资产品。比如共同基金（mutual funds），单位信托基金（unit funds），投资信托基金（investment trusts），交易所交易基金（exchange traded funds），开放式基金（open-ended funds）等。

这些集合投资的共同点是，金融实体（如投资经理）将客户的现金投资于一只或多只集合投资基金。基金经理使用客户的现金购买基金内持有的合适证券；作为交换，基金经理将基金的份额/单位给予客户。以这种方式，持有少量现金的客户也可以从基金经理的专业投资知识中受益，并且其投资的标的产品和市场都是多元化的（diversified），而这对小额投资者来说，是通过直接投资无法实现的。

正如我们将在后面看到的，这三种现金去向的风险从相对较低的风险水平（银行账户）到较高的风险水平（如股票投资）。

4.2.2 机构客户

总的来说，机构投资者代表其客户将大量资金投入各种类型的投资，如证券、房地产、大宗商品和所谓的"另类投资"。机构投资者将资金投资于类型多样、覆盖多元化资产的"基金"，以满足预定的投资目标。资产多元化背后的理念是，它有助于降低基金在其中部分投资受损时整体所遭受损失的风险；基金越多元化，风险越低。

非多元化基金的一个例子是只包含一种资产的基金。如果该资产损失了，例如，其价值的50%，那么该基金也将损失其价值的50%。然而，一个多元化的基金，例如，包含25种资产，如果其中一种资产损失其50%价值，这个基金也只会损失其总价值的一小部分（投资风险是一个有趣的话题，包括"对冲"和"基金多元化"）。

4.2.2.1 投资经理

投资管理公司聘请投资经理投资和出售客户的资产。这种投资可以是全权委托投资（discretionary，经理决定采取什么行动，不参考客户的意见），也可以是非全权委托投资（non-discretionary，经理提出投资方案，客户批准后才能采取行动）。在任何一种情况下，投资经理都将评估每个客户的个人投资需求和风险状况。

投资经理的角色是管理客户的资金，以满足客户的投资目标。为此，经理将在一系列资产类别中分配资产，通常包括：

- 现金/货币市场工具
- 股票
- 债券
- 房地产
- 大宗商品

此外，还有两种投资管理风格：

- 主动管理（active management）。主动管理（也称为主动投资，active investment）是一种组合投资管理策略，其中投资经理进行特定投资，目标是超越市场基准指数。主动投资经理使用的策略多种多样；然而，其基本思想是利用市场非有效性（购买被低估的资产和/或销售被高估的资产）。
- 被动管理（passive management）。相比之下，被动管理下的基金只投资构成特定市场指数的资产。在这种情况下，被动投资经理模拟所选指数的业绩。

虽然被动管理的投资经理在统上经常使用股票指数（其中有很多种可供选择），还有很多包括债券、大宗商品和对冲基金的指数。

4.2.2.2 对冲基金

相对于较传统的投资经理（我们在前面的部分中讨论过），对冲基金经理采用另一种投资风格。第一只对冲基金是由设计经典的"多空"（long-short）策略的阿尔弗雷德·W. 琼斯先生于1949年创立的。琼斯在一项资产中持有多头仓位，并通过在另一项资产中持有空头仓位来对冲多头仓位的风险。例如，您可以趁低价买入公司 A 的股票（承担股价下跌的风险），以及趁高价卖出公司 B 的股票（承担股价上涨的风险）。

示例：就价格变动而言，将会有一个"最佳结果"和一个"最差结果"，如下所示：

- 最佳结果（变化1）：公司 A 价格上涨（盈利）以及公司 B 价格下跌（盈利）
- 最差结果（变化2）：公司 A 价格下跌（亏损）以及公司 B 价格上涨

(亏损)

问题:

上述变化是损益结果的九种可能变化中的两种。剩下的七种变化是什么?

回答:

表 4-1 给出了答案。

表 4-1　　　　　　　　　损益结果的七种剩余状态

状态 3	股价	损益	结果
公司 A	不变	无	既不盈利也不亏损
公司 B	不变	无	

状态 4	股价	损益	结果
公司 A	不变	无	亏损
公司 B	上升	亏损	

状态 5	股价	损益	结果
公司 A	不变	无	盈利
公司 B	下跌	盈利	

状态 6	股价	损益	结果
公司 A	上升	盈利	盈利
公司 B	不变	无	

状态 7	股价	损益	结果
公司 A	下跌	亏损	亏损
公司 B	不变	无	

状态 8	股价	损益	结果
公司 A	上升	盈利	只有当公司 A 上升超过公司 B 时才能盈利
公司 B	上升	亏损	

状态 9	股价	损益	结果
公司 A	下跌	亏损	只有当公司 B 下跌超过公司 A 时才能盈利
公司 B	下跌	盈利	

对冲基金经理可以采用单一投资策略方法（如上述的"多—空"策略方法）。虽然有很多变种，但主要策略是：

1）全球宏观策略（Global macro strategy）。投资经理通过预期全球宏观经济事务来进行大量证券业务的投资。为此，投资经理可能需要借用大量现金（杠杆）。

2）方向性策略（Directional strategy）。投资经理根据市场变动、趋势或市场间的不一致性来选择投资。

3）事件驱动策略（Event-driven strategy）。投资经理旨在利用由于诸如不良证券、兼并、收购等公司行为事件导致的定价不一致。

4）相对价值策略（Relative value strategy）。投资经理旨在利用相关证券之间的差异来盈利。

对冲基金经理可以通过使用这些投资方式获得巨大利润；然而，相反的情况也存在——他们也可能造成重大损失。如果损失太大，基金可能会失败。因此，对冲基金一般不适用于散户投资者。

对冲基金行业在2014年第一季度①管理了超过2.9万亿美元的资产（AUM，资产管理规模），十家最大的对冲基金管理公司如表4-2所示。

表4-2　　　　资产管理规模排名前十的对冲基金管理公司

排名	对冲基金	资产管理规模（十亿美元）
1	Bridgewater Associates 桥水联合基金公司（韦斯特波特，美国康涅狄格州）	77.6
2	Man Group 英仕曼集团（伦敦）	64.5
3	JPMorgan Asset Management 摩根大通资产管理公司（纽约）	46.6
4	Brevan Howard Asset Management 布勒旺—霍华德资产管理公司（伦敦）	32.6
5	Och-Ziff Capital Management Group 奥兹夫资本管理集团（纽约）	28.5

---

① 资料来源：eVestment（官网），"对冲基金资产流。"网址：www.evestment.com/docs/default-source/resources/monthly-hedge-fund-research/evestmentglobal-hedge-fund-asset-flows-report---march-2014.pdf?sfvrsn=2。

续表

排名	对冲基金	资产管理规模（十亿美元）
6	Paulson & Co. 保尔森公司（纽约）	28.0
7	BlackRock Advisors 贝莱德基金顾问公司（纽约）	27.7
8	Winton Capital Management 元盛资本管理公司（伦敦）	27.0
9	Highbridge Capital Management 高桥资本管理公司（纽约）	26.1
10	BlueCrest Capital Management 兰冠资本管理公司（伦敦）	25.0

4.2.2.3 养老基金

养老基金旨在为已达到退休年龄的个人提供退休收入。养老基金有不同的分类，包括开放型、封闭型、公共和私人养老基金。您不需要熟识这个模块的细分类，但要知道基金面临的一些投资挑战。

基本上，雇主定期（如每月）向养老基金供款，基金经理将资金投入市场。此外，个人作为雇员可以向雇主基金或个人养老基金供款。养老基金目标是在未来的某个特定时间为个人提供收入，通常是在个人达到退休年龄时。

雇主面临的挑战是决定现在缴纳多少资金，以便退休人员在将来提取养老金。在"固定收益（defined benefits）计划"中，退休人员将每月得到固定的收入，该收入由三个因素的公式预先确定：雇员的收入历史、工龄和年龄。雇主事先无法得知这些因素；为了支付"固定收益计划"的成本，必须根据精算专业人士的建议作出投资决定。

相比之下，在"固定缴款（defined contribution）计划"中，雇主缴纳指定数额的现金，并依靠投资回报为雇员提供养老金。因此，雇主的成本是已知的；然而，雇员的福利是未知的，直到退休后进行计算。

无论采用何种计划，供款投资都是为了提供足够的现金，以便将来支付"年金（annuity）"——这是为退休人员在退休期间提供收入的年金。与此同时，基金经理将投资一系列投资产品，包括短期债券工具（货币市场）、长期债券工具和股票（现金市场），衍生产品和另类投资。可投资产品类型的规则以及对产品投资规模的限制见表4-3。

表4-3　　　　　　　　　　养老基金投资分配示例

投资产品	每种投资产品内的百分比构成	该投资产品占基金百分比
股票		60%
其中	国内—70% 国际—30% 小计—100%	
债券		30%
其中	国内政府债券—30% 国内公司债券—25% 国际政府债券—25% 国际公司债券—15% 欧洲债券—5% 小计—100%	
现金与货币市场		5%
其中	现金—50% 大额存单—50% 小计—100%	
衍生产品及另类投资		5%
其中	金融期货—40% 大宗商品—40% 林业—20% 小计—100%	
总计		100%

根据经合组织（OECD）的数据和 The City UK 的估计[1]，2011年底全球养老金资产总额为31.5万亿美元。全球基金管理行业管理的全球常规资产为79.8万亿美元（2012年预测为85.2美元）。这说明了养老基金行业对金融市场的重要性。

世界上最大的养老基金是日本政府养老金投资基金，总资产为1 239 228亿日元（11 884亿美元）[2]。

4.2.2.4　保险公司

"保险"可以定义为将或有、不确定损失的风险从一个实体（被保险实体）

---

[1] 资料来源：The City UK（2012年11月），"基金管理2013"，可获链接：www.thecityuk.com。
[2] 资料来源：GPIF（官网），2013年第二季度投资结果，网址：www.gpif.go.jp。

到另一个实体（保险公司实体），作为交换，被保险实体向保险公司缴纳保费。保费需要进行投资，以付担任何未来的保险索赔。

有很多不同类型的保险，但可以分为两个主要类别，如下例所示：

人寿类
- 人寿保险：一笔款项支付给死者的指定受益人（如家庭成员）
- 年金：向受益人定期支付款项（如退休养老金收入）

非人寿类
- 财产保险：房屋保险，航空保险，洪水保险，地震保险，海洋保险等
- 车辆保险：第三方保险，火灾保险，盗窃保险，综合保险
- 责任保险：公共责任保险，专业责任保险等
- 信用保险：抵押保险，信用卡保险，贸易信贷保险等
- 其他类型的保险包括旅行保险、法律费用保险、离婚保险等

保险公司通过承保和投资保金赚取利润，用投资收入减去保险索赔和承保费用就是保险公司的收益。

根据经合组织的数据和 The City UK 的估计，全球保险基金资产在2011年底总计24.4万亿美元。全球基金管理行业管理的全球常规资产为79.8万亿美元。这说明了保险基金行业对金融市场的重要性。资产排名前十的保险公司列于表4-4。

表4-4　　　　　　　　资产排名前十的保险公司

公司	国家	资产（亿美元）	保险领域
ING Group（荷兰国际集团）	荷兰	15 337	人寿和健康
AXA Group（安盛集团）	法国	10 054	多元化
Allianz（安联集团）	德国	9 158	多元化
MetLife（大都会集团）	美国	8 368	多元化
Prudential Financial（保德信金融集团）	美国	7 093	人寿和健康
Generali Group（忠利保险集团）	意大利	5 824	多元化
Legal & General Group（法通保险公司）	英国	5 629	人寿和健康

续表

公司	国家	资产（亿美元）	保险领域
American International Group（美国国际集团）	美国	5 486	多元化
Aviva（英杰华集团）	英国	5 127	人寿和健康
Prudential（保诚集团）	英国	4 894	人寿和健康

4.2.2.5 主权财富基金

根据主权财富基金研究所①所述，主权财富基金（Soverign Wealth Fund，SWF）是一种国有投资基金或实体，其资金通常由国际收支盈余、官方外汇业务、企业私有化收益、政府转移支付、财政盈余和/或由资源出口产生的收入构成。主权财富基金的定义不包括货币当局为传统国际收支或货币政策目的持有的外汇储备资产、传统意义上的国有企业、政府雇员养老基金或为个人利益管理的资产。

主权财富基金的一个例子是成立于1953年的科威特投资局（Kuwait Investment Authority），使用其石油收入作为主权财富基金。事实上，主权财富基金的资金来源分为石油/天然气相关和非石油/天然气相关，正如资产管理规模②排名前十的主权财富基金所示（见表4-5）。

表4-5　　　　　资产管理规模排名前十的主权财富基金

国家	名称	资产（亿美元）	资金来源
挪威	Government Pension Fund（政府养老基金）	7 372	石油
沙特阿拉伯	SAMAForeign Holdings（SAMA外汇控股）	6 759	石油
阿布扎比	Adu Dhabi Investment Authority（阿布扎比投资局）	6 270	石油
中国	China Investment Corporation（中国投资有限责任公司）	5 752	非大宗商品
中国	SAFE Investment Company（中国华安投资有限公司）	5 679	非大宗商品

---

① 更多详情，请见 www.swfinstitute.org。
② 资料来源：SWF学院（在线），最大的SWF，网址：www.swfinstitute.org/fund-rankings。

续表

国家	名称	资产（亿美元）	资金来源
科威特	Kuwait Investment Authority（科威特投资局）	3 860	石油
中国香港	HK Monetary Authority Investment Portfolio（香港金融管理局投资组合）	3 267	非大宗商品
新加坡	Government of Singapore Investment Corporation（新加坡政府投资公司）	2 475	非大宗商品
俄罗斯	National Welfare Fund（国家福利基金）	1 755	石油
新加坡	Temasek Holdings（淡马锡控股）	1 733	非大宗商品

根据经合组织的数据和 The City UK 的估计[1]，全球 SWF 在 2011 年底总计为 4.8 万亿美元。全球基金管理行业管理的全球常规资产为 79.8 万亿美元。这体现了 SWF 基金行业对金融市场的重要性。

4.2.2.6 私人财富管理

联合国国际劳工组织（International Labour Organization，ILO）[2] 的一些经济学家估计，世界平均工资刚好低于每年 18 000 美元的购买力平价（Purchasing Power Parity，PPP）[3]。考虑到一些国家的各种数据限制和数据缺失，报告显示平均工资较低。在工薪阶层支付每月各种账单及费用后，家庭预算中可能没有多少现金用于储蓄或投资。因此，大多数人的主要投资工具是通过共同基金的集合投资途径。

然而，有相当数量的富人拥有大量的各种形式的资产。根据 2013 年 CapGemini / RBC 财年管理报告[4]，约有 1 200 万人被称为"高净值人士"（HNWI），总可投资财富为 46.2 万亿美元。根据经合组织数据和 The City UK 的估计[5]，全球基金管理行业管理的全球常规资产和另类资产为 120.0 万亿美元。这阐明了私人财富产业对金融市场的重要性。

---

[1] 资料来源：The City UK，"2013 基金管理"，网址：www.thecityuk.com。
[2] 资料来源：BBC 新闻（官网），"您在全球工资标准中什么位置？"网址：www.bbc.co.uk/news/magazine‐17512040？oo=0。
[3] 美元购买力平价的概念在 BBC 的报告中有解释过。1 美元购买力平价等于在美国花费 1 美元的购买能力。
[4] 资料来源：凯捷顾问管理公司 RBC 财富管理（官网），"2013 世界财富报告"，网址：www.capgemini.com/sites/default/files/resource/pdf/wwr_2013_0.pdf。
[5] 料来源：The City UK（2012 年 11 月），"2013 基金管理"，可获链接：www.thecityuk.com。

高净值人士是指拥有价值 100 万美元或以上的可投资资产①的个人,"超高净值人士"可投资资产超过 3 000 万美元。

《财富管理报告》的作者对 21 个主要财富市场中的大约 4 400 个人进行调查,发现他们的财富来源包括:
- 工资和奖金
- 投资
- 房地产(不包括主要住宅)
- 企业所有权
- 股票期权
- 继承
- 出售企业所得

工资、奖金、企业所有权和投资占受访者财富的 2/3 以上。

谁是这些高净值人士的财富管理机构?高净值人士对财富管理机构的期望是什么?财富管理服务由金融机构提供,如银行、专业信托公司和经纪公司。表 4-6 列出了资产管理规模最大的资产管理公司。

表 4-6　　　　　　　　　资产管理规模最大的资产管理公司

排名	公司	资产管理规模(十亿美元)
1	UBS(瑞士联合银行)	1 966.9
2	Bank of America Merrill Lynch(美银美林集团)	1 866.6
3	Morgan Stanley(摩根史坦利)	1 454.0
4	Credit Suisse(瑞士信贷)	888.2
5	Royal Bank of Canada(加拿大皇家银行)	673.2
6	BNP Paribas(法国巴黎银行)	395.1
7	Deutsche Bank(德意志银行)	384.1
8	HSBC(汇丰银行)	382.0
9	JPMorgan(摩根大通)	361.0
10	Pictet(百达集团)	338.1
11	Goldman Sachs(高盛投资)	330.0
12	Julius Bär(瑞士宝盛)	282.5
13	Barclays(巴克莱银行)	233.2
14	ABN Amro(荷兰银行)	231.7
15	Northern Trust(北方信托)	221.8

---

① 可投资财富不包括例如主要住宅、应收账款、消费品及耐用消费品等个人资产和房产。

续表

排名	公司	资产管理规模（十亿美元）
16	Wells Fargo（富国银行）	218.0
17	Lombard Odier（隆奥银行）	198.0
18	Santander（桑坦的银行）	196.5
19	Bank of NY Mellon（纽约梅隆银行）	185.0
20	Credit Agricole（法国农业信贷银行）	182.0
21	BMO Financial Group（蒙特利尔银行金融集团）	171.7
22	CIC（法国工商信贷银行）	141.8
23	Societé Generale（法国兴业银行）	116.3
24	Bank Safra Sarasin（瑞士嘉盛银行）	115.6
25	Citi Private Bank（花旗私人银行）	112.3

资料来源：2014 年 Scorpio Partnership 全球私人银行基准①。

2014年第一季度全球高净值人士的金融资产可细分为以下类别（见表4-7）。

表4-7　　　　　　　　高净值人士的金融资产

资产类别	所占百分比	备注
现金/存款	26.6	
股票	24.8	
房地产	18.7	不包括主要住所
固定收益	16.4	
另类投资	13.5	包括结构化产品、对冲基金、衍生产品、外汇、商品、私人股权投资

资料来源：2014 年世界财富报告，凯捷管理顾问公司（Capgemin）和加拿大皇家银行财富管理部（RBC Wealth Management）。

表4-8显示了另类投资部分的细分。

---

① 资料来源：Scorpio Partnership（官网），"2014 全球私人银行基准"，网址：http://www.scorpio-partnership.com/uploads/pdfs/140717_Scorpio%20Partnership_Private%20Banking%20Benchmark_PressRelease_FINAL.pdf。

表 4-8 另类投资细分

投资类别	所占百分比
结构性产品	19.3
私募股权	18.6
外汇	18.4
大宗商品	16.2
对冲基金	13.4
其他另类投资	14.1

资料来源：2014年世界财富报告，凯捷和RBC财富管理。

高净值人士对他们与财富管理机构及其使用服务的关系的态度总结见表4-9。

表 4-9 高净值人士的态度

态度	%	态度	%
喜欢定制服务	29.2	标准化服务	24.1
与一家公司合作	41.3	与多家公司合作	12.3
喜欢直接接触	29.9	数字接触	26.4
重点为财富保值	28.6	重点为财富增长	27.6

资料来源：2014年世界财富报告，凯捷和RBC财富管理。

高净值人士的主要目标往往集中在资产安全和财富保值/增长。此外，高净值人士寻求高度个性化的日常银行服务、贷款、财富规划和针对特殊领域的专业咨询，例如：

- 信托和信托服务
- 慈善和基金会
- 媒体和娱乐
- 钻石和首饰

世界上最大的私人基金会是比尔和梅林达 & 盖茨基金会（见 www.gatesfoundation.org），该基金会于1994年由盖茨成立，其主要目标加强全球的医疗保健和减少极端贫困，在美国主要是扩大教育机会和对信息技术的获取。截至2012年12月31日，基金会的捐赠额为364亿美元，其中比尔·盖茨的捐款达到280亿美元。

4.2.2.7 共同基金

对于那些不被视为高净值人士的个人，进入投资世界的渠道被认为是相当有限的。当然有几百美元也可以购买一些公司的股票。

问题:

如果您以每股 1.00 美元的价格购买公司 X 的 500 股股票,您可能会面临哪些风险?

回答:

购买单一证券有以下几种风险,包括:

- 如果股价下跌到每股 1.00 美元以下,您的投资将会受损
- 如果股价下跌到零,您将失去全部投资
- 如果公司 X 没有或不能支付股息,您无法赚取任何收入
- 您的投资 100% 集中,即您的所有资金用于一种投资
- 您的证券组合没有多元化,因为只有持有一只股票

所以,为了克服这些问题,您可以创建一种多种数量证券的投资组合,以分散持有少量投资的风险。理想情况下,投资应分散在不同证券类型(股票,债券等),不同市场(国内市场和国外市场)和不同行业(银行、制造业、电信等)中。也许您会发现,相对于您可以负担得起的投资,您可能需要更多的现金,才能创建理想的投资组合!

另外一种您可以采取的方法是,您与其他投资者可以集中大量的集合现金,用于购买更多元化的合适证券组合。例如,您不是以 500 美元(如上所述)购买公司 X 的 500 股股票,而是将 500 美元支付到例如 500 万美元的资金池中。然后将这 500 万美元投资到一组证券组合中,重点投资目标为在美国获得股息。让我们将这个证券组合称为"基金",或者更详细一些,叫作"北美股票基金"。您的投资已不在公司 X 中;相反,它在基金中,您持有的将是基金的份额。您将拥有多少份额?这取决于基金的总价值(500 万美元)和每份份额的价值。如果您和其他投资者决定以每份 1.00 美元的价格发行基金份额,那么总共有 500 万份份额,您持有 500 份份额。如果基金持有的组成公司的价值增加或不时支付股息,您将从您持有的基金份额中受益。

因此可以这样说,如果您将投资多元化,便可降低投资风险。这种多元化投资方式是集合投资的主要优势之一。对单一资产(您的公司 X)的投资可能做得很好,但由于许多原因,它可能会亏损。通过投资一系列证券,您可以降低投资风险。

根据您投资的国家不同,基金可能被称为共同基金,投资基金,管理基金;然而,所有这些都可以被称为"集合投资计划"(collective investment scheme)。

集合投资计划可以根据公司法,法定信托或法令法规而建立。通常,集合

投资计划包含以下构成：
- 管理投资决策的基金经理（投资经理）
- 管理交易、对账、估值和单位定价的基金管理员
- 保护资产并确保遵守法律、法规和规则的董事会或受托人
- 拥有（或有权获得）资产及相关收入的股东（或投资单位持有人）
- 一个"营销"或"分销"公司，以促进和销售基金的股份/单位

截至2010年底，最大的全球投资管理机构如表4-10所示。

表4-10　　　　　　　　　最大的全球投资管理机构

排名	公司	市场	资产（十亿美元）
1	BlackRock（贝莱德基金公司）	美国	3 561
2	State Street Global（道富银行）	美国	2 010
3	Allianz Group（安联集团）	德国	2 010
4	Fidelity Investments（富达投资集团）	美国	1 812
5	Vanguard Group（先锋集团）	美国	1 765
6	Deutsche Bank（德意志银行）	德国	1 562
7	AXA Group（安盛集团）	法国	1 463
8	BNP Paribas（法国巴黎银行）	法国	1 314
9	JP Morgan Chase（摩根大通集团）	美国	1 303
10	Capital Group（资本集团）	美国	1 223
11	Bank of New York Mellon（纽约梅隆银行）	美国	1 172
12	UBS（瑞士联合银行）	瑞士	933

续表

排名	公司	市场	资产（十亿美元）
13	HSBC Holdings（汇丰控股）	英国	925
14	Amundi Asset Mgmt（东方汇理资产管理公司）	法国	915
15	Goldman Sachs Group（高盛集团）	美国	840

根据 OECD 数据和 The City UK 的估计[①]，2011 年底，共同基金资产总额为 23.8 万亿美元。全球基金管理行业管理的全球常规资产为 79.8 万亿美元，这说明了共同基金业对金融市场的重要性。

4.2.3 银行

在本章开头，我们讨论了贷款方和借款方之间的关系。除此之外，我们添加了"中介机构"一词，见图 4-1。那么问题是："谁是中介机构？"

本节的目的是定义什么是银行，并描述银行提供的一些主要业务。

4.2.3.1 银行

上面提出问题的简单答案是，银行是一种中介机构。银行通过接受存款并将其用于贷款活动，银行通过直接向借款方借贷，或通过间接的资本市场融资来实现这一点。因此，银行将资金盈余的客户与资本不足的客户连接起来。

从借款方的角度来看，由于（a）将借款方和贷款方各自复杂需求进行匹配困难重重且费用高昂，以及（b）贷款方和借款方财务需求的不相容性，"直接融资"存在着层层障碍。

贷款方和借款方的需求如下。

4.2.3.2 贷款方

贷款方想要短期借出资产，并获得尽可能高的回报。

他们希望：

- 最小化信用风险（如借款方违约）和市场风险（如资产价值下跌）
- 最小化贷款成本并最大化贷款回报
- 流动性。倾向于持有更容易转换为现金的资产

4.2.3.3 借款方

相比之下，借款方需要便宜和长期的贷款。他们希望：

---

① 资料来源：The City UK，"2013 基金管理"，网址：www.thecityuk.com。

- 在指定时间获取资金,以满足其借款要求
- 获得一定期限的资金(运营资金的短期资本需求或固定设备的长期资本需求等)
- 以尽可能低的成本获得资金

您会发现,贷款方和借款方之间的需求相悖。因此,需要一个中介机构(即银行),可以将小规模、低风险和流动存款转变为大规模、风险较高和流动性较差的贷款。

银行向客户提供哪些产品和服务?正如我们将在后面看到的,银行倾向于按照客户的规模对客户进行分类,如表4-11所示。

表4-11 客户分类

银行服务重点	产品/服务	示例
个人业务	常规	活期账户 储蓄账户 信用/借记卡 国际货币 支付服务
	借款	透支 个人贷款 助学贷款 房屋抵押贷款
	投资	投资基金 在线交易 投资咨询
	保险	地产保险 家庭保险 汽车保险 旅行保险
	规划	退休 婚姻 财富增长

续表

银行服务重点	产品/服务	示例
公司业务	创业公司	以下部分或者全部服务： 银行/存款账户 融资和借贷 借记卡、信用卡 支付服务 商业保险 国际业务 公司养老金 现金流管理 杠杆融资 贸易融资 股票和债券发行等
	针对200万英镑营业额以下客户的公司业务	
	营业额从200万英镑到3 000万英镑客户的公司业务	
	营业额超过3 000万英镑的公司业务	

银行能够通过以下"服务渠道"提供服务：
- 在银行的分/支行，与客户面对面接触
- 邮政银行
- 电话银行
- 网上银行
- 移动电话银行

世界上14家最大市值的银行排名列于表4-12。

表4-12　　　截至2014年3月31日世界上最大的银行①

排名	银行	国家	市值
1	Wells Fargo & Co （富国银行）	美国	$ 261.72
2	JP Morgan Chase & Co （摩根大通银行）	美国	$ 229.90
3	ICBC （中国工商银行）	中国	$ 196.21
4	HSBC （汇丰银行）	英国	$ 191.43
5	Bank of America （美国银行）	美国	$ 181.77

① 资料来源：Relbanks（官网），网址：www.relbanks.com/worlds-top-banks/market-cap。

续表

排名	银行	国家	市值
6	China Construction Bank（中国建设银行）	中国	$160.83
7	Citigroup（花旗集团）	美国	$144.63
8	Agricultural Bank of China（中国农业银行）	中国	$126.41
9	Bank of China（中国银行）	中国	$115.92
10	Commonwealth Bank of Australia（澳洲联邦银行）	澳大利亚	$115.35
11	Banco Santander（桑坦德银行）	西班牙	$110.57
12	Westpac Banking Corporation（西太平洋银行）	澳大利亚	$99.22
13	BNP Paribas（法国巴黎银行）	法国	$96.03
14	Royal Bank of Canada（加拿大皇家银行）	加拿大	$95.18

在 2000 年代中期的银行危机之后，二十国集团（G20）国家领导人要求诸如金融稳定委员会（FSB）等组织："……制定一个政策框架，以解决与系统重要性金融机构（systemically important financial institutions，SIFI）相关的系统风险和道德风险。"

2011 年 11 月，金融稳定委员会（FSB）发布了一份名为"针对系统重要性金融机构的政策措施"[1]的文件，其中系统重要性金融机构被定义为："……由于其规模，复杂性和系统互联性，其财物困境或秩序混乱对更广泛的金融体系和经济活动造成重大破坏（的金融机构）。为了避免这种结果，当局通常别无选择，只能通过公共偿债的支持来避免这类机构的失败。正如这场危机所展现的，这对银行中的个人激励和公共财政造成了有害的后果。" G–SIFI 的初始名单只包括银行，而不包含其他类金融机构。

---

[1] 资料来源：FSB 金融稳定委员会（官网），网址：www.financialstabilityboard.org/publications/r_111104bb.pdf。

我们将研究不同类型的银行。请注意，尽管有银行可能只经营一种业务类型，但许多银行经营大多数（如果不是全部）业务类型。经验表明，将投资银行与零售银行的不同类型的业务相结合可能会导致问题，因此在美国推出了《1933年银行法》（被称为《格拉斯—斯蒂格尔法案》，以该法案的两个立法提案人命名）。该法案的大部分内容后来被美国总统比尔·克林顿在1999年废除，有人认为，允许银行将商业银行、保险和证券相关业务结合起来导致了前面提到的银行危机。"支持"和"反对"废除的讨论我们之后再进行。

4.2.3.4 零售银行（Retail Banking）

在当今世界里，每个人都与银行有联系。您会需要以表4–13中显示的部分或全部服务。

表4–13　　　　　　　　　　　典型零售银行服务

您的银行需求	银行服务	注释
月工资	活期账户	雇主指示其银行将您的工资支付到您的银行的活期账户中
多余现金/储蓄现金	存款/储蓄账户	您要求银行将资金从您的活期存款转账到您的储蓄账户
赚取现金利息	利息	银行定期（每月，每年等）向您的账户支付利息
需要借现金	信用卡，透支和短期贷款	这些资金可能需要或不需要抵押，但是容易获得和可偿还
需要购买房产	抵押贷款	银行将以您的房产作为抵押品，将您的房产的一部分市场价值的钱借给您很长一段时间
合法避税计划	旨在满足英国国税局（Island Revenue）计划的某些现金和非现金产品的基金，允许这些产品享受免税福利	现金和投资于某些投资的现金被"包裹"在一个免税包中。利息和股息享受免税待遇

无论您是使用一项或多项这些服务和产品，关键是银行将您作为个人客户而不是作为公司客户来打交道。然而，缺点是，产品和服务可能不适合单独客户的特定需求；它们被批量设计与生产。

4.2.3.5 私人银行（Private Banking）

我们在私人财富管理的部分讨论了高净值人士的概念。私人银行是个人银行的延伸；有一些相似之处（如银行账户），但也有区别。虽然大多数个人银行账户可以低至1.00英镑现金开立，但高净值人士享用私人银行服务所需的最低资金金额可以以几百万美元或同等价值计算。即使在本文中，客户也被细分为低端的"大众富裕阶层"（mass affluent）和高端的"超富裕阶层"（ultra affluent）。私人银行的主要特点可概括如下：

- 定制服务，以满足客户的个人需求；这些服务可能是事务类服务（见上面的零售银行）和/或咨询类服务
  - 客户有一个指定的私人银行家来管理他们的账户（即私人联络人）
  - 私人银行家通常需要预见客户未来可能有的需求
  - 客户和私人银行家可能会有长期的关系

4.2.3.6 公司业务（Corporate Banking）

与个人银行和私人银行相比，公司业务客户专注于公司，公司可分为小型、中型或大型公司。此外，对于大型公司，银行将提供该公司参与的行业类型的特定服务。

问题：

银行服务以何种方式向下列类型的公司提供不同的服务？
- 航空公司
- 进出口公司
- 制药公司
- 能源公司

答案：

表4-14给出了一些答案。

表4-14

公司类型	服务/产品
航空公司	飞机租赁 喷气燃料成本风险对冲 外汇管理 股权融资 债务融资
进出口公司	贸易金融 外汇管理
制药公司	外汇管理 股权融资 债务融资 贸易金融 外汇管理
能源公司	上游业务——能源勘探、钻探、基础设施、运输等融资 下游业务——炼油、分销和市场营销活动的融资

客户公司越大，所需的服务就越专业化。我们将在本书稍后部分介绍产品时提及其中的一些需求。

小型企业的产品和服务包括：
- 付款服务——类似于个人银行，但是包含支付系统的其他服务（如大额支付、同日支付、批量支付等）
- 债务融资——租购、租赁、发票贴现和保理
- 股权融资——私募股权和风险投资
- 专业融资——可能涉及政府举措的融资，如为信息技术或生物化学的初创公司融资

中型和大型企业的产品和服务包括：
- 提供给小公司的大多数产品和服务
- 现金管理服务
- 贷款（双边贷款和银团贷款）、短期融资（透支、商业票据发行）和债券
- 银行承诺和担保
- 外汇和利率交易
- 证券发行及承销
- 基金管理服务

4.2.3.7 投资银行（Investment Banking）

我们看到银行向其商业银行客户和零售银行客户提供的服务和产品类型相似，即存款和贷款，但品种、复杂性和规模不同。相比之下，投资银行的业务是：
- 自营交易（Proprietary trading）——投资银行自有资金（股票、债券、衍生产品、商品等资产类别），并持有多头仓位和空头仓位
- 资产管理（Asset management）——管理批发投资（如代表公司客户的养老金）
- 证券融资（Securities financing）——证券借贷，回购（"repo"）/逆回购，回售/回购
- 为客户承销证券——协助客户通过发行股票和/或债券筹集资金
- 承销新证券——部分或全部保证新证券发行
- 为客户就兼并和收购（M&As）提供咨询

与商业/零售银行不同，投资银行不持有零售存款。上述各种业务线与商业/零售银行业务相比具有更高的风险水平。

问题：

与上述六条业务线相关的风险有哪些？

答案：

表 4-15 显示了一些风险；表 4-15 所列的并不能涵盖所有风险类型。

表 4-15　　　　　　　　　　　投资银行业务风险

业务活动	风险（示例）
自营交易	多头仓位的产品价格下跌（空头仓位产品价格上升），从而造成亏损
资产管理	表现不佳可能导致客户换到另一家银行，最坏的情况下，被客户告上法庭
证券融资	借出的证券不得退回。如果贷款证券抵押不足，借券方违约，贷券方可能遭受损失
证券发行	发行证券的费用可能不能完全补偿银行付出的时间和精力
承销新发行	作为承销商的银行将被迫买入没有被认购的新证券。所花费的费用可能超过承销证券业务的收入
为客户提供并购咨询	如果该银行提供咨询的项目未能圆满完成，银行可能会蒙受经济损失

在美国，专业的投资银行主导这一业务，因为商业银行不被允许提供投资银行业务（参见《格拉斯—斯蒂格尔法案》，1933 年）。自 1999 年该法案被废除以来，许多商业银行对投资银行进行收购，例如，花旗集团内部包括花旗银行（Citi Bank 商业银行）、所罗门兄弟（Salomon Brothers，投资银行）和美邦（Smith Barney，证券经纪公司）。

根据《金融时报》[①] 所述，十大投资银行中（按收费金额排名）的五家来自美国一家、瑞士一家、德国一家、加拿大一家和英国一家，如表 4-16 所示。

表 4-16　　　　　　　　　　　十大投资银行

银行	费用收入（百万美元）	2014 年第一季度费用收入各产品占比			
		并购	股票	债券	贷款
JP Morgan（摩根大通公司）	1 369.47	25	22	30	22
Goldman Sachs（高盛投资公司）	1 319.09	40	25	23	12

---

① 资料来源：金融时报在线（官网），十大银行排行表——2014 上半年并购，股票，债券 & 贷款的收费情况，网址：http://markets.ft.com/investmentBanking/tablesAndTrends.asp?ftauth=1398866069529。

续表

银行	费用收入（百万美元）	2014 年第一季度费用收入各产品占比			
		并购	股票	债券	贷款
Bank of America Merrill Lynch（美林证券公司）	1 159.28	22	19	31	28
Morgan Stanley（摩根士坦利）	1 058.50	28	33	28	11
Deutsche Bank（德意志银行）	904.00	18	23	33	25
Citi（花旗银行）	873.24	18	25	37	19
Credit Suisse（瑞士信贷）	862.55	26	24	29	20
Barclays（巴克莱银行）	817.76	28	19	33	20
UBS（瑞士联邦银行）	488.96	24	28	29	19
RBC Capital Markets（加拿大皇家银行资本）	449.26	27	24	27	22
总计	9 302.11				

这十家银行可以被视为"全方位服务"投资银行；此外，还有金融服务集团，它们可以将商业银行、投资银行和保险（如大和证券、荷兰农业银行、荷兰合作银行和渣打银行）和独立的投资银行（如 Cantor Fitzgerald，Cowen Group，Investec 和 Piper Jaffray）全部纳入旗下。

2008 年银行业危机的显著受害者是投资银行，例如：

- 贝尔斯登（Bear Stearns）——2008 年解体，资产被摩根大通收购
- 苏格兰哈里法克斯银行（HBOS）——2009 年由劳埃德银行收购
- 雷曼兄弟（Lehman Brothers）——2008 年破产，资产出售给巴克莱资本与野村控股
- 美林集团（Merrill Lynch）——2008 年被美国银行收购

4.2.3.8 中央银行

中央银行［Central Bank，在某些国家也称为"储备银行"（reserve bank）、"货币当局"（monetary authority）、"××国家银行"］是管理其所在国家的货币、货币供应量和利率的机构。自 1999 年以来，在欧洲，除了各国特定的中央银行之外，欧洲中央银行（European Central Bank）也开展类似业务。

中央银行的主要职能通常集中在以下方面：

- 控制纸币和硬币的发行
- 控制货币供应量
- 控制提供信贷的非银行金融机构

- 监督金融部门以预防危机
- 作为银行业的最终贷款人（Lender of Last Resort）
- 作为政府的银行
- 作为政府代理机构处理黄金和外汇事宜
- 持有政府的黄金和外汇储备

在这些职能中，最重要的是进行货币管理，用以下三种工具来实现：

- 公开市场操作：中央银行买入政府证券（和/或使用逆回购）以增加货币供应量；和通过卖出证券（和/或使用回购）减少货币供应量
- 贴现窗口：中央银行可以通过改变其贴现率来影响银行借入的资金数量。贴现率越高，银行通常决定借款的现金越少；贴现率越低，银行借入的现金越多
- 法定存款准备金：银行被要求持有一定水平的存款准备金。所需准备金越多，银行的贷款越少；所需准备金越少，银行可提供的贷款越多

中央银行之间的合作以国际清算银行（BIS）为中心，该银行成立于1930年，根据其官网所载，它是："……世界上最古老的国际金融机构……"它的使命是："……帮助中央银行实现货币和金融稳定，促进这些领域的国际合作并成为中央银行的银行。"[①]

有关中央银行和货币当局的网站列表，请访问 www.bis.org/cbanks.htm。

4.2.3.9 准主权国家和超国家机构

在本节中，我们将讨论一组既不是银行也不是公司的机构。这些机构以某种方式与政府密切相关，但不被视为政府部门。它们主要作为借款方，但也可以是投资者。最后，它们可以或明或暗地由其政府担保，因此，通常能获得顶级信用评级。

这些机构分为三类：

- 市政当局
- 政府代理机构
- 超国家机构

市政当局（地方政府，地方当局）通过地方税收创造收入，并通过几种方式获得资金：

- 从中央政府借款，或
- 从银行借款，或
- 通过发行债券（称为"市政债券"（municipal bonds 或"munis"））在债券市场筹集资金

---

① 资料来源：BIS 国际清算银行（官网），"关于国际清算银行"，可获链接：www.bis.org/about/index.htm?l=2

如果市政当局发行债券用于一般用途，这些债券被称为"一般债券（general securities）"，并依赖政府税收收入还本付息。如果它们希望资助特定项目，这些债券被称为"项目收益证券（revenue securities）"。这时，将以该项目产生的现金来偿还债务。例如，通过发行债券为建设高速公路融资，并通过对高速公路收取的路费来还本付息。

市政当局通过货币市场管理现金和多余流动性。它们还使用利率衍生产品，如利率互换，来管理它们的风险。它们不倾向于投资于股票市场。

问题：

如果公司发行人可以违约和破产，市政当局可以吗？您怎么看？

回答：

如果您认为答案是"否"，那么您要么认为中央政府会支持发行债券的市政当局，要么债券将由债券保险公司保险。

如果您认为答案是"是"，那么您应该意识到会有一小部分发行债券的市政当局会发生违约。最近的一个例子是美国城市底特律，它曾经是汽车制造业的"首都"，现在被认定为破产，而且密歇根州已经接管了该城市的行政管理[1]。

市政债通常比其他类债券拥有更高的违约回收率（recovery levels），从40%~100%不等。

政府代理机构

政府通常为特定的目的建立机构，例如，一个基础设施项目，如在伦敦和英格兰北部之间修建称为 High Speed 2（HS2）的高速铁路。该项目由 High Speed 2 有限公司开发，High Speed 2 有限公司是英国政府担保设立的有限公司，预计建设成本为426亿英镑，经济事务研究所（Institute of Economic Affairs）预计成本将上升至800亿英镑以上[2]。

事实上，第一只欧洲债券就是在1963年由意大利政府代理公司 Autostrade Concessioni e Contruzioni 发行的。这些政府机构发行的债券通常或明或暗地由政

---

[1] 密歇根省长，Rick Snyder，2013年3月宣布紧急金融状况，证实这个城市有3.27亿美元的预算赤字，以及超过140亿美元的长期债务。2013年6月14日，底特律拖欠25亿美元债务的利息预扣3 970万美元。2013年7月18日，底特律成为美国最大的申请破产的城市。

[2] 资料来源：2013年8月17日《每日电讯报》，作者 Robert Watts，"高速铁路计划成本加倍到800亿英镑之多，经济学家警告"，网址：www.telegraph.co.uk/news/uknews/10249815/High－speed－rail－scheme－cost－to－double－to－80bn－economists－warn.html。

府担保。

也许最知名的政府机构是美国抵押机构：联邦国民抵押贷款协会（FNMA），政府国民抵押贷款协会（GNMA）和联邦住房贷款公司（FHLHC）。在市场上这三个机构被简称为房利美（Fannie Mae）、吉利美（Ginnie Mae）和房地美（Freddie Mac）。这三个机构的基本细节见表4-17。

表4-17　　　　　　　　　　　　美国抵押贷款机构

机构	目的	注释
房利美（FNMA）	其目的是通过在资本市场融资，从抵押贷款公司购买抵押贷款	私人所有，政府赞助的机构。在2008年由美国政府救助，并受政府接管
吉利美（GNMA）	其目的是通过抵押贷款使人们可以买得起住房，是抵押贷款支持证券的创新者	政府担保机构
房地美（FHLHC）	与房利美相同的商业模式	2008年被政府接管

超国家机构

超国家机构是由多个国家政府拥有的机构，像我们所看到的其他类型机构一样，超国家机构在资本市场融入资金，将筹集资金用于在特定地区或全球范围的项目开发。这些机构的股东是国家，而不是公司或零售投资者，因此被视为公共机构。这些机构通过提供贷款或捐赠，为有关项目提供支持。

超国家机构是债券市场的重要借款方，也是通过货币市场和外汇市场管理其储备的重要投资者。主要超国家机构如下，其所有权和机构目的详情如表4-18所示。

- 世界银行
- 欧洲投资银行（EIB）
- 欧洲复兴开发银行（EBRD）
- 美洲开发银行（IADB）
- 亚洲开发银行（AsDB）
- 非洲开发银行（AfDB）

表4-18　　　　　　　　　　　　国家机构

机构名称	所有权	目的
世界银行/国际复兴开发银行（IBRD）	所有国际货币基金（IMF）成员国，根据它们的经济状况持股	支持中、低收入国家的项目
世界银行/国际开发署（IDA）		支持最贫穷的国家

续表

机构名称	所有权	目的
欧洲投资银行（EIB）	由欧盟国家所有	支持主要在欧洲地区和其他地区（较小程度上）的项目
欧洲复兴开发银行（EBRD）	由61个国家所有，主要是欧洲国家，也有非欧洲国家、欧盟和欧洲投资银行	主要在中欧和东欧提供贷款和贸易融资
美洲开发银行（IADB）	由48个国家所有，包括美国（30%），26个拉丁美洲和加勒比借款国（50%），21个非借款国，如德国和日本（20%）	为拉丁美洲和加勒比国家提供贷款、捐赠和担保
亚洲开发银行（AsDB）	与美洲开发银行一样，成员来自一些亚洲内外的国家	为亚洲国家提供贷款、捐赠和担保
非洲开发银行（AfDB）	与美洲开发银行一样，成员来自一些非洲内外的国家	为非洲国家提供贷款、捐赠和担保

世界银行倾向于借入多种货币，并且使用金融衍生产品把许多各种货币变成美元，而欧洲复兴开发银行倾向于从项目正在进行国家的当地借款（借入当地货币）。到目前为止，最大的借款方是欧洲投资银行（以前是世界银行）。

4.2.4 卖方中介机构

在金融市场术语中，我们使用"卖方"这一术语来表示那些卖给行业投资者（投资者被称为"买方"）和/或使用自有资金为自己账户进行交易的公司。本节介绍了不同类型的卖方中介机构，并简要描述了它们在市场中的角色。

4.2.4.1 经纪商（Brokers）

买方通常不会直接进入市场。相反，买方将利用经纪商进入市场。经纪商，或称为股票经纪商，为其客户提供多种服务，包括：

- 为客户提供投资建议
- 基于其客户指令执行交易（非全权委托）
- 全权代表客户执行交易（全权委托）

经纪商不投资自己的资本，他们的主要职责是代表他们的客户进行投资。经纪商通过基于交易的市场价格收取经纪费来获利。费用结构将反映向其客户提供的服务水平。

举例：

经纪商代表其客户购买股票，如表4-19所示。

表4-19　　　　　　　　　经纪商代表其客户购买ABC股票

ABC股票			
购买	1 500	股份	
价格（欧元）	5.50	每股	
成本			8 250.00
如果经纪佣金收取比率为		0.25%	20.63
总成本			8 270.63

请注意，根据交易执行的市场要求，可能需要支付额外费用。典型的附加费用包括向当地税务机关支付的印花税。

4.2.4.2　经销商（Dealers）/交易商（Traders）

经销商和交易商（这两个术语是同义词）代表他们自己的公司进行交易。他们可以根据其内部授权和限制，在任何市场中对任何产品自由交易。他们没有义务将交易局限于特定市场与产品。交易商通过以低于他们出售的价格购买金融产品（"低价买进，高价卖出"）来赚钱。买入价和卖出价之间的差额称为差价或差额；差价越大，利润（或损失）越大。在激烈竞争的市场中，这种差价通常比较小，例如：

交易商以99.5000的价格购买100 000美元的名义ABC债券，并以101.0000的价格卖出。交易商是赚了还是亏了？在这种情况下，交易商低价买进，高价卖出，因此，在这笔交易获利。利润额计算如下：

100 000美元×（101.0000 - 99.5000）= 1 500.00美元

请注意：

1）债券通常以相对于面额的百分比定价，换句话说，购买价格更正确地表示为99.5000/100或99.5000%。

2）如果为附息债券，则交易商对债券定价时将需要在其市场价值上增加"应计利息"。

4.2.4.3　做市商（Market Maker）

做市商与经销商、交易商相似，因为他们将自己公司的资本投资于证券。然而，最大的区别在于，做市商有做市义务（进行买卖双边报价），并根据协议价格与买方和卖方执行交易。

这种在证券市场中双边定价的义务可能变得相当不利，例如，如果股价下跌，投资者可能希望出售其证券。对于做市商来说，这意味着即使股价继续下跌，他们也要进行买入报价，并且当有交易对手接受报价愿意卖出时，他们一定要买进股票。此外，他们必须支付股票购买价格，这将需要某种形式的融资。相比之下，如果市场上涨，投资者可能希望购买，做市商将不得不出售证券。

如果他们不持有证券,那么交付无法完成;在这种情况下,做市商需要融入证券以完成交割。

对于大公司发行的证券,会有多个做市商将就证券价格竞争报价;这种竞争力有助于缩小买卖差价。做市商将积极调整其价格以与市场保持同步,并说服或劝阻投资者寻求与他们进行交易。

4.2.4.4 经纪自营商(Broker/Dealers)

到目前为止,我们看到经纪商代表客户(但不是为自己的账户)进行交易,也看到交易商为自己的账户交易。有一些公司既可以作为经纪商,又可以作为交易商,我们把这类公司叫做"经纪自营商"(Broker-Dealer)。然而这可能导致利益冲突。

举例:

客户找到经纪自营商,并希望其以经纪商的角色帮助客户购买一些证券。由于经纪商并不持有任何证券,他必须从交易商获得证券。如果经纪商从他自己的交易商获得证券,有一种危险,即交易商可能提前进入市场,为自己账户购买证券,称为"提前交易"(front-running),这可能导致市场价格的上涨。此时经纪商再从交易商处获取证券,将以更高的价格进行购买。为了避免经纪商从其交易商处获得不合理价格的风险,经纪商有义务在市场上寻求最好的价格。这可能意味着,为了获得最好的价格,经纪商可能必须向另一个交易商(也许是竞争对手)购买证券。

在任何情况下,经纪商方的业务和交易商方的业务之间应存在明确的分割。我们可以将这种"分割"称为"中国墙"(Chinese Wall)。

4.2.4.5 交易商间经纪商(Inter-Dealer Brokers)

我们已经看到,任何一种特定证券很有可能有几个做市商竞争报价。如果这些做市商之一试图平掉一个空头仓位(因为有人想从这个证券不足的做市商那里购买证券),并且无法完成融券行为,那么唯一的选择是进入市场,向另一个做市商购买证券。很明显,由于第一个做市商处于劣势,后一个做市商肯定会报出高价并从中获利。为了避免这种情况,做市商希望对其竞争对手保持匿名,但仍然向需要他们购买证券。因此做市商之间需要一个中间人,可以作为做市商的经纪商,这个中间人被称为"交易商间经纪商"(IDB)。通过交易商与经纪商交易使得做市商能够满足填补其仓位的需要,而市场其他人无法得知谁在主导这件事情。

4.2.5 市场监管机构和市场协会

随着市场变得更加全球化,有必要对各种类型和规模的金融机构进行规范和监督,以满足各种政策要求、限制和指导方针。

您会注意到，近年来，金融行业中出现了许多问题，包括金融产品的违规销售、不按内部限额进行交易的的交易商、大众对整个银行业的信心下降等。

金融监管机构，通常是政府或非政府组织，都有确保这些问题不会再次发生的艰巨任务。

表4-20所列是监管机构的一些常见目标。

表4-20　　　　　　　　　　　　监管目标

监管目标	介绍
市场信心	保持对金融系统的信心
金融稳定	保护和加强金融体系的稳定性
消费者保护	确保消费者获得适当的保护
减少金融犯罪	减少受监管企业被用于金融犯罪目的的可能性

对金融市场的监管内容包括从企业开展业务的初步授权到持续监控其业务活动。不遵守规则和规定可能导致大额罚款，甚至失去业务授权。这些罚款和谴责的细节几乎都会见诸报端，增加了这些公司的声誉风险。

各国的监管情况往往不同；然而，欧洲等地区正越来越受到地区中心（即布鲁塞尔）的监管。无论是地方还是区域范围，以下组织类型都受到监督：

- 证券交易所
- 上市公司
- 投资管理公司
- 银行和其他金融服务提供商

世界各地有许多监管机构，下面列出的只是其中的一小部分：

美国

- 证券交易委员会（SEC）
- 联邦储备银行（the "Fed"）
- 美国货币监理署（OCC）

英国

- 金融市场行为监管局（FCA）

欧洲大陆

- 德国联邦金融监理署（BaFin）
- 法国金融市场管理局（AMF）
- 荷兰金融市场管理局（AFM）
- 意大利全国公司及证券交易委员会（CONSOB）
- 瑞士金融市场监督管理局（FINMA）

中国
- 中国证券监督管理委员会（CSRC）

日本
- 日本金融厅（FSA）

新加坡
- 新加坡金融管理局（MAS）

欲获取有关监管机构的完整列表，请访问国际证监会组织（IOSCO）网站www.iosco.org/lists。国际证监会组织成立于1983年，"……是公认的国际机构，将世界各地的证券监管机构联系在一起，并被公认为全球证券行业标准制定者"。①

市场上已经建立了各类机构，它们针对不同的产品，并且视角更加全球化。事实上，欧洲债券和场外交易衍生产品等产品是没有固定国家归属的。在这些情况下，虽然单个公司由其地方监管机构授权和监督，但产品本身应由第三方组织管理。表4-21中列出了一些著名国际监管机构和行业协会的名称及其主要负责的产品类型。

表4-21　　　　　　　　　国际监管机构和行业协会举例

监管机构/行业协会	产品/行业	网址
国际资本市场协会（ICMA）	国际证券（如欧洲债券）和回购协议	www.icmagroup.org
国际互换和衍生产品协会（ISDA）	场外交易衍生产品	www2.isda.org
金融市场协会（ACI）	外汇、利率产品和其他证券、纸币和金条、贵金属、大宗商品及其各种衍生产品	www.aciforex.org
各中央证券存管机构（CSDAs）	世界中央证券存管机构论坛 欧洲中央证券存管机构 亚太中央证券存管机构集团 欧亚中央证券存管机构协会 美洲中央证券存管机构 非洲和中东存管协会	www.worldcsds.wordpress.com www.ecsda.eu www.acgcsd.org www.aecsd.com www.acsda.org www.ameda.org.eg
国际证券借贷协会（ISLA）	证券借贷	www.isla.co.uk

---

① 最新更新的 IOSCO 简况表（fact sheet）可以参见 www.iosco.org/about/pdf/IOSCO-Fact-Sheet.pdf。

4.3 市场结构

4.3.1 引言

本节内容涉及市场基础设施，涵盖负责证券交易、清算、结算和托管的组织类型。在证券交易方面，这些证券既可以在受监管的市场（如证券交易所）上交易，也可以在远离交易场所的两个交易对手之间进行交易，我们称为场外交易市场（OTC）。

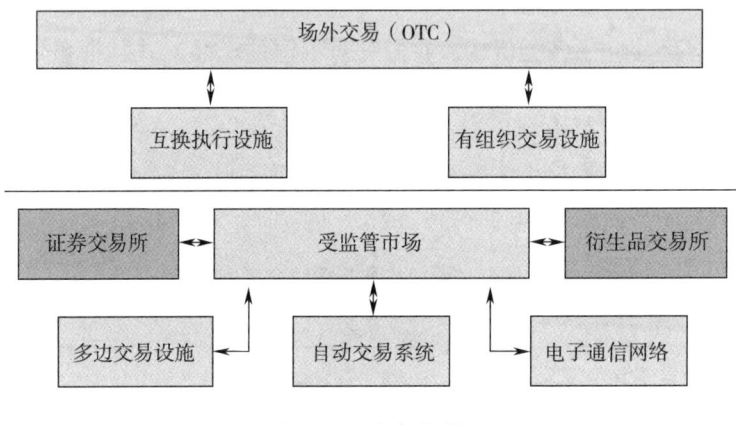

图 4-2 市场结构

图 4-2 区分受监管市场和场外交易市场结构。

4.3.2 受监管市场

4.3.2.1 证券交易所

很难判断第一家证券交易所是何时成立的，事实上人们在这一点上没有什么共识，但是可以肯定地说证券交易所已经存在了几百年。有人说他们起源于古罗马，其他人则不这么认为。然而，证券交易所无疑为各种市场参与者（如做市商、经纪商和交易商）提供服务，使诸如股票和债券等证券能够发行并进行交易。传统上，证券交易所是一座实体建筑物，交易将在证券交易所内的交易大厅进行。而证券交易所交易大厅之外的其他地方不允许交易。

希望通过发行股票和债券筹集资金的公司会在证券交易所将证券发行上市。而且传统上，一种证券只在发行人所在国家的一个特定的证券交易所发行上市。一旦证券在一级市场上进行发行，随后的交易，即所谓的二级市场交易，也将在该交易所进行。在当今世界，有时没有强制要求一定要在交易所进行证券发行上市。相反，买方和卖方可以一起在交易所外进行交易（被称为"场外交易"或 OTC）。

近年来，许多传统的证券交易所已经从物理地点交易转变为计算机或电话式的电子交易。事实上，新型交易所已经建立，市场也倾向于放弃传统交易大厅，而直接使用计算机、电话等进行电子交易。

问题：

世界证券交易所联合会（www.world-exchanges.org/statistics/monthly-reports 定期发布报告，包括《各国国内股票总市值》。请下载 2014 年 3 月的报告并回答以下问题：

1）哪些交易所是美洲、亚太和欧洲—非洲—中东（EAME）中最大的交易所？

2）世界上最大的证券交易所是哪一家？

3）世界上最小的证券交易所是哪一家？

回答：

表 4-22 给出了答案。

表 4-22　　　　　　　关于证券交易所的三个问题的答案

地区	证券交易所	市值（百万美元）
美洲	纽约泛欧证交所（美国）	18 306 138.70
亚太地区	日本交易所集团，东京	4 316 490.50
欧洲—非洲—中东	泛欧交易所	3 734 829.11
世界最大	纽约泛欧证交所（美国）	18 306 138.70
世界最小	百慕大证券交易所	1 639.28

资料来源：世界证券交易所联合会。

虽然在当今环境中，交易无须在传统交易大厅进行，但仍然有一些交易大厅为交易提供着物理场所。一个例子就是纽约证券交易所。在纽约证券交易所，专业证券经纪商代表买家和卖家通过"公开喊价"的方式执行交易。大厅交易与 20 世纪 70 年代初引入的计算机化电子交易同时进行，该电子交易所系统被称为"专用委托单周转"（Designated Order Turnaround, DOT）系统。

4.3.2.2　衍生产品交易所

衍生产品交易所可以是证券交易所（如新加坡证券交易所）的一部分，也可以是独立实体（如上海期货交易所）。表 4-23 展示了一些衍生产品交易所。

表 4-23　　　　　　　　　　　衍生产品交易所列表

交易所	衍生产品	证券产品
澳洲证券交易所（澳大利亚） (www.asx.com.au)	股票期权 指数 利率 农业 能源	是
上海期货交易所（中国） (www.shfe.com.cn/en)	商品期货： 非铁金属 贵金属 有色金属 能源 天然橡胶	否
新加坡证券交易所 (www.sgx.com)	股票指数 外汇 利率 股息指数	是
欧洲期货交易所（德国） (www.eurexchange.com)	利率衍生产品 股权衍生产品 股票指数衍生产品 股息衍生产品 波动率指数衍生产品 交易所交易基金（ETF）衍生产品 通货膨胀衍生产品 大宗商品衍生产品 天气衍生产品 房地产衍生产品	否
洲际交易所（美国） (www.theice.com)	期货与期权： 能源 农业 金融 黑色金属 货运 环境 场外市场： ICE 互换交易 物理能源 信用违约互换	否

续表

交易所	衍生产品	证券产品
大阪交易所 (www.ose.or.jp)	指数期货 日本政府债券期货 日本政府债券期货期权 东证股价指数期权 个股期权	是
伦敦金融期货交易所（纽约泛欧交易所集团一部分） (globalderivatives.nyx.com)	利率 股票衍生产品 大宗商品衍生产品	否
芝加哥商品交易所集团（美国） (www.cmegroup.com)	农业 能源 股票指数 外汇 利率 金属 期权 场外交易 房地产	否

与为了融资而发行的股权和债券证券不同，在交易所交易的衍生产品是由交易所创造的。衍生产品与其标的资产（如股票、债券、大宗商品）无关，尽管它们是根据标的资产的价格变动定价的。

这些衍生产品的标准（或称为合同条款）由交易所进行标准化的（见表4-24）。

表4-24 合同条款

合同条款	说明	示例
标的资产	合同可交割的资产	政府债券、单只股票、指数等任意一种证券
合约货币	合约交易和交付的货币	美元、欧元、日元等
交易单位	每份合同的大小	100 000 的票面价值，1 000 股 ABC 股票等
报价	合同定价的方式	每100 英镑票面价值的价格，每股价格等
最小价格变动	价格可以变动的最小金额	("tick size") 0.01、0.25 等。
到期或交付月份	合同可交割/可行使的月份	每季度：3月、6月、9月和12月
交易细节	交易日期和时间	最后交易日：交付月份最后一个工作日前的两个工作日 交易时间：8:00 至 18:00
交易平台	交易的方式	公开喊价和/或电子平台

4.3.3 其他交易场所

有几种非交易所交易场所与传统的证券交易所模式竞争。

4.3.3.1 多边交易设施（MTFs）

多边交易设施（Multilateral Trading Facilities，MTFs）与受监管交易所提供类似的交易服务、规则和市场监管。然而，多边交易设施没有上市流程，并且不能改变证券的监管状态。

根据新的欧洲监管规则（MiFID Ⅱ），如果投资公司希望使用内部交易匹配系统或交叉系统以执行客户订单，则必须将其授权为多边交易设施。

多边交易设施还有义务在市场数据馈送系统上公开现有订单的价格（交易前透明度，pre-trade transparency），并实时公布已完成的交易情况（交易后透明度，post-trade transparency）。此外，对所有设施成员来说，定价与收费、遵守系统规则的要求和申请成员资格的条件，必须一致。

2011年，两个泛欧洲多边交易设施，BATS Europe 和 Chi-X Europe，合并形成 BATS Chi-X Europe。合并后的实体在 2013 年成为"受认可投资交易所"（Recognized Investment Exchange）。根据 2013 年 12 月 4 日的新闻报道，BATS Chi-X Europe 在欧洲市场占有率为 23%。①

4.3.3.2 替代交易系统（ATSs）

美国的替代交易系统（Alternative Trading Systems，ATSs）相当于欧洲的多边交易设施。它们在概念上类似于多边交易设施，也是为买卖双方提供证券交易的市场。然而，替代交易系统和多边交易设施存在一些差异，例如：

- 它们不执行自我监管
- 它们不一定提供价格的公开信息
- 它们没有制定对 ATS 用户进行行为管理的规则

在美国，ATS 作为经纪交易商被监管，并且与传统证券交易所不同。

根据美国证券交易委员会经济与风险分析部（Division of Economics and Analysis，DERA）②编制的一份文件，有 35 家经纪自营商经营 44 个替代交易系统，该系统的交易覆盖美国股票交易量的 10%~15%。可在 SEC 网站 www.sec.gov/foia/docs/atslist.htm 上找到当前 ATS 运营商（包括 ECN，见下文）的列表。

---

① 资料来源：BATS 全球市场（官网），"BATS 全球市场 11 月"，网址：http://cdn.batstrading.com/r esources/press_releases/BATS_November2013_FINAL.pdf。

② 资料来源：美国证监会（官网），网址：www.sec.gov/marketstructure/research/ats_data_paper_october_2013.pdf。

4.3.3.3 电子通信网络（ECNs）

电子通信网络（Electronic Communication Networks，ECNs）是替代交易系统的一种，使交易商和机构投资者之间直接进行交易，而无须通过交易所/场外交易做市商。

电子通信网络包括1969年建立的促使美国机构投资者直接相互交易的Instinet（机构网络，Institutional Network）。电子通信网络系统于1983年向经纪自营商和纳斯达克做市商开放。

4.3.4 场外交易市场

与证券交易所交易系统相比，场外交易市场（OTC）是一种在交易所外的交易系统，其中交易是在买方和卖方之间直接进行的，没有证券交易所参与。有些金融工具，如衍生产品和欧洲债券等，可以在两个市场进行交易。

4.3.4.1 场外交易衍生产品

在场外交易衍生产品市场中，利率互换等金融工具的交易是由交易对手自己定制的，而不是衍生产品交易所。虽然这促进了市场创新和定制产品发展，但是由于产品没有集中化，因而存在高度不透明性；换句话说，只有交易的买方和卖方才真正了解产品和交易的细节。这可能导致各种风险，包括交易对手方风险。近年来，全球监管机构一直关注这种风险（以及其他类型的风险），并已采取措施在系统中引入所谓的集中清算。我们将在第5章"清算所和中央对手方"中讨论中央对手方（CCPs）。

第二项重大改革是在电子平台上形成场外交易衍生产品的新交易平台。在美国，这些新平台被称为互换执行设施（Swap Execution Facilities，SEF），并被定义为"……（这是一种）通过不管何种方式的州际间贸易，多个参与者通过接受系统其他参与者的买卖双边报价来对互换产品进行执行或交易的设施"。①

在欧洲，欧盟进行了类似的尝试，即建立有组织交易设施（OTF），其定义为"……由投资公司或市场参与者运作的，多个对金融工具进行交易的第三方机构可以与之互动的系统或设施。这既不是监管市场，也不属于多边交易设施"。②

虽然这些设施存在一些关键差异，但总体目标是将场外交易衍生产品及其交易移至具有更高透明度和监管程度的交易环境（即"互换执行设施"或"有

---

① 资料来源：期货与期权世界在线，"从OTC到OTF：SEF，OTF和一个交易新世界"，网址：www.fow.com/Article/2934329/From-OTC-to-OTF-SEFs-OTFs-and-the-new-world-of-trading.html。

② 见127页注②。

组织交易设施")。这些设施间的差异包括：
- 有组织交易设施（OTF）旨在交易股票、大宗商品和其他衍生产品，而不仅仅是互换（如在互换执行设施）
- 有组织的交易设施（OTF）模型包括使用语音代理和电子交易的执行模型的能力

4.3.4.2 欧洲债券

欧洲债券市场是场外交易（OTC）市场的一种。虽然许多欧洲债券在卢森堡和伦敦上市，但没有一只债券隶属于任何一个国家。这意味着，交易没有其对应的国内交易所，而都是在场外进行。欧洲债券行业受到国际资本市场协会（ICMA）的监管，该协会是一个行业自律组织，其规则手册涵盖了该产品类型的交易和结算。

4.4 本章总结

在本章中，我们看到了买方和卖方机构如何参与市场活动。我们看到了投资者如何进入市场以及中介机构如何协助市场运作。市场上有不同类型的投资者，从私人投资者（零售投资者）到机构投资者，如即可以投资自由资金，又可以全权任命基金经理代其投资的养老金基金和保险公司。

无论是商业银行、投资银行、私人银行还是中央银行，银行都扮演着重要的中介角色。

金融市场应受到监管，以便为投资者提供透明和公平的投资渠道。因此，需要国内监管机构来关注本国特殊情况，以及区域性监管机构来关注更广地域范围（如欧洲）。

行业协会可以专注于特定市场（如日本的FSA），专注于特定产品（如国际互换和衍生产品协会ISDA的衍生产品），或专注于中介机构（如各种中央证券存管协会）。

最后，我们讨论了执行交易的受监管市场和场外交易市场。我们看到，传统的（可供证券上市的、创造衍生产品的，以及可供证券和衍生产品进行交易的）证券交易所正受到例如多边交易设施（MTF）、替代交易系统（ATS）、电子通信网络（ECN）等替代平台的挑战。此外，由于美国和欧洲的监管变化，正在引入新的平台（即有组织交易设施OTF和互换执行设施SEF），以便将场外衍生产品转移到更透明、更受监管的平台。

第二部分

第 5 章　清算所和中央对手方

5.1　前言

本书的第二部分将向您介绍在第 2 章"金融工具"中所介绍的金融工具的交易后处理流程。我们将主要介绍两个方面：市场基础设施和交易生命周期，如表 5-1 所示。

表 5-1　市场基础设施和交易生命周期

市场基础设施	贸易生命周期
（a）清算所和中央对手方	清算
（b）中央证券存管机构（CSD）	结算和结算失败管理
（c）托管中介	托管人的作用

覆盖每个市场中的所有金融产品是不可能的；否则这本书就卷帙浩繁了！因此，我们将研究主要类型的金融产品，简要说明其适用的结算系统，存储和托管中介机构；这些主要金融产品类型包括：

- 股票
- 政府债券
- 欧洲债券
- 交易所衍生产品（期货及期权）
- 集中清算的场外衍生产品（利率互换）
- 非清算的场外衍生产品（远期利率协议）

在本章结尾处的 5.5 节中，您将找到一些关于基础设施的信息的来源，这些基础设施包括清算所、证券存储机构和托管人等，也可以获得一些有用的统计信息。您也许可以将这些组织的网址添加为书签，以便您可以随时访问其网站。

5.2　清算与结算概述

对许多人来说，"清算"和"结算"是同义的。严格意义上来说这并不正确；清算发生在结算之前，清算是交易后流程的第一步，而交易流程的结束称为结算。

问题：
为自己和家人购买住宅需要哪些步骤？

回答：
购买地产的过程有五个主要步骤，见表 5-2。

表 5-2　　　　　　　　购买地产的五个主要步骤

步骤	所采取的行动
1. 找到房产	• 决定您想要什么类型的房产（别墅还是公寓） • 确定房产的位置（国家、城市、城市还是农村） • 花费时间访问房地产代理/房地产经纪商，并亲自看房
2. 对您选择的房产报价	• 对房产报价（希望卖家会接受这个价格） • 报价被接受或被拒绝 • 假设报价最终被接受……
3. 初步行动	• 委任一名测量师进行房产调查 • 委任一名法律顾问进行地产的法律调查 • 通过银行或抵押公司安排融资 • 向卖方的法律顾问支付押金 • 签署法律合同（这些合同将由您的法律顾问暂时持有）
4. 合同交换日期	• 在预先指定的日期，您的法律顾问与卖方的法律顾问交换合同 • 您安排通过您的法律顾问的银行向卖方支付资金 • 您被通知付款成功并收到法律文件
5. 取得所有权	• 您收到地产钥匙，搬进新家 • 所有权变更的详情记录在财产登记簿上

实际购买房产的流程远比表 5-2 中所示的繁杂许多！然而，该表对我们的股票、债券和衍生产品的购买流程提供了很好的类比，如表 5-3 所示。

表 5-3　　　　　　　　　房产与证券之类比

买房步骤	类比
1. 找到地产	价格发现（前台）
2. 对您选择的地产报价	交易执行（前台）

续表

买房步骤	类比
3. 初步活动	清算（业务）
4. 合同交换日期	结算（业务）
5. 取得所有权	法律所有权和实益所有权变更登记（保管）

让我们根据国际支付结算体系委员会（CPSS）[①] 来对"清算"和"结算"这两个术语进行定义：

"清算"被定义为：

- "在结算之前，对支付指令或证券转让指令进行发送，对账，有时包括交易确认等处理，还可能包括对指令进行轧差以及生成结算的最终头寸。有时清算也包含结算（但这种说法并不严密）。"

"结算"被定义为：

- "交易的完成，其中卖方将证券或金融工具转移给买方，买方将货币转移给卖方。结算可以是最终结算或临时结算。"

从第7章到第9章，我们将深入讨论清算和结算的结构流程，及其整体运行情况。

5.3 清算所模式

国际支付结算体系委员会（CPSS）将清算所定义为："金融机构同意交换支付指令或其他财务义务的中央场所或中央处理机制。金融机构根据清算所的规则和程序结算须在指定时间交换的项目。在某些情况下，清算所可能承担较大的交易对手方风险、财务风险以及结算系统的风险管理责任。"

本定义中的关键词和短语如表5-4所示。

表5-4　　　　　　　　　　　　清算所的定义

定义中摘录	含义
中央场所	在某个地点的专门用于一种金融工具的清算所；或者在某个地点的用于所有金融工具的清算所
金融机构同意交换	这是同意交换的意愿，而不是实际的交换本身
金融机构根据规则和程序……在指定的时间结算……	清算所规定了金融工具的处理方式和时间
清算所可能承担较大的交易对手方风险，财务风险和风险管理责任	确实如此，当我们学习中央对手方时，我们将更详细地探讨这一点

[①] 资料来源：支付结算中心委员会术语表（官网），"支付结算体系术语表"，网址：www.bis.org/publ/cpss00b.pdf。

金融工具交易的执行详情从相关证券/衍生产品交易所传递到适应的清算所，通常买方和卖方都将通过分别提交接收和交付指令来对这些交易进行确认。

清算所然后将采取必要的行动，以使交易可以进行最终结算。根据当地惯例，结算将在交易日期后的某个预定时间进行。根据金融工具品种和交易场所的不同，通常可以从交易日期当天直到交易日期后的一个或多个工作日进行结算。于交易日当天结算被称为"交易日 T + 0"。于交易日后三个工作日结算被称为"T + 3"。

在清算所模式（见图 5 - 1）中，清算所将执行以下活动：

1. 验证来自买方和卖方（或其代理）的传入指令。验证过程用来确保指令可能是正确的［例如，最小交易单位（board lot size）大小与参考数据库匹配，价格在预先指定的公差内，并且应付利息数额计算正确］。

2. 将买方的接收指令与卖方的交付指令相匹配。如果两个指令中的细节一致，那么清算所可以认定这些指令涉及相同的标的交易，并且双方就其经济条款达成一致。如果指令细节不匹配，交换所会将这些状态标记为"不匹配"。清算所将不允许任何不匹配的交易进行结算，买方和卖方都需要调查他们的指令细节不匹配的原因。

3. 清算所将判断是否有足够的资产来进行结算。这包括买方现金的充足程度（或信贷及其他融资渠道）和卖方资产的可得性。

4. 在预定的结算日，清算所将允许交易结算，根据交易详情的可得性，将详细情况传递给对交易进行实际结算的第三方。该第三方实体被称为中央证券存管机构。

请注意，在这个模型中，清算所扮演交易促进者的角色，它不会承担买方和卖方的任何信用风险。我们将这种类型的信用风险称为交易对手方风险，即一个交易对手或另一个交易对手不能履行其在两个交易对手之间执行的交易义务的风险。在交易最终结算之前，交易对手方风险仍然存在于两个交易对手之间。

以下组织是此类模型的示例：

- 巴西清算运营商（CETIP）
- 香港中央结算及交收系统（CCASS）［用于在独立交易系统（Isolated Trade System）及非交易所进行的交易］
- 沙特阿拉伯清算所（Saudi Arabia Clearing House）
- 南非交易结算机构（Strate）
- 美国固定收益清算公司 FICC 的住房抵押支持证券部门（Mortgage - Backed Securities Division）

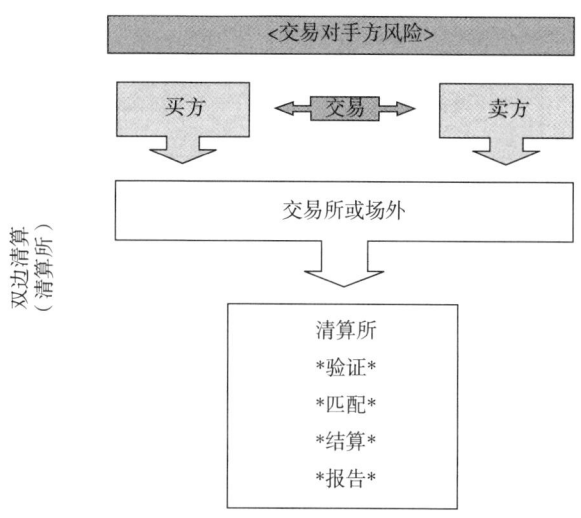

图 5-1 清算所模式

5.4 中央对手方模式

国际支付结算体系委员会（CPSS）将中央对手方（CCP）定义为："在特定交易所进行的交易中，中央对手方是这样一个实体，它承担一组特定交易合约的所有卖方的买方，以及所有买方的卖方的职责。"

在 5.3 节中，我们看到了清算所扮演的角色。它类似于中央对手方，但有一个主要区别：中央对手方对所有交易进行约务更替（novation），并承担买方和卖方的交易对手方风险。一旦交易中的一方被中央对手方所接替，存在于原始买方和原始卖方之间的对手方风险被解除。

这种交易对手方风险的变化对中央对手方来说意味着什么？在清算所模式中，如果一方在结算前违约，风险由该交易的对手方承担。相比之下，在中央对手方模式中，风险暴露于中央对手方本身。因此，中央对手方必须具有非常强大的风险缓释办法，否则将存在由一方或多方的违约或由于一系列违约可能导致中央对手方产生违约风险（见图 5-2）。

2008 年 9 月 15 日，美国投资银行雷曼兄弟（Lehman Brothers）倒闭[①]。其原因超出了本书的范围。然而需要说明的是，该公司倒闭的重要后果之一便涉

---

① 关于雷曼兄弟控股公司的破产报告，于 2010 年 3 月出版。这份 2 200 页的报告由芝加哥法律事务所 Jenner & Block 董事长 Anton Valukas 所出品。此报告可以从 Jenner & Blocks 官网获取 http：//jenner.com/lehman。

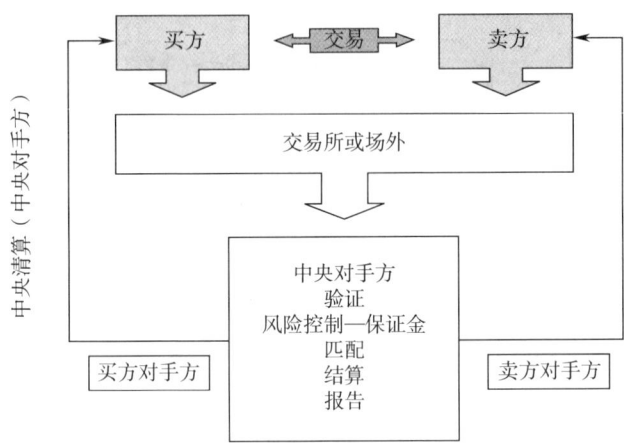

图 5-2 中央对手方模式

及银行的场外利率互换头寸,总的名义价值为 9 万亿美元,涉及五种主要货币的 66 390 笔交易①。

2008 年 10 月 3 日,伦敦结算所 Clearnet 与其会员公司一起成功地对该利率互换投资组合进行了招标出售,并且没有对中央对手方造成任何损害。

风险管理

中央对手方通过以下方式进行风险管理:

- 针对不同风险类型,例如交易对手方信用风险、业务风险、操作风险、监管与合规风险等,实施不同的风险政策
- 对中央对手方成员公司的交易应用保证金(margin)
- 维持足以承受一个或多个成员违约的违约基金(default funds)
- 如果出现清算所会员公司违约,则通过将违约公司交易头寸转移至其他清算所会员来保护受影响的公司
- 收集合格/可接受的抵押品,并使用适当的"垫头"(hair-cut)
- 通过《规则手册》来管理中央对手方和成员公司之间的关系

随着市场条件的变化,以上所有方式都应该定期进行压力测试并及时更新。

如果有会员公司违约,中央对手方将使用金融防御的"瀑布"(waterfall)线,如表 5-5 所示。

---

① 资料来源:2008 年 10 月 LCH. Clearnet 新闻稿(官网),"9 万亿美元雷曼场外利率互换违约成功解决",可获链接:www.lchclearnet.com/media_centre/press_releases/2008-10-08.asp。

第5章 清算所和中央对手方

表5–5　　　　　　　中央对手方使用的金融防御线

违约会员的保证金（例如初始保证金，变化保证金等），如果不足……
违约会员对违约基金的缴款，然后……
中央对手方的储备基金，然后……
其他会员对违约基金的缴款，最后……
中央对手方的股权

我们可以看到，第一道防线是违约会员公司自己的金融资源，第二道防线是中央对手方和其他会员的储备基金，中央对手方的股权是最后一道防线。

以下是中央对手方模式的示例：
- 澳大利亚的 ASX Clear
- 加拿大清算和存管服务商 CDS
- 中国证券登记结算有限责任公司 CSDC
- 欧洲期货交易所清算行 Eurex Clearing（德国）
- 伦敦结算所 LCH. Clearnet（法国、比利时、意大利、荷兰和英国）
- 香港中央结算系统 CCASS（在香港交易所——连续净额结算系统上执行的交易）
- 日本证券清算公司 JSCC
- 俄罗斯国家证券存管中心 NSD
- 新加坡交易所 SGX——中央存管中心
- 瑞典 OMX 衍生产品市场
- 瑞士 SIX x – clear
- 美国国家证券结算公司 NSCC

5.5　中央对手方和清算所的特点

国际支付结算体系委员会的数据

国际支付结算体系委员会（CPSS）每年生成一些国家（所谓的 CPSS 国家）的付款、结算和结算系统统计数据。最新的出版物可见 BIS/CPSS 网站 www.bis.org/list/cpss/index.htm。

在"对比表格"一节中，您将看到以下基础设施系统的特点（如表5 – 6 所示）。

- 银行间资金转移系统（PS）
- 交易所和交易系统（TRS）

- 中央对手方和清算所（CCP）
中央证券存管机构（CSD）

表5-6 选定的中央对手方和清算所的特点①

类别	含义	注释
中央对手方或清算所	该实体是中央对手方（CCP）或清算所（CH）	
所有者/管理者	中央银行（CB），商业银行（B），证券交易所（SE），另一中央对手方（CCP）/清算所（CH）或其他类型（O）	如果所有者和管理者不同，则两者都需提供。如果（完全或部分）由交易所，中央对手方或清算所拥有，则需提供该实体的名称以及其所有权的份额
与交易所的关系	内部（int） 母公司（par） 与交易所独立（indep）	• 中央对手方与交易所同附属于某一机构，或 • 中央对手方是交易所的子公司，或 • 中央对手方与交易所相对独立
与中央证券存管机构（CSD）的关系	内部（int） 母公司（par） 与中央证券存管机构独立（indep）	• 中央对手方与中央证券存管机构同附属于某一机构，或 • 中央对手方是中央证券存管机构的子公司，或 • 中央对手方与中央证券存管机构独立
盘中保证金（Intra-day Margining）	常规和/或事件驱动	可能为事件驱动，价格驱动（P）或规模驱动（S）
清算的产品/市场	证券（SEC），衍生产品（DER）和/或回购（REP）	
货币	清算货币的ISO代码	
证券结算代理	结算交易中证券端的代理人： • 中央证券存管机构 • 中央银行（CB） • 商业银行（B） • 其他（O）	按产品和货币类别提供信息
现金结算代理	结算交易证券现金端的代理人： • 中央银行（CB） • 商业银行（B） • 其他（O）	按产品和货币类别提供信息
其他中央对手方的链接	这些链接可以基于交叉参与（交叉）或公共系统	按货币区域提供链接数量

---

① 资料来源：CPSS/BIS（官网），CPSS 116，网址：www.bis.org/list/cpss/index.htm。

您将需要下载 2013 年的 CPSS 年报（2013 年 12 月的 CPSS 116，可从 www.bis.org/publ/cpss116.htm 获得），并在第 512 页至第 515 页找到中央对手方和清算所"对比表格"（表 CCP1），您会看到，大多数系统是中央对手方模式而不是清算所模式。

问题：

使用表 CCP1，请回答以下问题：

1. 这些中央对手方和清算所清算一种产品类型还是多个产品类型？
2. "大多数中央对手方与其他中央对手方有链接"这种说法是正确的吗？
3. 在土耳其，谁拥有清算系统？
4. 在欧洲期货交易所清算公司（Eurex Clearing），哪两种货币用商业银行货币（commercial bank money）进行结算？
5. 哪个国家拥有最多数量的中央对手方/清算所？

回答：

1. 各有不同。例如，在中国，所有三种产品类型都由中国证券登记结算有限责任公司清算，而沙特清算所只清算证券。
2. 不，只有少数具有基于交叉参与（cross-participation）的链接。比利时、法国、意大利、荷兰和英国拥有与"伦敦结算所"（LCH.Clearnet）链接；日本的 TFX、瑞士的 SIX x-clear 和美国的 FICC/GSD 保持交叉参与的链接。
3. Borsaistanbul（前身为伊斯坦布尔证券交易所）和 Takasbank。
4. 英镑和美元[注意，其他货币，例如，欧元和瑞士法郎，以中央银行货币（central bank money）结算]。
5. 印度和日本各有五个中央对手方。

5.6 本章总结

对在交易所和场外（对于中央清算的产品）的交易，必须进行清算和结算。清算为结算做事前准备，在清算所或中央对手方的中央系统中进行。

两个系统都要从交易双方（即买方和卖方）接收指令，并将验证信息，确认资产可得性（现金及证券/衍生物都要进行确认），并将买方的信息与卖方的信息进行匹配。只有这些过程成功完成后，交易才能进行结算。结算信息会传递给另一个实体，即中央证券存管机构，在中央证券存管机构进行券款过户及所有权记录更新。

对清算所来说，清算所在该过程中不承担任何交易对手方风险；如果一方在结算前违约，风险由其交易对手承担。

而对中央对手方来说，一旦中央对手方验证并匹配买方和卖方的信息，它就对交易进行约务更替，并分别成为原买方的卖方和原卖方的买方。这可保护买、卖双方不受对方的影响。然而，中央对手方现在对所有参与者都有了交易对手方风险暴露；这是一种潜在的巨大风险。

为了缓解交易对手方风险，中央对手方运行风险管理系统，所有参与者贡献违约基金，提供抵押品，支付保证金，中央对手方本身维持储备基金并持有股权。在交易一方违约的情况下，中央对手方试图使用一层层的"瀑布"防御线来覆盖损失，该防线由对违约方头寸进行轧差开始，一直到使用中央对手方股权，来一层层覆盖违约损失。

我们看到了伦敦结算所如何在2008年成功处理雷曼兄弟公司的违约案例，它们并没有使用"瀑布"底层的防御措施。然而，可能存在由于其一个或多个参与者违约而导致中央对手方本身违约的风险，因此中央对手方必须建立强大的风险管理措施，并在必要时进行调整。

第6章 证券存管机构(中央证券存管机构和国际中央证券存管机构)

6.1 前言

我们在之前的章节中已经看到交易所、交易平台、清算所和中央对手方所扮演的角色。我们也看到了两种类型的基础设施在管理和所有权方面的关系。

进行交易和清算的资产类型包括债券、股票、交易所交易的衍生产品和中央清算的场外衍生产品。

我们现在处于第三种基础设施发挥积极作用的阶段:即地方(或国家)中央证券存管机构和国际中央证券存管机构(CSD)。与清算所和中央对手方一样,中央证券存管机构各有异同。

请注意,除了执行以证券作为标的资产的衍生产品合同以外,中央证券存管机构在衍生产品其他方面没有任何作用。

本章将帮助您:
- 了解中央证券存管机构和国际中央证券存管机构的目的
- 对几家存管机构进行详细了解
- 了解中央证券存管机构和国际中央证券存管机构之间的双边联系以及它们之间的兼并和收购
- 了解存管机构不同类型的客户和提供给这些客户的服务

6.2 历史背景

直到20世纪末,证券都是以记名证券的形式出现,即投资者持有实物股票和债券证书。这些证书可以通过以下几种方式之一持有:
- 投资者持有
- 投资者的法定代表人(如律师)持有
- 投资者的股票经纪商持有
- 投资者的银行持有(并存入银行的保险库或保险箱)

证券可以是记名证券或无记名证券。对于记名证券,投资者的姓名将记录在发行人的证券名录上,并在证书上注明。对于无记名证券,投资者的姓名则不会记录在证书或发行人的登记簿上。

问题:
您认为实物证书可能产生的问题有哪些?

回答:
实物证书可能存在的问题包括:

1)实物文档的问题:纸张笨重,存储成本高昂。私人投资者的投资组合可能包括几百份证书;机构投资者可能有几千份。

2)丢失/失窃:在从卖方到买方的转移过程中,证书可能会丢失。虽然记名证券可以补办(收取少量费用),但是无记名证券不能。想象一下,您丢了一张银行钞票,即现金。您能获得补办吗?不能!

3)物理损害:2012年11月,纽约遭受飓风"桑迪"的袭击。美国存管信托与清算公司DTCC的地下保管库被洪水淹没,130万张证券证书被潮水损害。*引用清算公司的原话是:"……与过户代理人讨论建立从其计算机记录中补发证书的程序。"

4)延迟交付:从保险库(保险箱)提取证书以交付市场的过程可能需要几天的时间。此外,记名证券也需要转让契据以实现顺利交付(无记名证券不需要此类附加文件)。①

我们也许可以得出结论:历史上,证券的保管是去中心化的,即投资人或投资代理人持有实物证书。直到20世纪60年代末和70年代初,这种情况才发生改变。

除了证券形式外,还有其他因素需要考虑。例如:

1)客户、股票经纪商和银行通过电话、邮件或电传相互通信。此外,也会通过加押电传或经认证的电话呼叫来发送付款和交割的指令。

2)在海外市场的投资往往局限于主要市场(例如,纽约、东京和欧洲各金融中心)。

3)证券结算是一个人工流程,即股票经纪商的信差将向其证券买方交付成箱的证券证书并从买方获取支票,或从卖方处取回成箱的证书并向卖方支付支票。

---

① *请见Finextra,"DTCC开始梳理遭飓风袭击的政权保险库",网址:www.finextra.com/News/FullStory.aspx? newsitemid = 24284。

随着更多市场的开放和（国内和跨境）投资活动的增加，这种情况不能再持续了，必须采取措施，以使证券持有更加安全，并使证券结算更有效率。

这一趋势的证据可以在 20 世纪 60 年代早期建立的新的欧洲债券市场中找到。虽然这些欧洲债券的一级市场发行和二级市场交易发生在英国和欧洲大陆，但是实物债券在纽约持有。事实上，大多数交付和付款也是在那里。到 1967 年，情况变得非常糟糕，交付被延迟了几个月，导致大量的结算失败。一家位于伦敦的交易所的结算失败，结算量相当于其资本金的三倍。这种情况有可能会摧毁市场。

这种僵局导致了，

"……三个持久的机构出现了。在它们之间形成了一个框架，业务可以在这个框架中生存和发展。在国际债券交易商协会（AIBD），市场建立了自我调节和集体表达的机制。在欧洲债券结算系统（Euroclear）和后来的国际结算公司（Cedel），发展了跨越一级和二级市场，结合存管、清算和结算操作的机制，并与银行系统携手合作，提供与结算相关的流动性。"[1]

您将注意到，这两个机构是针对一种特定类型的、没有国别的证券（即欧洲债券）的清算和存管机构。

欧洲债券结算系统（Euroclear）和国际结算公司（Cedel，现在称为卢森堡明讯银行 Clearstream Banking Luxembourg）不是为处理存管业务而设立的唯一组织。存管机构开始在处理单一资产类型（如仅股票）或一系列资产类型（如股票、债券和货币市场工具）的市场中兴起。关键特征是这些新存管机构所关注的证券类型都是国内证券。

在这一时期建立存管机构的国家包括：

- 加拿大——1970 年
- 美国——1973 年
- 日本——1984 年
- 新加坡—1987 年

加上：

- 欧洲债券（Euroclear）结算系统——1968 年
- 国际结算公司（Cedel）——1970 年

今天，我们将国内存管机构称为中央证券存管机构（CSD），两个欧洲债券存管机构称为国际中央证券存管机构（ICSD）。

---

[1] 资料来源：Shearlock P. & Ellington W.（1994），"欧洲债券日记"．欧洲清算系统 Société Coopérative 独家发表．pp. 33 – 36。

6.3 定义

6.3.1 国内(地方/国家)中央证券存管机构

中央证券存管机构是指推动证券结算与保管,并确保参与者账户核对无误的实体或系统。证券可以以非移动方式(immobilized form)或无纸化方式(dematerialized form)安全保存。结算通常采取记账形式(book entry form)。

6.3.2 国际中央证券存管机构

国际中央证券存管机构是通过与各国国内市场的代理商的直接和间接联系来结算各种国际、国内证券交易的存管机构。最著名的国际中央证券存管机构是欧洲清算银行(Euroclear Bank)和卢森堡明讯银行(Clearstream Banking Luxembourg)。欧洲债券市场的发展部分是为了应对国内债券市场运营和监管的低效。

定义中包含一些需要解释的术语:

1)非移动方式(immobilized form)的证券——实物证券以电子方式记录,其中购买记入贷方,出售记入借方。实物证券不用于结算目的(即它们是"非移动"的)。

2)无纸化方式(dematerialized form)的证券——实物证书由电子方式记录(如上述非移动方式),随后销毁。

3)记账式结算——这是通过电子账户的借、贷实现证券和/或现金的结算和移动,而不是从卖方到买方(或付款人到收款人)的实物移动。

6.4 中央证券存管机构

6.4.1 中央证券存管机构和国际中央证券存管机构的特点

这些组织的主要特点见表6-1。

表6-1 选定的中央证券存管的特点

特点	含义	注释
持有的证券类型	(DOM)	• 国内证券
	(INT)	• 国际证券
	(B)	• 债券
	(C)	• 大额存单
	(G)	• 政府证券
	(E)	• 股票
	(O)	• 其他类型的证券

第 6 章　证券存管机构（中央证券存管机构和国际中央证券存管机构）

续表

特点	含义	注释
所有者/管理机构	（CB） （B） （SE） （O）	• 中央银行 • 商业银行 • 证券交易所 • 其他所有者类型
证券结算系统	中央证券存管机构相关的结算系统的名称	
当日交易的闭市时间	交易可在同一天发送到结算系统的最晚时间	
与其他中央证券存管机构的连接	直接链接 间接连接	• 基于交叉参与 • 通过当地的代理商
交付延迟（T+n）	交易日与结算日之间的延迟	
日内完成	是 否	• 系统支持日内完成 • 系统不支持日内完成
DVP 机制	证券转移系统和资金转移系统之间的链接，以确保券款同时交付。	
货币	可以进行结算的货币的 ISO 代码。	
证券交易结算中的现金支付代理	（CB） （B） （SE） （O）	• 中央银行 • 商业银行 • 证券交易所 • 其他代理机构

资料来源：CPSS/BIS（官网），CPSS 116，网址：www.bis.org/list/cpss.index.htm。

一些中央证券存管机构的名单以及表 6-1 中突出显示的特点可以在 CPSS 116（如果您之前已下载）的第 524 页至第 527 页中找到。

完整的中央证券存管机构清单可以在五个区域协会的网站上找到，我们将在本章后面讨论。

6.4.2　中央证券存管机构的功能

您现在将发现，证券的存管可以通过引入中央证券存管机构由分散（即由投资者和/或其代理存管）改变为集中存管。

6.4.2.1　保管

中央证券存管机构的主要职能是保管证券。这可能包括所有类型的证券（货币市场，股票和债券）或只有一种类型（如仅股票）。

当发行证券时，发行人将 100% 的债券或股票交付给适当的中央证券存管机构进行保管。根据当地市场惯例，发行可以采用前面提到的方式进行：

1）非移动方式——理想的状态是，整个发行由一份证书或许多份证书代表。

例如,ABC 公司发行 10 亿美元的债券。将有一份面额(face amount)[①] 为 10 亿美元的证书或 100 万份面额为 1 000 美元的证书,或 20 万份面额为 5 000 美元的证书。就证书保管的安全性来说,最佳情况是使用单份证书代表发行总额。

2)无纸化方式——整个发行将由债券证书或发行人某种形式的收据代表。

3)正式证书——整个发行将完全采用纸质证书,例如,ABC 发行 5 000 万股股票,可以通过以下方式之一交付给买方:

投资者购买 5 000 股股票,收到:
- 1 份代表 5 000 股股票的证书,或
- 5 000 份各代表 1 股股票的证书,或
- 100 份各代表 50 股股票的证书,或
- 任何其他组合。

请注意,选项 3)(正式证书)意味着中央证券存管机构向买方或其代理人交付纸质的实物证书。

在选项 1)和 2)中,没有必要交付纸质的实物证书,因为证券的交付和接收只通过电子记账形式进行记录,如表 6-2 中的示例所示。

表 6-2　　　　　　　　　　　　交易实例

交易	证券结算账户	现金账户
投资者头寸(交易前)	0	100 000 欧元
投资者支付 20 000 欧元,购买 5 000 股	5 000	(20 000 欧元)
投资者头寸(结算后)	5 000	80 000 欧元
经纪商头寸(交易前)	7 500	50 000 欧元
经纪商出售 5 000 股,收入 20 000 欧元	(5 000)	20 000 欧元
经纪商头寸(结算后)	2 500	70 000 欧元

中央证券存管机构向买方和卖方告知他们的交易已经结算完成,并且:

投资者现持有 5 000 股(而且现金账户减少)。

经纪商目前持有 2 500 股(而且现金账户增加)。

中央证券存管机构现在保管 7 500 股,如表 6-3 所示。

表 6-3　　　　　　　中央证券存管机构处的结算保管头寸

实体	股份数量	单位
投资者	5 000	股
经纪商	2 500	股
总计	7 500	股

---

① 也称为本金额(principal amount)或单位数量(board lot size)。

在该示例中，投资者和经纪商是中央证券存管机构的参与者。中央证券存管机构将投资者和经纪商视为这些股票的所有者。这可能表明任何类型的实体都可以是中央证券存管机构的参与者。虽然有例外，但一般规则是参与者往往是地域性的卖方机构，例如，经纪自营商、地方银行和非银行金融机构。

以下实体类型往往不属于直接参与中央证券存管机构的实体：

1）本地和外国的私人投资者（散户）
2）外国银行
3）外国卖方机构
4）外国非银行机构

对于这些实体，参与中央证券存管机构的唯一方式将是通过中央证券存管机构中的地方参与者间接参与，如图6-1所示。

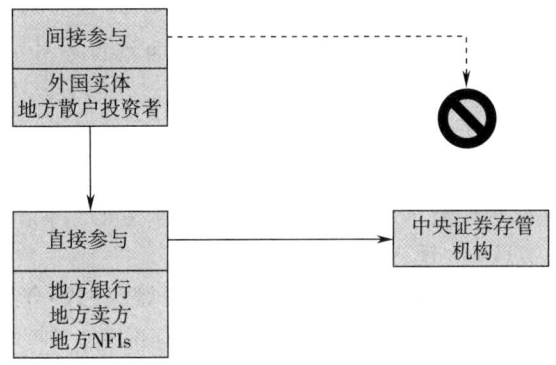

图6-1 参与中央证券存管机构

这种一般规则也有例外，例如，有的中央证券存管机构（例如芬兰、瑞典、英国、爱尔兰和新加坡）允许私人投资者直接参与。与任何"系统"一样，例如，支付系统或清算/结算/保管系统，中央证券存管机构也面临着系统风险①，并且必须谨慎对待其中的参与者。

6.4.2.2 结算

结算是证券交易的最后一步，所有权的转让在中央证券存管机构内进行。中央证券存管机构会从中央对手方或清算所收到清算结果，并在中央结算系统持有的证券账户上进行适当的记录。这包括以下活动：

- 一级市场活动：从发行人及其发行代理处接收新证券
- 二级市场活动：交易（交易、回购、证券借贷、免费交割等）的结算

---

① 系统风险——由于系统内一个或多个参与者的违约导致整个系统违约的风险（一种"多米诺效应"）。

活动

6.4.2.3 收入托收

股息和利息（息票）由发行人的支付代理支付给中央证券存管机构。然后，中央证券存管机构将收入贷记入参与者账户中。

6.4.2.4 公司行为

发行代理和付款代理代表发行人参与活动。我们在第 11 章中将讨论公司行为和代理投票的内容。

这些服务可以被视为"核心"服务或"基本"服务。它们对这些证券的整体保管和管理至关重要。然而，中央证券存管机构也会提供以下的额外服务：

6.4.2.5 证券融资

包括证券借贷、回购和售出/购回（sell/buy – backs）。

6.4.2.6 抵押品管理

参与者（及其客户）可以将其证券作为抵押品来为其日常活动融资。中央证券存管机构管理证券收益（收入以及公司行为），并向贷款人保证他们可以控制质押证券。

6.4.2.7 数据和存储服务

中央证券存管机构拥有大量可用于提供其他服务的数据，例如，美国存管信托和清算公司（DTCC）还提供：

- DTCC 一般抵押品金融回购基准指数，用于跟踪回购合约的平均日利率
- 检索数据服务，有助于将法律实体标识符标准化
- 全球交易信息库（trade depository）服务，作为单独的交易报告界面，链接衍生产品交易的参与者和需要头寸信息的监管者（更多信息请参见美国存管信托和清算公司官网 www. dtcc. com/data – and – repository – services. aspx）。

6.4.3 中央证券存管机构的变化

1989 年，在其关于清算和结算问题的划时代研究之后，三十国集团（G30）提出了 9 项建议[①]，导致全球各地许多产业进行了改革。其中，"建议 3"特别提到了中央证券存管机构（见表 6 – 4）。

G30 建议 §3 – 中央证券存管机构

---

① 三十国集团，成立于 1978 年，是一个私营、非营利的国际机构。其成员包括公共及私营部门，以及学界的高层代表。其宗旨是加深国际经济和金融事件的理解，探究国际公共及私营部门重大决定的影响，以及市场参与者和监管者面临的选择（选自三十国集团官网 www. goup30. org/about. shtml）。

第6章 证券存管机构（中央证券存管机构和国际中央证券存管机构）

> a）每个国家都应该建立一个有效和发达的中央证券存管机构，其组织和管理应鼓励尽可能广泛的直接和间接的市场参与。
> b）允许存管的金融工具的种类及范围应尽可能广泛。
> c）应尽最大可能实现金融工具的非移动方式或非纸质化。
> d）如果同一市场中存在多个中央证券存管机构，那么它们的规则和实践应当互相兼容，以减少结算风险并有效利用资金和可用的交叉担保。

资料来源：G30 工作小组（1988 年），"世界证券市场的清算和结算系统"建议§3。

事后我们发现，G30 的建议§3 假设每个国家/市场将支持一个到三个中央证券存管机构。总的来说，虽然这是大多数市场的情况，但有一个地区经历了众多地方中央证券存管机构合并的历程。这个地区是欧洲，合并主要是由两个国际中央证券存管机构主导的：欧洲清算银行和明讯银行。

表 6-4 显示了欧洲清算银行有限公司（Euroclear SA/NV）拥有的地方中央证券存管机构。

表 6-4　　　欧洲清算银行拥有的中央证券存管机构

国家	状态	被欧洲清算银行接管的年份
欧洲清算银行	国际中央证券存管机构	2000 年从摩根担保分离出来
法国	中央证券存管机构（1949）	SICOVAM（欧洲清算　法国-2001）
英国和爱尔兰	中央证券存管机构（1996）	CrestCo（欧洲结算　系统英国和爱尔兰—2002）
荷兰	中央证券存管机构（1977）	NECIGEF（Nederlands Centraal Instituut voor Giraal Effectenverkeer）（欧洲清算　荷兰—2001）
比利时	中央证券存管机构（1967）	CIK（Caisse Interprofessionnelle de Dépôts et de Virements de Titres）（欧洲清算　比利时—2002）
芬兰	中央证券存管机构（1997）	APK（Suomen Arvopaperikeskus Oy）（欧洲清算　芬兰—2008）
瑞典	中央证券存管机构（1971）	VPC（Vardepappercentralen）（欧洲结算　系统瑞典—2008）

表 6-5 显示了由明讯国际（Clearstream International）（德意志交易所集团的一部分）拥有的地方中央证券存管机构。

表 6-5　　　明讯银行旗下的中央证券存管机构

国家	状态	前身为…
卢森堡明讯银行	国际中央证券存管机构	Centrale de Livraison de Valeurs Mobilières – Cedel

续表

国家	状态	前身为…
法兰克福明讯银行	中央证券存管机构	德意志交易所结算公司（前身为 Deutsche Kassenverein – DKV）
卢森堡	中央证券存管机构（2011）	—

此外，十家中央证券存管机构于 2009 年 3 月推出了"联合市场"（Linked Up Market）——这项合作项目，旨在建立一个共同基础设施，实现中央证券存管机构之间的互操作性，并引入高效的跨境处理能力（见表 6-6）。

表 6-6　　　　　　　　　　联合市场

法兰克福明讯银行（Clearstream Banking Frankfurt）	奥地利国际银行（奥地利）（Oesterreichische Kontrollbank AG）
塞浦路斯证券交易所（Cyprus Stock Exchange）	SIX SIS AG（瑞士）
希腊交易所（希腊）（Hellenic Exchanges）	STRATE（南非）
IBERCLEAR（西班牙）	VP Lux
麦克迪尔（埃及）（MCDR）	VPS（挪威）

资料来源：联合市场（官网），"联合市场的合资合伙人"，网址：www.linkupmarkets.com/home.asp? Page = Organization。

在世界其他地方，中央证券存管机构之间形成了一个双边关系网络（见图 6-2）。这些中央证券存管机构间的链接使一个国家的中央证券存管机构参与者可以间接加入另一个国家的中央证券存管机构，使其更便捷地持有外国证券，而不需要直接在外国中央证券存管机构开立参与者账户。

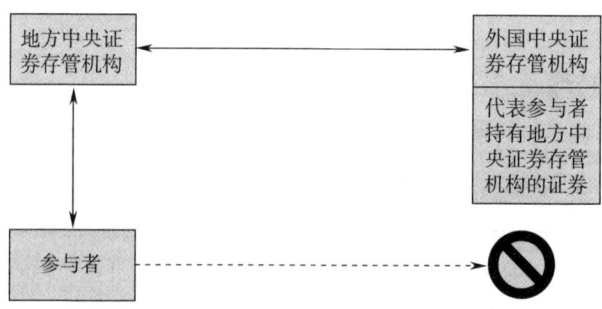

图 6-2　中央证券存管机构间链接

一个国家 A 的中央证券存管机构让其客户直接参与国家 B 的交易所和 OTC 市场的例子就是奥地利中央证券存管机构 CSD. Austria。CSD. Austria 于 2013 年 9

月宣布其与俄罗斯国家清算存管处（NSD）已经启动了参与俄罗斯证券市场的直接跨国联系①。由于允许外国中央证券存管机构被允许在俄罗斯国家清算存管处开立外国代理账户，这一联系才成为可能。

此后，俄罗斯国家清算存管处与亚美尼亚中央存管局建立了进一步的联系，并通过与卢森堡明讯银行和欧洲清算银行的联系向国际投资者开放了俄罗斯企业债券市场。

6.4.4 中央证券存管机构联系和互操作性

通常情况下，如果投资者（或其代理人）希望投资外国证券，是不能直接参与相关的中央证券存管机构的。投资者/代理人有两种选择：

1）使用可参与外国中央证券存管机构的托管银行（见图6-3）。

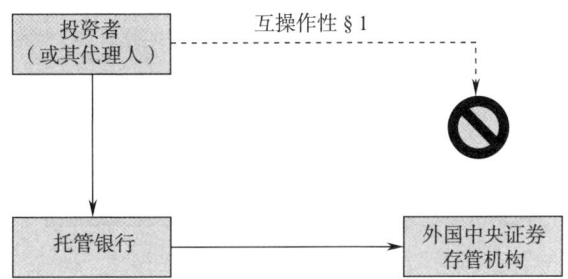

图6-3 托管银行参与外国中央证券存管机构

2）使用地方中央证券存管机构与外国中央证券存管机构的联系（见图6-4）。

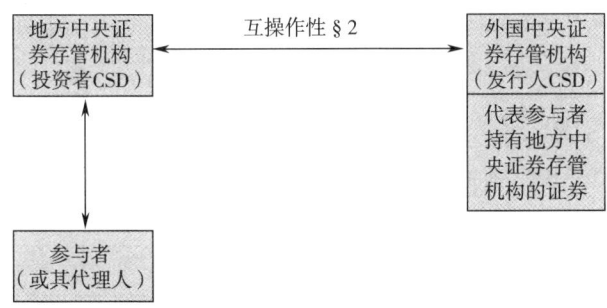

图6-4 地方中央证券存管机构参与外国中央证券存管机构

---

① 资料来源：俄罗斯国家清算存管处"CSD. Austria 与 NSD 共同开启参与俄罗斯证券市场的直接联系"，网址：www.nsd.ru/en/press/ndcnews/index/php? &id36=217730。

我们将在第10章"托管和托管人"中详细讨论方案1。若使用方案2，地方中央证券存管机构和外国中央证券存管机构之间的联系使得后者所持有的证券能够在前者的记录中得到。

地方中央证券存管机构（也称为投资者中央证券存管机构或投资者CSD）成为外国中央证券存管机构（也称为发行人中央证券存管机构或发行人CSD）的客户或参与者。这将被视为单边联系。如果有反方向的安排，即发行人CSD成为其地方投资者的投资者CSD，且投资者CSD成为发行人CSD，将是一个双边联系（见图6-5）。在任何一种情况下，双边和单边联系都被视为"直接联系"。

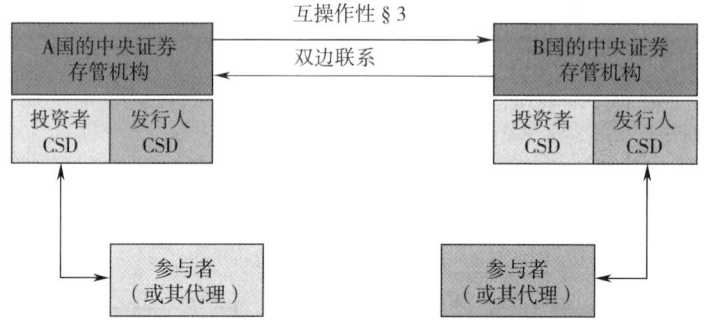

图6-5　直接联系

表6-7列出了直接联系的例子。

表6-7　　　　　　　　　　　　直接联系

联系类型	中央证券存管机构	国家
双边	● MaltaClear 和明讯银行 AG	马耳他/德国
双边	● Monte Titoli 和 Iberclear – CADE	意大利/西班牙
双边	● LuxCSD 和卢森堡明讯银行	卢森堡/卢森堡
单边	● Monte Titoli 到 Iberclear – SCLV	意大利/西班牙
单边	● BOGS（Greece）到明讯银行 AG	希腊/德国
单边	● 卢森堡明讯银行到 CDCP	卢森堡/斯洛伐克

资料来源：欧洲中央银行（官网），"2013年12月20日存在的合格联系"，网址：www.ecb.europa.eu/paym/coll/coll/ssslinks/html/index.en.html。

还有"中继联系"（relayed links），即两个中央证券存管机构利用第三个中央证券存管机构作为中介的联系（参见图6-6）。

第6章 证券存管机构（中央证券存管机构和国际中央证券存管机构）

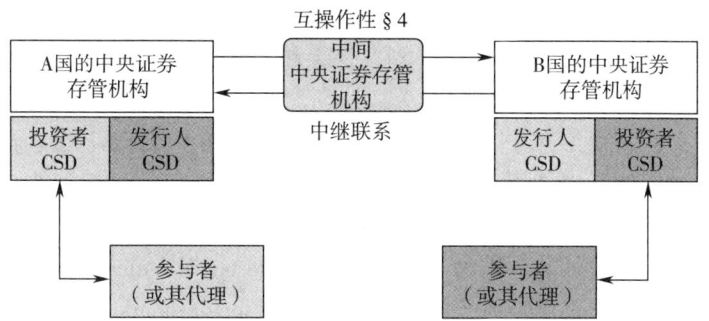

资料来源：欧洲中央银行（官网），"2013年12月20日存在的合格联系"，网址：www.ecb.europa.eu/paym/coll/coll/ssslinks/html/index.en.html。

图6-6 中继联系

中继联系的示例如下①：

1）德国：明讯银行AG通过卢森堡明讯银行联系到Monte Titoli（意大利）。

2）法国：欧洲结算系统（法国）通过欧洲结算系统（比利时）联系到明讯银行AG（德国）。

3）卢森堡：LuxCSD通过卢森堡明讯银行联系到KDD（斯洛文尼亚）。

这些联系将允许以纯券过户（FoP）和/或券款对付（DVP/RVP）方式交割证券。

欧洲清算银行和卢森堡明讯银行，这两个国际中央证券存管机构，被认为是使用"桥链接"（bridge）实现了完全互操作（见下一节）。

6.5 国际中央证券存管机构

6.5.1 背景

我们在本章"导言"中看到了导致创建两个国际中央证券存管机构（ICSD）事件的简要概述。欧洲清算银行（Euroclear）和国际结算公司（Cedel）的建立是在发行实物欧洲债券证书的背景下发生的，在此背景下将实物证书交割给遍布在欧洲各地的承销商、交易商、投资者，产生了一系列问题。

摩根担保公司（Morgan Guaranty）的布鲁塞尔办事处常被用于为发行人举办交割仪式，即将新发行的债券递交给主承销商。当时人们决定开发一个新系

---

① 资料来源：俄罗斯国家清算存管处"CSD. Austria与NSD共同开启参与俄罗斯证券市场的直接联系"，网址：www.nsd.ru/en/press/ndcnews/index/php？&id36=217730。

统，实物证书由记账系统取代，一旦参与者在系统中开设了证券账户和现金账户，就可能发生记账式的接收和交割。该系统后来发展为欧洲清算银行，正式成立时间为 1968 年 12 月。

虽然债券在布鲁塞尔交割，但大多数欧元债券在卢森堡上市。卢森堡也遇到了像纽约一样的运营难题。位于卢森堡的地方银行和外国银行决定着手建立一家与欧洲清算银行相竞争的同类型机构。到 1970 年 9 月，来自 11 个国家的 71 家银行推出了 Cedel（全称为 Centrale de Livraison de Valeurs Mobilieères），它的座右铭是"在市场，为市场"（By the market, for the market.）。

因此，我们可以看到，在很短的时间内，一个没有国籍的特定产品类型，欧洲债券，可以在两个基于欧洲大陆的系统中持有和处理。这两个组织的历史非常有趣，它们多年来的激烈竞争对整个行业都有好处，包括：

- 通信
- 新产品
- 服务（核心服务和增值服务）

6.5.2 国际中央证券存管机构的特点

国际中央证券存管机构与一般中央证券存管机构的基本概念相似，但在一个重要方面有所不同。欧洲清算银行（Euroclear）和明讯（Clearstream）都是银行，这使它们能够提供信贷以及与证券结算有关的其他银行活动。

可以说，国际中央证券存管机构与中央证券存管机构一样是交易后市场基础设施的一部分，然而国际中央证券存管机构仍保持其商业属性；换句话说，它们不仅要照顾他们客户的利益，还要照顾它们股东的利益。

虽然两个国际中央证券存管机构类似于清算所和中央证券存管机构的组合，但应注意的是，国际中央证券存管机构不作为中央对手方。它们的服务涵盖从债券新发行到赎回的整个流程。

6.5.3 卢森堡明讯银行

6.5.3.1 资产类别

卢森堡明讯银行（Clearstream Banking Luxembourg，CBL）可结算的证券种类很多，包括：

- 国际债券，包括全球债券和欧元债券（直接债券、浮动利率债券、可转换债券等）
- 外国债券
- 货币市场工具，包括短期和中期票据，商业票据和大额存单
- 国内债券（政府和公司）

- 股票
- 存托凭证（depository receipts）
- 投资基金
- 认股权证（warrants）
- 资产支持证券（asset-backed securities）和其他债务抵押证券（collateralizeddebt securities）

6.5.3.2 新发行

卢森堡明讯银行（CBL）使用其"全球发行人中心"（Global Issuer Hub）提供从咨询建议到一级市场发行、分配的全方位服务：

- 咨询服务：为牵头经办人（主承销商）、律师、发行人及其代理人提供支持
- 证券入场：在进入全球发行中心之前的资格检查和合规检查
- 代码分配：卢森堡明讯银行是国际 ISIN 编码的编号代理
- 电子文档传输：这使得证券可以电子方式传输，而非物理传输
- 一级市场分配：对发行人及其代理人向投资者分配证券提供支持

6.5.3.3 结算

卢森堡明讯银行有三种类型的结算：

1）内部结算：两个卢森堡明讯银行参与者之间交易的结算。
2）外部结算：与非国际中央证券存管机构参与者进行的交易的结算。
3）桥结算（bridge settlement）：卢森堡明讯银行和欧洲清算银行参与者之间的交易的结算。

交易可通过券款对付（DVP/RVP）或纯券过户（FoP）结算。

6.5.3.4 资产服务

卢森堡明讯银行还提供收入托收与处理和公司行为的服务，并出具收入预测报告、公司行为报告和市场要求报告。

6.5.3.5 全球证券融资

卢森堡明讯银行通过其"全球流动性中心"提供全方位的证券融资服务，包括：

- 三方抵押品管理和一般抵押品池化（General Collateral Pooling）
- 用于失败管理和策略贷款的自动证券融资（automated securities lending and borrowing）

6.5.3.6 投资基金服务

卢森堡明讯银行的 Vestima 基金中心为投资者、基金交易商、过户代理和交易平台之间提供链接。Vestima 基金中心可实现：

- 订单到基金（或其代理）或交易平台的路径打通

- 使用 DVP 的结算方式，利用商业银行货币进行交易后结算
- 使用投资基金作为三方回购服务中合格资产类别的抵押品
- 增值服务，包括资金参考数据和实时报告

6.5.3.7　中央证券存管机构间联系

我们在上一节中已经看到，国际中央证券存管机构和一系列地方中央证券存管机构之间有直接的联系。这些联系可以是单边的或双边的。

6.5.3.8　互联性

参与者可以使用"创建互联性"（CreationConnect）服务下的一个或多个互联产品输入指令，访问信息，管理公司行为事件，发送查询和处理例外情况。三个产品如下：

1）在线创建（CreationOnline）——通过互联网或虚拟专用网（VPN）

2）直接创建（CreationDirect）——通过互联网、Clearstream VPN、Lima 或 SWIFTNet FileAct 进行文件传输

3）通过 SWIFT 网络创建——通过 SWIFTNet FIN 链接

2013 年 9 月，卢森堡明讯银行推出了 ClearstreamXact 项目，这是一个基于互联网的系统，最初为参与者提供卢森堡明讯银行的抵押品管理服务（结算和资产管理是计划内的附加服务）。

6.5.4　欧洲清算银行

6.5.4.1　资产类别

欧洲清算银行（Euroclear Bank，EB）处理各种证券，包括：

1）国际债券，包括外国债券、全球债券和欧元债券。

2）国内债务。

3）可转换债券（convertible bonds）。

4）认股权证。

5）股票。

6）存托凭证。

7）投资基金。

6.5.4.2　新发行

欧洲清算银行为发行人、牵头经办人和发行代理提供如下服务：

1）帮助确定新发行的架构。

2）为新证券分配识别码（欧洲清算银行是一家编号机构）。

3）提供证券的 DVP 发行。

4）提供相关行政服务。

6.5.4.3 结算

欧洲清算银行(EB)与上述卢森堡明讯银行(CBL)一样,有三种类型的结算:

1)内部结算:两个欧洲清算银行参与者之间交易的结算。
2)外部结算:与非国际中央证券存管机构参与者之间交易的结算。
3)桥结算:欧洲清算银行和卢森堡明讯银行参与者之间交易的结算。

交易可以通过券款对付(DVP / RVP)或纯券过户方式(FoP)结算。

6.5.4.4 托管服务

这些服务包括:

1)公司行为通告。
2)实时处理和报告。
3)收入托收与处理和赎回处理。
4)预扣税(withholding tax)协助。
5)代理投票、市场索赔管理。

6.5.4.5 资产优化

这项服务包括抵押品管理和证券借贷。

6.5.4.6 转账服务

汇款设施包括:

1)账面转账:与欧洲清算银行系统内部参与者之间的内部支付。
2)电汇:由欧洲清算银行系统外的参与者进行的外部支付。
3)事先建议:针对来自欧洲清算银行系统之外的,打入欧洲清算银行参与者账户的款项。
4)外汇服务。

6.5.4.7 信贷便利

欧洲清算银行提供信贷便利,使参与者能够对其业务,特别是结算、借款和资金转移进行管理。信贷便利以有担保的方式提供。

6.5.4.8 投资基金服务

欧洲清算银行的投资基金平台叫做"国际资金结算"(FundSettlement International),它为基金管理公司、基金销售商和过户代理人提供单一接口。用户可以参与以下活动:

1)订单验证。
2)资金结算。
3)公司行为处理。
4)实时报告。
5)客户支持。

6.5.4.9 中央证券存管机构间联系

我们在上一节中已经看到,国际中央证券存管机构和一系列地方中央证券存管机构之间有直接的联系。这些链接可以是单边的或双边的。

6.5.4.10 互联性

参与者可以通过以下基于互联网协议(Internet Protocal)的网络参与欧洲清算银行活动:

1)Radianz。

2)Infonet。

3)SWIFTNet。

4)互联网。

相关的应用程序或是基于屏幕(screen based)的,或是基于计算机间互联(computer – to – computer)的,参见表6 – 8。

表6 – 8　　　　　　　基于屏幕或计算机间互联的连接

基于屏幕的	计算机间互联的
EUCLID PC——结算指令/验证与报告	EUCLID 服务器
FundSettle——访问 FundSettle International 的服务	EUCLID 文件传输
Triweb & Biweb——抵押品管理报告	FundSettle 文件传输
	SWIFT

指令还可以通过经过加押电传、邮政、偶尔也通过传真(电话回叫)提交。

6.6　交易所、结算系统和中央证券存管机构

我们现在已经学习了行业基础设施的三个主要要素:

1)证券交易所。

2)清算系统。

3)中央证券存管机构

我们还可以添加两个元素——国际中央证券存管机构和现金支付系统。两个国际中央证券存管机构属于银行,使用"商业银行货币"(commercial bank money)进行支付。国家中央证券存管机构与其国家中央银行挂钩,这里的支付称为"中央银行货币"(central bank money)。

让我们看看这些基础设施之间的联系在以下三个地区有何不同:

1)美国。

2)欧洲地区。

3)世界其他地区,包括亚太、非洲/中东和美洲地区。

通过这种比较,您将发现美国的特点是相对集中,欧洲是相对分散,亚太地区是关注国内业务的。我们将在下一节看到,全球已经形成了几个中央证券存管机构协会,以便引入区域合作或者进行实际合并。

欧洲中央银行于 2009 年 11 月[①]出版了一本小册子,概述了欧洲和美国的联系。您将能够看到欧洲的情况是多么复杂。

6.6.1 美 国

在美国,公司债券和股票通过美国存管信托和清算公司(DTCC)清算,政府证券、联邦机构和政府资助的实体通过美联储系统(Fed)处理。

在图 6-7 中,您可以看到美国系统的集中。

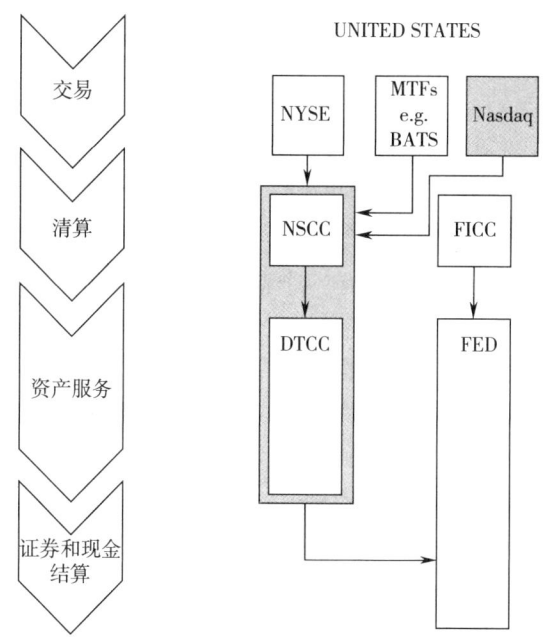

资料来源:欧洲中央银行 2009 年"跨国界结算"。

图 6-7 美国基础设施之间的联系

6.6.2 欧 洲

相比之下,欧洲更为分散和复杂(见图 6-8)。

---

① 资料来源:欧洲中央银行,2009 年 11 月"无国界结算",网址:www.ecb.europa.eu/pub/pdf/other/settlingwithoutborders_t2sbrochure112009en.pdf?def30081f800715129a657731011243b。

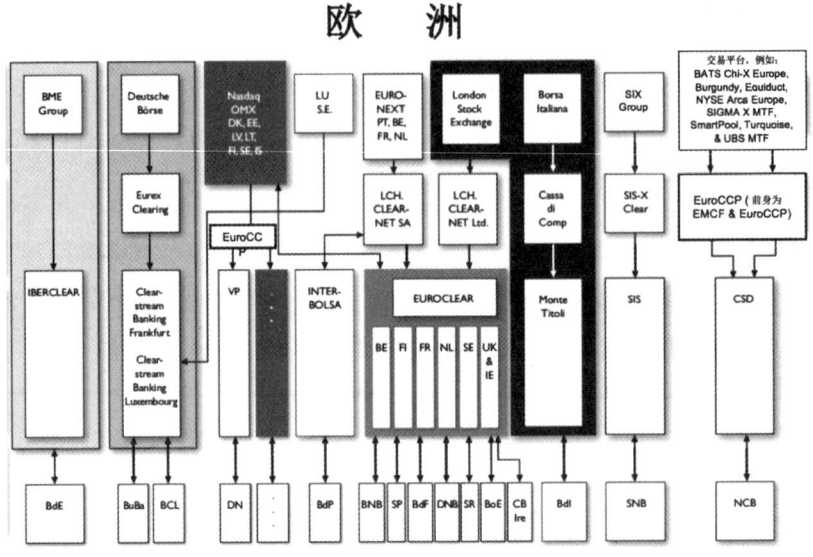

资料来源：欧洲中央银行2009年"无国界结算"，及原作者更新。

图6-8 欧洲基础设施之间的联系

从图6-8可以看出，欧洲有一个高度分散的清算、结算、托管和支付环境。

- 阴影框表示通过合并和收购产生的公司集团，包括：

➢ 在西班牙、德国、纳斯达克斯德哥尔摩期权交易所集团（Nasdaq OMX group）的国家和意大利，存在垂直交易（"垂直整合"）的方式，其中证券交易所，清算系统和中央证券存管机构是同一国家集团的分支。

➢ 英国和意大利证券交易所也是同一集团的分支，尽管它们有不同的结算系统和中央证券存管机构。

➢ 欧洲清算银行集团包括6个国家的国家中央证券存管机构。这被称为"水平整合"。

➢ EuroCCP将交易发送到适当的地方中央证券存管机构进行结算。

问题：

根据欧洲央行2009年的报告，欧洲有多少国家在此体系中？

回答：

17个国家（即17个证券交易所）加上8个交易平台。

6.6.3 世界其他地方

欧洲以外国家的模式与美国更接近,即每个国家都有自己的交易所、结算系统、中央证券存管机构和支付系统。

问题:

从美国和欧洲之外选择一个国家①。参照欧洲中央银行的模板,该国的基础设施系统的名称和其间的联系是什么(参见图6-7的标题)?仅考虑公司证券(即股票和债券)和政府证券。

回答:

我们选择澳大利亚为例,见表6-9。

表 6-9

地区/国家	澳大利亚	
	公司证券	政府证券
交易	澳大利亚股票交易所(ASX)	ASX
清算	ASX Clear	ASX Clear
资产服务	Austraclear 对应固定收益证券 ASX Settlement(通过 CHESS)对应股票	Austraclear
现金结算	澳大利亚储备银行的 RITS(RTGS)系统	澳大利亚储备银行的 RITS(RTGS)系统

6.7 中央证券存管机构协会

6.7.1 引言

按地域划分,全球有五个中央证券存管机构协会:

1)美洲中央证券存管机构协会(Americas' Central Securities Depositories Association, ACSDA)。

2)亚太中央证券存管机构集团(Asia-Pacific CSD Group, ACG)。

3)欧亚中央证券存管机构协会(Association of Eurasian Central Securities De-

---

① 建议:可参考世界交易所联盟的网站查看成员国名单,网址:www.world-exchanges.org/member-exchanges/key-information。

positories, AECSD)。

4) 欧洲中央证券存管机构协会 (European Central Securities Depositories Association, ECSDA)。

5) 非洲及中东存管机构协会 (Africa & Middle East Depositories Association, AMEDA)。

2011年，五个协会形成了"中央证券存管机构世界论坛"（World Forum of CSDs），以加强各协会之间的交流。

6.7.2 美洲中央证券存管机构协会（ACSDA）

> 这是一个由中央证券存管机构和美洲清算所组成的非营利组织，总部设在秘鲁利马。其组织章程是在1999年8月10日于秘鲁利马举行的第一届大会上确立的。美洲中央证券存管机构协会的主要目的是成为一个论坛，以相互合作的精神促进其成员之间的信息交流和经验分享，并形成在证券存管、清算、结算和风险管理等服务中的最佳操作建议。美洲中央证券存管机构协会的目标是支持当地市场遵守证券市场法规的努力，同时考虑其具体情况，提供与全球其他组织对话的渠道。

资料来源：www.acsda.org。

该协会中有18个中央证券存管机构，包括Strate（南非）。

6.7.3 亚太中央证券存管机构集团（ACG）

> 亚太中央证券存管机构集团（ACG）于1997年11月成立为一个非正式的国际组织，目的是促进信息交流，促进亚太地区会员证券存管机构和结算组织之间的互助。

资料来源：www.acgcsd.org/acg_01.aspx。

该协会包含来自22个国家的32个中央证券存管机构。

6.7.4 欧亚中央证券存管机构协会（AECSD）

> 该协会成立于2004年，目的是："……形成一个共同的'存管环境'，包括协调监管和法律框架，开发证券市场的最佳记账系统，组织有效的成员互动，确保有效的跨境证券转移。此外，存储技术标准化的问题，开发电子文件交换，采用存管交易的国际信息标准等问题也是议程中的重点。"

资料来源：www.acde.ru/about_eng.php。

创始会员包括来自 10 个国家的 11 个机构。

6.7.5 欧洲中央证券存管机构协会（ECSDA）

> 欧洲中央证券存管机构协会的目标是在国际层面就技术、经济、财务和监管事宜提供解决方案和建议，以减少风险，并为发行人、投资者和市场参与者在整个欧洲范围的证券托管、预结算和结算的相关安排和付款提高效率。

资料来源：www.ecsda.eu。

该协会会员包括来自 37 个国家的 41 个国家和国际中央证券存管机构。俄罗斯和乌克兰在欧洲中央证券存管协会中也有参与。

6.7.6 非洲及中东存管机构协会（AMEDA）

> 非洲和中东存管机构协会成立于 2005 年，主要目的是："……以相互合作的精神促进其成员之间的信息和经验的交流，并促进例如证券存管、清算、结算和风险管理的服务中的最佳操作建议。
> 其目标也包括支持当地市场遵守证券市场规则的努力，同时考虑其具体情况，作为与世界其他组织的对话渠道。"

资料来源：www.ameda.org.eg/what_about.aspx。

该协会会员包括来自 24 个国家的 25 个中央证券存管机构。

问题：
南非、俄罗斯和乌克兰有什么不寻常的地方？
这三个国家都同属于两个中央证券存管机构的会员吗？

回答：
- 南非——AMEDA 和 ACSDA 的成员
- 俄罗斯——AECSD 和 ECSDA 的成员
- 乌克兰——AECSD 和 ECSDA 的成员

6.8 本章总结

证券的保管已经从分散保管变为集中保管。分散保管包括以下任一持有证券的情况：

- 投资者
- 投资者代理人（如银行、法定代表人）
- 投资者的银行/托管人

集中保管是发行人将整个发行托管于中央证券存管机构（CSD）。证券有实物形式或记账形式两种形式。最初以实物形式处理的证券也可以改为通过参与者的证券账户进行记账处理。

中央证券存管机构提供的服务范围包括从基本的保管与结算，到资产优化与证券融资的一系列服务。虽然中央证券存管机构是地方性机构，即它们处理在其当地市场发行的证券，但是它们可以链接到其他中央证券存管机构（而间接触及其他市场）。

两个国际中央证券存管机构，欧洲清算银行和卢森堡明讯银行，最初成立是为了处理欧元债券，即没有固定国别的证券。提供的服务范围包括新发行、结算和保管、汇款、证券优化、收入托收与处理和债券赎回，即参与从债券"出生"到"死亡"的全部流程。国际中央证券存管机构现在能够处理多种类型资产，因为它们与许多地方中央证券存管机构有广泛的联系。

交易后处理通常在大多数地区（如美国）呈集中式处理，但是在欧洲非常分散。

在美洲、亚太地区、非洲和中东、欧亚和欧洲有五个区域性中央证券存管机构协会。这些协会照顾其中央证券存管机构成员的利益。

第7章 证券清算

7.1 前言

在第 5 章 "清算所和中央对手方"中,我们将"清算"定义为:"在结算之前,对支付指令或证券转让指令进行发送,对账,有时包括交易确认等处理,还可能包括对指令进行轧差以及生成结算的最终头寸。有时清算也包含结算(但这种说法并不严密)。"

因此,清算发生在交易后,为结算(即交易的最终完成)做准备。这个准备阶段应在交易执行后不久完成;具体多长时间取决于市场惯例和资产类型。

到本章结束时,您将能够:
- 了解清算周期中的各个阶段
- 区分证券清算和衍生产品清算
- 预测现金需求量和证券可得性

我们已经看到,清算所与中央对手方(CCP)从根本上就是不同的。

问题:
清算所和中央对手方之间有什么区别?
回答:
中央对手方代替原买方和原卖方进入交易,成为原卖方的买方和原买方的卖方。相比之下,清算所不会面临交易对手方风险。

在本章中,我们将从表 7-1 中的观点来了解清算。

表 7-1　　　　　　　　　清算所和中央对手方清算

资产类型	清算方式	示例
股票	中央对手方	伦敦清算所(LCH. Clearnet)
欧元债券	清算所	国际中央证券存管机构:卢森堡明讯银行和欧洲清算银行

7.2 一般清算周期

清算的目标是使所有交易能够根据市场惯例进行结算。宏观操作是通过一系列微操作将从前台接收的交易细节转换为完成的（即已结算过的）交易。这些微操作包括以下：

1. 交易捕获
2. 交易丰富和验证
3. 交易报告
4. 交易确认/批准
5. 清算指令
6. 预测：现金
7. 预测：证券

我们将更详细地研究这些微操作；在此期间，这里有一些简要的细节。

7.2.1 交易捕获

所有由前台执行的交易将被录入一个叫交易商的临时记录簿中。根据交易产品类型和前台的组织结构，如图7-1所示，临时记录簿可以基于电子系统形式或Excel表格形式。

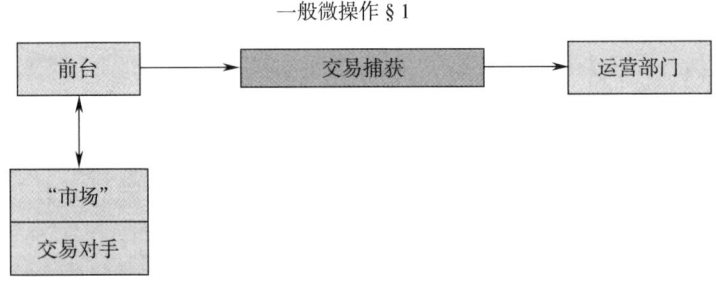

图 7-1 交易捕获

要点：前台记录交易和更正错误。

7.2.2 交易丰富与验证

交易数据将进入应用程序，该应用程序将：

- 保留交易详情
- 计算利润和损失
- 计算风险

交易应进行验证以确保该交易没有超过限额和权限。

交易信息是最基本的,需要参考适当的数据库(如证券品种、交易对手方等)和计算结果(如应计利息、总结算金额、经纪费用等)来对交易信息进行丰富(见图7-2)。

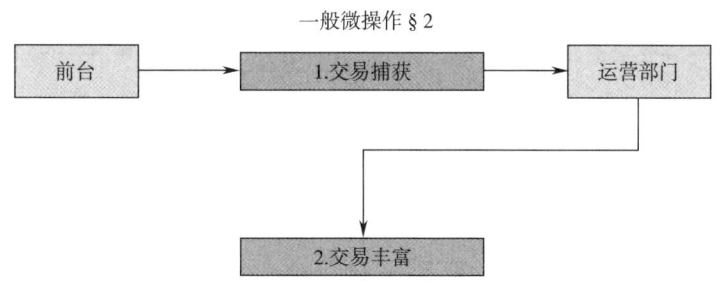

图7-2 交易丰富

要点:运营部门应确保交易正确执行,并在基本交易细节中添加额外信息。

7.2.3 交易报告

清算所交易是透明的,监管当局需要对其检测。OTC(场外)交易的情况则不同,其特点是交易非透明化。所有交易都应开具报告(见图7-3)给交易信息库(trade repository)或授权报告机制(authorized reporting mechanisms, ARM)。

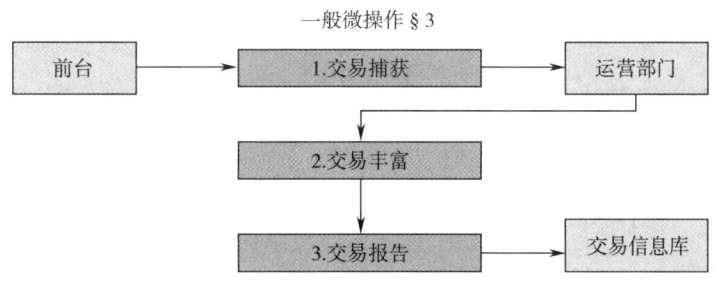

图7-3 交易报告

要点:交易应报告给有关当局。

7.2.4 交易确认与批准

交易双方记录的交易细节很可能在一个方面或多个方面有所不同。为确保买方和卖方都有相同的交易详情,双方将相互确认交易信息(见图7-4)。确认通常发生在交易日当天。

例如，如果交易商代表客户进行交易，双向确认是不合适的。相反，交易商向其客户通知交易信息，客户需要确认交易（即同意交易细节）或者拒绝/质疑交易。交易确认应在交易日期之后的一天（T + 1）完成。

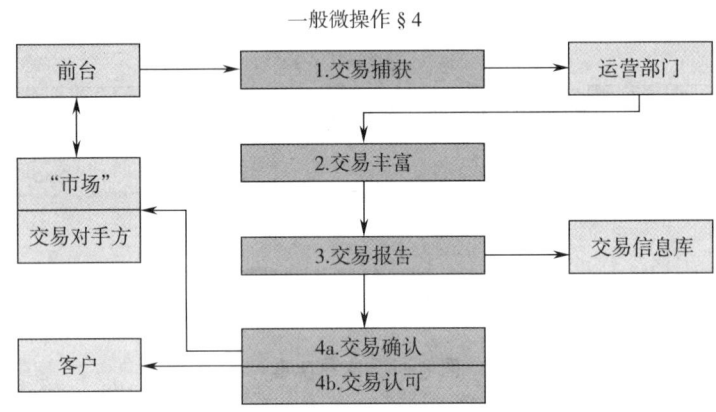

图 7 - 4　交易确认/批准

要点：确认/批准可以用来确保交易双方的合同细节保持一致。

7.2.5　清算指令

在这个阶段，两个交易对手方都从前台处获取交易详情，并对这些交易详情进行相互确认。在这个阶段，两个交易对手方都向适当的清算系统提交清算指令（见图 7 - 5）。

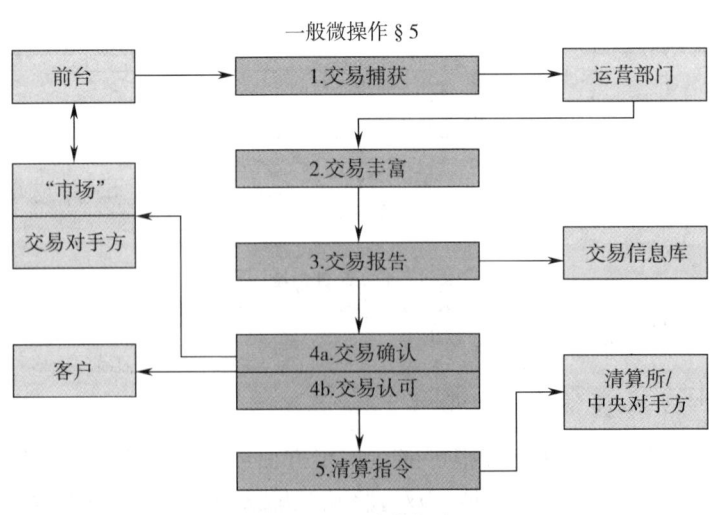

图 7 - 5　清算指令

买方将向清算系统发送证券接收指令和支付现金指令,卖方将向清算系统现金发送证券交割指令和现金接收指令。清算系统将验证所有传入的指令,以确保交易信息正确并可以进行结算。

之后是匹配过程,即清算系统尝试将一个对手方的交割指令与另一个对手方的接收指令进行配对。配对成功的指令称为"已匹配指令"(Matched Instructions);匹配不成功的指令则称为"不匹配指令"(Unmatched Instructions)。不匹配指令必须由相关的交易对手方进行调查和更正。

已匹配指令现在可以进行到下一步的结算流程;然而,不匹配的指令永远不能进行结算。

要点:清算系统将尝试将买方指令与卖方指令进行匹配。若下一步流程已经准备好,匹配的指令可以进行结算,而不匹配的指令则不能结算。

7.2.6 预测——现金

市场参与者不是每次购买时都借入现金,每次出售后借出现金,而是倾向于以货币品种为单位来对现金敞口进行轧差。参与者将提前(或在交易日当天)进行现金预测,以确定现金是否将被借记(数量减少)或贷记(数量增加)。

有效的现金预测有助于充分利用现金,从而降低融资成本(见图7-6)。运营部门的挑战是预估预期现金流动日期与实际现金流动日期相吻合的概率。"假设结算失败的融资"(fund to fail)和"假设结算成功的融资"(fund to settle)等技巧可以帮助预测过程。

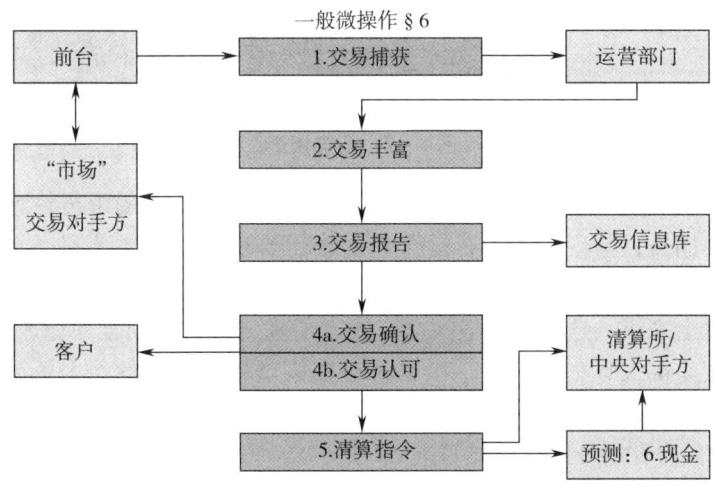

图7-6 现金预测

要点：准确的现金预测有助于确保结算高效；相反，差的现金预测将导致融资成本提高甚至结算失败，最坏的情况是还会产生相关的利益赔偿。

7.2.7 预测——证券

若待出售的证券将要进行交割结算，参与者需要确保证券的可获得性（可供交割）（见图7-7）。

若证券不可获得，可能会有很多原因。例如，参与者可能正在等待前一笔买入交易的结算。无论什么原因，运营部门都需要采取适当的措施来减少结算失败的影响。

未能结算的债券出售交易将对一系列现金支付活动产生连锁效应，导致无法对现金进行再投资，并对整体现金预测流程造成影响。

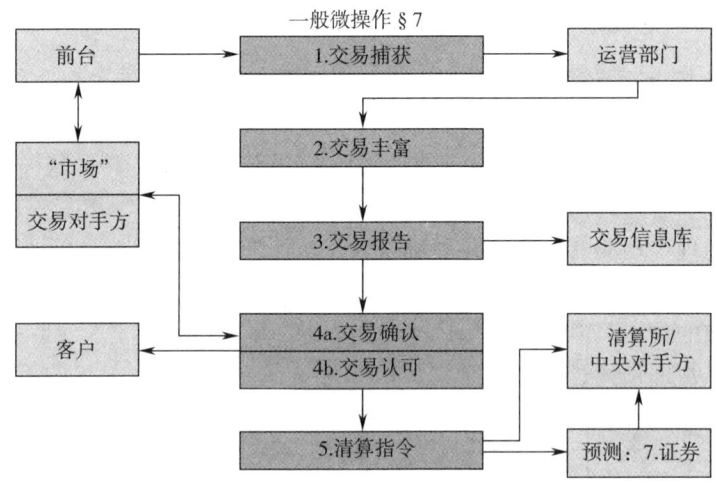

图7-7 证券预测

要点：就像现金必须积极管理（见上文）一样，证券的可得性或其他方面也是如此。同样，与现金一样，运营部门也需要积极主动地预测证券的流动方向和证券余额。

从概念上来讲，这七个一般微操作代表了从交易执行到合同完成的全流程，所有证券交易都大致如此。每个市场将对在该市场上交易的每个资产类别在细节方面进行不同的实践。在清算阶段结束时，交易可以转入结算阶段，如图7-8所示。我们将在第8章讨论结算。

我们现在将使用小的股票投资组合作为例子更详细地介绍这些清算步骤。假设交易该投资组合的公司名称是T01，该交易公司管理了14只英国股票。根

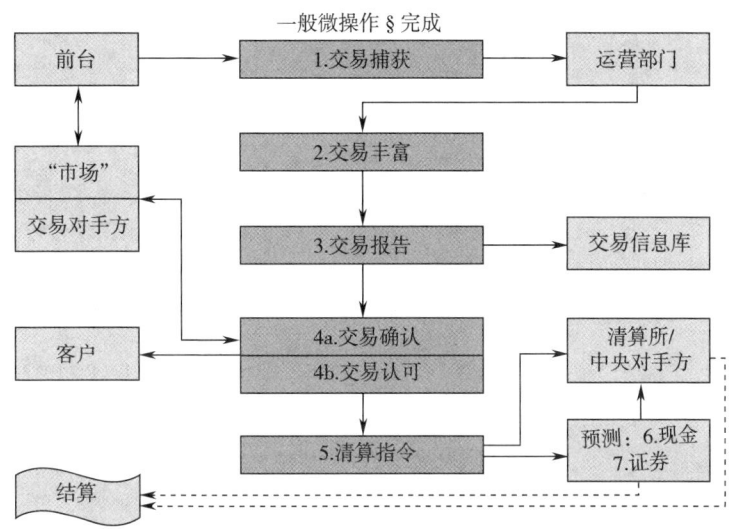

图 7-8 已完成的清算阶段

据上一交易日的收盘价,这些证券的价值约为 300 万英镑,现金余额约为 15 万英镑。

本示例投资组合选自作者在他的培训课程中使用的一系列结算模拟。该投资组合将基于 Excel 表格进行展示,并在培训班上以纸质形式提供。这使学生能够更直观地看到清算流程,这是在全自动化的电子操作环境中看不到的。

7.3 交易捕获

7.3.1 交易商的临时记录簿

交易商的临时记录簿(blotter)是交易商负责的资产的记录,并且在资产被买卖时进行更新。T01 的临时记录簿(见图 7-9)是一个简化版本,列出所有 14 只持有的股票,包括昨日收盘价[①]、交易商的开盘头寸和头寸的市场价值。在我们的例子中,股票价值 2 970 444.78 英镑,现金余额为148 522.24 英镑。

---

① 请注意,英国股票是以英国便士(GBX)计价,而实值以英镑(GBP)计价。英国便士(GBX)不是 ISO 的官方计价编码,却被市场广泛认可和接受。

交易商名称	T01									
发行人	简称	昨日收盘价(p)	开盘仓位	开盘市场价值	净买入/卖出量	小计	公司行为	总持仓量	今日收盘价	收盘市场价值
BAE Systems	BA	417.50	50,000	208,750						
Barclays Bank	BARC	259.00	35,000	90,650						
BP	BP	505.95	75,000	379,463						
BT Group	BT-A	413.94	10,000	41,394						
Costain Group	COST	315.00	30,000	94,500						
Glencore Xstrata	GLEN	336.53	50,000	168,265						
HSBC Holdings	HSBA	635.70	40,000	254,280						
Int'l Airlines Group	IAG	445.50	20,000	89,100						
Morrison S/Mkts (Wm)	MRW	239.90	90,000	215,910						
National Express	NEX	301.90	60,000	181,140						
Rolls Royce	RR	990.00	50,000	495,000						
Schroders	SDR	2,681.00	24,000	643,440						
Tesco	TSCO	333.40	10,000	33,340						
Vodafone	VOD	250.71	30,000	75,213						
			股票总价值(GBP):	2,970,445				股票总价值:(GBP)		
			开盘仓位		交易量	公司行为	收入			
现金头寸			现金价值(GBP)	148,522				现金价值(GBP):		
			总价值(GBP)	3,118,967				总价值(GBP):		

图 7-9 交易商的临时记录簿

7.3.2 交易输入信息

在我们的结算模拟中,交易商对交易对手方共执行六次交易,这些交易或者在电子交易捕获系统中输入,或者在成交单(trade ticket)上手动输入。

这六笔交易在图 7-10 的"交易单"(dealing sheet)中得以展示。请注意,尽管提供的信息很少,但足够运营部门执行必要的清算和结算活动。

您的团队名称		T01		买入(pur)/		交易日期		25-Feb-14	
您的参考号	交易场所	结算日	卖出(sale)	数量	证券信息	价格	交易对手方	交易时间	交易ID
T01/1	伦敦(LSE)	27-Feb-14	Pur	5,000	IAG	445.20	T02	9:15	AKD12
T01/2	伦敦(LSE)	27-Feb-14	Pur	5,000	BARC	257.45	T03	10:23	AKD12
T01/3	伦敦(LSE)	27-Feb-14	Sale	2,500	HSBA	630.50	T02	10:26	AKD12
T01/4	伦敦(LSE)	27-Feb-14	Pur	10,000	TSCO	331.65	T04	12:40	AKD12
T01/5	伦敦(LSE)	27-Feb-14	Sale	15,000	MRW	239.60	T04	14:55	AKD12
T01/6	伦敦(LSE)	27-Feb-14	Pur	10,000	BARC	257.00	T03	14:56	AKD12

图 7-10 交易单

问题:
这些交易为谁进行?是为交易商的自营账户交易还是为客户交易?

回答:
此信息未在交易单上注明。由于没有标注客户名称,我们可以假设这些是自营交易。

从交易表我们不仅可以看到各种交易,而且可以看到交易执行的交易地点、交易执行的时间和交易商的身份。

7.3.3 交易输出信息

交易单中包含的信息将以电子方式或使用成交单手动提交到中台部门。图 7-11 是一个成交单的样本。

			Dealer enters information
Purchase (P) Sale (S) Repo (R) Reverse Repo (RR) Sec Loan (SL) Sec Borrow (SB) SL Recall (SLR) SB Return (SBR)	P		
Security:	IAG	(Use ShortName)	
Quantity:	5,000		
Price:	445.20	GBX	
Counterparty:	T02		
Trade Date:	25 Feb 2014		
Trade Location:	LSE		
Trade Time:	09:15		
**			
Settlement Date:			
Consideration:			
Accrued Interest:			
Total Net Amount:			
Settlement Method:	RVP | DVP | FOP		
Your Reference	Confirm Out	Confirm In	Inx to C/House
	YES | NO	YES | NO	YES | NO

图 7-11 成交单（1）

将信息从临时记录簿拷贝到成交单不是最好的做法,因为这很花时间,并且存在拷贝信息错误的风险。例如,某次出售交易可能会错误地输入为购买交易。

7.4 交易丰富与验证

中台部门将为每笔交易开启清算的准备流程。这涉及以下活动:
1)确保交易商已在成交单上输入了所有必要信息。
2)计算购买成本或出售收入。这包括债券的应计利息、股票的印花税(如适用)和客户交易的经纪佣金。为简单起见,我们在此不考虑我们结算模拟示例的印花税。
3)更新公司的风险概况。这包括确保该交易员有交易这些特定资产的授权,以及是否超过该交易员的交易限额。特别是在股票方面,确保任何交易后头寸符合披露要求也是很重要的(如果头寸超过了监管要求的比例,这些头寸需要向有关当局披露)。
4)确保证券的交易数量是该证券的最小交易单位的整数倍。

为了我们教材的目的,中台部门将向成交单添加结算日期,总价和总净额(考虑应计利息之后),并确定正确的结算方法,如图7-12所示。

我们现在可以看到这个交易的几乎所有细节,如下:
1)此特定类型资产的结算日期为T+3,因此结算日为2014年2月28日
2)总价等于股票的数量乘以单价(记住,因为这些是英国股票,它们的定价为便士,应该转换为英镑)。
3)该证券没有应计利息,而且在我们的例子中也不考虑印花税。
4)由于此交易是购买,常规结算方法将是RVP(针对买方的券款对付,即Receive versus Payment)。

在这个阶段有两个缺失的信息元素:两个交易对手方的账户号码和结算系统的名称。在自动化环境中,该信息将从适当的数据库中自动提取,如表7-2所示。

表7-2　　　　　　　　　　交易对手方和清算系统

数据库	注释
公司T01	T01是清算所的清算会员,并且将具有相关联的参与机构账号/代码。
对手方	T02是清算所的清算会员,并且将具有相关联的参与机构账号/代码。
资产类型	通过指定的清算系统在伦敦证券清算所交易的英国股票。
结算系统	伦敦清算所

Purchase (P) Sale (S) Repo (R) Reverse Repo (RR) Sec Loan (SL) Sec Borrow (SB) SL Recall (SLR) SB Return (SBR)	P	Dealer enters information
Security:	IAG	(Use ShortName)
Quantity:	5,000	
Price:	445.20	GBX
Counterparty:	T02	
Trade Date:	25 Feb 2014	
Trade Location:	LSE	
Trade Time:	09:15	
**		
Settlement Date:	28 Feb 2014	
Consideration:	£ 22,260.00	
Accrued Interest:	None	Middle Office enters information
Total Net Amount:	£ 22,260.00	
Settlement Method:	RVP | ~~DVP | FOP~~	
Your Reference	Confirm Out YES | NO	Confirm In YES | NO	Inx to C/House YES | NO

图 7-12 成交单（2）

相比之下，在手动环境中，中台部门或结算工作人员会将这些额外的详细信息添加到交易单、确认单和清算所指令中。

7.5 监管报告

7.5.1 背景

由于监管机构有义务维护金融市场信心和减少金融犯罪，监管者要求受监管公司必须尽早向监管机构发送交易报告（如在 T + 1 日工作日结束之前）。这有助于监管机构检测和调查涉嫌市场滥用和/或市场操纵的事件。

7.5.2 交易报告

7.5.2.1 可报告交易

受监管企业必须报告所有购买和出售的金融工具，无论是作为委托人（principal）还是代理人（agent）。不需要报告的交易类型包括：

（1）证券融资交易（如证券借贷）。
（2）行使期权及"备兑认股权证"（covered warrants）。
（3）一级市场的股票、债券（包括这些证券的存款凭证）交易。

7.5.2.2 可报告工具

受监管的公司必须报告如下已执行的交易：

a）在受监管市场上被允许交易的任何金融工具（如股票、债券、衍生产品等）[1]，或

b）在任何场外衍生产品中，标的资产是上文（1）所述的股本或与债务有关的金融工具。

也有例外，以下不需要报告：

c）标的资产是多种股权或多种与债务有关的金融工具（如股票指数）的任何场外衍生产品的交易

d）大宗商品、利率和外汇场外/上市衍生产品交易（如商品期货合约）

7.5.2.3 交易报告内容

交易报告需包含关于在金融市场上执行的单笔交易的信息，并且包含 21 个独立的领域，包括：

- 金融工具标识码
- 执行交易的公司
- 交易的对手方

---

[1] 欧洲 MiFID 框架下受监管的市场名单可在 ESMA 数据库中"受监管市场"一部分找到，网址：http：//mifiddatabase.esma.europa.eu/Index.aspx? sectionlinks _ id =4&language =0&pageName =Home。

- 买/卖标识码
- 价格
- 数量，等等

监管机构认为交易报告对于确保市场运行良好的作用非常重要，它们将严重处罚对交易进行错误报告或未能完全报告的公司。

7.5.3 交易报告机制

交易可以由公司使用称为授权报告机制（Approved Reporting Mechanisms，ARM）的系统向监管机构报告。表7-3列出了英国金融市场行为监管局（Financial Conduct Authority）批准的ARM。

表7-3　　　　　　　　　批准的ARM列表

经批准报告机制（ARM）	系统	ISIN	OTC	AII
瑞士信贷证券（欧洲）有限公司 Credit Suisse Securities (Europe) Limited	DARE	是	是	是
欧洲清算所（英国和爱尔兰） Euroclear UK & Ireland	CREST	是	否	否
Xtrakter	TRAX	是	是	是
伦敦证券交易所 London Stock Exchange	UniVista	是	是	是
Getco Europe Ltd	GETCO	是	是	是
Abide Financial Ltd	TransacPort	是	是	是

AII——备选产品识别码（Alternative Instrumental Identifier）。

7.5.4 交易信息库

场外交易（OTC）衍生产品市场本质上是不透明的，因为交易发生在交易所之外，制定的产品是为了适应买方和卖方的独特需求。在全球范围内，监管机构已经开始担心这种不透明度妨碍它们监控相关市场风险敞口是如何建立和分配的。为了克服这个问题，监管机构提出了要求交易信息库（Trade Repositary，TR）捕获和保留关于场外（OTC）衍生产品交易的关键信息。

然后将TR将所捕获的信息发送给适当的监管机构。这不仅提高了市场透明度，而且还帮助公共当局和市场参与者监控OTC衍生产品敞口。TR的总体目标是支持健全的风险管理、市场纪律，以及对市场进行有效的监控、督查和管理。

7.5.5 交易信息库的例子

在欧洲,欧洲证券市场协会(ESMA)根据欧洲市场基础设施监管条例(E-MIR)注册了几个 TR,如表 7-4 所示。

表 7-4　　　　　　　　　　欧洲交易信息库

交易信息库	衍生产品资产类别
DTCC Derivatives Repository Ltd	所有资产类别
Krajowy Depozyt Papierów Wartosciowych S. A.	所有资产类别
Regis – TR S. A.	所有资产类别
UnaVista Limited	所有资产类别
CME Trade Repository Ltd	所有资产类别
ICE Trade Vault Europe Ltd	大宗商品、信贷、股票及利率

7.6 交易确认和批准

在交易执行的时刻,两个交易对手方签订具有法律约束力的合同,以便根据合同进行资产和现金的交割。因此,这两个交易对手方必须不仅从己方,而且必须从他们的对手方的角度看待他们的交易。

从不同角度看待同一交易的观点可能有何不同?这里有一些可能的例子:
- 一个或两个交易对手方在将交易细节输入到他们的自动系统中或手动交易单上时可能犯错误
- 可能两个交易对手方同时输入购买指令,而实际上当一个对手方将购买时,另一方将出售
- 价格可能被误听,特别是当交易发生在公开喊价或电话通话中

因此,很有可能出于某种原因使获得的任何交易细节不正确。因此,交易对手方需尽早确认彼此的交易细节。对手方必须确保:
- 他们向他们的对手方发送确认书,以及
- 确保他们收到对手方的确认书,并检查其信息准确性。如果存在不一致,工作人员应检查自己的记录并与对手方联系以确认

7.6.1 交易确认书

当直接市场参与者(如做市商、交易商、交易员和经纪商)相互交易时,

市场惯例是两个参与者彼此交换交易确认书。而且,这一过程应在交易日结束前完成。

发送确认书有两种主要方法:

1) 使用SWIFT消息模板发送,例如:"消息类型517:交易确认与批准(MT 517)"或"消息类型518:市场侧证券交易确认(MT518)"。在本书的结算模拟中,我们使用MT 518的精简版本来确认交易;参见图7–13,5 000股IAG股票的买入交易。

2) 使用电子交易确认系统(Electronic trade confirmation system,ETC),由诸如Omgeo(www.omgeo.com)、SmartStream(www.smartstream-stp.com)和Traiana(www.traiana.com)等公司提供的ETC。

一旦您发送了MT 518,您可以勾选位于成交单底部的[确认卖出交易]框中的"是"框(见图7–12),或者标记电子系统已完成此操作。

图7–13显示了5 000股IAG股份卖出交易的"MT 518"确认书;图7–14显示了5 000股IAG股份买入交易的"MT 518"确认书。

消息发送方:	团队:T01
我们确认,我们已经:	
从您方买入	
MT 518	市场方交易确认书
(此条信息应交给您的交易对手方)	
数据	详情
交易参考号	T01/1
交易日期	25-Feb-14
交易地点	LSE (London Stock Exchange)
交易时间	9:15
结算日	28-Feb-14
证券数量	5 000
证券简称	IAG
交易对手方	T02
接收方(买方)	T01 Account 12345
发送方(卖方)	T02 Account 98765
交易价格(GBX)	445.20
结算数量(GBP)	£ 22 260.00
结算方法	[RVP]

图7–13 卖出交易确认书

消息发送方：	团队：T01
我们确认，我们已经：	
向您方卖出	
MT 518	市场方交易确认书
（此条信息应交给您的交易对手方）	
数据	详情
交易参考号	T02/1
交易日期	25-Feb-14
交易地点	LSE (London Stock Exchange)
交易时间	9:15
结算日	28-Feb-14
证券数量	5 000
证券简称	IAG
交易对手方	T01
接收方（买方）	T01 Account 12345
发送方（卖方）	T02 Account 98765
交易价格（GBX）	445.20
结算数量（GBP）	£ 22 260.00
结算方法	[DVP]

图 7-14 买入交易确认书

问题：

请比较 T02 与 T01 的详细信息，您会得到什么结论？

回答：

T02 的确认书中的交易详情与 T01 的成交单和确认书中的交易详情一致。

一旦您收到并检查了买入交易的 MT 518，您可以勾选交易单上［确认买入交易］框中的"是"框（见图 7-12），或者标记系统已经完成。

7.6.2 交易批准

直到 1992 年，合法协商交易细节的唯一途径是使用纸质确认书。然而在许多情况下，这些纸质确认书有可能会延迟或者丢失。因此一些经纪商和买方机构投资者一起，开发了一个系统，使交易参与者能够准确地在交易日当天进行交易细节的确认。该系统被命名为电子交易确认系统（electronic trade confirmation，ETC）。

如上所述，交易确认是两个市场参与者之间彼此执行的双向活动。当市场参与者（如经纪商）代表买方金融机构（如投资管理公司）处理交易时，情况略有不同。由于投资管理公司被视为客户，因此不宜生成交易确认书。这导致经纪商向投资管理公司发送确认书时的单向情况。

问题：

单向确认的潜在问题是什么？

回答：

对于经纪商的潜在问题是：
- 他们不能确定投资管理公司是否已收到他们的确认书。
- 如果确认书有问题，经纪商可能得不到通知（或通知太晚），无法确保结算顺利进行。

交易批准的原则是简单直接，包括以下步骤：
- 经纪商使用 ETC 系统通过电子方式汇报交易细节
- 投资管理公司的系统自动将交易细节与其自己的记录进行比较，以及
- 或者通过电子方式同意（即"批准"）经纪商或拒绝经纪商发来的消息，并且双方一同调查差异

交易批准的完成目标时间通常为 T + 1 日（最晚）；这个额外的一天供投资管理公司能够计算交易分配数额并相应地向其经纪商下达指令。最佳市场实践鼓励在 T + 0 日进行交易批准；即在交易日期本身。这称为"同日批准"（same – day affirmation，SDA）。

7.6.2.1　交易分配

当投资管理公司代表几个客户向经纪商发出大宗订单时，需要进行交易分配。经纪商将执行大宗订单，并向投资管理公司告知交易细节。然后投资经理（IM）必须让其经纪商（B）将大宗订单针对每位客户的交易指令进行分解。表 7 – 5 所示的示例中显示一份将向经纪商发送的 500 万份 ABC 股票的大宗订单。

表 7 – 5　　　　　　　　　大宗订单和贸易分配

	ABC 股份	客户	发送方	接受方
大宗订单	5 000 000	—	IM	B
执行	买入 5 000 000	—	B	IM

续表

	ABC 股份	客户	发送方	接受方
分配	500 000	Client 01	IM	B
分配	1 000 000	Client 02	IM	B
分配	1 500 000	Client 03	IM	B
分配	2 000 000	Client 04	IM	B

我们可以看到，按照上述比例向四个客户分配了 500 万股的大宗订单。这里有两点要注意：

- 如果经纪商不能以一个价格执行大宗订单，则可能需要以不同的价格进行一系列交易，并根据不同的价格计算平均价格
- 在我们的示例中，有四个客户；而在现实中，大宗订单可能会被分配给大量客户

在图 7 – 15 中，我们用图表形式展现交易确认/批准过程。

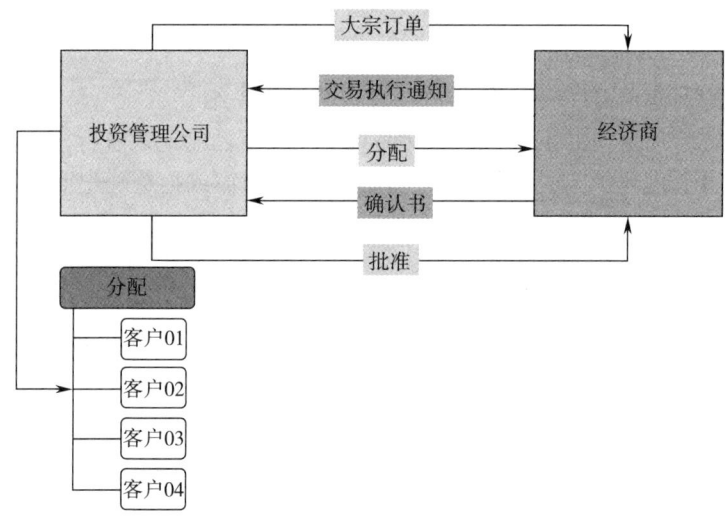

图 7 – 15 交易确认/批准

总之，大宗订单在市场中执行，并通过分配过程转换为四笔单独的交易，每笔交易都有自己的清算和结算流程。

7.6.2.2 同日批准（SDA）

在短结算周期（如 T + 2）的市场中，在 T + 1 时进行交易批准的想法可

能变得不可行，因为这样留给剩下的清算和结算流程的时间会很少。SDA 被定义为①："在交易日当天，自营经纪商和投资经理（或他们的代理人）对所有交易细节的认可。"Omgeo 还指出，高 SDA 率和高结算率之间存在直接的相关性。

随着市场，特别是欧洲市场，趋向于向更短的结算周期，SDA 将逐渐成为必要。

同日批准（SDA）的好处

SDA 不仅能够实现更短的结算周期，而且还有直接的好处，包括降低风险（如降低结算失败率）和提高成本效率（如降低运营成本）。此外，可以将 SDA 看作是和谐结算、直通式处理（straight‐through‐processing）和信息流动的推动力。

7.7 清算指令

我们现在已经到达交易执行完成、并且经过确认或批准的阶段，因而买方和卖方都在法律上了解了合同细节。

在这个阶段清算所或中央对手方（CCP）将会参与进来。买方和卖方（或他们各自的代理人）必须准备结算指令，发送到清算所/ CCP 进行匹配。

7.7.1 指令类型

有四种类型的结算指令（见表 7-6）。

表 7-6　　　　　　　　　结算指令类型

指令	描述	SWIFT 信息类型
券款对付（RVP）	买方的购入证券同时支付现金的结算指令	MT541
券款对付（DVP）	卖方的出售证券同时收到现金的结算指令	MT543
接收纯券过户（Receive FOP）	买方的购买或证券转入的结算指令，现金单独支付	MT540
交割纯券过户（Deliver FOP）	卖方的出售或证券转出的结算指令，现金单独支付	MT542

大多数购买和出售需要 RVP 和 DVP 指令。纯券过户指令适用于以下情况：

1. 证券的转移与现金的转移分开发生。比如投资者购买证券，安排将证券交割给他的托管银行，但使用另一家银行付款。

---

① 参考 Omgeo 的 2010 年 10 月出版的白皮书《通过同日批准（SDA）降低运营风险与提高结算效率》。

2. 进行转移的证券无须对应的现金金额。例如，投资者要求托管人将证券从他的一个投资组合转移到另一个投资组合（其中两个投资组合由同一托管人持有）。

DVP 和 RVP 指令的示例

回到我们的结算模拟示例，交易公司 T01 执行了六个交易，其中四个是购买，两个是出售。因此，我们应该准备四个 MT541 和两个 MT543。和以前一样，我们准备了这两种 SWIFT 消息类型的基本版本，并将它们输入到单独的 Excel 表格中（见图 7–16 和图 7–17）。

SWIFT 指令 – RVP		MT541	T01	
（此条信息应交给清算所）				
数据	1	2	3	4
交易日	28-Feb-14	28-Feb-14	28-Feb-14	28-Feb-14
您的参考号	T01/1	T01/2	T01/4	T01/6
交易日	25-Feb-17	25-Feb-17	25-Feb-17	25-Feb-17
交易地点	London (LSE)	London (LSE)	London (LSE)	London (LSE)
证券 ID	IAG	BARC	TSCO	BARC
数量	5 000	5 000	10 000	10 000
持有账户	T01	T01	T01	T01
证券交付方	T02	T03	T04	T03
结算数量	£ 22 260.00	£ 12 872.50	£ 33 165.00	£ 25 665.00

图 7–16　券款对付（RVP）

SWIFT 指令 – DVP		MT542	T01	
（此条信息应交给清算所）				
数据	1	2	3	4
交易日	28-Feb-14	28-Feb-14		
您的参考号	T01/3	T01/5		
交易日	25-Feb-17	25-Feb-17		
交易地点	London (LSE)	London (LSE)		
证券 ID	HSBA	MRW		
数量	2 500	15 000		
持有账户	T01	T01		
证券交付方	T02	T04		
结算数量	£ 15 762.50	£ 35 940.00		

图 7–17　券款对付（DVP）

上述六个指令将由 T01 提交给相应的清算所。T01 的指示中所提到的三个对手方也将分别提交他们的交易指令。

7.7.2　指令验证

清算所的指令匹配的目的是确保任何一个交易都有两个指令——一个用于交割，一个用于接收。

在接收到任何指令后，清算所将验证指令消息，以确保信息正确。待验证的问题可能包括：

- 该数量是否符合该特定证券的最小交易单位的特征？例如，如果最小交易单位大小为 10 000 美元，则拒绝 1 000 美元债券的指示。
- 结算金额是否合理？如果不合理，则存在在计算中使用了不正确价格的可能性。例如，如果购买 5 000 IAG（参考 T01／1）的结算金额为 24 000.00 英镑，则表明使用了 GBX 480.00 的价格。由于市场价格为 GBX 445.20，GBX 480.00 的价格比市场价格 GBX 445.20 高出 GBX 34.80，即 7.82%，差异高于可接受的公差（如 ±3.00% 的公差）。

7.7.3 指令匹配

清算所将尝试将接收指令与支付指令进行匹配；这种匹配可以是实时进行的或是批量进行的。匹配过程将产生两个结果：

1）指令匹配，即清算所能够识别同一交易的 RVP 和 DVP 指令。
2）指令不匹配，即清算所不能将同一交易的 RVP 与 DVP 指令进行匹配。

在图 7-18 中，您将看到所有交易对手方都已提交其指令，并且清算所已尝试将这些指令进行一一匹配。

清算所参考号	STO 参考号	STO 团队	交易	数量	发行人	结算数量	交易对手方	结算日
2	T01/2	T01	Purchase	5,000	BARC	£ 12,872.50	T03	28-Feb-14
9	T03/1	T03	Sale	5,000	BARC	£ 12,872.50	T01	28-Feb-14
4	T01/3	T01	Sale	2,500	HSBA	£ 15,762.50	T02	28-Feb-14
12	T02/2	T02	Purchase	2,500	HSBA	£ 15,762.50	T01	28-Feb-14
1	T01/1	T01	Purchase	5,000	IAG	£ 22,260.00	T02	28-Feb-14
11	T02/1	T02	Sale	5,000	IAG	£ 22,260.00	T01	28-Feb-14
6	T01/6	T01	Purchase	10,000	BARC	£ 25,665.00	T03	28-Feb-14
10	T03/2	T03	Sale	10,000	BARC	£ 25,775.00	T01	28-Feb-14
5	T01/4	T01	Purchase	10,000	TSCO	£ 33,165.00	T04	28-Feb-14
7	T04/1	T04	Sale	10,000	TSCO	£ 33,165.00	T01	28-Feb-14
3	T01/5	T01	Sale	15,000	MRW	£ 35,940.00	T01	28-Feb-14
8	T04/2	T04	Purchase	15,000	MRW	£ 35,940.00	T01	28-Feb-14

图 7-18 清算所指令版本一

问题：

图 7-18 中的指令是否匹配？

回答：

是的。所有六个交易正确匹配。

由于六笔交易的所有指示都可以匹配，清算所将能够允许交易进行结算，只要买方有足够的现金,而卖方手中有足够可供出售的证券。

在下面的图7-19中,您将找到第二个版本的清算所的指令捕获系统。

清算所参考号	STO参考号	STO团队	交易	数量	发行人	结算数量	交易对手方	结算日
2	T01/2	T01	Purchase	5,000	BARC	£12,872.50	T03	28-Feb-14
9	T03/1	T03	Sale	5,000	BARC	£12,872.50	T01	1-Mar-14
4	T01/3	T01	Sale	2,500	HSBA	£15,762.50	T02	28-Feb-14
12	T02/2	T02	Sale	2,500	HSBA	£15,762.50	T01	28-Feb-14
1	T01/1	T01	Purchase	5,000	IAG	£22,260.00	T02	28-Feb-14
11	T02/1	T02	Sale	5,000	IAG	£22,400.00	T01	28-Feb-14
6	T01/6	T01	Purchase	10,000	BARC	£25,665.00	T03	28-Feb-14
10	T03/2	T03	Sale	10,000	BARC	£25,775.00	T01	28-Feb-14
5	T01/4	T01	Purchase	10,000	TSCO	£33,165.00	T04	28-Feb-14
7	T04/1	T04	Sale	10,000	TSCO	£33,165.00	T02	28-Feb-14
3	T01/5	T01	Sale	15,000	MRW	£35,940.00	T04	28-Feb-14
8	T04/2	T04	Purchase	15,000	MRW	£35,940.00	T01	28-Feb-14

图7-19 清算所指令版本二

问题:

在这个版本中,指令是否匹配?请说明任何指示无法匹配的原因。

回答:

我们有匹配的指令,也有不匹配的指令,见表7-7。

表7-7 匹配和不匹配的指令

清算所编号	是否匹配	原因
2/9	否	结算日期不一致
4/12	否	两个交易对手方都发出DVP指令
1/11	否	结算金额不同
6/10	是	OK
5/7	否	T01对T04发出了RVP指令 T04对T02发出了DVP指令
3/8	是	OK

对于四个不匹配的指令,清算所不能选择哪个指令是实际上正确的。其实,它们都看起来可行!为了解决这些问题,清算所将向每个交易对手方发送报告以列出匹配的和不匹配的指令。

此外,对于不匹配的指令,清算所将向发出指令的交易方和其交易对手方发送报告,如以下对于交易对手T01和T02的示例所示(见图7-20和图7-21)。

清算所参考号	STO参考号	STO	交易	数量	发行方	结算数量	交易对手方	结算日	指令状态
6	T01/6	T01	Purchase	10,000	BARC	£ 25,665.00	T03	28-Feb-14	MATCHED
3	T01/5	T01	Sale	15,000	MRW	£ 35,940.00	T04	28-Feb-14	MATCHED
2	T01/2	T01	Purchase	5,000	BARC	£ 12,872.50	T03	28-Feb-14	UNM-CPTY
4	T01/3	T01	Sale	2,500	HSBA	£ 15,762.50	T02	27-Feb-14	UNM-CPTY
1	T01/1	T01	Purchase	5,000	IAG	£ 22,260.00	T02	28-Feb-14	UNM-CPTY
5	T01/4	T01	Purchase	10,000	TSCO	£ 33,165.00	T04	28-Feb-14	UNM-CPTY
12	T02/2	T02	Sale	2,500	HSBA	£ 15,762.50	T01	28-Feb-14	UNM-YOUR
11	T02/1	T02	Sale	5,000	IAG	£ 22,400.00	T01	28-Feb-14	UNM-YOUR

图 7-20 清算所向 T01 发送的匹配报告

清算所参考号	STO参考号	STO	交易	数量	发行方	结算数量	交易对手方	结算日	指令状态
12	T02/2	T02	Sale	2,500	HSBA	£ 15,762.50	T01	28-Feb-14	UNM-CPTY
11	T02/1	T02	Sale	5,000	IAG	£ 22,400.00	T01	28-Feb-14	UNM-CPTY
4	T01/3	T01	Sale	2,500	HSBA	£ 15,762.50	T02	27-Feb-14	UNM-YOUR
1	T01/1	T01	Purchase	5,000	IAG	£ 22,260.00	T02	28-Feb-14	UNM-YOUR

图 7-21 清算所向 T02 发送的匹配报告

请注意,"指令状态"有三种可能的结果:

1. 匹配——交易的两侧指令已经由清算所匹配成功。

2. UNM-CPTY——您的交易指令没有被交易对手方的交易指令所匹配。

3. UNM-YOUR——您的交易指令没有匹配的对手方的指令。

有关的交易对手方将需要调查不匹配的项目,并与他们的交易对手方联系。任何过失方都需要更正他们的指令,以便最终得到图 7-18"清算所指令版本一"的情况。

在理想情况下,所有交易对手方应该能够最迟在 T + 1 时向清算所提交指令,特别是通过自动 STP(直通处理)系统。而手动重新键入的指令可能难以在 T + 1 时提交,而在 T + 2 更为现实。当整个结算周期收缩到 T + 2 时,在此基础上手动重新键入指令将是不切实际的。

不匹配的指令永远不能结算,指令在结算日无法匹配的情况下,过失方会收到对手方的利息索赔的要求。

让我们假设清算所已经收到并匹配了所有的指令。清算所现在就可以判断哪些交易可以进行结算或无法结算。我们将在下一章讨论结算主题,但同时,清算所需要验证是否有足够的现金和证券以使交易能够顺利结算。

7.8 预测——现金

7.8.1 引言

在我们学习现金预测的话题之前,想想我们私人生活中的一个情况。您相信您的银行账户中有 13 000 港元的余额,您上网查看余额,却发现您已透支

7 000港元。此外，您在一周前透支，并以超过香港基准利率500个基点的利率（如果基准利率为0.02%，即以每年5.02%）支付透支利息。

可能出了什么错？首先，您似乎已经支付了港币20 000元，并忘记记账。第二，由于忘了此笔开支，导致您已透支并且没有还清透支额度。即使您在您的银行存款账户中有足够的资金，银行也不会自动将资金从您的存款账户转入您的当前的经常账户以付款。最终的结果是需要支付每天约为一港元的透支利息，直至透支已清偿。

我们可以在我们的结算活动中应用相同的思路。首先，我们需要知道现在有多少现金可用；其次，哪些应该结算的交易没有结算；最后，将来还会有哪些现金支出和收入。所有三点都需要从某一时间点来考虑。

7.8.2 计时问题

我们需要问自己的第一个问题是，我们需要考虑哪天为起息日（value date）来进行我们的现金预测。我们可以从三个角度来考虑：

1. 我们所基于的时区以及货币所基于的时区。
2. 外部支付系统的付款截止日期。
3. 内部截止日期，以满足我们司库部门的资金要求。

（1）时区。

- 在我们处理位于我们东部的国家的货币时，我们有更少的时间。这可能导致我们以明天为起息日的现金预测需要在今天进行。
- 在我们处理接近我们国家的附近地区的货币时，我们各自的工作日将几乎同时开始和结束。这应该导致今天进行以今天为起息日的现金预测。
- 在我们处理位于我们西部的国家的货币时，我们有更多的时间。我们不但可以在今天进行以今天为起息日的现金预测，而且会有更多时间作出必要的资金安排。

（2）付款系统截止时间：这些往往是在下午晚些时候，临近市场交易结束时。

（3）内部财务截止时间：司库部门要求有足够的时间，使其能够满足银行和支付系统要求的最后期限。

为了结算模拟的目的，我们假设今天为起息日，并要在今天进行现金融资需求预测，并且司库部门收到融资指令的截止时间为12：00。

7.8.3 现金预测方法

我们可以分四个阶段预测我们的现金需求（见图7-22）。

交易日	28-Feb-14		起息日	28-Feb-14
	到达司库的时间不晚于：	12:00 最迟		
		现金借记	现金贷记	余额
阶段A				
银行账户	来自上一日		£ 148,522.24	£ 148,522.24
阶段B				
加上	未结算的卖出收入		£ -	£ 148,522.24
减少	未结算的买入成本	£ 140,000.00		£ 8,522.24
			日初调整后现金余额：	£ 8,522.24
阶段C				
减少	未决的买入成本	£ 93,962.50		-£ 85,440.26
加上	未决的卖出收入		£ 51,702.50	-£ 33,737.76
加上	收入托收		£ 14,948.00	-£ 18,789.76
减少	公司行为应付款	£ 76,250.00		-£ 95,039.76
加上	公司行为应收款		£ -	
			预期未来现金余额：	-£ 95,039.76
			借入现金	£ 100,000.00
				£ 4,960.24
阶段D	所需融资行为：	从司库借现金		

图 7-22 现金预测

7.8.3.1 阶段 A：银行余额

我们的银行账户余额为 148 522.24 英镑，这与交易商的临时记录簿一致。现金对账表明，存在预期要产生但尚未借记/贷记的付款/收入。

7.8.3.2 阶段 B：未结算项目

一个或多个应已结算的买入交易结算失败了。现金总额为 140 000.00 英镑。因此，我们需要将阶段 A 的余额减少此金额，使我们日初调整后头寸为 8 522.24 英镑。

7.8.3.3 阶段 C：待定项

这些是将在起息日（2014 年 2 月 28 日，即 2 月 25 日执行的 6 宗交易的预定结算日期）结算的项目。这里还包括了其他类型的交易，如收入的收取、公司行为、应收/应付等。在现实中，您应考虑到在起息日到期的所有项目。

阶段 B 和阶段 C 的的总和等于预期现金余额，在此例中为负 95 039.76 英镑。换句话说，如果所有项目都已清算，您的账户将被透支，并产生利息费用。此外，如果您的信用额度为 50 000.00 英镑，那么某些付款可能会被阻止从而无法被支付。

7.8.3.4 阶段 D：需要采取的行动

您的预期现金短缺为 95 039.76 英镑，您可以通过向您的司库部门借款来弥补。您可以借用确切的金额，但最好借用"近似金额"，例如，100 000.00 英镑。由于此交易的截止时间为 12：00，最好尽早开始准备您的资金要求。

7.8.4 融资不确定性

您现在已经完成了以 2014 年 2 月 28 日为起息日的现金融资。您确定阶段 A 和阶段 B 是正确的；但您能确定阶段 C 的项目是否真的能根据预期进行结算？

问题：

如果出售未能结算，会有什么影响？

回答：

由于未收到 51 702.50 英镑，您的预期未来现金余额将为 146 742.26 英镑（记入借方）。由于您只借了 100 000.00 英镑，您仍将大约有 47 000 英镑透支。

所面临的挑战是，在尽可能的情况下，预测哪些项目能否顺利结算。对于您的买入订单，您无法事先得到它们能被结算的保障。但是，对于您的卖出订单，您可以控制您的库存，并应提前知道有什么证券可用于交割。

这一挑战可以通过采用两种方法之一来克服：

(1) 假设结算成功的融资（fund – to – settle）。

(2) 假设结算失败的融资（fund – to – fail）。

7.8.4.1 "假设结算成功的融资"办法

此方法在以下情形中需特别留意：

(1) 您的卖出订单会结算。这需要您相信您有足够的库存。

(2) 您的购买可能会结算。您不能确定，只能谨慎地确保自己有足够的现金。

(3) 如果您知道在起息日有应付账款，如公司行为应付款，需要特别留意。

总之，这是一种乐观的方法。

7.8.4.2 "假设结算失败的融资"方法

此方法在以下情形中需特别留意：

(1) 您的卖出交易不会（或可能不会）结算，您只在确实受到货款时才记入融资考量。

(2) 您的买入交易不会（或可能不会）结算，您只在付款日当天才开始为这笔款项融资。这种特殊的方法可能不会给您足够的时间完成融资。

(3) 如果您怀疑在起息日不会收到支付款项，如晚到的股息或息票付款，需要特别留意。

总之，这更是一种悲观的方法。

现实是，融资专员必须衡量一个项目能否如预期结算。参考历史结算活动的内部记录（如有）和市场信息可以帮助融资专员更准确地预测现金需求。

7.8.4.3 预测的好处

预测的主要目的是确保有足够的现金来支付所有活动。如果预测良好，可以降低资金成本；事实上，特别是在利率相当高的情况下，很可能获得资金回报。现金预测的错误会产生巨大代价，并且将增加向前台提供运营服务的总成本。在最坏的情况下，如果交易对手意识到您机构中的融资问题，您的机构则存在声誉风险。

7.9 预测：证券

7.9.1 引言

问题：

这里有一些关于出售证券的问题供您思考：
1. 您可以卖出您以前购买的证券吗？
2. 您可以卖出以前购买但尚未收到的证券吗？
3. 您可以交割您已购买但尚未收到的证券吗？
4. 您可以卖出您不拥有的证券吗？
5. 您可以交割未在您处托管的证券吗？

回答：

1. 是的。您可以自由出售您合法拥有的任何证券。
2. 是的。在大多数市场中，即使以前的购买尚未结算完成，您也可以出售该证券。然而，对于一些市场和一些零售投资者，经纪商可能坚持要求在执行出售之前从客户处收到证券。
3. 不能。即使您是法定所有人，您也无法交割，因为您没有"可供交割"（available for delivery）的证券。在这种情况下，您只能在购买交易结算后才能交割。
4. 视情况而定。对于市场参与者（如做市商），答案是"是"，他们可以根据市场情况出售证券。这通常要求做市商卖出他们不拥有的证券，即卖空。然而，机构投资者（对冲基金除外）和散户投资者是不被允许卖空的。
5. 不行。如果证券没有在您处托管，它们不是"可供交割"的。

这些问题是为了区分您合法拥有的证券与可供交割的证券。证券预测在概念上与现金预测相似（如我们以一个特定日期来考虑——结算日），主要区别是对于证券预测我们只关注我们的出售活动，而不是我们的所有交易活动。

衍生产品合约的情况不同。市场参与者和投资者可以买多和卖空。衍生产品合约与股票、债券等不能以同样的方式进行交割和接收。事实上，对于衍生产品而言，唯一需要交割的是衍生产品合约的标的资产。

7.9.2 可供交割的证券

请参阅我们的结算模拟，特别是以下文件：
- 交易商的临时记录簿（见图7-9）：它列出了以前买入的证券。
- 交易单（见图7-10）：有六个交易，其中两个是出售。

您能交割2 500股HSBA股票和15 000股MRW股票吗？根据交易商的临时记录簿，有足够的证券（40 000股HSBA股票和90 000 MRW股票）；但是，它们可供交割（Available for Delivery，AFD）吗？

您将使用以下结果（见表7-8和表7-9）对两个头寸进行查对。

表7-8 HSBA股票对账

HSBA股票			
所有权	余额	余额	位置
交易账户	40 000	-40 000	托管人
总计	40 000	-40 000	

表7-9 MRW股票对账

MRW股票			
所有权	余额	余额	位置
交易账户	90 000	-90 000	托管人
总计	90 000	-90 000	

两个头寸均无误，由于股份位于托管人处，因此可供交割。您现在可以确信，如果您的交割指示在清算所被成功匹配，您的卖出订单会被顺利结算并收获现金所得。

7.9.3 不可交割的证券

我们可以通过改变两只股票的位置（托管人）来看看第二种情形，对账如

表 7-10 和表 7-11 所示。

表 7-10　　　　　　　　HSBA 股票对账——版本二

HSBA 股票			
所有权	余额	余额	位置
交易账户	40 000	-25 000	托管人
		-15 000	交易对手方 01
总计	40 000	-40 000	

表 7-11　　　　　　　　MRW 股票对账——版本二

MRW 股票			
所有权	余额	余额	位置
交易账户	90 000	-10 000	托管人
		-25 000	交易对手方 02
		-35 000	交易对手方 03
		-20 000	交易对手方 04
总计	90 000	-90 000	

如前所述，两个头寸都无误；然而，只有 25 000 份 HSBA 股份和 10 000 份 MRW 股份是可供交割（AFD）的。虽然 2 500 股 HSBA 股票的卖出交易可以结算，但 15 000 股 MRW 股票的卖出交易则不能结算。

有多种选择：

1. 什么也不做。允许卖出交易结算失败，并等待其中一个未完成的买入交易结算完成。

2. 借入 5 000 股 MRW 股票。这将为卖出交易结算提供证券的可用性。

3. 向您的对手方 T04 部分交割 10 000 股。

我们将在下一章更详细地讨论结算失败的管理。

7.10　本章总结

清算是一组交易后活动，是在结算之前对付款指令和证券转移指令进行传输、核对、（在某些情况下）确认的过程，可能包括指令轧差和建立最终结算头寸。

一旦从前台系统中捕获交易信息，就会经历以下阶段：

- 交易验证和丰富——这需要基本的交易细节，并增加额外的信息，如结算日期，现金金额，应计利息，费用和佣金等

- 交易确认与批准——在市场参与者之间交换交易确认书,或向客户发送交易详情等待客户批准交易
- 将交割/接收指令发送到清算系统
- 响应来自清算系统的不匹配报告
- 预测现金需求和证券可用性

在顺利完成清算过程后,交易可以转到结算。这将是下一章的主题。

第 8 章 结算与结算失败管理

8.1 前言

在上一章中,我们了解了从前台到清算的典型交易流程。在本章中,我们将讨论交易周期的最后阶段,即买方和卖方均履行责任的阶段,我们称为结算。

"结算"一词可以定义为:

> "交易的完成过程,即卖方将 DVP(券款对付)的证券或金融工具转移给买方,买方将货款转移给卖方。"①

这个定义对证券和其他现金市场金融工具都可适用,但是衍生产品呢?"开放"衍生产品合约可以开放几个月或是几年,并且"结算"的概念只有在衍生合约被执行时才真正有效,即在相关资产交割或接收的情况下。您会记得前一章中,开放型衍生产品合约是通过保证金(对于开放式交易所交易和清算的场外衍生产品交易)或抵押品(对于非清算的场外衍生产品)的方式进行风险管理的。

在本章中,您将了解以下主题:
- 不同类型的结算
- DVP(券款对付)和国际清算银行(BIS)的三个 DVP 模型
- 结算发生的地点
- 交易未能结算的原因
- 管理结算失败的方式

8.2 不同类型的结算

在如上 BIS / CPSS 定义的结算中,您会注意到 DVP 一词。我们将在 8.3 节讨论这一点。

---

① 资料来源:国际清算银行/支付与清算系统委员会(BIS / CPSS)2003 年 3 月发表的"支付与清算系统的术语定义",网址:www. bis/org/publ/cpss00b. pdf。

虽然从定义可以看出，卖方直接向买方交割证券（买方向卖方支付货款），但实际上大多数结算是通过称为"账簿划拨"（book entry transfer）的过程进行的；换句话说，是通过电子转移而非物理转移实现的。

如果证券实名持有（即以实物形式持有），投资者通常会要求他们的银行在银行自己的金库中保存他们的股票和债券证书。为了对卖出交易进行结算，投资者会指示他们的银行从金库中取出适用的证书。在这样做后，银行会安排买方经纪商来收取证券的实物证书以及所有转让文件，同时，作为支付，买方经纪商将支票或银行汇票交给银行。

这项活动需要银行人员和经纪商的信使组成团队，他们可能将花费一天时间完成付款以换取证券，或者交割证券以换取付款。我们可以把这称为分散结算系统的极端例子（见图8-1）。今天，不仅清算过程集中化，而且结算过程也实现了集中化。这使得结算更具效率并提高了成本效益，并使结算周期从T+n到T+3或更短的时间。另一个好处是，我们不再需要大量经纪商信使。

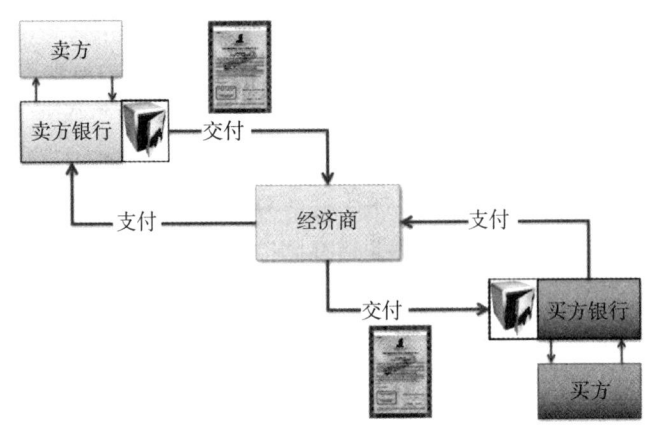

图8-1 实物结算

在21世纪的今天，证券通过电子账簿划拨的形式进行交割。交割可以单笔逐笔交易或多笔集中交易。前者称为"全额结算"，后者称为"净额结算"。

8.2.1 全额结算

请看以下示例，投资者有1 000 000股ABC股票的库存，所有这些股票均可用于交割，并已执行了多笔交易（见表8-1）（出于本示例的目的，我们可以忽略现金价值）。

表 8-1　　　　　　　全额结算——总计 100 万股

方向	股票数量	对手方
出售	(150 000)	经纪商 A
出售	(500 000)	经纪商 B
出售	(350 000)	经纪商 C
总计	(1 000 000)	

问题：

我们可以清算这所有三笔交易吗？

回答：

可以。有 100 万份可供交割（AFD）的股票，将有三次独立的交割（每次交割将产生交易费用，由结算系统征收）。

在计时方面，结算系统可以通过以下两种方式之一对这些交易进行结算：

实时结算（Settlement in Real Time）：一旦有证券可用，交易将被结算。这是一个连续的过程，无须等待。我们将此版本称为"实时全额结算"（real time gross settlement，RTGS）。

在我们上面的例子中，所有三个交易将在结算系统开始营业时（如 8：30）进行结算。

在指定时间结算（Settlement at a Designated Time）：结算系统将实际结算安排在预定结算日的某一特定时间（如营业结束时）。虽然证券可用，但在实际结算发生之前也有一些日内延迟。我们将此版本称为单个"批处理"过程。

结算系统也可以在如 10：30、13：00、15：00 和 17：00（当地时间）进行多批量结算处理。多批量处理流程现在开始逐渐类似于 RTGS。

在上面的示例中，所有三笔交易将在 10：30（两小时后）结算。

如果我们在示例中添加两笔交易并添加结算时间（见表 8-2），您可以看到所有交易在同一天，即使是不同的时间进行结算。即使经纪商 D 的 200 000 股股票从 13：01 可用，结算只能在下一批 15：00 进行。

表 8-2　　　　　　　全额结算—计时问题

方向	股票数量	对手方	结算时间
出售	(150 000)	经纪商 A	10：30

续表

方向	股票数量	对手方	结算时间
出售	(500 000)	经纪商 B	10：30
出售	(350 000)	经纪商 C	10：30
购买	200 000	经纪商 D	15：00
出售	(200 000)	经纪商 E	15：00
总计	(1 000 000)		

8.2.2 净额结算

相比之下，净额结算系统能够通过将交割和接收的交易进行轧差来减少总交易敞口，留下较小的净任务。在净额结算中，在预定日期进行结算的，不同机构间对同一证券的所有交易将进行累积。在一天结束时，机构的结算账目被调整，以反映该证券或是一笔借记/交割账目，还是一笔贷记/收入账目，如表8-3所示。

表 8-3　　　　　　　　　净额结算

方向	股份	对手方	净头寸	交割
出售	(150 000)	经纪商 A		
出售	(500 000)	经纪商 A	(650 000)	经纪商 A
出售	(350 000)	经纪商 B		
购买	200 000	经纪商 B		
出售	(200 000)	经纪商 B	(350 000)	经纪商 B
总计	(1 000 000)		(1 000 000)	

在这个例子中，将有两次交割，而不是在以前的全额结算示例中会发生的五次交割。

问题：

表8-4中记录的交易的轧差结果是什么？

表 8-4　　　　　　　　　净额结算交易

编码	交易对手方	买/卖	数量	交易对手方
1	A	买	10 000	B
2	A	卖	(50 000)	C

续表

编码	交易对手方	买/卖	数量	交易对手方
3	A	买	40 000	D
4	B	卖	(15 000)	C
5	C	卖	(45 000)	D
6	E	买	5 000	D

回答:

表 8-5 给出了答案。

表 8-5　　表 8-4 中交易的净额结果

交易对手方	开盘仓位	净借记/贷记	收盘仓位
A	15 000	0	15 000
B	30 000	(25 000)	5 000
C	25 000	20 000	45 000
D	10 000	0	10 000
E	20 000	5 000	25 000
总计	100 000	0	100 000

对于这六笔交易,只有三次实际贷记/借记加上两个零移动。换一种说法:
- 净借记和贷记总和为零,以及
- 收盘仓位总计与开盘仓位总计相同

在上述问题中,要求中央对手方/清算所监控收到的结算指令,以便可以执行结算轧差操作。这不能由参与者自己完成,例如,对手方 A 只知道他自己的三个交易(编码: 1~3),而不能知道其他交易对手方在他们自己之间执行的其他交易(编码: 4~6)。

8.3　DVP(券款对付)

问题:

在您看来,下列情况下的风险或问题是什么?

(1) 您购买一些证券,卖方要求您在将证券交割到您的账户之前付款。

(2) 您卖出一些证券,买方要求您在付款给您之前将证券交割到其账户。

(3) 您购买一些证券,并且您同意卖方在结算日期将证券交割到您在 A 银行的账户,您将向卖方在其 B 银行的账户付款。

(4) 您卖出一些证券,您同意在结算日将证券交割到买方在 C 银行的账户,他将向您在 D 银行的账户付款。

回答:

表 8-6　　　　　　　　　　　　问题与风险

情景	问题/风险
1	您承担的风险是,已经向卖方付款,但是没有收到证券,因为卖方不愿意或不能交割。卖方没有风险,因为它已经得到付款
2	您承担的风险是,已经把证券交割给买方,但是没有得到付款,因为买方不愿意或无法支付。买方没有风险,因为它已经收到证券
3	您的风险与情景 1 中的风险类似,增加了潜在问题,即一部分结算或全部结算由于某种原因而被延迟。此外,证券交割和现金支付可能去往错误的银行账户
4	您的风险与场景 3 相同

所有四种情景中的共同特点都是证券转让与相应现金支付的分离。为了避免此分离导致的问题,良好的市场惯例要求确保交割和支付在同一时间和同一地点发生。此外,如果卖方没有可供交割的债券,和/或买方没有足够的现金,则交易将不能结算。

从卖方的角度来看,我们将证券和现金的这种联系称为"券款对付"(Delivery versus Payment)或 DVP。相反,从买方的角度来看,我们称为"券款对付"(Receipts versus Payment)或 RVP。无论我们是在讨论出售还是购买,我们倾向于在这两种情况下使用术语 DVP 来代表"券款对付"。

8.3.1　DVP 的定义

1989 年,三十国集团(G30)出版了一份题为"世界证券市场的清算和结算系统"的文件,其中涉及清算和结算的问题和挑战。从 G30 指导委员会的工作中,提出了 9 项建议。

建议 5 指出:"券款对付(DVP)应作为所有证券交易的清算方法。"对此建议,G30 指出:

"在证券交易结算中存在重大风险的领域发生在证券交割时,交割方没有同时收到等值款项的情况。(使交割方)同时收到等值款项对于消除合同违规风险是非常重要的。DVP 有效地消除了由于交易对手方的交割延迟而导致的任何敞口[①]。"

G30 随后定义 DVP 为:

> "在一天中持续的、同时的、最终的、不可撤销的,并立即可实现的证券和现金交换。"

因此,上述四种情景中没有一种将被视为基于 DVP 的结算。

总而言之,DVP 系统是一种证券结算系统,其提供一种机制以确保交割发生在(且仅发生在)支付发生时。此外,该机制确保支付发生在(且仅发生在)交割发生时。

8.3.2 DVP 模型

支付和结算系统委员会(CPSS)确定了实现 DVP 的三种广泛的方法(见表 8-7),这些方法被称为 DVP 模型[②]。

表 8-7　　　　　　　　　　DVP 模型

模型	定义
1	系统以每笔交易的全额结算为基础,对证券和资金的转移指令进行结算,并在从买方到卖方的最终(无条件)资金转移(付款)的同时,进行从卖方到买方的最终(无条件)证券转移(交割)
总结	同时对证券和资金进行转移,并使用全额结算
示例	参见我们上述全额结算的例子
2	系统在整个周期内以全额结算为基础对证券转移指令进行结算,将证券从卖方最终转移到买方;但以净额结算为基础对资金转移指令进行结算,只在周期结束时最终将资金从买方转移到卖方(付款)
总结	证券转移为全额结算,资金转移为净额结算

[①] 资料来源:三十国集团(1988)"世界证券市场的清算和结算系统",PDF 版本可从官网索取 www.group30.org [ISBN:1-56708-076-6]。

[②] 参照支付与清算系统委员会(官网),"证券结算系统中的券款对付",网址:www.big.org/publ/cpss06.htm。

续表

模型	定义
示例	考虑以下三种交易： 1. 您卖出 10 000 股 ABC 股票，收入 40 000.00 欧元 2. 您买入 15 000 股 RST 股票，支付 45 000.00 欧元 3. 您卖出 25 000 股 XYZ 股票，收入 60 000.00 欧元 使用模型 2 的结算结果为： 1. 交割 10 000 股 ABC 股票 2. 接收 15 000 股 RST 股票 3. 交割 25 000 股 XYZ 股票 4. 净收入 55 000.00 欧元
3	系统以净额结算为基础对证券和资金的转移指令进行结算，只在周期结束时最终转移证券和资金
总结	同时对证券和资金进行转移，并使用净额结算
示例	考虑以下三种交易： 1. 您卖出 10 000 股 ABC 股票，收入 40 000.00 欧元 2. 您买入 15 000 股 ABC 股票，支付 60 000.00 欧元 3. 您卖出 25 000 股 ABC 股票，收入 100 000.00 欧元 使用模型 3 的结算结果为： 1. 交割 20 000 股 ABC 股票 2. 同时净收入 80 000.00 欧

8.3.3 DVP 的结算指令

作为 SWIFT 消息系统参与者的机构将使用标准化的 RVP / DVP 消息类型。此外，清算系统将提供自己的专有通信系统。例如，两个国际中央证券存管机构（ICSD）——欧洲清算银行（Euroclear, EOC）和卢森堡明讯银行（Clearstream Banking Luxembourgh, CBL）均使用其专有系统和 SWIFT，如表 8 – 8 所示。

表 8 – 8　　　　　DVP / RVP 消息类型的选择

	RVP	DVP	注释
SWIFT 消息	MT541	MT543	
欧洲清算银行	01 P 03 P 03C P	02 P 07 P 07C P	EOC 的系统：EUCLID EOC 与 EOC 之间的内部交易 EOC 与 EOC 之外的国内交易 EOC 与 CBL 的过桥交易

续表

	RVP	DVP	注释
卢森堡明讯银行（CBL）	41：RVP 61：RVP 41CE：RVP	51：DVP 8M/8A：DVP 51CE：DVP	CBL 系统：Creation CBL 与 CBL 之间的内部交易 CBL 与 CBL 以外的国内交易 CBL 与 EOC 的过桥交易

8.4 纯券过户（Free of Payment）结算

虽然大部分买入和卖出的交易是以 DVP 为基础结算的，但是仍有一些 DVP 不适用情况。包括：

1. 同一个投资者将证券从一个托管人转移到另一个托管人。在这种情况下，由于投资者既没有出售也没有购买证券，因此没有现金的对应价值。

2. 证券的买入和卖出的交易结算发生在与现金不同的地点。例如，您购买的证券交割给您的托管人，但给卖方的付款单独发生。

在第一个示例中，交割托管人将向清算系统发送 MT542 指令（交割纯券过户，DFoP），接收托管人也将类似地发送 MT540 指令（接收纯券过户，RFoP）。此时不需要付款指令，因为没有对应价值。

在第二个示例中，您的托管人将发送一个 MT542 指令，您将另外付款给卖方。

8.4.1 纯券过户结算指令

为了比较，SWIFT、EB 和 CBL 的纯券过户指令类型如表 8-9 所示。

表 8-9　　　　　　　　　　FOP 消息类型的选择

	RFoP	DFoP	注释
SWIFT 消息	MT540	MT542	
欧洲清算银行（EOC）	01 F 03 F 03C F	02 F 07 F 07C F	EOC 的系统：EUCLID EOC 与 EOC 之间的内部交易 EOC 与 EOC 之外的国内交易 EOC 与 CBL 的过桥交易
卢森堡明讯银行（CBL）	4F：RFP 6F：RF 4FCE：RF	5F：DFP 8D/81：DF 5FCE：DF	CBL 系统：Creation CBL 与 CBL 之间的内部交易 CBL 与 CBL 以外的国内交易 CBL 与 EOC 的过桥交易

8.4.2 结算地点

我们在第 6 章中说过证券集中在中央证券存管机构（CSD）内。中央证券存管机构持有并保存所有权记录，包括所有权变更记录。因此，结算在中央证券存管机构内进行，结算是基于从相关清算系统（清算所或 CCP）传递出的清算信息来进行的。

8.4.3 结算惯例

证券一般被要求在交易日期后全部直接结算。在现实中，清算和融资活动需要一段时间，导致短时间滞后。场内结算惯例较为固定，而场外结算惯例更加灵活（如在德国，场内结算是 T＋2，而场外可以从 T＋0 到 T＋40）。

一般来说，结算惯例多为：
- 欧洲债券：T＋3（于 2014 年 10 月更改为 T＋2）
- 股票：T＋2
- 政府债券：T＋1

问题：

请参阅 CSD 的对比表格（表格 CSD1[①]，第 524～527 页），并回答以下问题：

1. 三个 DVP 模型中哪个使用最广泛？
2. 五个欧洲清算所拥有的国内 CSD 的交割滞后（即结算惯例）是什么？
3. 美国政府证券和美国股票的交割滞后是什么？
4. 哪些市场的交割滞后是 T＋2？

回答：

表 8-10 给出了答案。

表 8-10 DVP 模型

问题	回答	注释
1	DVP1 有 26 个案例	DVP3 有 16 个，DVP2 有 9 个
2	T＋3	瑞典对欧元是 T＋3，对瑞典法郎是 T＋2。英国的 Crest 由欧洲清算银行（英国 & 爱尔兰）所拥有

[①] 国际清算银行（BIS） "CPSS——红皮书数据更新" CPSS 116。参考国际清算银行官网 www.bis.org/publ/cpss116p2.pdf。

续表

问题	回答	注释
3	政府证券（NBES）：T+1 股票（DTC）：T+3	二者都可以 T+0 结算
4	比利时 加拿大 德国 中国香港 印度 日本 韩国 沙特阿拉伯 瑞典 土耳其	（NBB） （CDS） （CBF） （CCASS & CMU） （NSDL & CDSL） （JASDEC – DVP3 模型） （KSD 对交易所交易的股票而言） （对债券而言） （SEK） （Takasbank & MKK）

8.5 结算失败

8.5.1 结算失败概述

逻辑上，没有理由能解释为什么交易会失败，特别是如今证券往往具有以下特点：

- 可替换的（fungible）
- 流动性强
- 在 CSD/ICSD 环境中集中存管
- 易于转移，并以电子方式转移

然而，在一笔交易的预结算、清算阶段，任何不匹配的交易将不会且不能结算。此外，以上四点也可能有例外，例如：

- 可能持有的无记名证券是不可替换的。这可能会减慢交割过程，因为在交割可能发生之前需要对特定的证券证书进行识别。
- 许多市场坚持只提供最低数量的已发行证券。这有助于降低证券流动性不足的风险。这个问题在证券出售给无法或不愿意卖出证券的投资者的时候体现出来，这些投资者保留证券以备证券借贷时使用，而这降低了流动性。
- 证券的集中存管一直是市场的长期目标；然而，有些市场可能在 CSD/ICSD 基础设施之外存管证券（如投资者自己持有实物的证券证书）。

- 我们将在第 10 章中讨论如何托管证券，我们将看到，有些证券在结算之前或在不久之后的某个时间仍然需要重新登记所有权。

虽然这些特殊情况很少导致交易完全失败，但是它们可能会造成进度延迟和增加成本。

8.5.2 为什么交易结算失败

结算失败在许多市场被认为是不可避免的，几乎不可能完全消除。根据欧洲 CSD 协会[①]所述：

- 在 2012 年 3 月，欧洲的结算效率在交易价值上为 98.9%，在笔数上为 97.4%
- 在无法及时结算的 1.1%（按价值）交易中，大多数交易将在第二天结算，预期结算日 + 1（SD + 1）的结算失败率小于 0.5%

ECSDA 还指出，三个市场（希腊、罗马尼亚和斯洛文尼亚）具有 100% 的结算效率。三个因素解释了这个比率：

- 这几个市场的中央证券存管机构多为场内交易进行结算，这些交易都是预先匹配的，而且是以完全直通处理（straight-through-processing）模式直接输入结算系统的
- 如果交易未能在特定时刻［在斯洛文尼亚于 SD（结算日），在希腊和罗马尼亚于 SD + 1］完成结算，则自动触发买入（Buy-ins）。此外，在斯洛文尼亚，场外交易要么于结算日结算，要么在结算日结束之前取消
- 希腊的加权平均交易数量为欧洲整体的 2.6%，斯洛文尼亚为 0.09%，罗马尼亚为 0.39%；因而三个市场的 100% 的结算效率在欧洲整体市场影响不大

我们将研究为什么交易可能无法在预定的结算日期结算，以及可以采取什么措施来解决这些问题。

这里列出了交易失败的可能原因：

- 处理方面的问题——不匹配的交易
- 出售方面的问题——证券不足，而且无法借入债券或进行逆回购
- 购买方面的问题——现金、抵押或信贷不足
- 系统性问题

我们将依次探讨这些问题。

8.5.2.1 处理方面的问题

运营部门人员应确保任何无法匹配的指令尽早得到调查和解决，并且一定

[①] ECSDA（官网），"2012 年匹配与结算效率的统计表格"，2012 年 9 月 18 日，网址：www. ecsda. eu/uploads/tx _ doclibrary/2012 _ 09 _ 18 _ ECSDA _ Statistical _ Exercise. pdf。

要在结算日期之前。被发现有过错的机构可能遭到其对手方的利息索赔的要求，如以下示例所示。

经纪自营商 A（BD－A）购买了 5 000 000 美元的息票率为 2.125%，于 2018 年到期的 BHP 债券，并在今天向经纪自营商 B（BD－B）支付 USD 4 934 236.11。今天是预计的结算日。

BD－A 在交易结算日期后一天进行指令匹配。由于 BD－A 引起延迟，它将从 BD－B 收到利息索赔的要求。

问题：
　　如果利息索赔的利率为 5.00%，BD－B 会向 BD－A 要求多少利息索赔？
回答：
　　利息索赔金额为 685.31 美元（4 934 236.11 美元 ×5/100 ×1/360）。

8.5.2.2 出售/交割方面的问题

如果没有足够多的证券进行交割，则可能发生结算失败。以下有一些例子：

a）部分结算

BD－A 对于 2017 年到期的 GSK 1.5000% 债券（GSK）有以下持仓与交易：

- 300 000 美元 GSK 的持仓，且可供交割，
- 以今天为预计结算日，从 BD－B 购买（RVP）2 000 000 美元 GSK，买入价格为 2 050 576.00 美元。
- 以今天为预计结算日，向 BD－C 出售（DVP）5 000 000 美元 GSK，卖出价格为 5 130 040.00 美元。

情况：
　　我们被告知购买交易失败，因此出售交易也失败了。
问题：
　　出售收入和购买成本均未进行贷计和借计，净未结清现金金额为 3 079 464.00 美元。如果现金资金是以"假设结算成功的融资"计算的，则该现金差额可能已分配给另一项投资或已投入货币市场。
解决办法：
　　对应的解决方案应该是等待，直到买入交易结算成功，以提供足够的债券来供卖出交易进行结算。在任何情况下，运营部门都应跟进卖方，它们可能也正在等待从它们的买方处接收债券。更主动的做法是 BD－A 与 BD－C 联系，并

部分交割已经在仓库中持有的 3 000 000 美元债券。

BD–C 没有义务同意这样做，但如果他们需要这些债券进行另一次交割和/或希望与 BD–A 保持良好的工作关系，则可以这样做。

需要采取的行动：

假设 BD–C 同意接受部分交割，应采取以下措施：
- 两个交易对手方均取消金额为 5 000 000 美元 GSK 的原始指令
- 两个交易对手方确定新的交易金额，然后输入新的、调整后的指令
  - 3 000 000 美元 GSK 对应 3 078 024.00 美元现金；
  - 2 000 000 美元 GSK 对应 2 052 016.00 美元现金。
- 两组调整后的指令重新进行匹配
- 3 000 000 美元 GSK 债券将进行结算，余额 2 000 000 美元 GSK 未交割
- 确保完整的查账索引，将放弃跟踪原始 5 000 000 美元 GSK 交易，而重新调整跟踪两个新的指令（这有助于账户管理人员和对账人员确认要跟踪的新的现金借方和贷方金额）

很可能存在多次"部分交割"，在这种情况下必须完成相同的重新调整过程。例如，BD–B 可能向 BD–A 提供 2 000 000 美元 GSK 余额中的 1 000 000 美元 GSK。

如果 BD–C 不同意部分交割，BD–A 可借入债券或"逆回购" 2 000 000 美元 GSK，BD–A 将支付一些费用，以完全结算 5 000 000 美元 GSK 的债券出售。我们将在第 12 章"证券融资"中讨论证券借贷和回购/逆回购的主题。

b）双边轧差

BD–A 对 EDF 4.6000％，2020 年到期的债券（EDF）具有以下仓位：
- EDF 零敞口
- 以今天为预计结算日（RVP），从 BD–B 处购买 5 000 000 美元的 EDF，买入价格为 5 605 350.00 美元
- 以今天为预计结算日（DVP），向 BD–B 出售 5 000 000 美元的 EDF，出售价格为 5 615 350.00 美元

情况：

我们被告知购买交易结算失败，因此出售交易也失败了。

问题：

出售收入和购买成本均未贷计或借计，净未结清现金金额为 10 000.00 美元。

解决办法：

对应的解决方案应该是等待，直到买入交易结算成功，以提供足够的债券以结算卖出交易。在任何情况下，运营部门都应跟进卖方，他们可能也正在等待从他们的买方处接收债券。更积极的做法是 BD–A 和 BD–B 同意轧差得出债

券头寸和现金金额。

需要采取的行动：
- 两个交易对手方均取消金额为 5 000 000 美元 EDF 的原始指令
- BD - B 向 BD - A 的银行账户支付 10 000.00 美元现金
- 确保完整的查账索引，跟踪债券和现金交割/付款金额更改的完整记录

请注意，此双边轧差针对的是同一对交易对手方和同样的证券。

c）僵局情况

情况：

一只特定的证券，例如，ABC 证券，已经在几个经纪自营商之间进行交易，如图 8 - 2 所示。

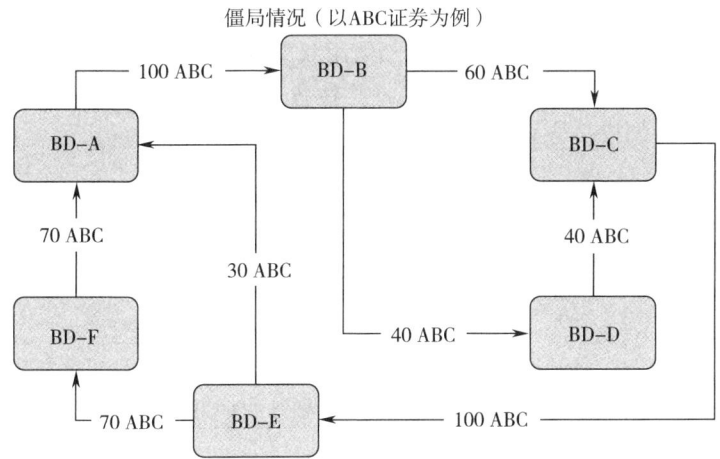

图 8 - 2　ABC 证券交易的僵局

问题：

如果我们假设所有交易对手方的账户上都没有 ABC 证券，那么图 8 - 2 中的所有交易都将失败。当 BD - C 追问 BD - B 和 BD - D 时，将得到相同的回应，即这些交易对手方正在等待从其他地方接收 ABC。当 BD - B 追问 BD - A 等时也将发生同样的情况。此外，所有交易对手方只知道他们自己所涉及的交易（因此 BD - E 只知道从 BD - C 购买 100 股 ABC，以及卖 70 股 ABC 给 BD - F，卖 30 股 ABC 给 BD - A）。

解决办法（A）：

这种情况在"全额结算"的环境中存在问题，除非所有交易对手都能以某种方式确定彼此的情况。一个对手方可以试图从另一个与这个僵局无关的机构借入债券。例如，如果 BD - A 可以从机构投资者或其他经纪自营商借入 100 股 ABC，那么僵局将被解开：

(a) BD－A 向 BD－B 交割 100 股 ABC。

(b) BD－B 现在有 100 股 ABC，并向 BD－C 交割 60 股 ABC，向 BD－D 交割 40 股 ABC。

(c) BD－D 现在有 40 股 ABC，并向 BD－C 交割 40 股 ABC。

(d) BD－C 现在有 100 股 ABC，并向 BD－E 交割 100 股 ABC。

(e) BD－E 现在有 100 股 ABC，并向 BD－F 交割 70 ABC，向 BD－A 交割 30 股 ABC。

(f) BD－F 现有 70 股 ABC，并向 BD－A 交割 70 股 ABC。

(g) BD－A 现在有 100 股 ABC，并向机构投资者或其他经纪商—交易商返回 100 股。

解决办法（B）：在多边轧差系统中，清算系统替代众多交易对手方进入交易，系统监督每个参与者的库存平衡，信用状况和未结清交易。当情况允许时，清算系统将每个交易标记为结算完成，并在各个交易参与者的证券账户和现金账户上进行相应的借记和贷记。图 8－3 展示了一个简化的流程。

多边轧差（以 ABC 证券为例）

您买入	现金账户	您卖出	现金账户
100	(300.00)	(400)	1 280.00
200	(640.00)	(500)	1 550.00
300	(930.00)		
您交割	300 ABC 证券	您接收	960.00 现金

注：CCP 是您的交易对手方（CCP 替代原交易对手方进行交易）。

图 8－3 多边轧差

8.5.2.3 购买/接收方面的问题

在前一小节，我们一直专注于卖方缺少可交割的证券作为结算失败的主要原因。然而即使卖方有足够的可交割证券，如果买方没有足够的现金或可靠的信贷融资渠道，结算仍可能失败。现金相关问题通常是由于资金筹划错误导致，并能很快得到解决。

买方的现金相关问题将导致卖方提出利息索赔的要求，其利率接近索赔时货币的典型透支利率。

a）示例

如果您卖出面值为 10 000 000 美元、息票率为 2.500%、2015 年到期的法国电信的债券。由于买方的现金问题而交易未能结算，您将可以对从交易预计结算之日起到实际交易日的利息进行索赔。

问题：

如果年化利率为 9.5%（实际年化利率/360），您的利息索赔每天将为多少？

回答：

利息索赔为 2 872.83 美元（10 886 500.00 美元 × 0.095 × 1/360 美元）。

我们已经看到，由于缺乏可用的资产或由于运营操作方面的错误，结算可能由于各种原因而失败。结算失败通常在一天内左右纠正。

出售和交割方面的失败可通过借入证券或使用"逆回购"来管纠正。我们在后面的章节中将讨论证券融资的主题。在下文中（见图 8-4~图 8-6），我们来看失败的交易如何纠正并得以顺利完成。

b）失败管理（第一步）

假设投资者 A 向经纪自营商出售债券，然后经纪自营商将债券转售给投资者 B。在结算日的早晨，三方的交割和付款义务以虚线显示。

图 8-4　失败管理（第一步）

c）失败管理（第二步）

如果 A 不能将证券交割给经纪自营商，这将导致经纪自营商不能将证券交割给 B。为了补救其对 B 的交割失败，经纪自营商可以从投资者 C 处借入证券或对证券进行"逆回购"，然后交割借入的或逆回购得来的证券。证券和现金的实际结算以实线显示。投资者 A 和经纪自营商之间原始的失败交易以虚线显示。

d）失败管理（第三步）

投资者 A 最终将证券交割给经纪自营商，经纪自营商可以终止其与投资者 C 的证券借贷交易或对其逆回购进行反向操作。

我们已经看到，结算失败可以被轻松解决；结算失败并不是某方有意为之，而通常因为卖方没有可用于交割的证券而造成。或者，买方可能没有足够的现金或可用信贷。然而交易对手方总有一些方法可以解决结算失败（如通过"部分结算"或使用"双边轧差"）。

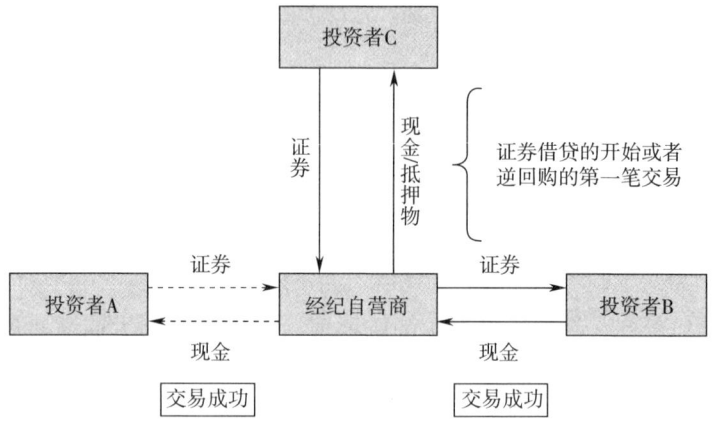

图 8-5　失败管理（第二步）

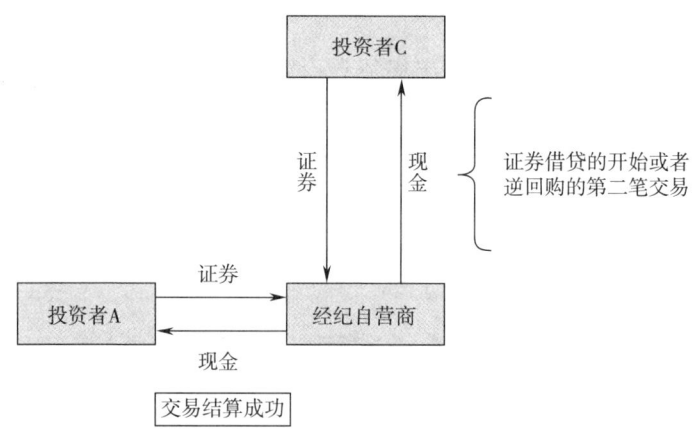

图 8-6　失败管理（第三步）

然而，有时可能只能通过推动事件链，使交易不与原始交易对手结算而是通过第三方来解决结算失败。这些事件称为"买进"（Buy-Ins）和"卖出"（Sell-Outs）。这些事件可以由受影响的交易对手方自愿开启，也可以由相关证券交易所强制执行。

8.5.3　买进（Buy-Ins）

当卖方无法交割证券时，"买进"情况发生（见图 8-7）。买方需要找到一个市场参与者，这个市场参与者不仅拥有所需的库存，而且愿意向买方出售证券。这个市场参与者通常是作为买方竞争者的另一个交易商；但在这种情况下愿意作为买进代理（Buy-In Agent）。

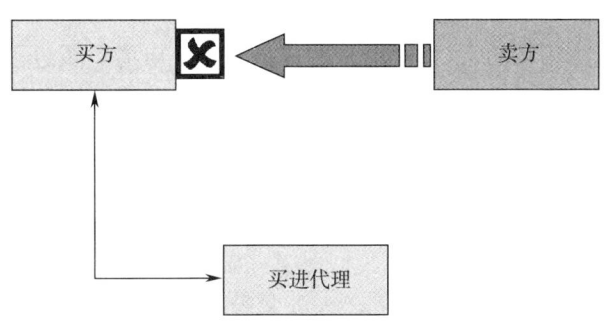

图 8-7 买进

买方需要将其购买"买进"证券的意图警告给卖方,并且在预定时间之后执行买进。如果结算失败的原因是卖方也在等待来自先前购买交易中未结算的证券,则可能看起来卖方还必须安排单独的买进。

事实上,可能存在较长的失败交易链,并且为了避免多笔买进交易,原始买进将从第一位卖方的交易对手方沿着链条"递延"到最终导致问题的交易对手方。

在图 8-8 中,您可以看到,交易对手方 A(原买方)使用适当的买进代理买进证券,并向交易对手方 B 发送买进通知。就交易对手方 B 而言,他已经将买进通知传递给他们的交易对手方 C,交易对手方 C 又将其交给最终失败的卖方,即交易对手方 n。

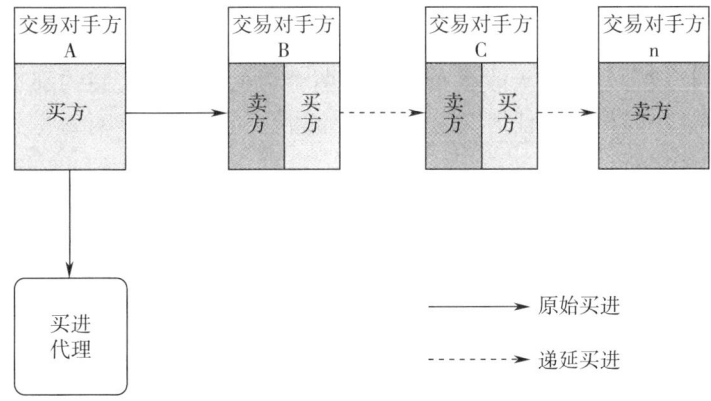

图 8-8 递延买进

让我们看两个关于买进的例子:在第一个例子里,我们将看到欧洲债券市场如何处理买进;在第二个例子里,我们将看到如何在新加坡市场自动启动买进。

a) 欧洲债券（Eurobonds）

对于国际资本市场协会（ICMA）的成员公司，申请"买进"的决定取决于买方[同卖方的"卖出（Sell – outs）"]。如果买方没有特别急于接收证券，则可以决定等待卖方完成交割。根据 ICMA 的规则，"第 450 节：买进[1]"指出：成员公司有权向卖方发出买进通知。该通知警告卖方，如果它在五个工作日内没有交割证券，则买进交易将被执行。买进代理必须是遵循 ICMA 报告规则的交易商，但不能与买方相关联。

在原始交易未能结算的情况下，买进交易将按最佳市场价格执行，并以正常结算惯例（即 T + 3）保证交割。原始买方有权向原始卖方索取原始购买价格和买入价格之间的差额（见表 8 – 11）。

表 8 – 11　　　　　　　　　　买进价差

	价格	对手方
原始购买价格	101.6875	卖方
买进价格	101.8125	买进代理
价差	0.1250	向卖方索取

b) 新加坡

在新加坡的情况是，有一个由地方清算系统自动启动的买进流程。对于在新加坡证券交易所（SGX）执行的交易，如果卖方没有足够的证券可用于在预定结算日（T + 3）中午之前交割，那么地方清算系统（CDP）[2] 将自动执行买进。

买入价格或者是前一天收盘价以上的两个最低出价中较高的那个，或是在买进开始前一小时可用的任何交易价/出价价格。此外，CDP 对每份买进合约收取手续费和经纪费。

8.5.4　卖出（Sell – Outs）

问题：

如果卖方有足够的证券用于交割，为什么交易失败？

---

[1] 参考 ICMA 规则手册，网址 http://icmagroup.org/Regulatory – Policy – and – Market – Practice/Secondary – Markets/ICMA – Rule – Book（只针对会员和订阅者开放）。

[2] 在新加坡，CDP 是由 SGX（www.sgx.com）全资拥有的子公司，也是一家中央对手方（CCP）。

回答：

唯一可能的答案是买方没有现金或信用渠道证来支付证券。通常买方将尽早纠正这种情况。

但是，如果买方实在无法寻到资金呢？在这种情况下，买方很有可能会违约。如果是这种情况，交易将无法结算，卖方不会收到该笔出售交易的现金收入。ICMA 规则第 480 条"卖出"对这种情况做出了规定。第 480 条本质上是第 450 条的一个镜像，但不允许"部分交割"，且没有"递延"的规定（见图 8-9）。

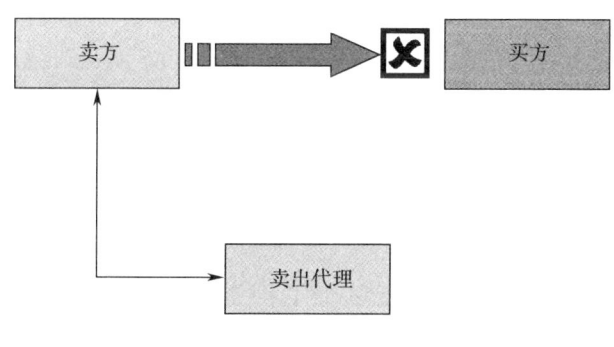

图 8-9　卖出

8.5.5　系统性问题

大多数结算失败的交易都能在在预定结算日期后的一天或两天内完成结算，无论是通过交易对手进行干预（如安排部分交割）还是由结算系统自动发起买进。

然而，结算长期无法纠正的情况也可能会出现，如下面两个例子所示（一个涉及政府证券，另一个涉及外汇）：

a）案例 1

1974 年，德国中央银行（Bundesbank）对 Herstatt 银行进行清算，这之前不久，几个银行刚完成了对价值 10 亿美元的美元/德国马克（USD/DEM）外汇交易中的德国马克端的付款。当纽约到开市的时间时，Herstatt 银行停止运营，美元端的交易未能结算。直到 30 年后，才建立了 CLS 银行（"持续链接结算"系统），并引入了"跨境外汇交易同步交收"（Payment-versus-Payment，PvP）制度。

b）案例 2

当 2001 年 9 月 11 日两个世界贸易中心大楼被摧毁时，政府证券交易已经能够很好地进行。由于曼哈顿地区交易记录的破坏和网络连接问题，固定收入清算公司（Fixed Income Clearing Corporation，FICC）的记录中有价值近4 400亿美元的政府证券结算失败。

虽然在第一周结束时，未结清的出售额减少到900亿美元，但市场需要几个星期才能重新调整它们的头寸。美国财政部将现有的债券发行增加了50%，达到120亿美元，以帮助缓解这种情况。

8.6 转为较短的结算周期

8.6.1 背景

根据ECSDA的研究，我们看到，结算效率大多非常高，特别是在欧洲。废除实物证券证书，以及通过账簿划拨来实现大多数资产类别的结算，向我们提出了一个问题，即为什么我们需要几天时间来处理交易结算，而理论上应该可以在交易日期当天完成所有交易的结算呢？这个"交易日结算"的想法有一个很大的优势：

- 交易对手方风险敞口从几天（如T + 3）减少到日内，从而减少在开放交易状态期间对保证金/抵押品的要求
- 系统风险也随着排队等待结算日的开放交易数量减少而减小

然而还有一些挑战：

- 该行业的机构客户可能不愿意或者不能将传统的系统换为最新的，可以应对较短处理周期的全自动STP系统
- 正如我们将要在第10章"托管和托管人"看到的，从客户到外国中央证券存管机构的沟通冗长耗时

虽然没有公开宣布，然而一个折中的办法就是将全球的结算周期缩短到T + 2。这提供了足够的时间用于处理交易（即使有上述时间和通信问题），并且将交易对手方风险暴露降低到更可接受的水平。

8.6.2 项目状态

8.6.2.1 欧洲

欧盟委员会宣布，它打算从2015年1月1日起在所有27个成员国引入T + 2结算。德国已经使用了T + 2结算，其他市场通常是T + 3结算。政府证券通常是T + 0或T + 1结算。以下股票市场连同ICMA和西班牙（均为债券）于2014年10月6日转为T + 2结算（见表8 - 12）。

表 8-12　　欧洲在 2014 年 10 月 6 日改为 T+2 结算

奥地利	比利时	克罗地亚
塞浦路斯	捷克共和国	丹麦
爱沙尼亚	芬兰	法国
希腊	匈牙利	冰岛
意大利	爱尔兰	拉脱维亚
李奇登斯坦	立陶宛	卢森堡
马耳他	荷兰	挪威
波兰	葡萄牙	罗马尼亚
斯洛伐克	西班牙（债券）	瑞典
瑞士	大不列颠联合王国	ICMA-欧元债券

8.6.2.2　亚洲

像欧洲一样，亚洲的结算也是分散的。与欧洲不同，亚洲结算没有监管协调的驱动力；然而，在 T+2 下运行的印度、中国香港、韩国和中国台湾以及在 T+3 下运行的其他市场如澳大利亚、中国、新加坡和日本市场都有合理程度的协调。随着其他地区和市场向 T+2 移动，T+3 市场很可能会跟随。

8.6.2.3　美国

1995 年，美国将其结算周期从 T+5 缩短到 T+3，并计划在 21 世纪初向 T+1 倾斜。2014 年 4 月，DTCC 宣布将结算周期转为 T+2，实施时间为 3 年。

8.6.2.4　加拿大

目前结算周期为 T+3，除了观察美国做什么以外，加拿大没有其他计划。

8.6.2.5　国际证券

国际债券业务属于场外交易，因此不直接受欧盟委员会变为 T+2 结算周期的要求。新的规例的主要条文之一是要求："……在受监管市场、MTF 或 OTF 执行的可转让证券交易的预计结算日期应为 T+2。但这并不适用于私下协商但在交易场所执行的交易，也不适用于双边执行但向交易场所报告的交易。"[1]

为了克服潜在的双重结算惯例，ICMA 的 John Serocold 说："现在能给出的结论是，ICMA 的二级市场规则和建议应该修改，以便在没有不同意见的情况下

---

[1] 资料来源：ICMA 季度报告 §33（2014 年第二季度）（官网），可从"之前的版本（Previous versions）"标签中找到，http://www.icmagroup.org/Regulatory-Policy-and-Market-Practice/Regulatory-Policy-Newsletter。

推进 T + 2 结算。"① 这次变化发生在 2014 年 10 月 6 日。

8.7　本章总结

在本章中，我们看到结算即是交易的完成。有两种类型的结算：

- 全额结算，所有交易逐笔结算。虽然这意味着交易以其执行的特点和规模来进行，但它允许实时结算。
- 净额结算，其中清算系统将对成员证券和现金账户的交割和接收，借记和贷记进行轧差。为了实现这一点，清算系统必须在一段时间内累积交割和接收，然后才能统一进行轧差。这种轧差可能一天只发生一次或一天发生几次。更频繁的轧差也可能发生，使其变得更接近于实时全额结算。

可能发生的运营风险之一是结算风险，例如，交易的一端结算成功（如证券顺利交割），另一端结算失败（如款项未顺利支付）。为了减轻这种风险，正常市场惯例是在 DVP 基础上进行结算。

国际清算银行付款和结算系统委员会定义了三种 DVP 模型：
- 模型 1：证券和资金的全额、同时结算
- 模型 2：证券的全额结算，与资金的净额结算
- 模型 3：证券和资金的净额、同时结算

虽然 DVP 是结算的首选方法，但可能不适用于所有情况（例如，投资者将其资产从一个托管人转移到另一个托管人，而不改变资产所有人）。在这种情况下，将在没有任何对应的现金价值的情况下进行转移，即在纯券过户（FOP）的基础上进行转移。FOP 交割需要比 DVP 有更大的运营监督，如果纯券过户给错误的接收方，则存在交割方可能无法收回资产的风险。

对于证券，预期是在交易完成后不久完成结算。由于进行清算和资金筹集需要一定的时间，所以预期结算日期应在交易日期后一天到三天之间是适当的。一般来说，政府证券往往为 T +1，欧洲债券为 T + 3，股票在 T+2 和 T + 3 前后。

大多数交易可以在预定的结算日期结算，尽管由于流动性相关的原因，有些交易没有及时结算。参与者可以选择等待或通过以下一种或多种方法管理结算失败：

- 部分结算

---

① 资料来源：ICMA 季度报告 §33（2014 年第二季度）（官网），可从 "之前的版本（Previous versions）" 标签中找到，http://www.icmagroup.org/Regulatory – Policy – and – Market – Practice/Regulatory – Policy – Newsletter。

- 双边轧差
- 通过证券结算系统的多边轧差
- 根据需要调用买进或卖出

结算失败可能在极少数情况下由于系统性问题产生,这可能需要中央机关(如政府发行新的证券)或引入新的中央系统(如在外汇行业中 CLS 银行的基础系统的建立)的干预。

最后,全球性的 T + 2 结算方式蓄势待发——特别是在欧洲——美国和加拿大在某种程度上相对落后,世界上其他地方水平居中。

第 9 章　衍生产品清算与结算

9.1　前言

我们在第 2 章"金融工具"中对一些衍生产品进行了描述，并指出这些产品可以细分为两种类型：

- 交易所场内交易的衍生产品，简称场内衍生产品（ETD）
- 场外交易的衍生产品，简称场外衍生产品（OTCD）

这两种概念的区别在交易后处理方面对我们是有指导意义的。直到最近，ETD 交易通过中央对手方（CCP）清算，OTCD 交易在交易对手方之间进行处理。今天，OTCD 交易也被期待进行集中清算；这一变化是由监管压力导致的。

中央对手方（CCP）支持各种资产类型（包括证券和衍生产品）的交易和头寸管理。衍生产品清算的概念与证券的概念类似，但是，存在一些显著差异，包括：

- 证券交易清算后，结算发生在响应的中央证券存管机构（CSD）。在衍生产品交易中没有这种中央证券存管机构的概念。集中清算的衍生产品头寸由 CCP 管理，非集中清算的衍生产品由相关的两个交易对手方清算
- 证券在交易执行后不久完成结算。这意味着买方和卖方之间（在清算所背景下）的交易对手方风险，即买方和 CCP 之间，以及卖方和 CCP 之间的交易对手方风险将在结算发生后消失
- 衍生产品合约保持开放状态，直到它们被平仓或合约被行使。这导致在合约的开放状态期间保持信用风险敞口。这种风险可以通过使用保证金（对于集中清算的衍生产品）和抵押品（对于非集中清算的衍生产品）来部分缓解

本章的目的是向您展示 ETD 和 OTCD 的清算方式。在本章结束时，您将：

- 了解如何处理集中清算和非集中清算的衍生产品
- 能够计算集中清算的衍生产品的保证金
- 能够计算非集中清算的衍生产品的抵押要求
- 理解为什么监管机构对 OTCD 的交易后处理的要求做出了改变

9.2 监管变化

9.2.1 背景

在2007—2008年金融危机前的一段时间，大量双边场外衍生产品交易："……创造了一个复杂的，相互深度依存的风险敞口网络，最终导致系统性风险的积累。（2007—2008年金融）危机的压力暴露了这些风险：对手方风险敞口的透明度不足、不足量的抵押品、烦琐的运营流程、不协调的违约管理，以及市场失当的问题。"

2009年9月，二十国集团（G20）国家元首和其他受邀国家元首和国际组织在宾夕法尼亚州匹兹堡举行了第三届"金融市场和世界经济峰会"。

在此次峰会上，G20同意以提高透明度、减轻系统风险和防止市场滥用为目标，改革场外衍生产品市场。实现这一改革的关键要素是：

1. 所有标准化OTC衍生产品应在交易所或电子平台上交易；
2. 所有标准化合约应通过中央对手方（CCP）清算；
3. 场外衍生产品合约应报告给交易信息库（trade repositories）；
4. 非集中清算合约应当满足更高的资本要求。①

二十国集团随后于2011年在改革方案时增加了保证金要求。
我们将在9.4节提到关于清算衍生产品的四个要素。

9.2.2 金融稳定委员会（FSB）

FSB负责监督该项目，并收集其成员国关于取得进展的信息。

FSB在其网站（www.financialstabilityboard.org）上定期发布进度报告。在2014年4月8日的第七次进度报告摘要中，FSB指出：

- 在场外衍生产品市场改革的实施方面取得持续进展
- 市场参与者对集中式基础设施的使用继续增加
- 总体而言，在执行交易报告、资本要求和中央清算方面有明显的进展迹象
- 然而，促进交易所或电子交易平台上交易的改革措施需要更长时间②

---

① 资料来源：ICMA季度报告§33（2014年第二季度）（官网），可从"之前的版本（Previous versions）"标签中找到，http://www.icmagroup.org/Regulatory-Policy-and-Market-Practice/Regulatory-Policy-Newsletter。

② 引自金融稳定委员会（官网），"场外衍生产品改革进展"，2013年9月2日，网址：www.financialstabilityboard.org/publications/r_130902a.pdf。

9.2.3 改革要求

有五个领域需要进行改革。它们是：
1. 交易报告。
2. 中央清算。
3. 资本金要求。
4. 保证金要求。
5. 交易所和电子平台交易。

为了实现这些改革目标，出现了一些实际问题，包括："……即使场外衍生产品市场具备高度跨境的性质，也要以一致和协调的方式在各司法管辖区实施监管。"①

正如您将在 FSB 的报告摘要中所见（如上），市场在五个部分都看到了显著的进展。到 2014 年 3 月底，进展可总结如下：

1. 交易报告：大多数 FSB 成员国对交易报告的要求部分或全部生效。预计在 2014 年底前在所有管辖区全面实施。

2. 中央清算：中国、日本和美国已实施清算任务。其他司法管辖区通过了法规（韩国和印度），拟议了法规条例（墨西哥和俄罗斯），公布了评估结果（澳大利亚），开始授权 CCP（欧盟）或建立了立法框架以进行进一步改革（中国香港）。

3. 资本金要求：资本金要求现在除印度尼西亚尚未进行任何初步研究（尽管预期在 2014 年进行）以外，成员辖区的一半以上都已开始生效。几乎所有其他司法管辖区都应该在 2014 年底前全部生效。②

4. 保证金要求：非集中清算衍生产品的框架由 BCBS-IOSCO 于 2013 年 9 月制定，只有欧盟和美国采取了监管步骤。一些管辖区在接近 2015 年时采取了实施步骤。

5. 交易所和电子平台交易：中国、印度尼西亚和美国现在已经制定了法规，要求有组织的平台交易。其他司法管辖区开始建立立法框架。

---

① 资料来源：ICMA 季度报告 §33（2014 年第二季度）（官网），可从"之前的版本（Previous versions）"标签中找到，http://www.icmagroup.org/Regulatory-Policy-and-Market-Practice/Regulatory-Policy-Newsletter。

② 有关资本金要求的详细信息请参考巴塞尔银行监管委员会（官网），"巴塞尔协议Ⅲ：更有弹性的银行和银行系统的全球监管框架"（2010 年 12 月，2011 年 6 月修订），网址：www.bis.org/publ/bcbs189.pdf。

9.3 场内交易的衍生产品合约

9.3.1 引言

与在交易日期之后不久便进行结算的证券交易不同，衍生产品交易可以保持更长的开放时间，从几个月到几年。这种时间延迟使参与者面临信用风险，这可能包括"交易对手方对交易对手方"和"清算系统对交易对手方"的风险敞口。根据衍生产品交易是交易所交易（ETD）还是 OTC（OTCD）交易，有两种一般性的减免这种信用风险敞口的方法。ETD 交易通常基于保证金，OTCD 交易往往是利用抵押品。现在，监管开始要求集中清算 OTCD 交易。因此，将所有衍生产品分为通过 CCP 集中清算和非集中清算的衍生产品交易可能更正确。图 9-1 显示了 Dodd-Frank（美国）和 EMIR（欧盟）颁布之前的情况，图 9-2 显示了颁布之后的情况。

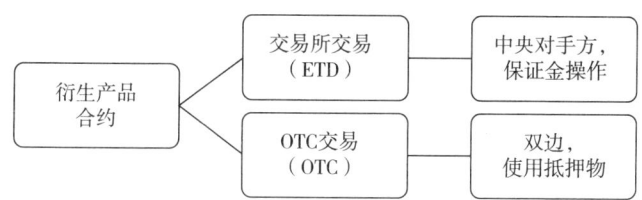

图 9-1　监管干预前的清算

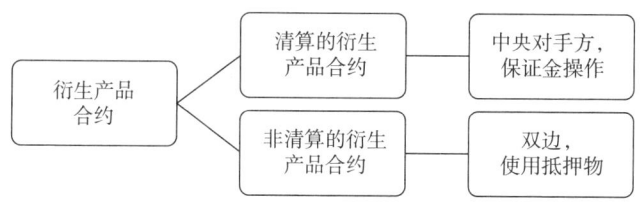

图 9-2　监管干预后的清算

请注意，一些标准化的 OTCD，例如，某些利率互换产品已经进行集中清算多年。

9.3.2 衍生产品交易所和清算系统

对于期货和期权等在交易所交易的合约，交易所和清算系统可以是同一组织的不同部分，也可以是彼此独立的组织。在任何一种情况下，交易所和清算系统之间都保持有良好的关系。

交易所会员也可以是清算系统的会员。如果不是，他们必须与清算会员有"非清算协议"。图9-3显示了交易所、清算系统及其各自会员之间的关系。

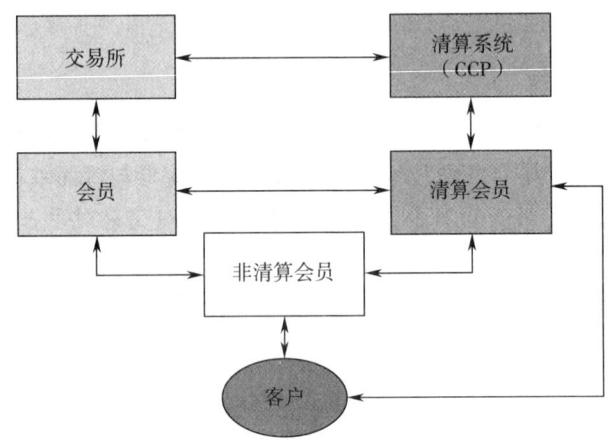

图9-3 场内衍生产品

交易所的会员也可以是清算系统的会员，他们向清算系统提交交易详情以进行清算。如果他们只为自己的业务进行交易清算，他们被称为清算会员（CM）或个人清算会员。如果他们还未非清算会员的提供清算业务（见下文），他们被称为一般清算会员（GCM）。

9.3.3 放弃协议（Give-Up Agreements）

某些交易所会员可能既不会选择作CM也不选择作GCM，这些组织被称为非清算会员（NCM），并通过GCM进行清算或"放弃"交易给CM或GCM。

当一个客户，他的"只执行经纪商"（即NCM）和CM／GCM已经签订"三方放弃协议"后，由NCM执行的交易被转移（或授权）到客户的CM／GCM。这样，客户可以自由使用多个"只执行经纪商"，但使用单个CM／GCM合并所有交易，如图9-4所示。

该"放弃协议"（其全称是"国际统一经纪执行服务协议"）由期货行业协会（FIA）（www.futuresindustry.org）于1995年制定。2007年，FIA实施了"电子放弃协议系统（EGUS）"，该系统"……将执行（放弃）协议的时间从平均39天减少到2天"。[①]

---

① 资料来源：期货行业协会（官网），"放弃项目/EGUS"，网址：www.futuresindustry.org/egus.asp。

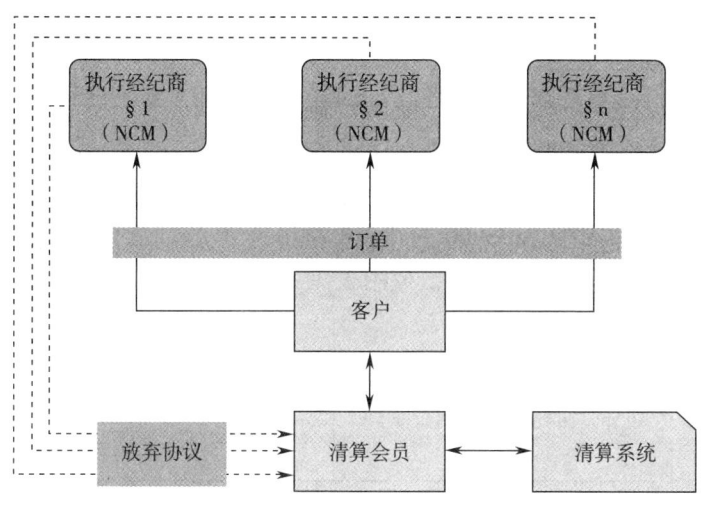

图 9-4 放弃协议

9.3.4 清算流程

一旦交易在 CCP 进行了注册，CCP 则更替原买方和卖方进入交易，成为原卖方的买方和原买方的卖方。为了保护自己免受清算会员的违约风险影响，CCP 在所有未平仓头寸上收取保证金。清算会员的保证金头寸每天一次计算或一天内多次计算。

有两种类型的保证金：初始保证金和变动保证金。

（1）初始保证金（IM）——IM 是 CCP 对所有净敞口头寸上收取的首笔保证金，并在头寸平仓时返还。用于 IM 交付的资产可以是合格证券资产和现金。

（2）变动保证金（VM）——成员在未平仓头寸的损益，需根据市场价格进行每日盯市计算。VM 被视为已实现（现金金额已贷记/借记到会员的账户）或未实现的利润或损失。

9.3.5 保证金计算

有两种方法可以使用：一种是计算单一头寸的保证金；另一种是对类似衍生产品类别的一篮子仓位（或投资组合）计算保证金。

1）单一头寸方法

这种方法是简单直接的，并应帮助您了解所涉及的基本原则。让我们考虑一个具有以下合约条款的虚拟期货合约（见表 9-1）。

表9-1　　　　　　　　　　　利率期货——合约条款

合约规模	$100 000	标的资产的名义价值（如政府证券）
最小价格变动单位	$10.00	最小价格变动为合约规模的0.01%
初始保证金	$2 000.00	每个合约

初始保证金＝合约数量×每份合约的IM数值

变动保证金＝合约价格的差额×最小价格变动单位所代表的价值×合约数量

示例：开仓时，您以138.00的开盘价格买入10份期货合约的头寸。交易日闭市时的合约收盘价格为138.20。使用表9-1所示的合约条款，我们可以计算保证金金额（见表9-2和表9-3）。

表9-2　　　　　　　　　　　初始保证金

合约数量	每份合约的初始保证金（美元）	初始保证金（美元）	IM账户的借记/贷记
10	2 000.00	20 000.00	借记

表9-3　　　　　　　　　　　变动保证金

合约数量	开盘价格	收盘价格	最小价格变动单位所代表价值（美元）	变动保证金（美元）	VM账户的借记/贷记
10	138.00	138.20	10.00	2 000.00	贷记

总保证金金额为18 000.00美元，如表9-4所示。

表9-4　　　　　　　　　　　保证金分析

	借记	贷记	
IM账户	$20 000.00	$2 000.00	VM账户
		$18 000.00	银行账户
	$20 000.00	$20 000.00	

问题：

使用表9-1中的信息，对于在第1天到第3天的以下交易，每日IM和VM余额是什么？

- 第一天

开仓购买200份合约@ 138.00

收盘价格@ 138.07

- 第二天

出售150份合约@ 138.12

收盘价格@ 138.15

- 第三天

  购买 150 份合约@ 138.20

  出售 200 份合约@ 138.18

回答：

在第 3 天结束时，初始保证金余额为零，变动保证金账户为 24 000.00 美元。代表交易的总利润（见图 9-5）。

日期	方向	合约	价格	收盘价	初始保证金	借记(debit)/贷记(credit)	变动保证金	借记(debit)/贷记(credit)
第一天	开盘仓位	0						
	买入	200	138		$ (400,000.00)	Debit		
	盯市	200		138.07			$ 14,000.00	Credit
	带入下一日	200			$ (400,000.00)	Debit	$ 14,000.00	Credit
第二天	来自上一日	200	138.07		$ (400,000.00)	Debit	$ 14,000.00	Credit
	卖出	150	138.12		$ 300,000.00	Credit	$ 7,500.00	Credit
	盯市	50		138.15			$ 4,000.00	Credit
	带入下一日	50			$ (100,000.00)	Debit	$ 25,500.00	Credit
第三天	来自上一日	50	138.15		$ (100,000.00)	Debit	$ 25,500.00	Credit
	买入	150	138.2		$ (300,000.00)			
	卖出 (p/o 200)	50	138.18		$ 100,000.00		$ 1,500.00	Credit
	卖出 (p/o 200)	150	138.18		$ 300,000.00	$ 100,000.00	$ (3,000.00)	Debit
	收盘仓位	0			$ 0.00		$ 24,000.00	Credit
	最终头寸				$ 0.00		$ 24,000.00	Credit

图 9-5 保证金问题的答案

以下是对这三天交易的解释：

第一天：IM 计算：200 份合约 × 2 000.00 美元 = 400 000.00 美元

该仓位开盘价为 138.00，收盘时，价格收至 138.07。如果最小价格变动单位为 0.01，则获得 7 个最小价格变动单位，VM 计算为 200 份合约 × 7 个单位 × 10.00 美元 = 14 000.00 美元。

第二天：150 份合约以 138.12 卖出。利润为 5 个最小价格变动单位（138.12 − 138.07），总计 7 500.00 美元。IM 为 300 000.00 美元（150 份合约 × 2 000.00 美元）。最后，收盘价为 138.15，盈利为 8 个最小价格变动单位，VM 为 4 000.00 美元（50 份合约 × 8 个单位 × 10.00 美元）。

第三天：以 138.20 的价格购买 150 份合约，200 份合约的总仓位以 138.18 收盘价卖出。IM 计算：(+150 − 200) × 2 000.00 = − 100 000.00，再加上上一日的收盘 IM100 000.00，导致最终余额为零。

要计算 200 份合约的 VM，您应该比较以下价格：

a) 50（200 份出售合约的一部分）@ 138.18 对应上一日收盘的 50 @ 138.15（利润 3 个单位）。

b) 150（200 份出售合约的另一部分）@ 138.18 购买 150 份合约（亏损 2 个单位）。

2) 投资组合头寸方法

这种方法考虑衍生产品和/或证券投资组合的总体风险,并计算投资组合在不同市场条件下可能遇到的"最坏情况"的损失。这些市场条件通过期货价格的变化以及期权的隐含波动变化来改变。用于此方法的系统是1988年由芝加哥商品交易所[①]开发的风险标准组合分析(SPAN)系统。SPAN被许多世界各地的交易所广泛使用,包括东京、伦敦和新加坡。

9.3.6 初始保证金——合格资产

CCP将接受合适的、具有适当估值垫头(haircut)的资产,以支付初始保证金。芝加哥商品交易所的清算系统(CME Clearing)将接受多种资产类型,称为"合格履约保证金抵押品"(Acceptable Performance Bond Collateral),包括表9-5所示。

表9-5　　　　　　　CME——合格履约保证金抵押品

资产类别	说明	垫头
现金	美元	0%
现金	澳大利亚元、英镑、加元、瑞士法郎、欧元、日元、新西兰元、挪威克朗和瑞典克朗	5%
信用证(LCs)	履约保证金的信用证(核心资本金要求上限为40%)	0%
美国国债	短期国债(T-Bills),浮动利率国债(T-FRNs),中期国债(T-Notes),长期通胀保值国债(T-Bonds TIPS),本息分离国债(T-Strips)	根据久期不同,垫头不同: 0~1年 @ 1% 1~3年 @ 2% 3~5年 @ 3% 5~10年 @ 4.5% 10-30年 @ 6%
外国主权债券	加拿大、法国、德国、日本、瑞典和英国	根据久期不同,垫头不同: 0~5年 @ 6% 5~10年 @ 7.5% 10~30年 @ 9% >30年 @ 10.5%
外国主权债务	加拿大、法国、德国、日本、瑞典和英国	贴现票据: 0~5年 @ 5%
美国股票	来自标准普尔500指数的股票	30%
黄金	实物	15%

资料来源:CME集团(官网),"期货、期权、远期、OTC外汇及大宗商品互换的履约保证金抵押品",网址:www.cmegroup.com/clearing/files/acceptable-collateral-futures-options-select-forwards.pdf。

[①] 专业用语方面,芝加哥商品交易所将IM称为"履约保证金"(performance bond),将VM称为"结算变化"(settlement variation)。

9.4 集中清算的场外衍生产品合约

OTC 衍生产品合约不仅需要报告给交易信息库,也需要通过 CCP 来对这些合约进行集中清算。通过 CCP 清算不是一个新概念,例如,自 1999 年以来,LCH. Clearnet 的 SwapClear 一直在清算 OTC 利率互换交易①。

图 9-6 说明了 OTCD 交易与交易后环境的关系。

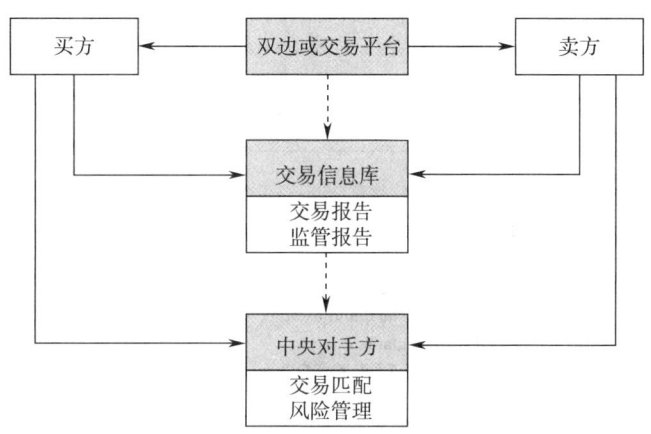

图 9-6　OTCD 交易和交易后环境

9.4.1 集中清算的场外衍生产品类型

虽然所有类型的 OTCD 都被期待集中清算,但现实情况是,更烦琐和复杂的衍生品类型目前不提供集中清算。根据 FSB 2014 年 4 月的 OTC 衍生产品市场改革进展报告②,某些类型,如互换期权(swaption)和带上限/下限条款的利率衍生产品不提供集中清算,而其他类型(如简单利率互换)则具有高比例的集中清算(见图 9-7)。

此外,更高比例的 OTC 信用衍生产品目前不被集中清算(见图 9-8)。

---

① LCH. Clearnet(官网),http://www.lch.com/asset-classes/otc-interest-rate-derivatives/products。

② 资料来源:金融稳定委员会(FSB)(官网),"场外衍生产品市场改革——第七次实施报告"。

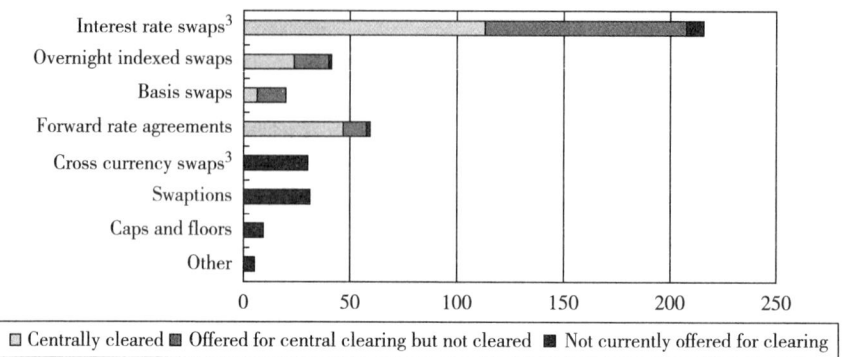

图 9-7 利率 OTCD 的中央结算

1. Estimates based on public trade repository information and present central clearing offerings of ASX, BM&FBOVESPA, CCIL, CME, Eurex, HKEx, JSCC, KDPW, LCH Clearnet, Nasdaq OMX, SCH and SGX. Amounts cleared include transactions subject to mandatory clearing requirements in certain jurisdictions and those cleared voluntarily. 2. Adjusted for double-counting of dealers'centrally cleared trades; amounts reported to DTCC by 16 large dealers. 3. Includes vanilla (>98% of total) and exotic (<2% of total) products as classified by DTCC.

Sources DTCC; various CCPs; FSB calculations.

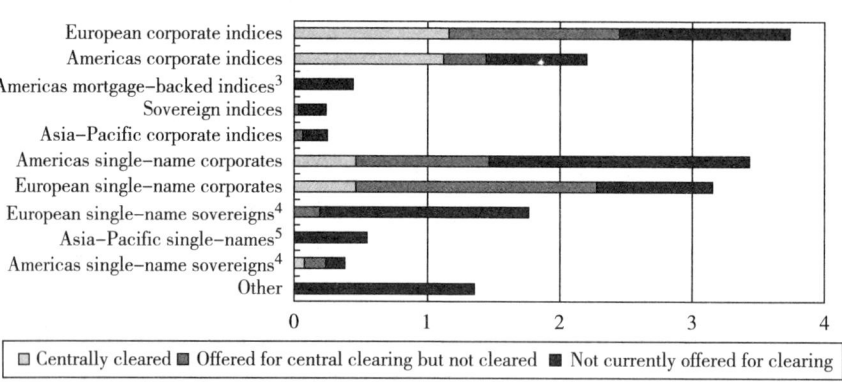

图 9-8 信用 OTCD 的中央结算

1. Estimates based on public trade repository information and present central clearing offerings of CME, Eurex, ICE Clear Credit, ICE Clear Europe, JSCC and LCH. Clearnet. Amounts cleared include transactions subject to mandatory clearing requirements in certain jurisdictions and those cleared voluntarily. 2. Adjusted for double-counting of dealers' centrally cleared trades and triple-counting of clients' centrally cleared trades; amounts reported to DTCC for all counterparties. 3. Includes both residential and commercial mortgage-backedindices. 4. Includs sovereigns, sub-sovereign states and state-owned enterprises. 5. Includes corporates, sovereigns and state-owned enterprises for Japan, Asia ex-Japan and Australia/NZ.

Sources: DTCC; various CCPs; FSB calculations.

9.4.2 交易平台

在第9.2节中，我们看到一个重要的市场改革是在交易所或电子交易平台进行 OTCD 交易，而中国、印度尼西亚和美国已有法规要求进行有组织的平台交易。根据 IOSCO 的要求，有几种类型的交易平台①，如表9-6所示。

表9-6　　　　　　　　　　　　交易平台

平台类型	定义	定义机构
经纪商交叉系统（Broker Crossing System, BCS）	该设施帮助执行客户订单，与其他客户订单和/或内部订单相匹配	欧盟委员会
指定合约市场（Designated contract markets, DCM）	DCM 是在 CTFC（美国）监管下运营的交易所	CTFC（美国）
多边交易设施（Multilateral trading facility, MTF）	MTF 是由投资公司或市场经营者运营的多边系统，它汇集了多个第三方对金融工具进行买卖并形成合约	MiFID（欧盟）
国家证券交易所（National securities exchange, NSE）	NSE 是根据1934年《证券交易法》第6节在美国证券交易委员会注册的证券交易所	SEC（美国）
有组织的交易设施（Organised trading facility, OTF）	OFT 是由投资公司或市场经营者运营的设施或系统，它在有组织的基础上汇集与金融工具相关的买卖或订单（无论是全权委托订单还是非全权委托订单）。这不包括已经被管理为受监管市场的设施或系统、MTF 或系统化内部撮合商（SI）	MiFID（欧盟）
监管市场（Regulated market, RM）	RM 是由市场经营者运营和/或管理的多边系统，它汇集或促进汇集多个第三方对（根据其规则和/或制度在平台交易的）金融工具进行买卖——在系统中按照非全权委托原则—因而达成和约。RM 经监管部门授权并且根据 MiFID 的进一步规定，定期履行其职能。	MiFID（欧盟）
互换执行设施（SEF）或基于证券的 SEF（SB-SEF）	SEF（或 SB-SEF）是一个交易系统或平台，其中多个参与者能够对互换产品进行执行或交易。这是通过接受由设施或系统中的多个参与者做出买卖报价，并通过国内商业组织的途径来实现的。	Dodd-Frank Act（美国）
系统化内部撮合商（SI）	SI 是一家投资公司，在有组织、频繁和系统的基础上，通过在受监管的市场或多边交易设施之外执行客户订单，对自有账户进行交易。	MiFID（欧盟）

资料来源：IOSCO（2011年2月）。

---

① 资料来源：IOSCO（官网），"OTC 衍生产品交易的报告"，2011年2月出版，网址 www.iosco.org/library/［ubdocs/pdf/IOSCOPD345.pdf。

9.4.3 交易信息库

我们已经看到，所有 OTCD 合约应该报告给交易信息库（Trade Repository，TR）。监管机构访问交易信息是其管理系统性风险的手段之一。这造成的结果是是向交易信息库汇报的 OTCD 交易将变得与 ETD 交易一样透明。

根据 FSB 第七次进展报告，大多数会员的所在区拥有 TR 运行，只有少数会员所在地区尚未运行，如表 9-7 所示。

表 9-7 交易信息库运行状况

OTCD 类型	商品	信贷	股票	外汇	利率
运行	18	18	17	20	22
尚未运行	1	2	1	2	1
总计	19	20	18	22	23

资料来源：FSB（2014 年 4 月）。

大多数 TR 是一个特定市场所独有的（如沙特阿拉伯的 SAMA），而其他则更具全球性。如 DTCC 全球交易信息库（美国），存在于六个市场上（见表 9-8)[①]。

表 9-8 DTCC 全球交易信息库

交易信息库名称	市场
DTCC Data Repository（U.S.）LLC	美国
DTCC Derivatives Repository Ltd.，London	欧洲
DTCC Data Repository（Japan）KK	日本
DTCC Derivatives Repository Ltd.，London	中国香港
DTCC Data Repository（Singapore）PTE Ltd.	新加坡
DTCC Data Repository（Singapore）PTE Ltd.	澳大利亚

9.4.4 中央对手方

交易匹配和风险管理也是在相应的中央对手方（CCP）上发生，与以上 ETD 的方式大致相同。

根据 FSB 第七次进展报告，CCP 运行情况如表 9-9 所示。

---

① 资料来源：DTCC（官网），数据和信息库服务，网址：www.dtcc.com/en/data-and-repository-services.aspx。

表 9-9　　　　　　　　　　　中央对手方运行情况

类型	商品	信贷	股票	外汇	利率
运行	12	6	7	9	16
尚未运行	0	1	0	4	0
总计	12	7	7	13	16

资料来源：FSB（2014 年 4 月）。

没有一个中央对手方能清算所有五种类型的 OTCD；一些 CCP 只清算一种类型，其他 CCP 最多清算四种（见表 9-10）。

表 9-10　　　　　　　　　中央对手方清算的 OTCD 类型

OTCD 类型	商品	信贷	股票	外汇	利率
Cantor Clearinghouse（美国）				是	
ICE Clear Credit（美国）		是			
BM&F BOVESPA（巴西）	是		是	是	是
Nasdaq OMX Stockholm（瑞典）	是		是	是（尚未运行）	是

资料来源：FSB（2014 年 4 月）。

所有中央对手方在其自己的所在地区内获得执照，其中一些在外国司法管辖区也获得执照、完成注册或持有豁免权（见表 9-11）。

表 9-11　　　　　　　　　当地/外国注册的中央对手方

CCP	地点	CCP 获得许可的当局
ASX Clear（期货）	澳大利亚	当地：ASIC & RBA 国外：没有
CME Clearing Europe	英国	当地：BoE 国外：没有
Eurex Clearing	德国	当地：BaFIN & Bundesbank 国外：BoE（英国）& 即将开通 CFTC（美国）
LCH Clearnet Limited	英国	当地：FCA & BoE 国外：CFTC（美国），ASIC & RBA（都是澳大利亚），并在加拿大、德国和瑞士有豁免权

资料来源：FSB（2014 年 4 月）。

9.5　非集中清算的场外衍生产品合约

非集中清算（即双边清算）的 OTC 衍生产品交易或者在买方和卖方之间执

行,或者在交易平台上执行。与清算的 OTCD 交易的主要区别在于,这些 OTCD 合约在两个交易对手方之间进行处理和风险管理。这些是具有法律约束力的合约,需要充分的文本记录。

9.5.1 文本记录

任何双方之间的交易都体现在一套文本中,如表 9-12 所示。

表 9-12　　　　　　　　　　　文本记录

文本	说明
主协议	由国际互换与衍生产品协会(ISDA)出版。当前版本是 2002 年版,它定义了双方往来的条款和条件。双方之间的所有交易都包含在此单一协议中
附录	用于对主协议进行自定义,包括修订和附加条款
确认书	每次交易都要交换确认书,并包括交易的相关条款
定义	ISDA 发布一系列小册子,定义每种类型的衍生交易和用户指南
信用支持附件(CSA)	可选文件,当双方同意使用抵押品以覆盖风险敞口时,使用 CSA

根据衍生产品的资产类别,文本发布的年份以及文本适用的国家,上述文本有许多版本。国际互换和衍生产品协会(ISDA)成立于 1985 年,拥有来自 64 个国家的 800 多家会员机构,并且已经在改善行业运营结构,降低交易对手方信用风险和提高透明度方面做了大量工作。

ISDA 网站上列出了六种资产类别:
- 信用衍生产品/信用违约互换
- 股权衍生产品
- 利率衍生产品
- 外汇衍生产品
- 能源,大宗商品,新兴产品
- 结构性产品和其他

这六种类别中的每一种都有各种出版物,包括定义、确认书模板等。请访问 ISDA 网站(www2. isda. org/asset-classes)的资产类别部分,并自行了解一些可用的文本。

ISDA 网站上有各种电子图书馆和文本库,其中部分仅供会员使用。其余的部分是开放的,其分类如表 9-13 所示。

表 9-13　　　　　　　　　　　　　ISDA 出版物

类别	文件示例
ISDA 主协议（MA）	主协议（2002 年、1992 年），MA 用户指南和 MA 翻译
ISDA 信用支持文件（CSA）	英格兰和纽约法律版本的信用支持附件（CSA）、用户指南、CSA 的修订、2001 年 ISDA 保证金条款和抵押品文件
清算互换文件	FIA-ISDA 清算衍生产品执行协议加上各项增编。
ISDA 定义和确认书	按产品类型细分：商品/能源、股权、通货膨胀、物业指数、信用、外汇、利率与货币和杂项文书
ISDA 运营和约务更替材料	约务更替的定义、最佳实践声明和用户指南
ISDA 协议/EMU & 欧元文件	与欧洲经济和货币联盟（1997 年）、欧元定义（1998 年）和欧元（2001 年欧洲议定书）的引入有关的文件
监管文件	与 Dodd-Frank（美国）和 EMIR（欧盟）相关的倡议文件
披露文件	与某些 CTFC 要求有关的 2012 年披露附件（加上 2013 年更新）
FpML & 杂项 ISDA 文本	FpML 用户指南、条款索引、Escrow Float 交易条款和预确认交易通知模板（2001 年）

请回到 ISDA 网站的文本库部分（www.isda.org/publications/pubguide.aspx），并熟悉表 9-13 中列出的 9 个类别中的一些文档。

从您对 ISDA 网站的了解可以看出，OTC 衍生产品业务需要很多文书。由于每笔交易在产品类型方面高度细化，因此参与者只需要为自己的业务提供相关文档。

问题：

现在您已经看过了 ISDA 网站，您认为为什么有这么多的文本？

回答：

回想一下您对金融工具，例如股票、债券和场内衍生产品的了解。这些工具都是高度标准化的，例如，股票可以以个股为单位进行转让，而债券以 1 000 美元为单位进行转让。衍生产品交易所确定合约条款，例如，以 123.45 为单价买进 Gilt Future（2015 年 3 月）的 100 份合约，以便 ETD 的用户知道交易确切的经济后果。

OTCD 不具有相同的标准化程度，因此交易细节可能被省略或误解的风险更大。传统上，每个 OTCD 交易由买方和卖方双方商定，并在合约期限内由他们进行处理/风险管理。这导致需要确认书以明确交易条款，细节要细化到交易的计息日数惯例的程度。

值得注意的是，许多所谓的"常规"（vanilla）OTCD 具有一定程度的标准化，这为从双边清算到中央清算处理提供了良好的机会。

9.5.2 非集中清算的 OTCD 的处理

鉴于 OTCD 的多种类型和其复杂性，本书无法从运营的角度来细看这些类型中的每一个。相反，我们将通过从交易捕获到合约到期的整个处理流程，提供一些例子。这些过程中很多在整个金融运营领域内非常相似，我们将集中探讨与 OTCD 交易特别相关的那些流程。

9.5.3 交易捕获

一旦交易进入交易捕获系统（自动或手动），每笔交易的细节会被验证。这可能很复杂，取决于输入的衍生产品的类型，并且交易单的每个细节应仔细检查。请记住，这些是定制交易，不像 ETD 或现金市场产品那样标准化。

如果我们将远期利率协议（FRA）的交易细节与期权进行比较，我们可以看出术语概念的不同（见表 9-14）

表 9-14　　　期权 vs. 远期利率协议（FRA）

	期权	远期利率协议
交易方向	持有（买入）或卖出	买入或卖出
数量	合约数量	名义本金
资产	标的单一资产或一篮子资产或指数	名义金额的货币
关键日期	交易日期 到期日	交易日期 有效日期 结算日期 远期利率协议期限
期权风格	欧洲 美洲 亚洲 百慕大 触碰生效（knock-in）和触碰失效（knock-out） 汇率联动期权（Quanto） 复合期权（composite option） 数字	N/A

	期权	远期利率协议
期权类型	看涨或看跌	N/A
成本/价格	溢价	利率（固定）
结算	现金结算或对标的物进行实物交割	固定利率与参考利率（浮动）之间的折现差额，按照名义金额计算

在2013年《年度运营基准调查》中[14]，ISDA指出，五个产品类别中最常见的错误是由以下原因造成的[15]：

1. 付款日期/终止日期。
2. 杂费。
3. 交易对手方名称。

9.5.4 确认书

交易对手方可以首先彼此确认他们交易的关键经济细节，然后再发出确认书、跟踪和审查传来的确认书、对确认书上的差异进行调查和调整。确认书可以在某一个时间点提供更详细的交易视角，应尽早发送。

为了将确认书格式标准化，ISDA准备了一套模板。ISDA文本库的例子里有一份长达八页、不可交割的交叉货币利率互换交易确认书，以及另外18种类似长度的确认书，以对应各种类型的基于股权的衍生品交易。

除了股权衍生产品以外，其余衍生产品类型的确认书以电子方式发送（见表9-15）。

表9-15　　　　　　　　　　确认　　　　　　　　　　单位：%

	有电子发送资格		没有电子发送资格
衍生产品类型	电子确认书	没有电子确认书	
利率	86	7	7
信贷	98	0	1
股票	30	10	60
货币期权	69	15	16
商品	66	20	13

资料来源：ISDA运营基准调查2013。

电子传输的确认书通常全部在T+1日发送，非电子传输的确认书全部在T+6日到T+10日发送。平均来讲，确认书发送的日期在交易日后0.3天至1.6天，只有股权衍生产品交易的确认书明显不同（平均6.1天）。

9.5.5 结算

根据衍生产品合约的不同，可能发生也有可能不发生结算行为。一些例子如表 9 – 16 ~ 表 9 – 18 所示。

表 9 – 16　　　　　　　　　　FRA 的结算行为

远期利率协议（FRA）	条款表	需要采取的行动
名义金额	10 000 000 美元	
交易类型	交易商购买 3 × 9 FRA	
交易日期	今天	与对手方登记交易并确认详细信息
结算日期	3 个月后。	在结算日前两天观察参考利率，计算应收利息或应付利息之差的贴现额。准备付款或预通知的指令。
到期日	9 个月后。	
合约期限	3 个月后的 6 个月时间	
参考利率	6 个月 BBA 美元的伦敦银行间同业拆借利率（LIBOR）	

表 9 – 17　　　　　　　　　　场外期权的结算行为

场外期权	条款表	需要采取的行动
交易日期	今天	与对手方登记交易并确认详细信息
期权类型	看涨期权	
期权风格	百慕大期权，每周三收盘前完成行权。持有人有权选择行使（或不行使）；实物交付	每周三，观察股价。如果价格 > 盈亏平衡价格（10.00 美元），您的交易商可以选择行权。结算为普通结算：10 000 股款券对付（DVP）90 000.00 美元。
到期	10 周后	
交易类型	您持有 100 份单一名称资产合约（每份合约 = 100 股）	
溢价	每股 1 美元	在 T + 1，向立权人支付 10 000 美元的溢价。
行权价格	每股 9 美元	

表 9 – 18　　　　　　　　双边清算的利率互换的结算行为

双边清算的 IRS	条款表	需要采取的行动
名义金额	CCY 10 000 000	
期限	5 年	
固定利率端	每年需支付：5%。	
浮动利率端	每半年需接受：6 个月基准利率 + 50bp（Act / 365）	
交易日期	今天	与对手方登记交易并确认详细信息。观察 6 个月期的利率。
生效日期	T + 2	
重置日期	每 6 个月结束前两天	观察下一个重置期间的 6 个月期的利率
付款日期（固定）	每 12 个月	支付利息 500 000.00
付款日期（浮动）	每 6 个月	接受以前的重置利率加 50 bp 的利息

9.5.6 抵押品

ETD 和集中清算的 OTCD 有 CCP 通过约务更替承担信用风险，根据情况收取初始保证金和变动保证金；然而，双边清算的 OTCD 在整份合约期间使买方和卖方都面临信用风险。一份 30 年期的双边清算的利率互换（IRS）将有 30 年的信用风险敞口。

如果我们考虑单笔 IRS 交易，在交易日期，浮动端的价值将等于固定端的价值。此后，一端的价值将大于或小于另一端，从而为其中一方交易对手创造了风险敞口。考虑名义金额为 2000 万英镑的 7 年期的利率互换，如表 9-19 所示。您会观察到净现值（NPV）的不同。

表 9-19　　　　　　　　　利率互换

利率互换	条款表	
名义金额	GBP 20 000 000	
期限	7 年	
固定利率收款人	客户	每年支付 1.5%
浮动利率收款人	大银行	6 个月伦敦银行同业拆借利率
固定利息端的净现值	1 946 691 英镑	
浮动利息端的净现值	2 124.937 英镑	

问题：

哪个交易对手方有表 9-19 中的风险敞口？

回答：

大银行有风险敞口，因此如果客户违约，则大银行面临风险。为什么？因为两端现值之差是要由客户支付给大银行的（见表 9-20）。

表 9-20　　　　　　　　大银行对其客户的风险敞口

大银行向客户付款的净现值（英镑）	(1 946 691.00)
大银行收款的净现值（英镑）	2 124 937.00
差额（英镑）	178 246.00
对哪方有利	大银行

在上面的示例中，如果客户再向大银行支付/交割价值为 178 246 英镑的资产，那么就不会有一方有风险敞口。我们将此付款或资产交割称为"抵押"，抵

押是一种风险管理手段,以减少许多不同活动(包括非集中清算的场外衍生产品业务)的交易对手方风险。

根据2014年的《ISDA保证金调查》[①],90.2%的所有非中央清算(即双边清算的)交易均要遵守一种或另一种形式的抵押协议(如《信用支持附件》《保证金规定》或其他类型的协议)。只有9.8%的清算无须遵守任何类型的任何协议。

抵押品包括现金和证券,其中现金占最大比例。根据2014年ISDA保证金调查(见表9-21)所述,接收的和交割的抵押品明细如下。

表9-21　　　　　　　　　2014年ISDA保证金调查

抵押品类型	2014(2013)年接收的	2014(2013)年交割的
现金	74.9%(79.5%)	78.3%(78.7%)
政府债券	14.8%(11.6%)	18.2%(18.4%)
其他证券	10.3%(8.9%)	3.4%(2.9%)

在任何时候,任何两个交易对手方将互相有风险敞口,有敞口的一方会要求对方交付抵押品以减轻信用风险。虽然每天转移抵押品是一种更严谨的做法,但这样做肯定是一种运营负担。为了克服这一点,可以安排抵押品只在预先规定的条件下转移:

1. 初始保证金/独立金额

当双方签订协议(信用证支持附件)时,他们将协议一方向另一方交付初始保证金(IM),或将一定百分比的总交易金额交付给另一方。后者称为"独立金额(IA)"。

例如,A方可向B方提供500万美元的抵押品(初始保证金)。或者,A方表示将总交易名义金额的8%划拨给B方。如果交易的名义金额为5 000万美元,那么IA将是400万美元。

双方如何决定谁必须支付IM或IA给谁?信用分析将揭示哪方比其交易对手方有更大的信用风险。如果A方被评定为BB+,B方被评定为AAA,则后者更可能有风险敞口,因而需要A方支付IM或IA。

2. 阈值

阈值是抵押品参数之一,表示在调用抵押品之前由任一方允许的无担保风险敞口的额度。阈值的数额将根据双方的信用风险分析确定。

---

① 资料来源:ISDA(官网),"ISDA保证金调查2014",于2014年4月出版,网址:www2.isda.org,搜索"surveys"。

3. 最低转让金额（MTA）

MTA 是在交付任何抵押品之前所需的抵押品最低金额。例如，如果 MTA 是 100 万美元，所需的抵押品是 800 000 美元，则不会进行交割。然而，如果所需的抵押品增加到 1 240 000 美元，那么就会进行交割。

4. 舍入惯例

为了避免支付零散金额，双方可以同意将金额上调或下调，如最接近的 100 000美元。如果我们采用上述 3 中的例子，所需的抵押品交割额为 1 240 000 美元，将四舍五入到 1 200 000 美元。

2013 年 9 月，巴塞尔银行监管委员会（BCBS）和国际证监会组织（IOSCO）委员会联合发布了一个政策框架，确立了非集中清算 OTCD 的保证金要求的最低标准。

最高 5 000 万欧元的最低初始保证金的要求从 2015 年 12 月 1 日开始生效，在同一日期生效的还有支付变动保证金的要求。

9.5.7 事件监控

如果回头参考上面结算中的表 9.16 ~ 表 9.18，您将注意到，"需要采取的行动"一栏中列出的某些项目是斜体字体。这是为了表示这些操作在整个交易期间可能会发生多次。运营部门的人员必须保持警惕，意识到外部事件可能并确实会对开放交易产生影响。这些外部事件或因素包括：

- 利率互换中的利率重置
- 股票和债券等相关资产的公司行为事件
- 期货和期权的行权活动（行权可以是可选的或自动的）
- 外汇汇率
- 公众假期和非工作日（一个市场的工作日可能是另一个市场的非工作日）
- 触发事件，如破产可能导致信用违约互换合约的交付义务

9.5.8 对账

对账包括两个方面：
1. 现金对账——我们在第 14 章讨论这个话题。
2. 组合对账——匹配两个交易对手方之间的所有交易（并解决对账中断）。

组合对账

金融机构应该对其所有双边 OTCD 交易组合中的每笔交易与其所有交易对手方对进行对账。这样做的目标是确保相关的交易对手方对交易组合中的内容在任何特定日期都保持一致。此外，组合对账有助于确保不发生抵押品争议，如果发生了便由抵押品管理人员进行调查。

由于 OTCD 交易细节的非标准化性质，两个交易对手方都需要建立对账程序，以确保他们具有一致的一组信息来进行对账。ISDA 在其 2010 年 1 月发布的《抵押投资组合对账的最低市场标准》中公布了最低数据要求①。

数据文件应至少包括以下内容（见表 9 – 22）。

表 9 – 22　　　　　　　交易组合对账的最低数据要求

内容	说明
您的法人名称	您的名称（以及"法定实体标识符 – LEI"）
交易对手方法人名称	交易对手方的名称（以及 LEI）
您的交易 ID	您的交易 ID 应可由交易对手方识别
交易对手方交易 ID	交易对手方的交易 ID 应该是您可以识别的
群 ID（如果是多边交易）	公共 ID，使对手方能将一组交易与单个交易 ID 相关联
外部匹配 ID	以电子方式确认的交易的外部 ID
产品 ID/名称	这包括资产类别和产品，例如： √ 利率衍生产品/ FRA √ 股票/期权 √ 信用衍生产品/单名信用违约互换 √ 外汇/远期 √ 商品/能源、天然气互换
日期	交易日/开始日/结束日/执行日
每日盯市（MTM）	对价格和货币进行重新估值
当前名义金额/数量	原始的和当前的名义金额或数量
交易货币	交易的初始货币和结算货币（如果适用）

资料来源：ISDA 最低市场标准（2010 年）。

对账中断可能是由于时间问题（一方发送了投资组合而其交易对手方还没有发送），或者可能存在真正中断，即其中存在交易细节的差异或估值的差异。

9.6　本章总结

有两种主要类型的衍生产品交易：场内衍生产品和场外衍生产品。我们可以将衍生产品按它们的标的资产类别进行细分：

- 信用衍生产品
- 股权衍生产品

---

① 请参考 ISDA（官网），2010 年 1 月 20 日的"投资组合对账的最低市场标准"，网址：www2. isda. org/functional – areas/ infrastructure – management/collateral。

- 利率衍生产品
- 外汇衍生产品
- 能源、大宗商品和新兴产品
- 结构产品及其他

ETD 产品在金融行业中较透明、高度标准化、由交易所设计。ETD 交易通过交易所进行交易，并通过中央对手方（CCP）进行清算，中央对手方（CCP）更替原交易对手方进入交易，对每笔交易进行清算。这种更替取代了每对交易对手之间的风险敞口，改为每个交易对手与 CCP 的风险敞口。为了管理这种风险，CCP 向清算会员收取初始保证金和变动保证金（另有其他财物缓冲手段）。

相比之下，OTCD 产品被定制以适应交易对手的独特需求，传统来讲多为不透明、烦琐、复杂。交易发生在交易场所外，于买方和卖方之间通过双边协议进行。交易由两个交易对手方处理/风险管理，可能有抵押也可能没有抵押。

因此，监管机构认为 OTCD 具有高风险，尤其因为这些交易通常不向监管机构报告。这种情况近年来发生了变化，尤其是在 2007 年全球金融危机和几个市场参与者（最著名的是雷曼兄弟）破产之后。现在 OTCD 所处情形正在改变：

- 交易应在交易平台上进行（双向协商仍然在发生）。这使 OTCD 看起来更像 ETD
- 所有交易必须报告给交易信息库，交易信息库拥有每笔交易的"黄金副本"（golden copy）
- 所有 OTCD 交易应集中清算。这对于更标准化的 OTCD 类型很有效，CCP 处理这类交易比较顺手。更加烦琐、复杂的 OTCD 仍然由有关交易对手方处理。这也使 OTCD 看起来更像 ETD
- 非集中清算的（即双边清算的）OTCD 交易都需要抵押品，抵押品类型主要是现金和政府证券
- 交易对手方应定期彼此对其交易组合进行对账

场外衍生产品业务的变化很像"施工中"的状态，金融稳定委员会在其网站（www.financialstabilityboard.org/list/fsb_publications/index.htm）上定期发布进度报告。

第三部分

第10章 托管和托管人

10.1 前言

本书的第三部分将带您了解交易后的保管、资产服务和资产优化的内容。

我们在前几章中已经知道证券已通常不再是实物形式；之前的实物证券现在更趋向于无纸化方式或者非移动方式改变，新发行的证券可能由单一的（全球）凭证代表。这一举措肯定有助于使清算和结算更加简单便捷，因为出售和购买通过证券账户的借记和贷记来表示即可。我们还注意到清算所或中央对手方等清算系统发挥着重要作用。这引领我们关注如何在安全环境中持有证券的问题。

证券的保管（或托管）类似于清算与结算，也是集中进行。在一个特定国内市场发行的证券将由相关地方中央证券存管机构（CSD）持有。因此，在本章中，我们将探讨投资者（即实益所有人）、中央证券存管机构以及它们之间的中介机构这三者之间的关系。

在本章结束时，您将：
- 能够定义"托管"
- 了解证券发行的形式及对其保管的影响
- 知道什么是代理人，以及托管人如何使用代理人
- 认识投资者、地方托管人、全球托管人和CSD／ICSD之间的关系
- 了解投资者和托管人之间的关系，以及其可用的产品和服务

10.2 托管

10.2.1 什么是托管

问题：

您如何定义"托管"？

回答：

在基本层面，托管是对证券和其他类型的资产的保管。这方面的一个例子可能就是法定代理人将其客户的证券的实物证书安全保存在办公室的保险柜里。

另外，银行可以提供保管以外的额外服务。这包括资产服务（如公司行为），资产优化（如证券借贷）和提供典型的银行相关服务，如外汇和现金管理。

一个只投资自己市场的投资者将使用地方托管人；如果他在全球范围内投资，他可能大量使用地方托管人（每个市场一个托管人）或全球托管人。

10.2.2 证券形式

证券有两种形式。从证券发行人的角度来看，他必须知道（或者想要知道）他们证券的所有者是谁。在这种情况下，发行人（或更可能是发行人任命的第三方）将所有者的详细信息记录在登记册上。我们将这些资产类型称为记名证券（registered securities）。

相比之下，如果发行人没有义务知道所有者是谁，那么它可能发行无记名形式的证券。在这种情况下，不需要所有权详细信息，因此不需要将其记录在登记册上。我们将这些资产类型称为无记名证券（bearer securities）。

记名和无记名证券从运营角度具备一些特性。表 10-1 显示了记名证券，表 10-2 显示了无记名证券的这些特性。

表 10-1　　记名证券

记名证券	实物证券	非实物证券
所有权	所有权由"登记册上的名字"（由发行代理持有）和证券证书上的名字证明	所有权仅由"登记册上的名字"（发行代理持有的）证明
发行代理	被称为"登记处"或"过户代理"	
所有权变更	所有权变更由登记处/过户代理记录。所有权增加（如购买）则发行新证书，所有权减少（如出售）则取消原有证书	所有权变更由登记处/过户代理记录
证书遗失	可以向登记处要求补办，缴纳相应费用以及提供一份赔偿保证书	不适用
发行人向投资者的沟通	通过保存投资者名单的登记处进行（信息"推送"给投资者）	

表 10－2　　　　　　　　　　无记名证券

无记名证券	实物证券	非实物证券
所有权	证券实物证书上没有所有权证据。所有权由证书的投资者（或其代理人）持有来证明。或者，存管机构可代表其参与者持有100%的发行证券	中央证券存管机构保留参与者持有的记录，这是通过清算过程后的结算结果
所有权变更	卖方向买方提供证券实物证书	中央证券存管机构通过修改记录来变更
证书遗失	不可能获得补办	不适用
发行人向投资者的沟通	发行人不知道其投资者是谁。因此发行人需要将沟通信息公开，期待投资者看到并回应［投资者"索取"（pull）信息］	

10.2.3　所有权转让——无记名证券

在证券交易中，所有权从卖方转移到买方。如果我们使用购物来进行比喻，您购买的货物属于您，您支付的现金属于店主。您定会认同此说法。但是为什么呢？有什么证据来证明您拥有您所购买的商品（以及店主拥有现金）？

由于您的姓名不会在商品上注明，您是商品所有者的唯一证据是这些商品在您的掌控之中，比如在您的购物袋中。如果第三方（如保安人员）提出质疑，您可以通过出示付款收据证明您已经购买了货物。您购买的商品就类似于无记名形式的证券。您会注意到，所有权的转移是简单、直接的，只需要店主把货物交给您。

交易的现金端也是如此。现金已被放置在柜台中，并且店主向买方提供了收据。您和店主都不会在现金上写下名字；另外，现金是一种无记名资产，有天然的可互换属性。当一单位资产与同一单位资产完全相同时，这种可互换性就会体现。例如，一欧元硬币与任何其他一欧元硬币相同。事实上，10欧元钞票与10欧元硬币也是相同的。

对于无记名证券，在实物交换的环境中的所有权转让就是卖方交付给买方。在非实物环境中，所有权转让通过借记卖方的证券账户并贷记买方的证券账户来实现。

10.2.4　所有权转让——记名证券

记名证券的情况略有不同，因为合法所有权的证据有赖于发行人（或其登记处/过户代理）提供，并且任何所有权变更必须告知发行人。因此，虽然有时记名证券交易与无记名证券交易没有什么区别，但是在该过程中存在需要考虑的额外步骤。

如果我们继续我们的购物来做比喻，比如您购买了一些计算机软件，并以预期的方式支付了货款。将软件安装到计算机上后，您可能需要与发行商注册该软件。这通常涉及输入您的个人详细信息和包含字母数字字符序列的激活码。实际上，您已告知软件发行商您是该软件的许可所有者/用户。如果是记名证券，您即已告知证券的发行人：您现在是证券的拥有人。与软件类比不同，为了使买方取得所有权，卖方必须交出所有权。这是通过称为股票过户凭单（Stock Transfer Form，STF）的法律文件完成的。STF授权发行人的登记处在股东名册上反映所有权的变更。卖方完成凭单的上半部分，买方完成下半部分。

如果出售500股股份，股东名册上的条目如下（见表10-3）。

表10-3　　　　　　　　　　股东名册条目

所有者	现持有	增加	减少	新持有
卖方	1 500		-500	1 000
买方	2 000	500		2 500
总计	3 500	500	-500	3 500

同样的原则适用于非实物的记名证券；股东名册的条目保持不变。主要的区别是，没有要求交出股票证书并完成股票过户凭单。相反，一旦交易已结算，证券结算系统就通过电子方式通知登记处所有权变更。该电子通知取代了股票过户凭单。

总的来说，根据市场惯例，记名证券的拥有人可持有实物证券，所有者名字记录在发行人的股东名册上，或在发行人表示所拥有的证券数量的声明里。

以自己名义注册证券的投资者有发行人的直接股份（份额）。这种类型的所有权使发行人能够直接与投资者沟通。

如果所有者决定要求第三方托管人代表他们持有证券，则可能出现操作的困难情况。这对无记名证券不会是问题，但是对记名证券则是问题，如下所示：

● 所有者希望出售他的部分或全部持有的证券。所有者将要求他的经纪商执行出售，并要求他的托管人交付实物证券或以电子方式将证券转让给经纪商。如果证券是实物形式，这将需要由所有者填写完成过户凭单并交付给他的托管人。这可能需要时间，并可能导致结算过程的延迟。

● 发行人向所有者发送信息并且要求响应。此信息将通过记录在股东名册的地址发送给所有者。托管人不会意识到这点，如果出现问题，托管人可能无法帮助所有者。

● 如果所有者有任何问题（如没有收到股利），他必须联系发行人。他的托管人可能无法代表他进行调查，因为发行人只能认可所有者而不是其托管人。

这三个例子都可以看到托管人在为以所有者自己的名义注册的证券时会有

操作问题。所有者有其他方法可以持有他们的证券：
(1) 将证券重新登记到托管人的名下。
(2) 将证券重新登记为由托管人管理的代理人的名字。

10.3 持有证券

10.3.1 登记为托管人姓名

如果所有者决定将他的证券重新登记为他的托管人的名字，法律上他便将该债券的所有权交给该托管人。现在发行人直接与托管人沟通，而不再与原来的所有者沟通。从操作的角度来看，这种变化将使托管人能够对证券进行结算和管理。只需给所有者一个指令/信息通知，而不是上述示例可能需要的几个。

然而，所有者的最大风险是，托管人现在是证券的合法所有者，如果托管人违约，可能难以或不可能证明托管人的客户是实际上的合法所有者。

所需要的是将合法所有权与受益权分开。如果所有者的姓名在股东名册上，则两种类型的权利合二为一。为了使所有者保留受益权并且托管人获得法定所有权。代理人账户的概念就诞生了。

在大多数国家，投资者以自己的名义在中央证券存管处登记股票并不常见，但也不是不可能。有一些例外，例如在新加坡，大多数当地经纪账户要求投资者在其中央存管机构（CDP）拥有自己的账户；在英国，在 CREST 拥有个人账户的流程很简单明了，但大多数投资者没有这样做。

10.3.2 代理人账户

代理公司本身是一个法律实体，拥有自己的股本、公司章程与细则，以及公司秘书。实质上，代理公司与任何其他类型的公司没有区别，并且在法律上与托管人分开。这种区别很重要，因为在托管人违约的情况下，代理公司仍然持续经营。

公司秘书和授权签字人将是托管人的工作人员。代理公司自己不能违约，因为它什么也不做；它不贷出钱，它不投资，它也没有风险等。所有代理公司被设立的目的是要成为"方便的标识"，在这种情况下意味着它对于记录在股东名册上的证券来说是法定所有者。

因此在法律所有权方面来说，以托管人的名义登记的证券与以代理公司的名义登记的证券具有相同的法律地位。最大的区别是托管人的违约风险的分离。

使用代理公司能够最大效率地使托管人能够持有和管理其客户的证券。托管人的客户保留收益所有权,因此以通常的方式收取股利,但其实这股利是由其托管人支付的而不是由发行人直接支付。然而,客户失去了与发行人的直接关系,这是因为他们没有在股东名册上登记自己的姓名。

托管人应如何命名其代理公司?为了避免任何潜在的法律混乱,通常不会使托管人的名字全部包含在代理公司的名称内。例如,当本书作者20世纪70年代在巴克莱国际银行工作时,分行地址是29 Gracechurch Street,London EC3。该分行经营一家代理公司:"29 Gracechurch Street Nominees Limited",那么客户的记名证券将以该代理公司名称注册。

有两种方式可以使用代理公司的名称:
1)综合(公共)账户。
2)分离(指定)账户。

10.3.2.1 综合(公共)账户

在综合账户结构中,所有客户证券均以托管人的代理公司Wharfedale Nominees Limited的名称注册,如表10-4所示。

表10-4 综合代理人账户

ABC,普通股(以单一代理人名称登记)		
客户	客户持有	登记处持有
客户1	10 000	
客户2	15 000	
客户3	20 000	
客户4	25 000	
客户5	30 000	
总计	100 000	100 000

应注意以下几点:
- 所有五个客户实际拥有总共100 000股,每个客户的股份在综合账户内混合。
- 登记处有100 000股股份记录在其股东名册上,合法所有者是代理公司。
- 如果ABC每股支付股利1英镑,发行人的付款代理将支付代理公司100 000英镑,代理公司将按照客户的持有比例向每个客户的现金账户分配股利。
- 如果,打个比方,客户4出售其持有的25 000股股份,则这个综合账户中将有足够的股票用于交割。

问题：

作为托管人，(a) 如果客户 3 购买了 30 000 股 ABC 股票并出售了 100 000 股 ABC 股票；(b) 如果在结算日该购买没有结算，您将分别采取什么行动？

回答：

从技术上讲，可以交付 100 000 股 ABC 股票，因为股东名册上记录了 100 000 股股票。但是，此账户中仅有 20 000 股股票由客户 3 持有，因此托管人的选择要么等到完成足够量的购买结算，要么向买方提供部分交割（20 000 股）。

因此，交割 100 000 股股票是错误的，因为您没有其他客户的授权交割其股票。如果托管人交割了 100 000 股，而后其他任何一个客户决定出售，那么您当然不能在预定的交割日期代表其他客户交割。

唯一的例外是当所有客户都以书面形式同意将其证券提供给证券借贷的用途使用。在这种情况下，托管人将完全交割 100 000 股，并向集体借出 8 万股的客户们支付融券费。

10.3.2.2 分离（指定）账户

作为综合账户结构的替代方案，客户可以要求他们的证券与其他客户分开持有。在这种情况下，证券将以几个代理人名称注册；代理公司的名称保持不变，但是会添加指定名称。在这种情况下，登记处持有很多账户（而不是在综合结构中的单个账户）。

如果我们考虑上述五个客户，我们可能有以下情况（见表 10-5）。

表 10-5　　　　　　　　　　指定代理人账户

ABC，普通股（以多个代理人名称注册）			
客户	客户持有	等级册上的名称	登记处持有
客户 1	10 000	Wharfedale 代理人公司子账户：A01	10 000
客户 2	15 000	Wharfedale 代理人公司子账户：A02	15 000
客户 3	20 000	Wharfedale 代理人公司子账户：A03	20 000
客户 4	25 000	Wharfedale 代理人公司子账户：A04	25 000
客户 5	30 000	Wharfedale 代理人公司子账户：A05	30 000
总计	100 000		100 000

应注意以下几点：

- 所有五个客户实际总共拥有 100 000 股，每个客户的股份以相同的指定名称注册，但各自具有唯一指定名称。
- 登记处有五个单独的账户，以持有每个客户的股份，共有 100 000 股。

- 如果 ABC 每股支付股利 1 英镑，发行人的付款代理将向代理公司支付五笔股利，分别是 10 000 英镑、15 000 英镑、20 000 英镑、25 000 英镑、25 000 英镑和 30 000 英镑，而代理公司将向每个客户的现金账户支付股利。
- 如果，打个比方，客户 4 出售其持有的 25 000 股股份，则其指定账户中将有足够的股票以供交割。

10.3.2.3 中央证券存管机构（CSD）代理人

到目前为止，我们从托管人的角度考虑了代理人的概念（而实际上任何公司，例如经纪商，都可能以托管人的身份行事）。从发行人的角度来看，有大量不同名字的代理人，包括综合代理人和指定代理人。

在一些市场，CSD 也会有自己的代理人名称，并将证券注册到此代理人名称下。

10.3.2.4 "街名"证券（Street Names）

在美国，中央证券存管机构经营街名证券。原则上，街名与代理人名称相似，因为街名记录在股东名册上，并且是法定所有者（投资者为实益所有者）。美国存管信托和清算公司（DTCC）使用的名称是"Cede and Co."。

在不可能使用代理人账户名称的国家，投资者只能以自己的名义或以其托管人的名义登记其证券。

10.3.3 持有方式——总结

让我们总结一下所有者/投资者持有他们证券的方式（见图 10-1）。

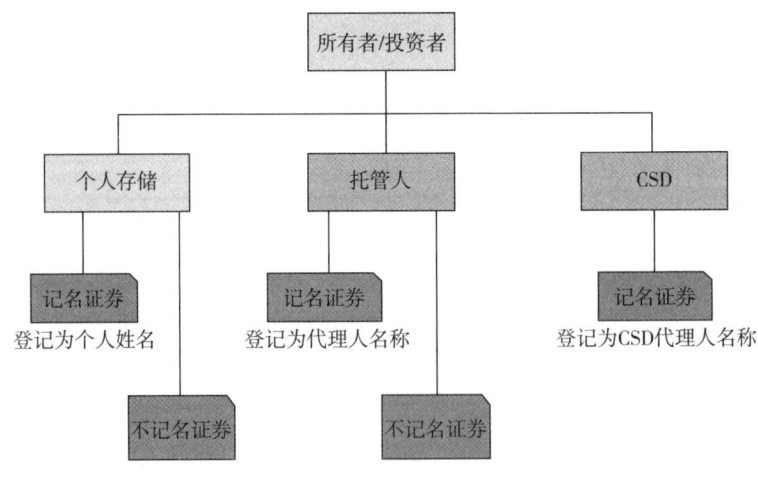

图 10-1 持有方式——总结

10.4 托管人

我们在前一章中已经看到，大多数市场支持一个或多个中央证券存管机构（CSD）。因此，我们会有这样一种情况，投资者拥有的证券最终会由地方/国内中央证券存管机构持有。在本节中，我们将看看介于投资者和中央证券存管机构之间的中介机构，并在以下三种情况下探讨它们之间的相互关系：

1. 地方市场的托管。
2. 全球市场的托管。
3. 欧洲市场的托管。

10.4.1 地方市场的托管

这种托管模式可以应用于投资者拥有在自己市场上发行的证券。投资者有三种可能的选择，他可以：

a）不论投资者选择使用多少经纪商，他只任命一名托管人；
b）将其证券持有在中央证券存管机构的经纪商的账户中里；
c）投资者可以在地方中央证券存管机构直接开立证券账户。

在大多数情况下，托管人很可能是银行。以加拿大为例，加拿大投资者可能使用 CIBC Mellon 或 RBC 作为其托管银行。图 10-2 说明了投资者—托管人—中央证券存管机构（CSD）之间的关系。

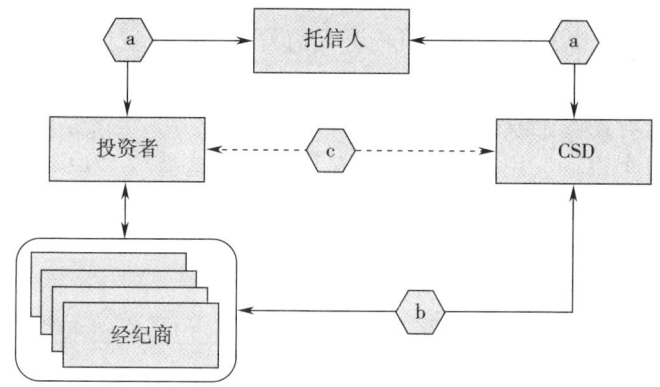

图 10-2　地方市场

问题：

您认为这三个选择的优缺点是什么？

回答:

这些选择的一些优缺点如表 10-6 所示(这些答案只是一部分,而不是全面的)。

表 10-6　　　　　　　　　这三个选择的优缺点

	优点	缺点
(a)	• 托管人可以提供 CSD 可能不提供或不能提供的其他服务 • 投资者将使用托管人完成在地方市场执行的所有交易(不论使用的经纪商数量)	• 托管人的费用可能是一个问题 • 可能没有很多托管人可供选择 • 投资者必须向托管人发送交割/付款指令
(b)	• 投资者不选择和管理托管人 • 投资者的经纪商将向 CSD 发送指令,并接收 CSD 的报告 • 投资者可以自由地从其他供应商处购买额外的服务	• 如果投资者通过一个经纪商购买并通过另一个经纪商出售相同的证券,则可能会出现问题 • 投资者将收到来自多个来源的报告(如果使用多个经纪商) • 经纪商可能不愿意提供额外的服务
(c)	• 投资者与 CSD 有直接联系 • 投资者将使用 CSD 用于在地方市场执行的所有交易(不论使用的经纪商数量) • 投资者可以自由地从其他供应商处购买额外的服务	• 投资者必须向 CSD 发送交割/付款指令 • CSD 会只提供基本托管服务,包括收入托收和公司行为

虽然这三个选择中的每一个都有自己的优点和缺点,但使用地方托管人、地方经纪商、地方中央证券存管机构都是有好处的。这些方式对大多数地方证券的投资都是有效的。

如果投资者在两个或三个不同的市场上持有证券,情况会怎样?投资者可以很好地在每个市场应用相同的"地方"模型。这些模型原有的优缺点还将保留,但是管理这些关系需要更多的时间和努力。例如,会有其他的问题,包括:

- 每个市场需要适当的法律协议
- 需要了解每个市场的运作方式(虽然类似,但会有技术差异)
- 整合来自多个市场的信息存在着潜在困难
- 时区问题和不同的结算期限
- 可能的语言问题

所有这些都需要投资者积极管理不同的关系。如果这些市场位于同一地区,那么就有机会将托管情况在地区内统一考虑,如表 10-7 所示。相反,如果这些市场位于不同地区,那么地方市场模式可能是最合适的。

表10-7	地区托管
地区	国家
北美和加勒比	百慕大、加拿大、墨西哥和美国
拉丁美洲	阿根廷、巴西、智利、哥伦比亚、哥斯达黎加、厄瓜多尔、秘鲁、乌拉圭和委内瑞拉
欧洲、中东和非洲（EMEA）	格林威治子午线附近的国家，即从冰岛到阿联酋到南非
亚太地区	从俄罗斯和印度开始，到该地区的西部，通过中国、印度尼西亚、马来西亚、新加坡等到日本和韩国，再到该地区的东部。该地区还可能包括澳大利亚和新西兰；如果没有，见下文
澳大拉西亚	澳大利亚和新西兰

如果投资者恰好是在巴西，并选择投资几个其他拉丁美洲的国家，他可能选择一个与其他国家的托管人有联系的巴西托管人，如图10-3所示。

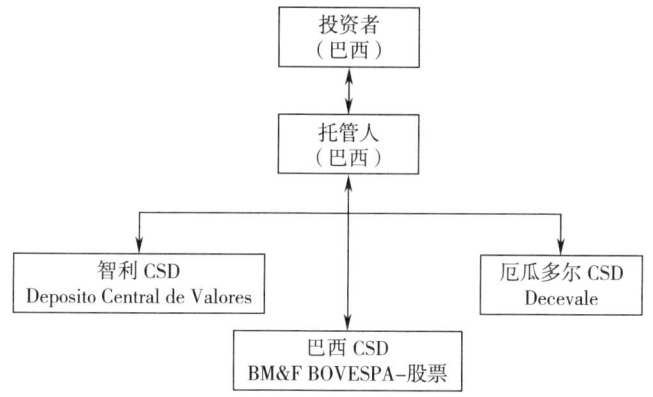

注：为了表达更清晰，经纪商因素被排除在外。

图10-3 地区内托管

在这种情况下，投资者与其地方托管人保持单一的关系。巴西托管人作为地区托管人，与巴西的中央证券存管机构和智利和厄瓜多尔的中央证券存管机构保持密切联系。

10.4.2 全球市场托管

现在我们可以考虑一个在全球投资的机构投资者。正如我们上面所看到的，它的选择可能是：

- 在其投资的每个市场中寻找地方托管人。这可能包含100多个市场的地区。

- 在北美和拉丁美洲、欧洲、中东和非洲、亚太和澳大拉西亚（即五个地区）任命五个地区托管人。

无论哪种方式，投资者管理这些关系都是有挑战性的。一个解决方案是指定一个单一的托管人，管理位于大多数投资者选择投资的国家的地方托管人网络。

10.4.2.1 全球托管

这一单一托管人称为全球托管人，各个地方托管人称为次级托管人（或代理银行）。整体来讲，我们称为全球托管。

国际证券服务协会（ISSA）在1990年对"全球托管人"的定义如下[①]：

> "全球托管人为客户提供多种货币托管、结算和报告服务，不局限于全球托管人和客户的所在地区和货币；并涵盖所有类别的金融工具。"

应当注意，客户及其全球托管人不必在同一个国家。

10.4.2.2 全球托管人

全球托管人通常是提供一系列服务（包括证券服务）的银行。例如，Northern Trust 的资产服务公司提供以下服务[②]：

- 抵押品和流动性管理
- 跨境融资
- 交易执行
- 基金服务
- 全球托管
- 投资业务外包
- 证券借贷
- 过渡管理
- 司库服务

对这些业务规模的预估是困难的，但据估计，托管资产（AUC）已超过了140万亿美元，其中约80%被十大全球托管人持有。前五名全球托管人如表10-8所示。

[①] 资料来源：国际证券管理者研讨会（后更名为：国际证券服务协会），"全球托管人"在1990年5月的第五次研讨会上被正式定义，官网 www.issanet.org 上已没有相关报告。

[②] 资料来源：Northern Trust（官网），"资产服务"，http://www.northerntrust.com/asset - servicing/europe/services/investment - risk - and - analytical - services。

表 10-8　　　　　　　　　　托管资产排名　　　　　　　单位：十亿美元

排名	服务供应商	托管资产
1	BNY Mellon 纽约梅隆银行	27 900
2	J. P. Morgan 摩根大通	21 000
3	State Street 美国道富银行	20 996
4	Citi 花旗银行	14 500
5	BNP Paribas 法国巴黎银行	8 986

资料来源：© globalcustody. net 2014 版权所有，本书已获得转载同意，于 2014 年 7 月 16 日从网站 www. globalcustody. net 获取。

10.4.2.3　全球托管机构

如图 10-4 所示，在全球托管的机构中，客户只需管理一个关系：即与全球托管人的关系。对于全球托管人，除了其客户外，还必须管理其次级托管人网络，各次级托管人代表进入相关市场的接口（如结算系统和中央证券存管机构）。

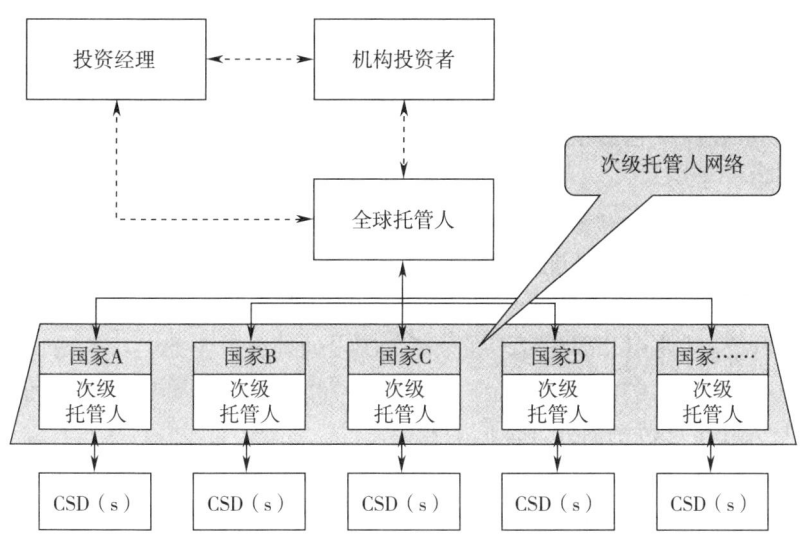

图 10-4　全球托管机构：次级托管人网络

该网络包括在特定市场运营的银行，这些银行的客户是全球托管人。请注意，如上所述，同样的银行也可以担任地方托管人。

次级托管人网络的示例见表 10-9 中的"汇丰银行证券服务公司"[①]。

[①] 资料来源：汇丰银行证券服务公司（官网），"次级托管与清算——市场"，http：//www. gbm. hsbc. com/solutions/securities - services。

表 10-9　　　　　　　　汇丰银行证券服务公司作为地方托管人

地区	国家
亚太地区（16个国家）	澳大利亚、孟加拉国、中国（上海和深圳）、中国香港特别行政区、印度、印度尼西亚、日本、马来西亚、新西兰、菲律宾、新加坡、斯里兰卡、韩国、中国台湾、越南
欧洲（7个国家）	塞浦路斯、德国、希腊、哈萨克斯坦、马耳他、土耳其和英国
美洲（4个国家）	阿根廷、百慕大、巴西和墨西哥
中东和北非（10个国家）	巴林、埃及、约旦、科威特、黎巴嫩、毛里求斯、阿曼、巴勒斯坦、卡塔尔、沙特阿拉伯和阿拉伯联合酋长国

除汇丰银行证券服务公司外，在多个地点担任次级托管人的其他银行包括：
- 花旗
- 法国巴黎银行
- 德意志银行
- 渣打银行

10.4.2.4　客户

购买全球托管服务的机构投资者的主要类型往往是：

- 投资经理（包括主权财富基金和对冲基金）使用外部托管人在全球范围内处理其客户业务
- 机构投资者（例如养老基金，保险公司和慈善机构）
- 养老基金可以自己进行投资，但更有可能使用投资经理。使用全球托管人可以确保托管人为养老基金合并各个来源的信息
- 保险公司使用外部托管人在全球范围内处理客户业务
- 机构基金（例如互惠基金、Sicavs、对冲基金、私募股权基金等）使用外部托管人在全球范围内处理他们的业务
- 托管银行希望在全球托管人没有合适分支机构的市场中寻找次级托管代理。因此，一些全球托管人很可能选择使用竞争对手银行作为次级托管人

可以从两个角度考虑机构客户、投资经理和全球托管银行之间的关系。在这两种情况下，投资经理和托管人之间都可以交换信息（例如提交给托管人的交易指令和托管人提交的报告）。问题仍然是，谁是托管人的实际客户：是投资经理还是机构客户？

a）由机构客户指定托管人

机构客户任命一个或多个投资经理 A 和托管人 C，它可以安排其投资经理与单一托管人 B 沟通，如图 10-5 所示。其优点是，托管人完全参与与所有投资经理的沟通，并且可以向机构客户综合汇报。

从日常业务关系来看，投资经理是托管人的"准客户"，尽管托管人的费用由机构客户支付。

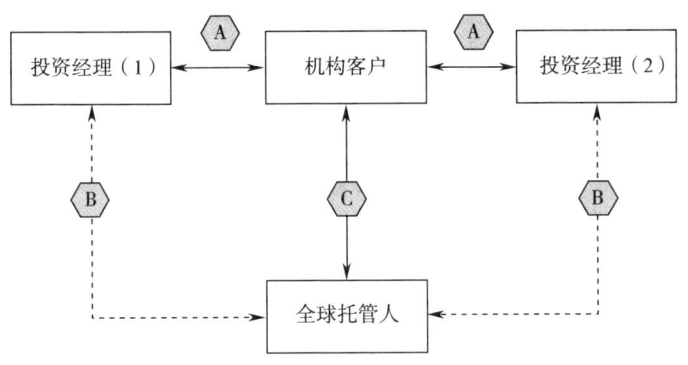

图 10-5　由机构客户指定全球托管人

对于参与这种安排的任何一个投资经理，都存在一个问题，即投资经理将有可能应对几个全球托管人，每个全球托管人都由投资经理的客户任命。这可能使投资经理面临管理多重关系的挑战。

b）由投资经理指定托管人

投资客户如上所述指定投资经理 A。然而，与上述安排不同，投资经理可以自行任命其自己的全球托管人 B，因此机构客户仅有单独的关系需要管理，即与其投资经理的关系。全球托管人的选择仅由投资经理面对，如图 10-6 所示。

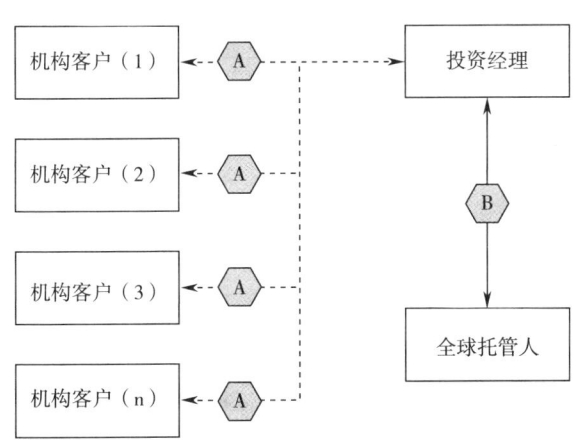

图 10-6　由投资经理指定全球托管人

这对投资经理的优势可能很明显，他能够任意选择全球托管人，而不必关心面对与很多全球托管人的关系。缺点是机构客户不能享用全球托管人提供的一些合规领域的服务。

10.4.2.5 全球托管服务

如果我们可以将结算系统和中央证券存管机构（以及次级托管人提供的服务）视为批发服务，那么也可以将全球托管人提供的服务视为零售服务。让我们以结算为例：对于中央证券存管机构，当资产和现金都可用于结算时，交易将被结算。这可以被认为是批发服务。全球托管人将试图使结算看起来比实际上更好；它将尝试为客户增加价值。我们将在下面看到如何实现这一点。

全球托管人充当证券所有者和市场基础设施之间的中介机构，同时为所有者增加一定程度的价值。

全球托管人提供的服务类型可分为两类：
- 基本服务
- 增值服务

并非每个客户都想要或需要所有的服务，但通常情况下，大多数客户将需要基本服务。客户可能不需要或可能不被允许要求一些增值和相关服务；这完全取决于每个客户的情况。然而，全球托管人是创新者，并将不断寻求开发客户可能会感兴趣的服务和产品。

1. 基本服务（见表10-10）。

表10-10　　　　　　　　　　基本服务

基本服务	注释
客户服务	客户账户的日常服务，包括解决问题和咨询服务
关系管理	整体托管人/客户工作关系，包括对产品开发、政策和协议的决定
清算和结算	确保及时结算证券交易，追索失败结算，管理未结算交易
证券保管	提供综合/指定的托管账户，对客户的头寸进行对账
收入托收	股息和息票托收，确保收到正确的金额。申请含股息交易应享权益
公司行为	负责地方市场上公司行为数据的完整、准确和及时；并为自发事件的提供指令
代理投票/同组行为	以适当的语言通知会议类型、日期、决议和一些关于投票和结果的信息。将客户的投票结果转达给发行人，并在适当时处理同组行为
现金管理	清理和汇集现金余额。通过使用托管人自己的产品或通过第三方投资来对现金盈余进行流动资金管理
外汇	进行有竞争力的汇率报价，并使客户能够对所有可交易货币每天24小时在电脑上进行交易
预扣税服务	在有税务协定和豁免的市场进行退税
记录和报告	对客户证券和现金头寸提供多币种报告，以及汇报交易状态，也包括监管和专家报告
技术	通过SWIFT、托管人自有系统和基于网络的信息传递途径进行沟通
关系管理	触及（和管理）全球的次级托管人网络（70个到超过100个市场）。增加新市场，评估和提供风险信息对基金经理和机构投资者都很重要
市场信息	金融市场概况（运营监管地方市场的系统和程序等） 评估资本市场的基础设施风险、CSD风险。市场监控和风险监测

2. 增值服务（见表 10-11）。

表 10-11 增值服务

增值服务	注释
证券借贷	通过提供一个管理完善的、全部抵押的证券借贷计划，提高整体投资组合的表现
投资会计	投资基金会计和报告。包括编制财务报表（资产负债表、权益变动、损益表和现金流量表）、每股收益、每股净资产值、金融工具披露等
定价与估价	获取和验证当地市场价格，重新评估证券和将估值转成客户的基础货币计价。包括上市和非上市证券
业绩评价	根据基准监测基金的业绩，并提供对业绩的洞察。分析包括地理、投资类型和行业的投资战略绩效，以及与其他经理和市场指数的基准
衍生产品清算	通过托管人的全球结算会员身份对 ETD 和 OTC 衍生产品进行交易处理。包括客户头寸和保证金的集中化处理 托管人管理抵押品并为非清算的场外衍生产品提供独立定价服务
基金行政管理	在岸和离岸集合投资计划的会计和行政服务
转型管理	将与资产重新分配相关的成本和风险最小化
佣金管理	通过有效的交易成本控制帮助减少佣金
合规管理	监控客户投资指引的合规情况，提供客户对市场法规和投资指南的符合性的独立检查

10.4.3 欧洲市场托管

在第 6 章 "证券存管机构" 中，我们介绍了为了管理欧洲债券市场而建立的两个组织：分别位于比利时的布鲁塞尔和卢森堡的欧洲清算银行（EB）和卢森堡明讯银行（CBL）。二者位于哪国都不重要，因为欧洲债券不属于任何一个特定的国家。

CBL 和 EB 的典型客户类型一直包括卖方机构（例如，国际资本市场协会的会员公司——交易商、做市商、经纪自营商、投资银行等）以及投资基金的分销商和供应商。机构客户通常不是 ICSD 的直接参与者。

二者都通过存管机构、托管银行和地方中央证券存管机构的广大网络扩展到股票和国内债券市场。在图 10-7 中，我们可以看到有两个选择：投资经理和卖方公司可以：

- 通过使用全球托管人 A 与 ICSD 建立间接联系 B
- A 可以直接链接到 ICSD C

可以理解，全球托管人（及其通过其次级托管人网络与地方 CSD 链接）和 ICSD（传统上处理欧洲债券、外国债券和全球债券）之间的区别越来越模糊。

但是，全球托管人和 ICSD 的差异仍然存在。

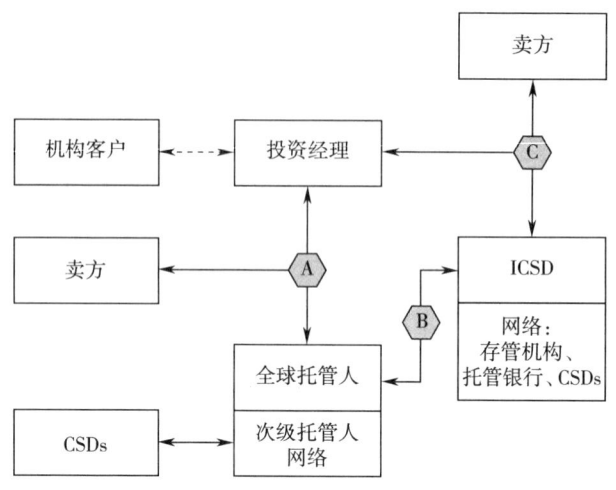

图 10-7　与 ICSD 的链接

- 虽然两个 ICSD 都已经成为银行（大多数全球托管人也是如此），但它们仍被视为市场基础设施的一部分（就像 CSD 一样）。
- 正如我们已经看到的，机构客户可以任命一个全球托管人，但不作为 ICSD 的直接参与者。
- 全球托管人实际上是一个中介机构，为客户提供比 ICSD 更广泛的服务。
- ICSD 的付款和结算指令期限是绝对不可更改的，而全球托管人的最后期限可以更加灵活（这主要是因为全球托管人必须允许自己有更多时间来满足次级托管人内部期限和 CSD 的期限）。

此外，两个 ICSD 在使用 CSD 的方式上不同，如表 10-12 所示，欧洲清算银行集团控制了一些欧洲 CSD，明讯银行只控制两个欧洲 CSD，见表 10-13。

表 10-12　　　　　　　　　　　欧洲清算银行集团

集团成员	市场
Euroclear Bank（欧洲清算银行）	ICSD 为 40 多个证券市场提供一个单一接口
Euroclear Belgium（欧洲清算银行比利时）	比利时国内 CSD（前身为 CIK）
Euroclear Finland（欧洲清算银行芬兰）	芬兰国内 CSD（前身为 APK）
Euroclear France（欧洲清算银行法国）	法国国内 CSD（前身为 SICOVAM）
Euroclear Nederland（欧洲清算银行荷兰）	荷兰国内 CSD（前身为 NECIGEF）

续表

集团成员	市场
Euroclear Sweden (欧洲清算银行瑞典)	瑞典国内 CSD（前身为 VPC）
Euroclear UK & Ireland (欧洲清算银行英国和爱尔兰)	英国国内 CSD（前身为 CREST Co）
Euroclear UK & Ireland (欧洲清算银行英国和爱尔兰)	爱尔兰国内 CSD（前身为 CREST Co）

表 10-13　　　　　　　　　　　明讯银行

集团成员	市场
Clearstream Banking Luxembourg (卢森堡明讯银行)	ICSD 为 50 多个证券市场提供一个单一接口
LuxClear	卢森堡国内 CSD
Clearstream Banking Frankfurt (明讯银行法兰克福)	德国国内 CSD（前身为德意志交易所集团）

第三方供应商

两家 ICSD 都向以下第三方购买服务，如：

- 证券信息供应商：提供定价、收入、公司行为等信息
- 存管服务：如托管、在地方市场结算、收入和公司行为处理
- 现金代理银行：发送支付指令，并且连接到国家清算系统
- 资金过户代理：处理资金
- 通信网络：支持 ICSD 的处理服务

10.5　Target2Securities（T2S）

10.5.1　引言

我们之前已经看到，欧洲市场的版图是分散的，如图 10-8 所示①。而美国的清算和结算基础设施集中在 DTCC（股票和公司债券）和美联储系统（美国政府证券）。

即使一些欧洲 CSD 合并到 Euroclear 集团（见上文）和 Link Up 市场（2009

---

① 资料来源：欧洲中央银行（2009 年 11 月），"Target2Securities——无国界结算"，网址：www.ecb.europa.eu。

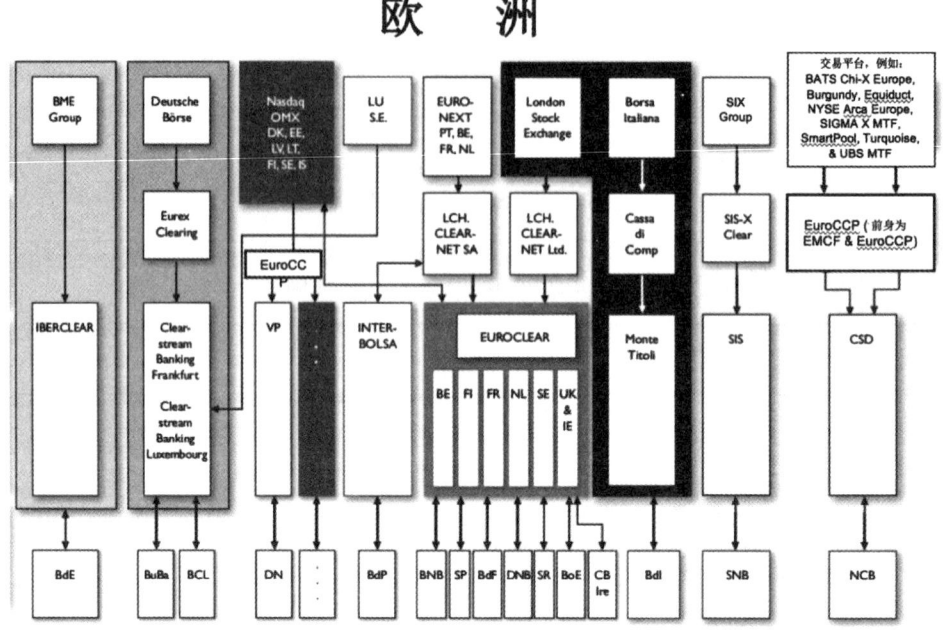

图 10-8 分散的欧洲版图

年 3 月几个 CSD 之间以促进信息交换为目的的合并：奥地利、塞浦路斯、丹麦、德国、希腊、挪威、西班牙、瑞士和南非），将欧洲的清算和结算协调统一似乎仍不可能。

2001 年，Giovannini Group[①] 指出了 15 个阻碍欧盟内有效跨境清算与结算的障碍。T2S 项目将有助于消除其中六个障碍：

(1) 信息技术和接口的国别差异。

(2) 各国清算和结算需要使用多个系统所造成的运营限制。

(3) 与公司行为、实益所有权和托管有关的各国规则之间的差异。

(4) 日内结算依然不存在。

(5) 远程访问国家清算和结算系统的实际障碍。

(6) 运营时间/结算期限的国别差异。

10.5.2 欧元体系（Eurosystem）

Target2Securities（T2S）是由欧元体系拥有和管理的项目，其目标是消除当

---

① 请参考 Giovannini Group（2001 年）"欧盟跨境清算与结算安排"，第 44~59 页，网址：http://ec.europa.eu/internal_market/financial-markets/docs/clearing/first_giovannini_report_en.pdf。

前分散模式中发现的障碍、低效和成本，并用单一系统替代它们。①

T2S 既不会成为 CSD，也不会取代现有的 CSD 体系。相反，T2S 将通过使用具有单一标准和单一操作框架的 IT 系统，从而与欧元支付系统（Target2）相融合。T2S 将通过中央银行货币提供实时的、全额结算的 DVP。

T2S 的一般目标是：
- 降低欧洲交易后环境中的风险
- 简化欧洲结算流程
- 加强欧洲证券结算行业中的选择自由
- 降低在欧洲结算证券交易的成本

10.5.3 T2S 如何运作

如图 10-9 所示，T2S 系统将集成："……证券账户和现金账户在一个单一 IT 平台上，因此在 CSD 和 T2S 平台之间只需要一个接口。T2S 将适用于市场参与者在一个或多个 CSD 持有的证券账户，也适用于在相应国家中央银行持有的专用中央银行现金账户。该专用现金账户将仅用于 T2S 的结算目的，并将其与参与者在 TARGET2 或另一个非欧元中央银行中的 RTGS 账户挂钩。"②

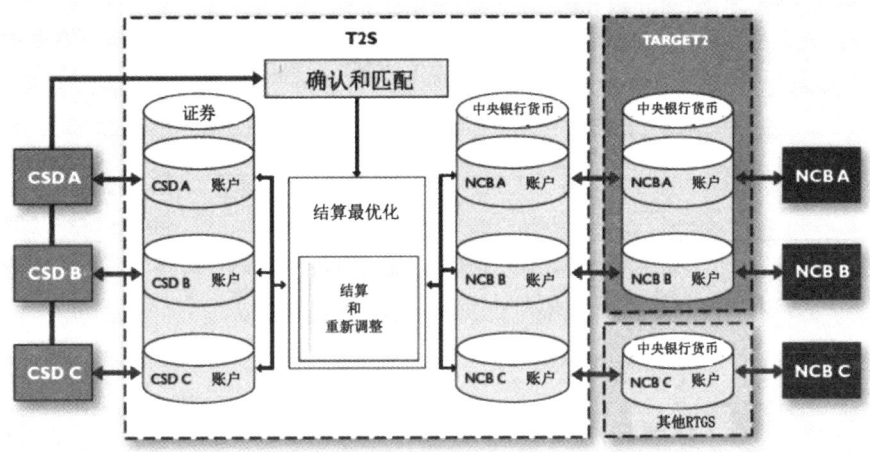

资料来源：欧洲中央银行。

图 10-9 集成模式——T2S 及 Target2

---

① 欧元体系时欧元区的中央银行体系，包括欧洲中央银行和 18 国欧元区成员中以欧元为通用货币的各国的中央银行。

② 资料来源：欧洲中央银行（官网），"关于 T2S/什么是 T2S？"网址：www.ecb.europa.eu/paym/t2s/about/about/html/index.en.html。

10.5.4 迁移计划

CSD 的第一次迁移浪潮于 2015 年 6 月开始，如表 10-14 所示。

表 10-14　　　　　　　　　　　　T2S 迁移

2015 年 6 月 22 日 第一波迁移	2016 年 3 月 28 日 第二波迁移	2016 年 9 月 12 日 第三波迁移	2017 年 2 月 6 日 第四波迁移
希腊银行证券结算系统（Bank of Greece Securities Settlement System, BOGS）	欧洲清算银行比利时（Euroclear Belgium）	德国明讯银行（Clearstream Banking, Germany）	Centrálny depozitár cenných papierov SR (CDCP)（斯洛伐克）
Depozitarul Central（罗马尼亚）	欧洲清算银行法国（Euroclear France）	KELER（匈牙利）	Eesti Väärtpaberikeskus（爱沙尼亚）
马耳他证券交易所（Malta Stock Exchange）	欧洲清算银行荷兰（Euroclear Nederland）	LuxCSD（卢森堡）	欧洲清算银行芬兰（Euroclear Finland）
Monte Titoli（意大利）	Interbolsa（葡萄牙）	Oesterreichische Kontrollbank（奥地利）	Iberclear（西班牙）
SIX SIS（瑞士）	比利时国民银行证券结算系统（National Bank of Belgium Securities Settlement Systems, NBB-SSS）	VP Lux（卢森堡）	KDD-Centralna klirinško depotna družba（斯洛文尼亚）
		VP Securities（丹麦）	Lietuvos centrinis vertybinių popierių depozitoriumas（立陶宛）

资料来源：欧洲中央银行（官网），T2S Spotlight，"市场何时能迎来 T2S？" http://www.ecb.europa.eu/paym/t2s/about/press/html/index.en.html。

10.5.5 更多信息

欧洲中央银行网站上有大量信息（www.ecb.europa.eu/paym/t2s/html/index.en.html），还有几个 YouTube 视频，其中三个特别有用：

- YouTube（在线）"T2S 的优势"。视频网址为：http://www.youtube.com/watch?v=wPmeHjA1VeQ&list=PL347E929CBF4A76F7。

2012 年 5 月 8 日由欧洲中央银行欧元部发布。

- YouTube（在线）"T2S 与更多"（2020 年的证券结算大会），2011 年 10 月 4~5 日，于法兰克福召开。视频网址为：http://www.youtube.com/watch?v=ORCuKWh21JY&list=PL347E929CBF4A76F7。

2012 年 5 月 8 日由欧洲中央银行欧元部发布。

- YouTube（在线）"T2S 群体如何准备迎接第一次浪潮？"http：//www.youtube.com/watch？v = AVF2BaWGv8I&index = 8&list = PL347E929CBF4A76F7。2014 年 6 月 25 日由欧洲中央银行欧元部发布。

10.6 本章总结

在本章中，我们关注了不同形式证券（记名和无记名）的托管，以及其在证券持有方面的影响。

记名证券的所有权反映在发行人的名册上，由登记处或过户代理人管理维护。证券可以以下列实体之一的名义注册：

- 实际收益所有者
- 托管银行
- 代理人

在登记册中的登记的人即为法定所有者；使用代理人或托管银行将法定所有权转让给该实体。作为实益所有者的投资者必须信任代理人/托管银行，相信他们会将从发行人处收到的证券收益转移给投资者。

然后，我们考虑了证券可以被托管的三种方式：

1. 地方市场托管，适合那些倾向于投资地方市场以及也许少数几个跨境市场的投资者。

2. 全球市场托管，适合进行全球投资的机构，可以选择使用单一全球托管人处理其资产。

3. 欧元市场托管，适合专注于国际债券市场的机构。

全球托管人不仅可通过其次级托管人网络进入许多市场，而且还提供广泛的服务。这些包括基本服务，如结算、保管和报告，以及增值服务，如投资、衍生产品清算和证券借贷。

在欧元市场，两个国际中央证券存管机构（卢森堡明讯银行和欧洲清算银行）已经为它们的参与者提供发行、结算、保管和信贷相关（证券和现金融资）的服务。两家 ICSD 都通过与地方的 CSD 和投资基金的联系扩大了其服务范围，使服务涵盖了股权类产品。

最后，我们解释了欧元区如何通过发展 T2S 来改善欧洲分散结算的情况。T2S 是一个综合模型，使参与者能够使用中央银行货币完成覆盖各 CSD 和 Target2 支付系统的、以 DVP 为基础的交易。

第 11 章 公司行为

11.1 前言

公司行为是一种通常由证券（主要是股票，债券较少）发行人或第三方发起的事件。公司行为可能对股东或债券持有人的财务状况或发行人的资本结构产生影响。

公司行为事件有诸多不同类型，确切的数字难以估算，可大致分为九组，每组又含有子类别。详见本章末的附录 11.1。

发行人和投资者之间的关系一直是公司行为事件的关键，尤其是以前记名证券（通常是股票）的情况更为明显，投资者要将名字记录在发行人的股东名册上。如今，特别是当投资者拥有国际证券时，这种一对一的关系不太显著，因为有许多中介机构代表发行人和投资者处理事务。我们将在本章中识别这些中介，并探讨他们各自的角色与职责。

每类公司行为事件都需要一个或多个行为的发生。在本书中，我们将仅集中于几种较常见的事件类型。根据事件的类型，相应的行为会在细节上有所不同，我们可以将相应的行为汇总为：

- 发行人发布的信息
- 与投资者的沟通
- 需要/不需要投资者做出决策
- 记入投资者账户的结果

这四项行为适用于绝大多数的公司行为。

2001 年 11 月，Giovannini Group 发表了题为《欧盟跨境清算与结算安排》的报告，其中指出了有效跨境清算与结算的一些障碍[①]。特别是，公司行为在障碍 3："国家规则在公司行动、实益所有权和托管方面的差异"中进行讨论。

Giovannin 障碍 3

[①] Giovannini Group 成立于 1996 年，是为欧盟委员会针对欧盟金融一体化和以欧元计价的金融市场的效率有关的问题提供意见的组织。该报告参见 http://ec.europa.eu/internal_market/financial-markets/docs/clearing/first_giovannini_report_en.pdf。

> 国家在管理公司行为规则方面的差异…可能是有效跨境清算与结算的障碍。由于公司行为通常需要证券所有者的反馈,因此如何管理它们的国家差异可能需要专门的当地经验和/或在当地提交有形文件,因此抑制了证券结算和托管的集中化。在公司行为方面的特殊困难来自于补偿和现金应计项目的不一致处理,以及应用公司行为影响开放交易的不同做法,例如不同国家对公开交易中股利支付采取不同的处理方式。如果要进行欧盟股票市场的整合,则必须努力提高公司行为规则的一致性。更具体地说,针对中央证券存管机构之间关于公司行为的信息沟通的 ISO 15022 标准的实施(通过 ECSDA 的计划)将有助于加速跨系统的信息传播。

> Giovannini Group(2001 年 11 月),《欧盟跨境清算与结算安排》(报告更新于 2003 年)

到本章结束,您将:
- 了解公司行为事件的复杂性
- 了解事件处理和信息流
- 了解所涉及的运营风险
- 认识行业内的变化
- 了解公司行为对其他部门的影响

11.2 公司行为事件的类型

我们可以从两个角度考虑公司行为事件,自愿或强制型事件以及可预测或不可预测(已公布)事件。

11.2.1 自愿或强制型事件

公司行为事件可以是自愿或强制的。从股东的角度来看,自愿事件是指股东可以选择参加或不参加事件。相比之下,强制型事件股东除了参与事件之外别无选择。请注意,发行人的自愿事件很可能是投资者的强制型事件。

11.2.2 可预测或已公布事件

可预测的事件是债券从首次发行后将可被预测到的一个或多个事件。对已公布的事件来说,通常是由发行人决定事件的形式。

所有事件都是上述两个角度的组合,例如,国债的赎回是强制的和可预测的。另外，送股是强制和已公布事件。对于公司行为的相关工作人员，最有风险的组合通常是已公布并自愿的事件，主要是因为投资者或其中介机构必须决定采取什么行动。错过或晚提交的指令将不会被发行代理人执行。

在附录11.2中，您将看到股票和债券的自愿和强制型事件列表。

11.3 参与公司行为的相关方

在任何公司行为事件中，两个关键参与者是发行人和投资者（或投资者代理，如基金经理）。发行人未必直接与投资者沟通，而是通过一连串中介机构进行沟通。这些中介包括：
- 基金经理
- 全球托管人
- 地方/次级托管人
- 地方中央证券存管机构
- 国际中央证券存管机构
- 数据供应商
- 收/付款代理人

11.3.1 基金经理

基金经理代表客户处理公司行为事件以及进行资产管理。当事件是自愿事件（例如发行人宣布配股）时，决定采取什么行动的是基金经理，而非客户。

11.3.2 全球托管人

无论全球托管人的客户是机构投资者还是基金经理，其作用是充当信息接收者（从次级托管人处）和信息提供者（向基金经理）以及决策接收者（从基金经理处）和决策传递者（向次级托管人）。全球托管人有责任确保任何公司行为事件（无论是自愿还是强制）的结果得到正确的行动回应和记录。全球托管人在许多信息流/决策流/结果流中非常依赖次级托管人，为了保证准确性，全球托管人会核实已发布的任何公司行为信息。

11.3.3 地方/次级托管人

通常，一家地方银行根据客户类型的不同既可以充当全球托管人又可以充当地方方托管人。地方托管人的角色和职责与全球托管人相同（涉及信息流/决策流/结果流），区别只是地方托管人位于发行人发行证券的市场。这使得地方/次级托管人比全球托管人更接近"市场"。

11.3.4 地方中央证券存管机构（Local CSD）

地方中央证券存管机构通常代表实益所有人持有所有发行的合格证券。（请记住中央证券存管机构和实益所有人之间会有一系列地方次级托管人/全球托管人链条或一家地方托管人充当中介机构）。发行代理人将与中央证券存管机构进行沟通。

11.3.5 国际中央证券存管机构（ICSD）

国际中央证券存管机构，欧洲清算银行（EB）和卢森堡明讯银行（CBL），根据证券类型，以三种方式之一持有参与者的证券：

a）每个国际中央证券存管机构将指定一个特定存管机构代国际中央证券存管机构存管证券。因此在这种情况下有两个存管机构。

b）两个国际中央证券存管机构同时任命一个共同存管机构，根据 EB 和 CBL 的要求持有所有发行的证券。因此，对于持有的每只发行证券，共同存管机构只有两个客户。

c）每个国际中央证券存管机构都在一些但并不是所有的地方中央证券存管机构有一些参与者托管账户。

11.3.6 数据供应商

数据供应商也将从发行人处接收信息，并进行整理出售。除了公司行为信息之外，数据供应商还提供定价信息和有关公司和证券的信息。

数据供应商的例子包括彭博（Bloomberg）、Markit、Morningstar、SIX 金融信息、Sungard 和汤森路透（Thomson Reuters）。您可以在软件和信息产业协会（SIIA）（www.siia.net）的金融信息服务板块找到更多详细信息。

11.3.7 收/付款代理人

收/付款代理人由发行人指定的，向投资者定期支付现金（股息、债券利息和债券赎回收益），并接收相关的公司行为事件（如配股）款项的（通常是）银行。

根据关系类型，沟通链如图 11-1 所示。

1. 任何公司行为的发起人都是发行人。发行人可以直接与投资者沟通，投资者在必要时直接向发行人递交决策。

而在当今市场中，通常由中介机构代表发行人和投资者参与进来，在这种情况下：

2. 在国内，发行人通过其代理人与地方中央证券存管机构联系，从那里联

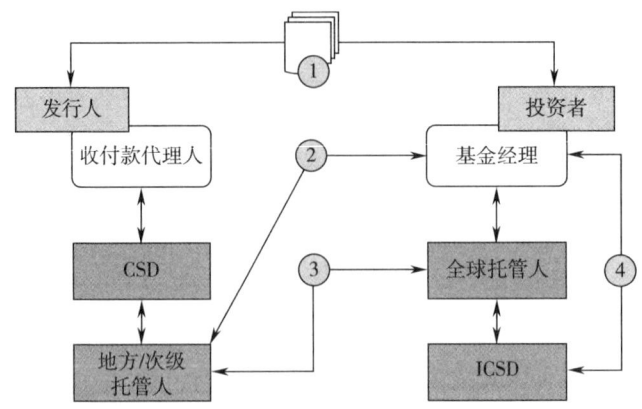

图 11-1 发行人和投资者之间的沟通链

系到地方托管人,最后联系到投资者的基金经理。

3. 在国外,发行方的沟通方式与上述 2 中的方式大致相同,唯一的区别是地方托管人会充当全球托管人的次级托管人。全球托管人与其客户的基金经理沟通。

4. 如果基金经理是两个国际中央证券存管机构之一的直接参与者,在这种情况下,基金经理与国际中央证券存管机构之间进行沟通。如若不然,则全球托管人是国际中央证券存管机构之一的参与者,沟通链条从基金经理到全球托管人,再到国际中央证券存管机构。

我们将在第 11.6 节更详细地讨论信息流。

11.4 权利、关键日期和索赔

11.4.1 权利(Entitlement)

在任何公司行为事件中,首要任务之一是确定谁有权从事件中受益。如果我们考虑一个资产类别,如股票,这通常不会成为问题,如下面的例子所示。

几个星期前,一名投资者购买了 5 万股记名股票,而购买交易在预定的结算日期结算。在很短的时间内,这些股份将以投资者名义或以合格代理人的名义登记。发行人将知道该投资者名称将在体现其股东名册上。今天,发行人宣布公司行为事件,例如现金股利。

那么,谁有权获得这种现金股利?答案是投资者,有以下两个原因:

a) 从投资者购买股票,合约中就蕴含了附有股利的条件。假设投资者仍然是股份的所有者,则他将完全有权获得 50 000 股份的股利。

b）一旦投资者以自身名义（即在股东名册上注明）登记了 5 万股，投资者就是股份的法定所有人，因此有权收取现金股利。

然而，投资者在从卖方购买股份后，由于某种原因，股票没有及时登记，便会出现麻烦。发行人将向记录在股东名册上的人支付股息，在这种情况下，即使购买的为附息股，买方也不会收到股息。那么，谁将收到这笔股息？由于股息应支付给姓名登记在股东名册上的人，那么股息实际上将支付给股票的卖方，而不是买方（投资者）。①

11.4.2 登记日（Record Date）

为此，需要建立一种机制，通过该机制，正确的实体不仅有权获得收益，而且事实上获得了收益。这是它的工作原理。股东名册是一个动态文件，因为会不停地有新的买方卖方的名字添加进股东名册，导致股东名单一直在发生变化。由于发行人只能向在股东名册上记名的人支付股息，在一本频繁更新的股东名册上，很难找出真正的受益人。因此，发行人将在一个特定日期关闭名册。此日期称为"登记日"（也称为"名册关闭日"）。一旦股东名册被关闭，股息被支付此时股东名册上的人，这将正确识别受益人。

11.4.3 除息日（Ex – Divident Date）

但同时还有一个问题，投资者可能只在登记日前几天购买股票。在这种情况下，交易可能很难得到结算，更不用说将购买者的姓名添加到股东名册中。为了克服这个问题，当地证券交易所宣布在登记日前不久的某天为"除息日"②。登记日前到底几天取决于当地结算惯例。它通常比交易日期和预定结算日期之间的天数少一天。即如果结算惯例是 T + 3，则除息日与登记日之间的天数为 2 天。

从另一个角度来看：投资者需要在登记日之前购买股票，以确保有权利获得股息。在 T + 3 结算周期的例子中，在股东姓名登记在册之前（即除息日前一天）需要 3 天。

那么在除息日当天会发生什么？首先，在除息日，股价将下降，下降额为股息额（在其他条件不变的情况下）。其次，股票交易将以除息后的值为基础价格，公布的价格信息表和经纪商代客买卖清单上将在价格后标上"除息"（xd）标签，以强调此时再被买入的股票没有权利获得马上接下来的股利支付。

---

① 译者注：这里假设股票没有及时进行登记，即在股东名册上记录的仍旧是原股东，即卖方的名字，因而，这时股息会转给卖方。

② 译者注：中国的除息日是在登记日后一天。

示例：Glaxo Smith Kline（GSK：L）于 2013 年 10 月 3 日向普通股支付了 GBX 18.00 的股息。股票于 8 月 7 日除息，登记日为两天后（即 8 月 9 日）。从 8 月 5 日开始的一周，股价波动如表 11-1 所示。

表 11-1　　　　　　　　　Glaxo Smith Kline 股价波动

日期	价格（GBX）	价格±（GBX）
2013 年 8 月 5 日，星期一	1 705.00	
2013 年 8 月 6 日，星期二	1 694.00	(11.00)
2013 年 8 月 7 日，星期三	1 670.00	(24.00)
2013 年 8 月 8 日，星期四	1 659.50	(10.50)
2013 年 8 月 9 日，星期五	1 663.00	3.50

资料来源：雅虎金融，GSK：L 股价，网址：http://finance.yahoo.com。

请注意，在除息日，股票价格下降了 GBX 24.00，其中一些跌幅可以用股息扣除（每股 GBX 18.00）来解释。

图 11-2 显示了从公告到付款日期的时间表。

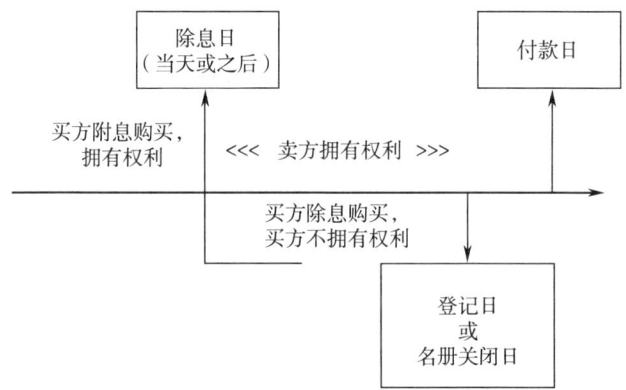

图 11-2　附息和除息时间表

11.4.4　付款日（Payment Date）

第三个关键日期是付款日。这可能发生在登记日后的数周（要么是数个月），并且不受登记日或除息日的约束。例如，Vodafone（VOD：L）于 2013 年 8 月 7 日，即登记日（6 月 14 日）和除息日（6 月 12 日）之后差不多两个月支付其股息。

我们现在有三个关键日期需要关注，其中每一个都应该进行分析和检查，以确保持有股票的任何投资者在正确的日期获得正确的股息金额。此外，我们现在可以确定两个交易时段：

- 在"附权期",投资者执行购买交易,并有权收取利益,卖方失去这种权利。
- 在"除权期",投资者执行购买交易,无权获得利益,卖方保留利益,如图 11-3 所示。

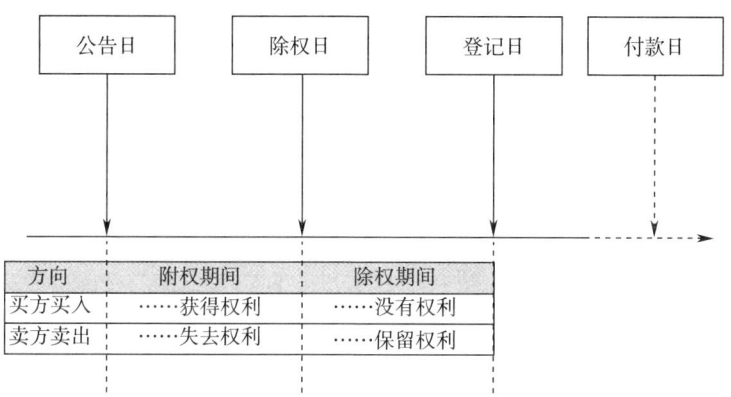

图 11-3 正常的附权和除权的交易

11.4.5 索赔(Claims)

当投资者购买的股票为附息股,但结算延迟(例如,卖方没有足够的证券来使结算达成)时,可能出现索赔。在这种情况下,谁会收到股息?记住,要获得股息,投资者的名字必须在股东名册上。在这种情况下,卖方的名称在股东名册上,并将收到股息。然而,由于买方购买的为附息股,购买者应该有权收取股息。这个问题有两个解决方案:

1. 买方(或买方的代理人)必须向卖方索要股息,但是需要记住可能有多个卖方。

2. 清算所会知道,尽管交易是附息股,但买方的名称在登记日没有及时登记在股东名册上。清算所将通过借记卖方的现金账户并贷记买方的现金账户,自动"补偿"买方。

与市场补偿相比,这种补偿过程更加高效和及时,但公司行为相关工作人员仍需仔细监测情况的变化。

问题:

如果您的客户有现有如下头寸,而且发生了购买结算失败,您会采取什么方式应对?用 Vodafone 的例子,股息为每股普通股 6.92 便士。

答案：

投资者在除息日的交易仓位为 15 000 股，因此有权收取 1 038.00 英镑的股息。其中，10 000 股将按时登记，剩余的 5 000 股仍以卖方名义登记（见表 11-2a）。在这种情况下，投资者将分两部分收取股息（见表 11-2b）。

表 11-2a　　　　　　　　　交易状况

交易日期	交易	状况
2013 年 5 月 8 日	购买 10 000 股	2013 年 5 月 10 日结算
2013 年 6 月 10 日	购买 5 000 股	延迟于 2013 年 6 月 17 日结算

表 11-2b　　　　　　　　　股息收入

付款日期（2013 年）	登记股份	股息率（便士/股）	股息金额（GBP）	从何处收到
8 月 7 日	10 000	6.92	692.00	发行人
8 月 7 日	5 000	6.92	346.00	市场补偿或索赔
总计	15 000	普通股	1 038.00	

最后一点需要注意的是，对账部门应预计到在银行账户中会收到 1 038.00 英镑；但是要意识到其中 692 英镑是从发行人那里收到，另外通过补偿机制可以收到 346.00 英镑（请注意，我们尚未讨论预扣税，这将在稍后的 11.10 节讨论）。

11.4.6　债券的关键日期

债券情况比股票情况简单得多，原因如下：

首先，固定利率债券的息票支付日期和金额是预先知道的（即从发行债券的日期起），因此可以提前记录并预期。这也适用于具有可变息票金额的债券，即使实际票面金额在参考指定的基准银行同业拆借利率（例如 LIBOR、EURIBOR 等）确定票面利率之前是未知的。

其次，由于无记名债券的发行人不知道他们的债券持有人是谁，发行人需要债券持有人从发行人的支付代理人处索取他们的息票。传统来讲，这涉及从主体债券上去除息票券［称为"息票剪券"（clipping）］，并将其交付给发行人的支付代理人。这种息票剪券必须在息票支付日期之前的一段时间内进行，使得有足够的时间将息票交付给支付代理人。具体提前多长时间，取决于该债券的类型。

最后，记名债券的发行人会管理与股票类似的债券持有人名册，因此可以向登记在册的债券持有人支付息票。

11.5 公司行为事件处理

11.5.1 引言

在本节中,您将了解处理所有公司行为事件的一般原则,无论是仅涉及现金、证券还是两者的组合。然后,您将了解如何处理一系列公司行为事件,以及它们对于操作人员的挑战。

我们将分析以下公司行为事件类型,如表 11-3 所示。

表 11-3　　　　　　　　　公司行为类型

自愿或强制	可预测或不可预测的	公司行为事件
强制	不可预测	现金股利
可选择性强制	不可预测	可选股票股利
强制	可预测	固定收益债券息票
强制	可预测	确定浮动利率债券的息票与利率
强制	可预测	债券赎回
自愿或强制	可预测	债券转换
强制	不可预测	资本化发行(送股)
自愿	不可预测	配股

一般来说,公司行为事件的处理通常遵循以下九个流程:

1. 事件沟通/事件公告。

一旦发行人决定发起公司行为事件,它将必须向所有市场参与者和中央证券存管机构传递完整的事件相关信息,而中央证券存管机构又将通知他们的客户(即相关的地方托管人)。地方托管人将通知他们的客户(即全球托管人),全球托管人将通知他们的客户/基金经理等。每个机构必须能够收集相关信息并验证信息的准确性。重要的是,要尽可能快速和准确地通知最终的实益所有人。

2. 对账(事件前)。

进行头寸对账,以确保权利全额收到和/或在必要时得到赔付。

3. 事件创建。

通知客户有关即将发生的事件后,托管人将在其内部系统中创建"事件"。所有相关日期如截止日期、付款日、除息日和登记日都需要正确记入系统中,以确保在适当的时候采取重要行动,而不会被遗忘。如有必要,代理人发布的信息应在发送给客户之前进行翻译。任何不清楚的信息都需要通过联系信息提供商和/或发行代理人进行核实。

4. 索赔处理。

有权从事件中受益但已被延迟（例如结算失败）的头寸应被识别并进行索赔处理。

5. 指令处理。

自愿/可选事件在操作上是最具风险的。发行代理人将要在一个期限内作出决定并采取相应行动。不遵守这个期限通常会导致客户失去参加事件的机会。

为了遵守发行人的截止日期，沟通链中的每个参与者需要安排出足够的时间传递和接收指令信息。实益所有人可能要在发行人给出的最后期限前几天才能作出决定。

6. 权利计算。

一旦托管人收到信息并完成验证，他们必须首先计算实益所有人有权获得的证券金额和/或现金金额。其次，托管人必须向客户提供事件的完整信息，可选选项是什么，以及各个选项可以预期的结果。

7. 付款/交割。

一旦牵头代理人发布了（现金、证券或两者都有）事件的结果，托管人应根据为客户提供的建议来更新内部记录。

8. 对账（事件后）。

每个事件需要在完成后进行对账，以确保事件的各个方面都已正确处理。

9. 报告。

在整个事件期间，将对事件的进展情况进行汇报。

虽然每个公司行为事件不尽相同，但上述过程可以作为处理公司行为的模板。我们现在将研究一些不同的事件来了解事件全貌、了解运营风险和风控措施。

11.5.2 现金股利

股东通常投资股票，以获取资本增值和/或收入。在这里，我们关注"收入"的部分，这是公司选择分配利润的一种方式。这种分配将现金支付给有权利的股东。即使有足够的利润，公司也没有义务支付现金股利。他们可能会认为，最好将公司利润再投资于企业（希望增长业务并提高股价）。

公司的董事会会公布其半年或全年业绩，并宣布其支付股息的意向。这个决定是在"公告日"公布的。例如，巴克莱银行在2013年7月30日宣布了2013年12月31日为截止日的年度第二次期中股息的信息（连同利率和其他相关日期）（见表11-4）。

表 11-4　　　　　　　　　　　　巴克莱银行股息

日期（2013 年）	行为
7 月 30 日	公告日
	股息率：每股 GBX 1.00（即每股 0.01 英镑）
8 月 7 日	除息日
8 月 9 日	登记日
9 月 13 日	付款日

资料来源：巴克莱（官网），股息，参见 http：//group.barclays.com/about-barclays/investor-relations/private-shareholders/dividends。

除了在伦敦上市的巴克莱普通股外，还有在美国交易和持有的"美国存托凭证（ADR）"。由于 ADR 比率为 1∶4（一个 ADR：四个普通股），每普通股 1 便士的股息相当于每个 ADR 4 便士的股息。英镑/美元汇率由巴克莱设定为 1.569273，导致每个 ADR 的现金支付率为 0.062770 美元①。

第二阶段是对投资者的头寸进行核对，以确定有多少股票交易属于附息股交易，其中有多少股票由于结算延迟而未付股息。

第三阶段是在账簿和记录中创建行动事项，包括将关键日期进行记入日志，向客户提供建议以及在现金账户上记账。会计分录必须实现两个目标：

1. 在除息日，计"应计股息"金额（虽然我们知道股息在这时尚有多少，但是股息尚未支付）。

2. 在付款日，应计项目将被撤销，并由实际付款取代，如表 11-5 所示。

表 11-5　　　　　　　　　　　事件创建中的账簿和记录

时间	需要采取的行动	借记账户	贷记账户
除息日	计"应计股息"	应计股息（资产负债表借方）	权益股息（损益表）
付款日期	撤销应计，并且……		应计股息
付款日期	……记录支出	银行账户	
总影响			
		借记	银行账户
		贷记	股息

我们忽视了税收对股息的影响，我们将在 11.10 节回到这个主题。

由于现金股利被视为强制型事件，因此无须向发行人发出任何指令。因此，我们可以移至阶段 6 并计算权利。以巴克莱银行股息为例，权利计算和相应的

---

① 资料来源："Barclays 的现金股利公告"，网址：www.adr.com/Home/LoadPDF? CMSID = c32e3edb707a46bbbebb2d56aa454986。

会计分录如下（分别见表 11-6 和表 11-7）。

表 11-6　　　　　　　　　　　权利计算

持有	500 000	普通股
股息率	1.00	GBX 每股
除息日	2013 年 8 月 7 日，星期三	
付款日期	2013 年 9 月 13 日，星期五	
股息金额	£ 5 000.00	总金额

表 11-7　　　　　　　　　　　会计分录

日期	借/贷	账户	金额
2013 年 8 月 7 日	借	应计股息	£ （5 000.00）
	贷	股息	£ 5 000.00
2013 年 9 月 13 日	贷	应计股息	£ 5 000.00
	借	银行	£ （5 000.00）

问题：

如果持有的 50 万普通股股中，有 20 万股（附息股）没有及时结算，情况如何？

答案：

您将收到两笔款项的股息：一笔金额直接来自发行人的 300 000 股的股息；另一笔金额为索赔获得的 200 000 股的股息。您将需要为这两天的每笔金额进行单独的会计记录，如表 11-8 所示。

表 11-8　　　　　　　　　　　会计分录

日期	借/贷	会计	金额（英镑）
除息日			
2013 年 8 月 7 日	借	应计股息（发行人）	(3 000.00)
2013 年 8 月 7 日	借	应计股息（索赔）	(2 000.00)
2013 年 8 月 7 日	贷	股息	5 000.00
付款日			
2013 年 9 月 13 日	贷	应计股息（发行人）	3 000.00
2013 年 9 月 13 日	贷	应计股息（索赔）	2 000.00
2013 年 9 月 13 日	借	银行（来自发行人的股息）	(3 000.00)
2013 年 9 月 13 日	贷	银行（来自索赔的股息）	(2 000.00)

11.5.3 可选股票股利

如果发行人希望在公司保留现金,它可以让股东选择现金股利或股票股利(价值等同于现金股利)。因此,虽然分享公司利润,一旦获得批准,可以被视为一个强制型事件,现在的情况是需要作出选择(非强制)。大多数市场的惯例是,股东更偏向于接受现金股利,而不是选择股票股利(接受现金给股东再投资的权利,选择股票股利则不行)。

为了算出所分配的股票数量,我们需要两个信息:

1)每股股息的现金价值:这很简单,通常由公司宣布。

2)每个新股的现金价值:为了做到这一点,公司需要知道每股的市场价格。问题是,股价一直在变化,很难通知股东他们将收到多少股股票。为了克服这个问题,公司将确定一个价格,例如,基于股票在过去几天的平均收盘价。这些详细的计算信息将包含在原始事件公告中。

举 ABC 公司的例子,以 2013 年 3 月 31 日为年末的年度股息为每股 59.0 便士(见表 11 -9)。

表 11 -9 事件时间表

日期(2013 年)	事件
7 月 31 日	公司股票以除息价报价(即除息日)
8 月 2 日	登记日
7 月 31 日至 8 月 6 日	股票定价参考日期(即 5 个交易日)
8 月 7 日	股票参考股价确认为每股 1 575 便士
8 月 30 日	收到决定的最后一天
9 月 27 日	现金股利支付/交易新股第一天

问题:

假设某股东拥有 250 000 股。使用上述信息,请回答以下问题:

1. 如果股东选择现金股利,他将在 9 月 27 日收到多少钱?
2. 如果股东选择股票股利,他将在 9 月 27 日收到多少股份?

答案:

1. 如果股东选择现金,则股息总额将为 147 500.00 英镑(见表 11 -10)。

表 11-10　　　　　　　　　　　现金选项

头寸	每股股息（GBX）	总股息（GBP）
250 000	59.00	147 500.00

2. 如果股东选择新股股票股利，数量是通过将在登记日持有的股份数乘以现金股利率计算，然后除以参考股价（见表 11-11）。

表 11-11　　　　　　　　　　　股票期项

相当于多少股息	参考股价（GBX）	新股数量
£ 147 500.00	1 575.00	9 365.08

一种描述是，此计算得出的结果不为整数（多处0.08），因为这是非整份股票，不能发行。该部分股票的现金价值为 1.25 英镑[①]，将持有到下一次股息支付，并与下一次股息一起使用以购买更多股票。

另一种描述是，股东有权选择以每 26.6949 股现有股票（即 250 000/9 365.08）收取一股新股票。

如上所示，股东需要选择现金股利还是股票股利。在大多数情况下，默认选项是选现金股利，换句话说，如果股东希望拿到现金，那么他不需要采取任何行动。然而，如果他要选新股票做股票股利，那么他必须在公司指定的期限内做出这个决定。

11.5.4　固定利率债券息票

债券发行人有义务在预定日期清偿债务。在固定利率债券的情况下，息票的数量和息票的支付日期是预先已知的。因此，债券发行人无须对此行为进行公告。根据债券是以无记名形式还是以记名形式的不同，债券持有人或者需要索取息票（无记名）或者由发行人（记名）自动支付息票。

11.5.4.1　无记名债券

传统上，代表债券持有人（投资者）持有债券的托管银行将从主体债券中分离出适当的息票［称为"息票剪券"（coupon clipping）］，并将其提供给债券发行人的付款代理人。付款代理人将向托管人支付在息票上注明的息票金额（并且托管人将把现金记入投资者的现金账户）。

债券利息每天累积，也会每日记在相应的会计分录中。在息票付款日，全

---

① 这也就是造成现金股利（GBP 147 500.00）和股票股利价值（9 365 份 × 1 575 便士 = GBP 147 498.75）差别的原因。

额借记应记利息账户，全额贷记应记债券利息账户。

今天的大多数债券由中央证券存管机构集中持有，这使得息票支付的收集工作更加高效。然而，在债券由投资者（或托管人）持有的情况下，可以在息票支付日期之后向支付代理人出示息票。在这种情况下，付款代理人将支付息票，但不会对息票本身支付任何利息，换句话说，由于息票出示给付款代理人的时间较晚，将使投资者损失利息①。出示息票以索取利息是有时间限制的，通常是几年，即使是最低效、最健忘的托管人或投资者索取利息都是足够的时间。该时间限制被称为"债券时效期"（Prescription Period）。

根据特定债券的市场惯例，息票每年、半年或每季度支付。因此，首次息票将在债券发行日期后的 12 个月、6 个月或 3 个月支付。首次息票在预期的首次息票日期之前或之后支付的情况也偶有发生。我们将这些称为"首期短期息票"或"首期长期息票"。无论短期还是长期，一旦首次息票已经支付，随后会按正常的频率支付。

11.5.4.2 首期长期息票（First Long Coupon）

2011 年 11 月 21 日，GDF Suez 发行了 10 亿欧元的票据，到期日为 2020 年 1 月 21 日②。有关应付利息的主要条款见表 11-12。

表 11-12　　　　　　　　　　GDF Suez 票据

发行日期	2011 年 11 月 21 日
息票率	3.125%
付款日	每年 1 月 21 日，自 2013 年 1 月 21 日起至（包括）到期日
首期息票付款日	2013 年 1 月 21 日
天数计数惯例	实际/实际（Actual/Actual）
固定息票金额	每 100 000 欧元名义金额，息票为 3 125.00 欧元；但要考虑"零星金额"的影响
零星金额（Broken Amount）	2013 年 1 月 21 日支付：每 100 000 欧元名义金额，息票 3 647.26 欧元

"零星金额"表示从发行日 2011 年 11 月 21 日至 2013 年 1 月 21 日的息票，期限约一年两个月。

问题：

零星金额计算（使用上述信息和您对应计利息的了解）是否正确？

---

① 译者注：如果按时在付款日当天获得息票支付，这笔支付可以在别处投资获取利息/收益。
② 资料来源：http://www.engie.com/wp-content/uploads/2012/05/gdfs-jan2020-fr0011147305.pdf。

答案：

使用计算器上的日期函数，根据"实际/实际"天数计数惯例（遵循 ICMA 的建议），从 2011 年 11 月 21 日至 2012 年 1 月 21 日有 61 天。在名义金额为 10 万欧元的情况下，61 天代表 522.26 欧元息票。截至 2013 年 1 月 21 日年度的完整息票，我们知道是 3 125.00 欧元，再加上第一笔金额，总息票金额为 3 647.26 欧元（522.26 + 3 125.00）。

这与表 11 - 12 中信息相符。

11.5.4.3 首期短期息票（First Short Coupon）

发行人可能希望在 2013 年 9 月发行债券，每半年付息一次，例如在 6 月和 12 月。在发行条款和条件的规定范围内，第一张息票将于 2013 年 12 月支付，即债券发行后约 3 个月。随后的息票将于 2014 年 6 月、2014 年 12 月付款，依此类推。

11.5.5 浮动利率票据（FRN）息票和利率重置

FRN 是中期至长期债务，可定期调整利率（通常每 1 个月、3 个月或 6 个月进行一次）。利率通常固定为指定的货币市场参考利率基准加上利差（spread 或 margin），例如：

- 伦敦银行间同业拆借利率（LIBOR）：伦敦银行间同业拆借利率是伦敦货币市场上的一些银行相互拆借资金的平均银行间利率。LIBOR 有 15 种不同的期限和 10 种不同的货币。LIBOR 被视为基准利率之一。

- 欧洲银行间同业拆借利率（Euribor）：Euribor 是欧洲银行彼此拆借欧元的平均银行间利率。像 LIBOR 一样，Euribor 有 15 种不同的到期日。Euribor 也被视为基准利率。

- 13 周美国国债[①]：美国政府财政部发行的短期债务。

FRN 的例子包括瑞典互联网银行 Skandiabanken 于 2013 年 9 月 26 日发行两个 FRN，筹集了 30 亿挪威克朗[②]：

- 2018 年 9 月到期的，20 亿挪威克朗（3 个月 Nibor + 49bp）。
- 2016 年 9 月到期的，10 亿挪威克朗（3 个月 Nibor + 30bp）。

对于 FRN，有两个方面需要关注。首先，在即将结束期间有一笔息票，其次，在即将开始的期间要重新确定下一次息票的利率。尽管息票率确实从一个

---

① 美国财政部中从 2014 年 1 月开始发行美国国债 FRN。
② 资料来源：http://nordic - fi.com/skandiabanken - in - norwegian - debut - with - nkr3bn - frns。

时期到另一时期会改变（浮动），但是对于一个特定的息票期间内，息票被重置下来（"固定"）。

11.5.5.1 息票支付

这是一个简单的过程，我们在上面的固定利率债券息票部分已经讨论了。

考虑以下证券（见表 11-13）。

表 11-13　　　　　　2022 年 1 月到期的 ABC 银行 FRN

面值总额	15 亿欧元
发行日期	2012 年 1 月 17 日
起息日	2012 年 1 月 17 日
单位数量	1000 欧元
基准利率	3 个月 Euribor + 每年 1.55% 的利差（155 个基点）
参考利率	3 个月 Euribor
利息确定日	每个利息期开始前的 2 个 TARGET 结算日
首次付息日	2012 年 4 月 17 日
天数计数惯例	实际/360
工作日惯例	修改后的工作日惯例
利率确定	当前利率确定（Screen Rate Determination）

让我们假设今天是息票付款日，是 2013 年 10 月 17 日。我们持有名义金额为 100 万欧元的 FRN。息票付款金额是多少。为了回答这个问题，我们需要知道证券数据库当中的息票率。对于今天付款的息票，息票率已在 3 个月前已固定，即从 2013 年 7 月 17 日开始。7 月的 3 个月期基准利率为 0.222%，加上利差，截至 2013 年 10 月 17 日息票期间的年化利率为 1.7720%。在这种情况下，我们持有的 100 万欧元债券的息票将是 4 528.44 欧元（见表 11-14）。

表 11-14　　　　　　ABC FRN 息票支付

名义本金（欧元）	息票率（%）	息票期间（实际）天数（天）	息票支付（欧元）
1 000 000	1.772	92	4 528.44

在付款日 2013 年 10 月 17 日，我们将收取 4 528.44 欧元（天数计数惯例为"实际/360"），这将记入损益表。

11.5.5.2　FRN 息票重置

除了支付上一期间的息票之外，我们还必须重置（即固定）未来 3 个月期间的息票率。我们必须知道什么时候重置息票率以及要知道参考利率的来源。

正常的商业惯例是在一个新的息票期间开始前的两个工作日重置。关于利率的来源，您必须参考发行发行说明书中的条款。参考以上 ABC FRN 的情形，您将注意到，利息确定日期是息票期间开始前的的两个 TARGET 结算日（TARGET Settlement Days）。

问题：

对于 2022 年 1 月到期的 ABC Bank 集团 FRN，使用图 11-4 中的 Euribor 利率，下一个息票期间的息票率将是多少，息票额是多少，下一次息票什么时候支付？

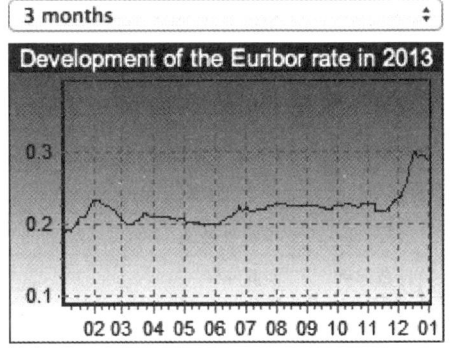

图 11-4 欧元银行间同业拆借利率①

答案：

答案见表 11-15。

表 11-15	答案
单位数量	1 000 欧元
利率确定日期	2013 年 10 月 15 日，星期二
参考利率	年化 0.225%（3 个月欧元银行同业拆借利率）
利差	155 个基点
息票率	1.775 % par
开始日期	2013 年 10 月 17 日，星期四
付款日	2014 年 1 月 17 日，星期五（92 天）

① 资料来源：http://www.euribor-rates.eu/euribor-2013.asp?i1=6&i2=6。

在本小节最后，您需要了解，FRN 也存在着一些不同的版本，例如：
- 保息债券（Drop-lock Bond）：如果用于重置的浮动利率下降到预定水平，债券会自动转换为固定利率债券。新的固定利率将保持到债券到期。
- 错配浮动利率债券（Mismatch FRN）：例如其息票基于 6 个月 LIBOR，但每两个月重置一次。
- 上限浮动利率债券（Capped FRN）：息票不能高于预设的利率上限。
- 下限浮动利率债券（Floored FRN）：息票不能低于预设的利率下限。
- 双限（领子）浮动利率债券［Mini-Max（Collared）FRN］：息票不能高于利率上限也不能低于利率下限。
- 可转换浮动利率债券（Flip-Flop FRN）：含两只不同的债券，一只具有可变利率，另一只具有固定利率。债券持有人可以随时选择哪种利率，取决于哪一个利率在给定期间更高。
- 可转换利率浮动利率债券（Convertible rate FRN）：允许发行人和债券持有人从浮动利率转换为固定利率（反之亦然）。
- 反向浮动利率债券（Inverse FRN）：其中息票与参考利率的移动方向相反；如果参考利率下降，则息票率上升。
- 可变利率票据（Variable Rate Note）：在参考利率之上的利差不固定。
- 永久浮动利率债券（Perpetual FRN）：没有到期日的 FRN。

11.5.6 债券赎回

除了没有到期日的债券（永续债和未注明到期日的债券）外，发行人有义务在发行说明书中规定的预定偿还日期偿还债券。由于这是一种义务，此事件类型是强制和可预测的。根据持有债券的（国际）中央证券存管机构的规则，投资者的头寸将在赎回日期之前不久冻结，禁止任何交割。

证券数据库将保存赎回日期的详细信息，并将该日期记入日记，以便前台部门可以将所得赎回进行再投资。在绝大多数情况下，赎回的是面值。如果发生债券提前赎回的例外情况，请参阅下面的更多细节。

在上面的示例中，ABC 银行的 FRN 将在 2022 年 1 月 17 日全部赎回，并且就像支付代理人支付实物息票要求利息付款一样，债券赎回时主体债券也将被交还给支付代理人。如果由于任何原因被延迟，那么债券持有人仍然有权收到赎回所得，但如前所述，延期赎回并不享受额外的利息。债券的"时效期"往往长于其息票时效期——有时长达 20 年。延迟 20 年才赎回面值在金融市场非常罕见，除非私人投资者在家里持有或与由律师保管实物证书才有可能会发生。

具有单一赎回日期的债券被称为"纯粹债券"（straight bond）。有的债券可以提前偿还,因为发行人希望这样做,或者因为投资者想这样做。我们称这些类型的债券分别具有"看涨期权"或"看跌期权"。

问题:
为什么发行人希望提前偿还债券,为什么投资者希望提前回售债券?
答案:
发行人:如果市场利率低于债券的票面利率,发行人可以通过提前偿还债券并以较低利率向其他人借款来降低借款成本。

投资者:如果市场利率高于债券的票面利率,投资者可以通过将债券退还给发行人,并将现金再投资在获得较高利率的另一个产品中来获得更好的回报。

如果对发行人有利,发行人会提前赎回债券,这当然对投资者不利。因此,赎回价格通常会略高于面值。例如,ABC 公司发行了于 2020 年 6 月 30 日到期最终赎回的债券,并在条款中规定,债券可以在 2016 年 6 月 30 日开始的任何息票付款日时提前赎回。如果该债券具有年度息票付款日,那么可以安排以下提前赎回时间表(见表 11-16)。

表 11-16　　　　债券(有看涨期权)提前赎回时间表　　　　单位:%

可能的赎回日期	赎回价格	注释
2016 年 6 月 30 日	102.0000	提前赎回机会§1
2017 年 6 月 30 日	101.5000	提前赎回机会§2
2018 年 6 月 30 日	101.0000	提前赎回机会§3
2019 年 6 月 30 日	100.5000	提前赎回机会§4
2020 年 6 月 30 日	100.0000	最终赎回日期

经过对比,如果对投资者有利,投资者将把债券提前回售给发行人(投资者行使"看跌期权"),这当然会对发行人不利。因此,赎回价格通常会略低于面值。例如,XYZ 公司发行于 2020 年 6 月 30 日到期最终回售的债券,并在条款中规定,债券可以在 2016 年 6 月 30 日开始的任何息票付款日提前赎回。如果该债券具有年度息票付款日,那么可以安排以下提前回售时间表(见表 11-17)。

表 11-17　　　　　债券（有看跌期权）提前回售时间表　　　　　单位：%

可能的卖出日期	赎回价格	注释
2016 年 6 月 30 日	98.0000	提前回售机会 §1
2017 年 6 月 30 日	98.5000	提前回售机会 §2
2018 年 6 月 30 日	99.0000	提前回售机会 §3
2019 年 6 月 30 日	99.5000	提前回售机会 §4
2020 年 6 月 30 日	100.0000	最终回售日期

（请注意，赎回价格的计算不在本书范围内。）

11.5.6.1　看涨期权

如果发行人提前赎回债券，这（对投资者而言）将是一个强制型事件（尽管从发行人的角度来说是自愿的），投资者将无法选择。投资者持有的头寸将在债券赎回前从其账户中扣除，并在适当的日期，赎回所得加上最终息票将被记入投资者的现金账户。从会计入账角度看，债券赎回所得款项（本金部分）记入资本账户，而息票记入损益表。公司行为部门需要注意，债券可能将提前赎回，他们也应该确保前台部门也知道这个情况。

11.5.6.2　看跌期权

提前赎回具有看跌期权的债券，从投资者角度看是自愿事件（因此对发行人是强制的）。投资者的公司行为部门需要从其托管人或（国际）中央证券存管机构被告知把债券回售给发行人的这一权利，并被建议赎回日期。公司行为部门将从适当的决策者（前台或客户）处寻求是否买回债券的决定。如果决定买回债券，则必须将指令发送给托管人或（国际）中央证券存管机构。在收到指令后，托管人将从仓库提取债券，并将其提交给发行人的付款代理人，付款代理人支付赎回收益和息票。

如果提前赎回的指令未提交给托管人或逾期提交，则托管人或付款代理人不会采取任何行动。这意味着决策者当然不会收到预期的赎回收益，但仍然保留债券。决策者可以选择在公开市场上出售债券，或者等待下一次机会将债券赎回给发行人，在我们的例子中，下一次提前赎回的机会在 12 个月以后。

11.5.7　债券转换

可转换债券是由公司发行的债券，可以由债券持有人转换为发行公司的股票。可转换债券通常的收益率通常比普通股高，但低于纯粹债券。大多数可转换债券可在合约转换日期或之前由债券发行人提前赎回。

若未提前赎回，当投资者决定将债券转换为股票，转换将是一个自愿事件（相反，如果可转换债券被发行人赎回，那么这对投资者来说将是一个强制型事件）。

关于可转换债券的全部特征信息将存储在证券数据库内。表 11-18 显示了可转换债券的主要转换特征。

表 11-18　　　　　　　　　　　转换详细信息

发行人	住友银行有限公司（The Sumitomo Bank Ltd）
发行	2000 年 9 月 30 日到期的 2.75% 可转换债券
本金总额	120 000 000 美元
单位面额	5 000 美元
息票付款日	9 月 30 日和 3 月 31 日（1985 年 9 月 30 日开始）
美元/日元	244.60
转换价格	2 142 日元
转换权	债券持有人可于 1985 年 8 月 5 日直至 2000 年 9 月 25 日之间任何时间转换

转换权是债券持有人的权利，债券可以在上述两个日期之间的任何时间进行转换。而如果投资者选择在两个息票付款日期之外的任何一天转换债券，则将会损失应计利息。

本债券的条款规定了将债券出示给转换代理人的方式以及随附的文档。与此转换相关的任何费用均由债券持有人承担。

问题：

1. 一张债券可以转换成多少股？
2. 如果债券持有人选择在息票付款日转换，在息票付款方面会发生什么？

答案：

1. 每张 5 000 美元面值的债券将被转换为 570.96171 股：
- 5 000 美元 × 外汇利率 244.60 = 1 223 000 日元。
- 除以转换价格 2 142 日元得到 570.96171 股。
- 根据条款，转换日不会发行零星股份；而如果同一债券持有人在同一时间提交多张债券进行转换，则计算将以多张债券的总额为基础。但是，在上述情况下，债券持有人只能收到 570 股。

2. 如果债券持有人选择在息票付款日转换，则将收到前一个息票期间的完整息票。

在特定情况下，可转债的转换价可能会调整，这些特定情况包括：

- 股份自由派发（例如股票股利）
- 股份的拆股或并股
- 向现有股东发放配股或认股权证
- 发行可转换为股份的其他证券

本可转换债券不仅要在这些情况下作出调整，而且可于1988年9月30日或之后，由表11–19所示的下列年度中的9月30日起计的12个月期间内被发行银行赎回。

表11–19　　　　　　　　　　　提前赎回时间表

年份	赎回价格
1988	104.0000
1989	103.5000
1990	103.0000
1991	102.5000
1992	102.0000
1993	101.5000
1994	101.0000
1995	100.5000
1996年最终赎回	100.0000

除可转换债券外，其他类似的结构性证券包括：

1. 可交换债券（Exchangeable Bonds）：债券持有人有权将债券转换为其他发行人的指定数量的证券（通常为其他发行人的股票）。

2. 强制可转换债券（Mandatory Convertibles）：强制要求债券持有人用债券本金兑换指定数量的替代证券。

3. 逆向可转换债券（Reverse Convertibles）：发行人（不是投资者）有权要求将债券转换为指定数量的股票。

倘若可转换债券没有被转换，债券则与纯粹债券一样，即它支付息票，并会在适当的时候被赎回。

11.5.8　资本化发行（送股）

当公司希望将其部分或全部留存收益转换为股本时，进行资本化发行。为此，公司创造了新股，并以特定比例向现有股东发送。该比率根据现有股份数量和新股数计算，如下例所示。

示例

2007 年 4 月，RBS 集团的股价一段时间内都相对高于伦敦证券交易所交易公司的平均股价。因此，RBS 决定通过向现有股东发行新普通股来降低股价。此事件称为送股。

送股条款规定，于 2007 年 5 月 4 日（登记日）营业时间结束时，股东持有的每股股份都将收到两股新股。

这样，股东现在持有的 RBS 股票数量是之前持有的 3 倍。例如，如果股东在 2007 年 5 月 4 日前持有 100 股，他现在将持有 300 股 RBS 股票（100 股现有股票 +200 股发行股票）。

由于这次送股，每股股票的价格被降低，正如 RBS 预期的那样，以反映新股的分配。股价发展情况见表 11-20。在 2007 年 4 月 30 日开始的一周内，RBS 股价为 1 657.35 便士每股。2007 年 5 月 7 日，它上升到 1 670.24 便士。但在送股的生效日期（5 月 8 日），收盘时它已跌至 554.47 便士每股。

表 11-20　　　　　　　　　　　　RBS 股价

生效日期：2007 年 5 月 8 日	数量	股价（GBX）	价值（GBP）
现有股票	1	1 670.24	1 670.24
送股	2	0.00	0.00
总股份	3	等于	1 670.24
送股后估价	3	556.75	1 670.24

您会发现，理论上的价格应该下降到每股 556.75 便士，但实际上股价进一步下降到 554.47 便士。这可以通过在当天执行的交易以及市场可能已经探测到的任何其他信息来解释。

送股是一项强制型事件而且是需要信息公布的事件，因此，投资者直接从发行人或从投资者的托管人处得到关于该事件的信息显得尤为重要。如果该送股事件没有事先注意到，如果发生了正如我们在 RBS 集团事件中看到的股价突然下跌，会让公司行为工作人员惊诧股票到底发生了什么事。

新股份通常享有与现有股份的同等地位，因此新股份可以添加到现有头寸。

11.5.9　配股（Rights Issue）

当公司希望筹集新资本时，它有多种选择，其中包括二次发行股份（配股）。通过配股，公司向其现有股东提供以市场价折扣的价格购买公司新股的权利。这个公司行为事件可以归类为"自愿"和"可选"（即并非强制）。从运营角度来看，这是一种风险很高的类型，必须非常小心确保沟通与处理绝对准确和及时。

表 11-21 列出了为什么配股问题重重的一些原因。

表 11-21　　　　　　　　　　配股的问题

1. 股东面临的选择	股东通常有四种选择： 　1. 在最后付款日期或之前支付金额接受要约 　2. 在公开市场上出售配股权 　3. 行使"零成本期权"（zero cost option）：出售足够的配股权，出售收入用于接受剩余要约 　4. 不采取行动，让配股权在截止日期失效
2. 时间	从配股的首次公告，到接受要约并完成支付的最后一天之间的时间大约为 3 个星期
3. 沟通	在这短暂的时间内，提出要约的公司必须向股东（直接或间接通过托管机构）传达全部细节
4. 可转让的权利	股东最初将收到一定数量的新股份的购股权，这些权利是可转让的。与配股本身一样，出售购股权是有时间期限的

让我们来看一个配股的例子——巴克莱银行。2013 年 7 月，巴克莱银行宣布拟通过将于 2013 年 9 月推出的配股方式募集约 58 亿英镑。该次发行的基本条款如下：

- 除权日：2013 年 9 月 18 日
- 配股权基础（配股比例）：持有四股现有普通股配一股新股（未缴款）
- 认购费用：每股 185 便士

表 11-22 列出的是从登记日开始，以寄出股票证书（对那些选择持有实物股票的股东来说）为止的期间内的关键日期。

（应该注意，术语方面的市场惯例可能因市场而异，这些差异将在关键日期列表中注明，并在此后加以解释。）

表 11-22　　　　　　　　　　配股关键日期

日期/时间（2013 年）	细节	参阅标注
9 月 13 日 收盘	登记日	~
9 月 17 日	表格发送（仅向持实物股票的股东）	1
9 月 18 日 8：00	（未缴款）新普通股交易开始	2
9 月 18 日 8：00	现有普通股除权	~
9 月 25 日 15：00	收到持有实物股票的股东出售配（未缴款）股权指令的最后时间，也是股东完成无现金买入的最后时间	~
9 月 30 日 15：00	分拆临时配股通知书（PAL）的最后日期，零付款或全额缴款	3
10 月 2 日 11：59	配股接纳及缴付的最后日期及已放弃的 PAL 登记	4
10 月 4 日 8：00	公布配股结果	5
10 月 4 日 8：00	（已全额缴款的）新普通股交易开始	6
截至 10 月 17 日 星期四	寄出最终股票证书，并寄出漏掉的购股权的付款支票	~

标注：

1. 在英国，股东（通常是零售股东）有时更喜欢持有实物形式的股票。也可以选择无纸化方式持有股票。

2. 在英国，配股权基础是指所持有的现有普通股数量对应新（未缴股款）普通股数量的配股比例。在其他地方，配股权基础将分为两部分：

a）现有普通股数量对应配股权数量的比例。

b）配股权（再加上缴付的股款）数量对应新普通股数量的比例。

3. "暂定配额通知书"（Provisional Allotment Letters，PAL）是在未缴股款配股权（Nil Paid Rights，NPR）为纸质形式的时候使用的，并且当 NPR 被出售时，PAL 是作为认购费用进行支付的。

4. 当卖家出售 NPR 时，他不得不放弃它们的所有权。这是通过在交付前签署 PAL 实现的。买家将它们的详细信息添加到 PAL，并重新提交注册。

5. 10 月 4 日，该银行宣布配股 95% 的认购率（其中 5% 的差异主要是由于一些股东位于限制配股发行的国家因而无法完成认购而造成的）。

6. 一旦 NPR 被认购，他们被称为完全已缴足股份（fully paid shares）。如果这些股票与现有普通股享有同等地位，那么两类股份合并。然而，如果新股不具有与现有普通股的同等地位，则暂时必须保持两类单独的股份，直到限制解除为止。

11.5.9.1 理论除权价格和未缴股款配股权的价格

在大多数情况下，NPR（或认股权）是可转让的。股东可以以什么价格出售或购买 NPR？为了回答这个问题，我们必须首先计算出理论除权价格（theoretical ex‐rights price，TERP）。理论除权价格的计算是通过采用比率（在这种情况下为 1:4），将现有股票的市场价值（4）加到 NPR 的认购费用（1）上面去。

表 11-23 显示了配股信息和表 11-24 显示了如何计算。

表 11-23　　　　　　　　　　巴克莱配股信息

已知信息	
比例	1 只新股：4 只现有股份
认购价格	GBX185.0/股
现有股票当前市价	GBX309.5/股

计算：

表 11-24　　　　　　　　　　巴克莱配股计算

条件	价格（GBX）	价值（GBX）
如果 4 只现有股票 @	309.5	1 238.0
1 只新股 @	185.0	185.0
那么 5 只股票	价值	1 423.0
因此 1 只股票（i.e. TERP）	价值	284.6

我们可以发现，一只新普通股在理论上值 284.6 便士/每股——低于市场价格。当市场价格为 309.5 便士时，计算 NPR 的价值。取 TERP 并减去认购价得出 NPP（284.6 – 185.0 = 99.6）。因此，NPR 的潜在购买者将准备以 99.6 便士购买它们，并支付认购费用 185.0 便士（共 99.6 + 185.0 = 284.6 便士每股）。

各截止日期在配股章程中有所规定，不遵守章程将对业务产生影响，主要产生财务和声誉成本，如以下情况所示。以巴克莱银行行为例，假设您在基金管理公司的行为部门工作。您的客户在该行股票中的仓位如下：

- 客户 A 1 000 000 股普通股
- 客户 B 2 500 000 股普通股
- 客户 C 1 500 000 股普通股
- 客户 D 5 000 000 股普通股
- 总计：10 000 000 股普通股

您已与您的前台同事沟通并寻求他们的决定。他们决定接受要约，使用配股权购买新普通股。接受要约和付款的最后一天是 10 月 2 日星期三，最晚 11：59。到目前为止没有任何问题。

然而，您犯了一个简单的错误，您将最晚的时间记录为 23：59 而不是 11：59。如果您决定在 17：00 发送信息，会被告知时间太晚，并且您的申请被拒绝。

问题：
接下来会发生什么以及财务后果是什么？

答案：
您的客户还在期待以每股新普通股 GBX 185.0 的成本购买更多的股票。由于您错过了截止日期，您的前台将必须在市场上购买股票，但只向客户收取认购费用（GBX 185.0）。因此，您的财务损失为市场成本和认购费用的差额，加上与交易相关的印花税、经纪佣金等的费用，如表 11 – 25 所示。

表 11 – 25　　　　由于错过认购配股导致的损失

错失 2 500 000 股新股的配股认购，造成的总损失（不包括交易费用）为 2 209 628.13 英镑，计算如下：		
您购买 2 500 000 股巴克莱银行普通股@ 271.35 p/股	=	GDP6 783 750.00
加经纪佣金（假设 0.25%）	=	GDP16 959.38
购买金额	=	GDP6 800 709.38
加上印花税（SDRT @ 0.5%）	=	GDP33 918.75
减去向客户收取的认购费用（250 万股，每股 185.0p）	=	GDP 4 625 000.00
账户的综合损失	=	2 209 628.13

您会将您犯的错误告知客户吗（即使客户在财务方面不会遭受损失）？当然，

前台一定会得到消息,因为它需要在市场上执行交易。对于实际的客户,比较具备职业道德的选择将是承认错误,并确保客户没有因为错误遭受财务损失。

11.5.10 其他事件类型

我们已经介绍了几种较常见的公司行为事件类型。当然还有许多其他类型,它们的定义可见本章末尾的附录11.1。对某些可能影响股本金、股票面值和发行股票总数的公司行为,很容易产生混淆。表11-26展示了这些公司行为的一些差异。

表11-26　　　　　　　　　　其他公司行为

公司行为事件	资本增加/减少	股票面值	已发行股份数目
增资(capital increase)	增加	增加	不适用
减少已发行股份(reduction of issued shares)	减少	不适用	减少
减少面值(reduction of face value)	减少	减少	不适用
拆股(subdivision/split)	不适用	减少	增加
并股(consolidation/reverse split)	不适用	增加	减少

最后,新股份与现有股份的比率的表达方式可能因市场而异。典型的例子是比较美国和大多数其他市场。例如,当我们看RBS集团配股的案例时(上面),我们发现该比率是每两股新股对应一股现有股票,即2∶1。我们也看到,事后股票的数量是事前的3倍。如果这是美国的送股,比率将按3∶1来表达,换句话说,股东事前有一份股票,在事后总共有三股股票。

因此可以看出,这两个比率实际上是相同的,只是说法不同。这可能会使其对客户/股东造成混淆,例如,当一个欧洲的托管人将信息传递给美国客户时。避免潜在混乱的一种方法是额外说明客户现拥有的股份数量,客户将接收(或交割)的股票数量以及公司行为结束后的股票数量。

我们之前看到了大多数公司行为事件所需的九个阶段:

1. 事件公告。
2. 对账(事件前)。
3. 事件创建。
4. 索赔处理。
5. 指令处理。
6. 权利计算。
7. 付款/交割。
8. 对账(事件后)。
9. 报告。

并不是在所有情况下都需要这些步骤，例如，送股和债券转换的公司行为中没有"支付"的环节；有些事件也可能不需要"索赔"；强制型事件也涉及不到任何"指令处理"。然而，这个列表可以作为一个好的参考。

11.6 信息流

11.6.1 引言

我们快速浏览了图 11-1 中发行人和投资者之间的沟通链。在本节中，我们将详细分析沟通方面的一些问题和解决方案。

11.6.2 沟通问题

结算和清算在不同资产类别和不同市场中存在高度标准化。与结算和清算不同，公司行为极其错综复杂，主要是由于非常广泛的公司行为事件类型的非标准化性质。除此之外，还有跨越语言、时区与国家的交流困难。难怪该行业会遇到比其他行业还多的问题。

金融行业对公司行为的复杂性的问题毫无办法，因为发行人会自主选择：想要做什么，以及如何自主定制事件，以适应自己的特定情况。

我们已经看到，除非发行人和投资者之间有直接的沟通联系，他们之间必须有一组中介机构。我们现在将研究信息是如何从发行人传达到投资者，然后从投资者再传达到发行人的。在图 11-4 中，您将看到，根据沟通链中的机构类型，我们要采取不同的沟通方式。

问题：

您认为，当在涉及全球托管人的情况下，每个主要类型的中介机构之间的沟通链中有哪些风险？

答案：

一些沟通风险及其原因和缓解措施如表 11-27 所示。

表 11-27　　　　　　　　　　　沟通风险

风险类型	原因和缓解措施
数据/信息获取风险	数据标准，信息的及时性和准确性
重置风险	由于犯错导致的财务成本
决策/选择风险	要么是做出错误的决定，要么是没有按时作出决定
声誉风险	犯错会损害公司在市场上的声誉
对账风险	糟糕的对账可能导致错过参与公司行为事件的机会

本章有更多详细的解释。

11.6.3 全球沟通链

从发行人传送给投资者的各种信息项目在图 11-5 中以白色线条显示，相反方向的相应决定以黑色线条显示。

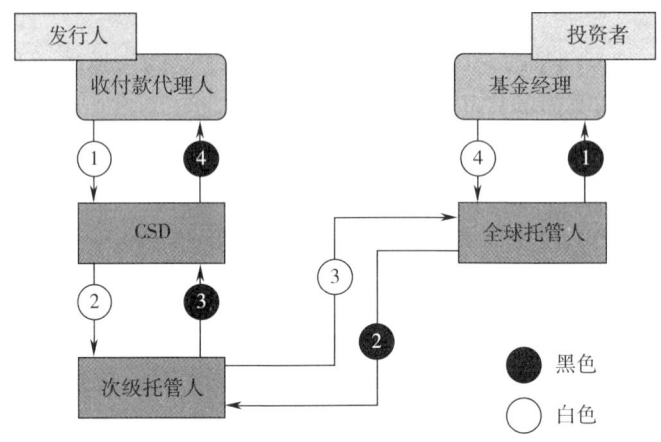

图 11-4 通过全球托管人进行沟通

11.6.3.1 信息从发行人到投资者

如果我们考虑一个"公布的"且"自愿的"公司行为（例如配股）的情况，并假设发行人和投资者置于两个不同的国家因而情况更加复杂。我们在"配股"一节中看到，从公布到最后一天，留给接受要约和完成支付的时间非常有限，更何况这类公司行为有其固有的与其自愿性相关的风险。

图 11-5 中的白点 1 显示了发行人提供的任何信息和公告的起点；其代理人将把信息传递给适当的中央证券存管机构（CSD），并从那里（白点 2）转移到代表其客户全球托管人（白点 3）行事的次级托管人。来自白点 1 到白点 3 的信息都是通过 SWIFT 开发的"标准消息类型"发送的。这些消息不仅是标准化和已认证的，而且要被四种中介结构使用。然而有一个缺点，即在沟通链两端的发行人和基金经理很可能不是 SWIFT 网络的直接参与者。如果他们不是直接参与者，他们不能使用适当的"消息类型"，而是将需要使用替代的沟通方法，例如电子邮件、传真、硬拷贝（实物）消息等。这些替代方法的缺点包括需要花费额外的时间和努力来准备、检查、传输、接收、检查和重新输入 SWIFT 消息格式中去。还存在传入信息可能被错误地重新键入的风险，导致从提供者到接

受者的不准确或不正确的信息。可能的解决方案是什么？是允许所有参与者直接访问 SWIFT 的"消息类型"。这样做，处理将更接近"直通处理"（Straight Through Processing）的理想状态。

假设基金经理及时准确地收到这些信息（假设在克服了上面提到了潜在问题之后）。基金经理的公司行为部门已收到这些信息，必须进行相应的检查以验证信息，在系统中输入详细信息，并向前台工作人员提交详细信息以便其做出决定。记住，操作部门没有权力来做这种决定，而是前台来做。

现在让我们考虑将投资者基金经理的决策细节传递给发行代理人所需的时间。

11.6.3.2　信息从投资者到发行人

如果我们从"配股"这类公司行为事件的接受要约和完成支付的最后一天，往前数，一直到前台必须作出决策的那天，我们可能有以下时间表，如表 11 – 28 所示。

表 11 – 28　　　　　　　　　　决策时间表

过程	前置天数	日期
最后一天接受要约和完成付款（从中央证券存管机构）	最后日期（LD）	2014 年 5 月 30 日，星期五，12：00
中央证券存管机构从其客户（次级托管人）处接收决定	LD – 2	2014 年 5 月 28 日，星期三，17：00
次级托管人从其客户处（全球托管人）处接收决定	LD – 3	2014 年 5 月 27 日，星期二，17：00
全球托管人从其客户（基金经理）处接收决定	LD – 5	2014 年 5 月 23 日，星期五，15：00
基金经理从其公司前台部门接收决定	LD – 5	2014 年 5 月 23 日，星期五，12：00

因此，我们可以看到，前台部门须在最后一天前的一个星期就是否接受配股作出决定。您认为基金经理会如何回应？基金经理很可能要求将决定延迟到实际的最后日期（LD），或者尽可能接近截止日期时间。

为什么会是这样？答案很简单（对于基金经理），但是对处理这种情况的公司行为人员来说是一个挑战。市场上可能发生很多事情，对于这个特定的事件，认购费用是否是可接受的折扣价是一个问题。例如，如果现有股票的市场价格为每股 11 欧元，接受每股新股份 15 欧元的认购费用将是一个很差的投资决定。

因此，虽然中介机构都希望尽早地收到决定（白点 4），而决策者想要将其延迟到最后可能的时刻。然而，在每个中介机构自己的内部期限内有一定程度的灵活性。这是为了允许有尽可能多的时间让他们的客户做出响应。

例如，全球托管人将在他们的决定请求中添加以下附加条款："如果我们在 ×月×日，××时间前没有收到您的指令，我们将不采取任何行动。但是，如果我们在此截止日期之后但在最后日期（LD）之前收到您的指令，我们将尝试以'尽力而为'的方式提交您的指令。如果这些指令错过了发行人自己的截止日期，我们将不会被追究责任，而您的客户可能会不满意。"

11.6.4　地方沟通链

在地方环境中的沟通问题没有这么复杂。全球托管人与其跨境问题现已从沟通链中移除，语言、时区和不同处理方法的问题不再存在。作为次级托管人的银行现在以地方托管人的身份行事，如图11-6所示。

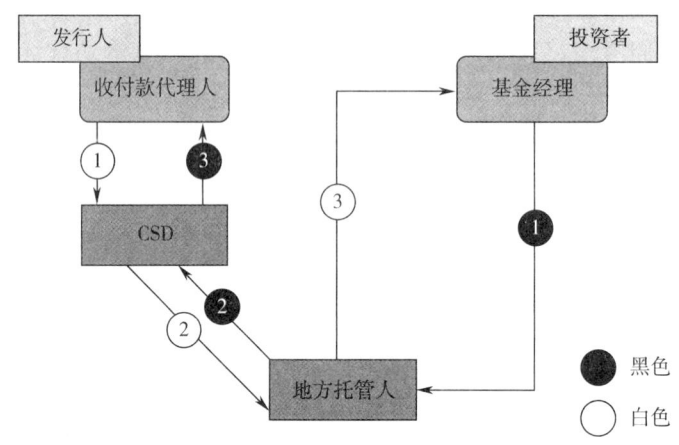

图11-6　通过地方托管人的沟通

11.6.5　国际中央证券存管机构链

之前探讨的通信链主要适用于股票。对于国际证券，如欧元债券，我们将两个国际中央证券存管机构（ICSDs）纳入框架。

因此，我们可以看到，在图11-7中，全球托管人和一个或两个国际中央证券存管机构彼此相互沟通。对于与债券相关的公司行为，国际中央证券存管机构与特定或共同存管机构进行沟通（根据债券实际持有的方式）。

在某些情况下，国际中央证券存管机构与一些中央证券存管机构具有双边联系，并可通过这些链接针对股权相关的公司行为进行沟通。

11.6.6　小结

我们已经看到，发行人和投资者之间很难实现直接沟通。因此，需要使用中介机构进行沟通，而根据中介机构的类别不同，会有不同形式的沟通难题。

沟通链越长，确保投资者尽快、准确地被告知任何公司行为细节所需的时间越长。一旦投资者对"自愿"事件作出决定，尽快地将决定传达给发行人也是必需的，以便投资者可以从选择中受益。

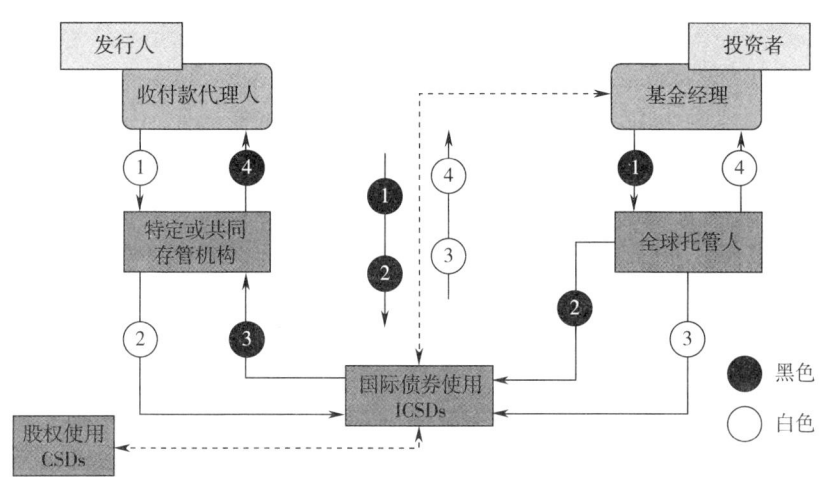

图 11-7　ICSD 与存管机构、全球托管人和基金经理的沟通

使用标准化的沟通系统，例如 SWIFT 提供的"消息类型"，以及将投资者和发行人纳入 SWIFT 网络，都可以缓解许多沟通难题。

11.7　公司行为的风险

11.7.1　引言

几年前，金融数据供应商 Exchange Data International 在其网站上发布了以下言论：

"在大多数金融机构，目前处理公司行为的流程主要是以纸质为主，难以管理、容易出错、既时间密集又劳动密集，而且不构成客户管理流程的一部分。"

这个论点现在已从网站上删除了，但所提出的挑战仍然存在，即使现在大部分的运营处理都被合理标准化和自动化。

我们将考虑"……主要是纸质的、难以管理的、容易出错的、既时间密集又劳动密集……"这些问题带来的风险。

公司行为中的主要风险来源可归纳如下：

1. 数据/信息风险。
2. 重置风险。
3. 决策/选择风险。
4. 声誉风险。
5. 对账风险。

问题：

从您对公司行为的了解中，什么可能导致上述一些风险，以及如何减轻其影响？

答案：

这里有一些可能的"挑战"。根据各地市场惯例不同，可能有不同的问题（见表 11-29）。

表 11-29　　　　　　　　　　公司行为风险

(1)	如果股份以投资者的名义登记，投资者将须亲自出席股东大会进行投票。如果投资者拥有地域广泛的国内投资，要前往股东大会的会议地点出席所有会议会很困难。如果投资者的投资组合包括地理上不同的投资标的，出席所有会议几乎不可能
(2)	如果股份以代理人的名义注册，基金经理有与（1）相同的问题，但可以很大程度上得到缓解
(3)	对所拥有的股份在1%以下的零售投资者，要亲自参加股东大会的要求，也会削弱其投票的欲望
(4)	相比之下，基金经理控制几个百分点的实质性投票权益，他虽然可能希望行使表决权，但不能负担参加股东大会的时间和成本
(5)	中央证券存管机构内的股票是由地方/次级托管人的要求（而不是实际投资者的要求）持有。因此，中央证券存管机构不知道最终投资者的身份。只有地方/次级托管人代表可能代表了第三方进行投票，这个第三方可能是实际投资者或投资者的代理人（例如另一个托管人）

本节剩余部分详细阐述我们对这些问题的看法。

11.7.2　数据/信息获取风险

发行人传播关于公司行为信息的途径多种多样。由于不同市场有不同程度的标准化程度，在发达市场标准化程度更高，在发展中/新兴市场标准化程度较低。缺乏标准化会导致人工干预而不是自动信息获取，必须检查数据以确保准确性（也称为"数据清理"）。

全球托管人需要检查不同供应商提供的相同信息至少两次。

信息标准如 ISO 15022 和后来的 ISO 20022 缓解了这种困境。因此，买方参与了 SWIFT 系统，最近由非银行金融机构和大公司参与。这是原来"只有银行"参与 SWIFT 的一个重大变化。

在"沟通链"中我们看到，发行人通过许多不同中介机构的通知投资者，让投资者有足够的时间了解信息并采取必要的行动，是一件非常具有挑战性的事。

11.7.3 重置风险（Replacement Risk）

此风险是投资人已经向托管人发出接受要约指令，但是托管人错失机会所导致耗费的精力、成本和尴尬。如我们之前所看到的错过的配股要约的例子，财务成本可能很大。

11.7.4 决策/选择风险

这种风险适用于自愿事件，包括公布和可预测事件。如果选择被延迟或错过，几乎是肯定会造成经济损失，并且成本可能非常高。示例如表 11-30 所示。

表 11-30　　　　　　　　　　　决策/选择风险

公司行为事件	可预测/已公布	错过选择的影响
配股	已公布	在市场上购买股票。损失等于购买成本减去申购成本（加交易成本和相应的印花税）
债转股	可预测	• 在市场上卖出债券和买入股份； • 如果转换早于（例如）息票付款日期，则会损失应计利息
代理投票	已公布	未能就某项决议案投票，可能会妨碍发行人取得足够票数以通过该决议案
可选的股票股利	已公布	投资者可能决定选择非默认选项，但未能及时提交必要的表格。因此，使用现金股利（通常默认选项）购买股票，可能需要额外的现金来实现
有看跌期权债券的提前赎回	可预测	• 保留投资组合中的债券 • 在公开市场卖出债券，如果适用，退还任何现金差额
市场索赔	任何一种	• 应采取迅速行动，确保收到（或交割）正确金额的资产 • 如果新头寸随后被出售而无法交割，可能产生资金影响

公司行为系统不仅应帮助处理这些公司行为，而且还应按照绝对期限的方式，随着截止日期到来而加大警示力度。

11.7.5 声誉风险

如果出现频繁的错误，投资者代理人（如基金经理、托管人等）的声誉可能会不可挽回地受损。客户可能选择离开或通过诉讼寻求损害赔偿，前台可能会失去对公司行为部门的信任，如果客户利益长期受损，监管机构可能处罚和谴责公司。

11.7.6 对账风险

受到任何类型的公司行为事件影响的头寸应在事件开始时和事件结束时进行对账。对于一些需要相当长时间的事件［例如同组行为（class actions）和收购]，应该定期与前台部门或投资者进行对账。这确保了股份或债券数量的正确，市场索赔行为顺利发起和得到回应，并根据需要完成接收或交割。

11.8 行业举措

11.8.1 引言

虽然公司行为事件具有风险和复杂性（因而继续改善），改善公司行为的行业举措都似乎没有跟上像清算和结算那样的发展步调。向 T + 2 结算发展只是推动这部分市场运营功能标准化的一个例子。

早在 1990 年，国际证券服务协会（ISSA）的工作就发现了这方面的一些弱点，从那时起，各个协会和工作组开始尝试改变公司行为事件的处理方式。

此外，1990 年，毕马威会计师事务所[①]的 Peat Marwick McLintock 就这一问题提出了若干意见，包括："当托管人收到客户意向告知比较晚时，通常会出现（与决策/选择有关的）问题"，以及"在大多数情况下，未能针对指令采取快速行动将导致经济损失，利息索赔和客户关系不佳"。

您将在本节中看到，行业举措方面将会涉及哪些机构，他们提出了什么建议，以及还有什么问题需要解决。

11.8.2 国际证券服务协会（ISSA）

成立于 1979 年，以满足"……在迅速变化的证券市场中传播信息……"的需要[②]。1990 年，ISSA 在其两年一次的研讨会 §5（ISSA 5）中商定了一些建议，包括建议 5。

建议 5（ISSA 5）

> 应使用标准消息，并为各种公司行为制定时间框架。应对两种公司行为事件进行区分：一种是需要客户及时反应的公司行为；另一种是仅涉及简单通知并无须反应的公司行为。
> 信息必须同时以电子方式和纸质方式提供。每一个市场中必须指定一个中央机构，无论是公共的还是私营的，供国内还是国际机构使用，作为官方的数据载体。

---

① KPMG Peat Marwick McLintock（1990），"全球托管：在这个不断变化的世界的解决方式。"由欧洲货币出版有限公司出版；ISBN 号码 1855640422（第 53～目不暇 55 页）。

② 资料来源：ISSA（官网），"关于 ISSA/历史"，参见 http://issanet.org/e/2/hist.html。

到 ISSA 6 举行时（1992 年），指出了当时许多现行做法的缺点，并提议了一个关于"公司行为类型"标准化的建议[①]。例如，在"资本化发行"和"送股"之间进行选择时，ISSA 指出："'送股'的概念有些误导性，因为只是将资本公积金转换为股本，即股东没有收到赠送的的'额外奖励'"。

此外，"公司行为（代理投票）工作组"起草了一份新的职权范围说明。到 2010 年 5 月，工作组将其全球公司行为原则定为："……集合当前行业各方努力以实现更有效的全球公司行为处理环境。"

工作组目前由花旗银行的 John Kirkpatrick 主持工作，于 2013 年 9 月发布了一份进展更新报告。在第 2 节中，该报告突出了自 2012 年上次更新以来取得的进展。总而言之，描述了三个方面：

1. 努力试图说服发行人宣传《原则》在很大程度上是不成功的，因为他们并不认为是问题出在他们身上。

2. 因此，工作组决定尝试接触中央证券存管机构和证券交易所，并说服它们成为在其各自市场中公司行为信息进行集中化的主要机构。中央证券存管机构也因此接受了调查。

3. 自从数据被数字化后，公司行为过程的无纸化进程取得了显著进展。行业对 ISO 20022 标准的采纳对自动化速度的提高有很大帮助。

如果您对公司行为特别感兴趣，可从 ISSA 网站（http://issanet.org）获取以下文件：

- 全球公司行为《原则》报告（2010 年 5 月）
- 2010 年 5 月《原则》报告的附件
- 公司行为和代理投票的全球准则：进度更新报告（2013 年 9 月）

11.8.3　Giovannini Group

Unifortune SGR Spa 首席执行官 Alberto Giovannini 博士收到欧盟委员会的邀请："……讨论金融市场的基础设施中最基本的支柱：即可以确保在欧洲经济体内交易的证券从卖方到买方正确交割的系统。"

在 2001 年 11 月发布的两份报告中的第一份报告中，Giovannini Group 确定了 15 个所谓的欧盟高效跨境清算与结算的障碍。关于公司行为，障碍 3 具有最重要的意义，它建议应在欧盟一级协调关于公司行为（及其他领域）的规则。

[①] 资料来源：ISSA（1992），"关于跨境代理投票和公司行为的报告——附录 4"（第 21~23 页）。现在官网已删除了这份报告。

Giovannini 报告——障碍 3

> 障碍 3：对于公司行为、实益所有权和托管有关的国家规则的差异。
> 国家在管理公司行为的规则方面的差异……可能是有效跨境清算与结算的障碍。由于公司行为通常需要证券所有者的反馈，因此如何管理它们可能需要专门的当地经验和/或在当地提交有形文件，因此抑制了证券结算和托管的集中化。
> 在公司行为方面的特殊困难来自于补偿和现金应计项目处理的不一致，以及来自将公司行为的结果应用于开放交易的不同做法……
> 如果要进行欧盟股票市场的整合，则必须努力提高公司行为规则的一致性。更具体地说，针对中央证券存管机构之间关于公司行为的沟通的 ISO 15022 标准的实施将有助于加速跨系统的信息传播。

节选自障碍 3：第一份报告——跨境清算与结算
欧盟安排（2001 年 11 月）Giovannini 报告

在第二份报告（2003 年 4 月）中，专家组审议了应采取哪些行动，以消除第一次报告中提出的问题。它确定了两个基本方面：

1. 各种规则，信息要求和公司行为的最后期限；
2. 证券市场的规则和法律。

该报告提到，欧洲中央证券存管协会工作组已经考虑使用 ISO 15022 标准来创建信息传播模板。

11.8.4 欧洲中央证券存管协会（ECSDA）

ECDSA 于 1997 年成立，并为"中央证券存管机构交流意见和推进相关项目"提供一个平台。

ECSDA

> ECSDA 代表 37 个欧洲国家的 41 个国内和国际中央证券存管机构。该协会为欧洲中央证券存管机构提供了一个交流平台，以交流意见和推进相互关心的项目。其目的是促进中央证券存管机构、欧洲监管当局和其他所有利益相关者之间的建设性对话，以期实现最佳的清算和结算监管框架。

资料来源：ECSDA（官网），"一个欧洲 CSDs 的交流平台"，网址：www.ECSDA.eu/about.html。

作为所谓的广泛利益相关者集团（Broad Stakeholder Group，BSG）的一部分①，ECSDA 于 2013 年 2 月发布了第五次实施进度报告，即 2012 年事件报告（关于解决 Giovannini 障碍 3）。②

BSG 承诺："……引导、监测和协调私营部门行动，以便全面及时地实施公司行为处理的市场标准……"③

该标准的全文可以在欧洲银行联合会的网站上找到④。这是一份非常详细的文件，主题涉及以下领域：

- 整个相关方链条的信息流；
- 关键日期及其顺序；
- 公司行为的运营处理。

……并涉及以下公司行为……

- 派发
- 现金派发（如现金股利、利息支付）
- 证券派发（如股票红利、送股发行）
- 具有选择权的派发（例如可选股息）
- 重组
- 带有选择权的强制重组（如转换）
- 强制重组（如拆股、赎回）
- 自愿重组（如要约收购）

- 交易管理
- 市场补偿（分配）
- 转换（重组）
- 买方保护（选择性公司行为）
- 从发行人到发行人的（国际）中央证券存管机构的信息流
- 从发行人的（国际）中央证券存管机构到其参与者的信息流
- 从（国际）中央证券存管机构参与者到最终投资者的信息流

---

① BSG 包括了欧洲发行人协会，欧洲中央证券存管协会（ECSDA），欧洲银行联合会（EBF），欧洲合作银行协会（EACB），欧洲存款银行协会（ESBG），欧洲金融市场协会（AFME），欧洲证券交易所协会（FESE）和欧洲清算所协会（EACH）。欧洲股票投资人协会有观察员席位。

② 资料来源：ECSDA（官网），"消除 Giovannini 障碍 3：公司行为处理的市场标准 & 大会——第五次进展报告和 2012 年活动报告"（2013 年 2 月），网站：http：//www.ecsda.eu/uploads/tx_doclibrary/2013_02_28_5th_BSG_Report.pdf.

③ 同上。

④ 资料来源：EBF（官网），"欧洲市场标准/重要文档"，网址：www.ebf-fbe.eu/index.php?page=market_standards。

- 关键日期
- 处理

欧洲市场实施小组（E－MIG）正在实施该标准。E－MIG 在 2012 年 11 月举办的研讨会上得出的两个结论是：

- 标准实施的总体进展稳定但缓慢，然而，加速努力将可能导致不必要的"偷工减料"。
- 标准的优先化处理被认为有助于集中有限的资源，然而具有较低水平的市场实施优先化处理则不可取。

报告的实施水平见表 11－31。

表 11－31　　　　　　　　标准实施水平

公司行为类型	8 个主要市场*	所有报告的市场
现金派发	75% 满足 17% 进行中 8% 未满足	69% 满足 19% 进行中 12% 未满足
证券派发	69% 满足 19% 进行中 12% 未满足	65% 满足 23% 进行中 12% 未满足
含有期权的派发	53% 满足 35% 进行中 12% 未满足	50% 满足 27% 进行中 23% 未满足
含有期权的强制重组	62% 满足 23% 进行中 15% 未满足	59% 满足 19% 进行中 22% 未满足
强制重组	72% 满足 15% 进行中 13% 未满足	70% 满足 19% 进行中 11% 未满足
自愿重组	67% 满足 18% 进行中 15% 未满足	58% 满足 22% 进行中 20% 未满足

资料来源：ECSDA，"公司行为标准的实施状态，2012 年秋"。

11.9　公司治理和代理投票

11.9.1　引言

公司实体被管理和控制的方式被称为公司治理。公司治理尤其是指公司与内部利益相关者（例如董事会、高级管理人员和员工）和外部利益相关者（例如股东、债券持有人、供应商、客户、政府机构等）进行互动的方式。

就本书而言，我们只关心公司与其股东及债券持有人之间的关系。

［欧洲公司治理研究所在其网站（www.ecgi.org）上提供了一些有用的信息，包括联合国和许多成员国公司治理准则的全文。］

11.9.2 与股东的关系

公司董事会有责任与股东对公司目标的相互理解保持对话。这包括与大股东讨论公司的治理和对战略进行沟通，并听取股东的意见。

公司使用股东大会与股东沟通，并要求他们就以下问题的议案投票：

- 选举董事
- 任命审计人员
- 批准章程和章程变更
- 根本性改变，例如：
  - 修改公司名称
  - 修改关于注册地点、股份转让限制条件、事件限制和涉及合并、解散和延续等事项的变更等事项的条款
- 出售所有或大部分的公司资产

您应该知道，股东不参与公司的日常管理，这是公司董事和经理的责任。

通常，普通股股东每股有一票投票权。而且：

- 每股 B 类普通股每股有 10 票投票权
- 无表决权的普通股不含投票权

这些议案会在股东大会前向股东发送。股东名册在股东大会前至少十天关闭，以便公司秘书编制股东名单和统计每个人持有的股份数目。

然而，这意味着，在理论上，股东必须出席股东大会，以便行使其投票权。

问题：

希望投票的股东面对哪些运营方面的挑战？

答案

挑战包括：

1. 如果股份以投资者的名义登记，投资者将须亲自出席股东大会去参加投票。如果投资者拥有广泛的国内投资，并且必须亲自前往股东大会的会议地点，出席所有会议会很困难。特别是，如果投资者的投资组合包括地理上不同的投

资标的,出席所有会议几乎不可能。

2. 如果股份以代理人的名义注册,基金经理有与(1)相同的问题,但很大程度上缓解。

3. 由于需要亲自出席股东大会,投票权不足1%的零售投资者的投票欲望会被削弱。

自20世纪90年代初以来,特别是自1992年Cadbury报告在英国公布以来①,已有越来越多的举措鼓励各种规模的投资者(公司所有者)更多地关注他们所投资公司的公司治理。因此,越来越需要就股东大会上提交的议案进行投票。

面对上述挑战,必须有替代方案能进行投票。三种方式被提出:
- 电子投票(即无须亲自出席股东大会)
- 降低参与成本
- 允许第三方代表投资者投票(即允许代理投票)

11.9.3 代理投票

因此,代理投票发生在股东指派第三方代表他/她投票时,通常是在股东缺席的情况下。根据当地惯例,投资者可以请托管人出面投票或向公司代理人发送代理卡。对于提交股东大会的每项决议,股东可选择请其代理人投票:

a)赞成议案;

b)反对议案;

c)弃权。

我们上面已经注意到,除非股东和公司董事之间存在某种冲突,否则投票通常不是大多数股东的一个问题。在21世纪,这种情况已经改变,股东更愿意通过投票机制表达意见。

这给行业带来了一些问题,尤其是公司(发行人)和股东之间的沟通链。如果代理投票要正规化,那么在时间和信息问题上必须有一定程度的标准化。在1992年的研讨会上,ISSA报告了跨境代理投票的情况,并就改良程序和审查信息数据提出了建议。

11.9.3.1 时间安排

ISSA提出了一个标准化的时间表,使发行人和股东之间能够有效沟通(见

---

① 公司治理财务委员会,由Adrian Cadbury和Gee公司主导(1992年12月1日)《公司治理的财务视角》,参见 www.ecgi.org/codes/documents/cadbury.pdf。

表 11 – 32）。

表 11 – 32　　　　　　　　　　表决时间表

会议日前几（营业）日	发起人	进行事项
25	公司/发行人	宣布会议、议程和决议
22	公司代理银行和托管银行	每日从中央数据库和/或从代理人/中央证券存托机构接收信息
22	托管银行	关于持有股份的客户以及关于代理投票的指令的信息
17 – 12	持有股份的客户	向托管银行投票发出指令（赞成/反对/弃权）
7	托管银行	暂停客户持有股份的交易，直到会议之后
6	托管银行	向中央证券存托机构或代理人索取代理卡
3	托管银行	向公司或其代理人发送投票指令

资料来源：会议投票，ISSA 6（1992 年 5 月），"跨境代理投票"（第 240～247 页）。

引入这个时间表（或类似的时间表）有助于确保股东可以以标准化和有序的方式投票。

11.9.3.2　数据格式

与结算和公司行为事件类似，代理投票也可以采用适当的 SWIFT "消息类型"进行发送。存在两种适用的消息类型：

- MT 560——债券和股东大会通知
- MT 561——投票的代理或授权和指令

代理投票基本上包含三组信息（A～C），并且包括三个步骤（1～3）：

- A 组：包括公司名称和地点，会议的时间和地点，证券识别码和议程项目的基本信息
- B 组：包括涉及的证券数量、账户持有人以及从托管人到受益所有人的任何信息的账户参考信息
- C 组：投票指令

三个沟通步骤包括：

1. 公司邀请所有有关各方参加会议（包含 A 组信息）。
2. （地方/次级/全球）托管人通知实益所有人（A 和 B 组信息）。
3. 希望使用代理投票的实益所有人，必须授权第三方代理（A、B、C 组信息）（否则，实益所有人直接与本公司接洽）。

11.9.4　与优先股股东的关系

优先股股票包含普通股不具有的一些特征。这些特征可以包括：

- 股息：大多数优先股有固定的股息金额，以股价的百分比或每股金额表示。公司必须在普通股股东之前支付优先股股东。
- 清算：优先股股东高于普通股股东，但是低于其余债权人。
- 可转换性：如果优先股具有转换特性，投资者有权将优先股转换为普通股。
- 投票权：通常优先股股东没有投票权。然而，在某些情况下，如果股息没有得到，股东可以获得投票权。

11.9.5 与债券持有人的关系

债券持有人是公司的债权人，没有投票权。相比之下，股东合法拥有发行公司的股份。在正常的事件过程中，公司对其股东而不是其债券持有人有受托义务。

11.9.6 公司破产或破产保护

如果公司在申请破产保护或申请破产之前陷入财务困境，以上谈到的这些关系可能会改变。在这种情况下，应委任一个委员会来顾全债券持有人的利益。如果公司破产或进入破产保护，如果公司有足够多的资产，那么所有债权人将得到偿还。与此同时，债券持有人将不会再收到息票，股东也不会再收到股息。

通常根据向公司提供资金的风险程度，债权人偿还存在优先顺序(见表11-33)。

表11-33　　　　　　　　偿还债权人的优先顺序

优先顺序	债权人的地位	示例
第一级	有担保债权人	由资产支持的贷款——基础资产可计量
第二级	无担保债权人	贷款只由发行人的信用支持
第三级	一般债权人	商品和服务供应商
第四级	股东（优先股）	优先股股东的偿付额通常等于优先股的面值
第五级	股东（普通股）	股东只有剩余权利，并且排在最后，因为他们是公司的所有者

11.9.7 披露报告

问题：

如果您持有公司50%的有表决权的股份，再加上一股股票，您会成为？

答案:

您实际上将成为该公司的多数所有者,最大的单一股东。由于将永远赢得在股东大会(或特别股东大会)上表决的任何投票,您将实际控制该公司。

～～～～～～～～～～～～～～～～～～

从公司的角度来看,这可能不是一个好主意。使用代理人姓名登记股票,则可能在公司中建立实质性的控股权,而公司不知道真正的股东是谁。因此,公司有权知道最终的的实益所有人是谁,这可以通过要求代理人披露相关投资者名称来实现。未能声明该信息将导致所持有股份被冻结(例如,禁止股份转移或停止股息支付)。

根据市场情况,持有公司有表决权股份不足 1% 的投资者被视为"占少数权益股东"(minority shareholders),超过 5% 被视为"占多数权益股东"(majority shareholders)。披露规则要求,一旦股东成为占多数权益股东,股东(或其代理人)必须向有关当局披露该事实。此外,当持股增加或减少经过下一整点百分点时,需要进一步披露。这使公司的董事、雇员和股东(以及相关当局)能够确定谁能够控制公司或影响对公司的控制。在达到预定的某个水平时,投资者可能被强迫处置一些股票或向公司正式出价购入更多股份。

大量持股的限制如表 11-34 所示。

表 11-34　　　　　　　　　　披露限额

国家	大量持股限额	披露时间
澳大利亚	5%	2 个工作日内
中国	5%	3 个工作日内
法国	5%、10%、20%、33.33% 或 66.66%	5 个交易日内
德国	5%、10%、25%、50% 或 75%	5 个工作日内
印度	5% 加任何超过 2% 的变化	4 个工作日内
意大利	2%、5%、7.5%、10% 和随后 5% 的倍数	5 个工作日内
日本	5% + 每 1% 增量	在 5 个工作日内(金融机构:收购股份的第二个月的 15 日之前)
俄罗斯	20% 和随后 5% 的倍数	5 个工作日内
南非	10%	收购月期间
英国	3% + 每 1% 增量	在 2 个工作日(英国发行人)和 4 个工作日(非英国发行人)内

2013 年 10 月 11 日,英国政府以每股 330 便士的价格将皇家邮政上市。IPO 非常成功,月底价格上涨到每股 560 便士。《金融时报》报道,以下机构投资者

已获得公司的大量股权：
- GIC（新加坡主权财富基金）：4.1%
- 儿童投资基金（对冲基金）：5.8%

11.10 预扣税

11.10.1 引言

问题：

在我们的日常生活中，无论我们是个人还是公司实体，我们都需要以某种形式纳税。您知道有哪些税项？

答案：

表 11-35 列出了您可能知道的一些税项，有些您可能不知道。

表 11-35　税项

税项	说明
资本利得税	基于处置资产所获得的利润
公司税	基于公司赚取的利润
环境税	基于抵消使用碳燃料（碳税）和温室气体排放的税项支出
消费税	基于消费如汽油/柴油/重柴油的量
车辆税	基于车辆的碳排放水平计算汽车所有权的年税
金融交易税	基于金融交易的类型
所得税	基于个人收入
遗产税	个人死亡时产生的税额，通常基于死者财产的价值（房产、投资、现金等）
房产税	基于房产的价值，并由当地政府每年收取房产所有者的费用
通行税	基于运输设施的使用，如桥梁、高速公路、隧道。通常取决于车辆类型的固定费用
增值税	基于出售价格的固定百分比，由卖方向买方收取，并由卖方定期向税务机关支付
股息税	基于股东股息的所得税

正如您所看到的，上面列出的不同类型的税收可能给您的印象是，您作为个人和公司实体经常要为任何和一切东西交税。我们在本节将讨论表中的最后

一种股息税。

公司支付现金股利时，经常扣除（或扣缴）标准税率并仅向股东支付净额，这正常的市场惯例。因此，虽然这是股息税，我们通常将其称为预扣税(withholding tax，WHT)。

如果 WHT 利率是 10%，公司希望支付 100（总）股息，那么股东将收到 90，即 100 减 10。如果股东是基本纳税人，则股东不需要再额外支付任何的税项。但是，如果股东是拥有较高税率的纳税人，那么这个更高的税率适用于 100 的税基。

11.10.2 双重征税问题

支付股息的公司和接受股息的股东都位于同一个国家时还好说。然而，当股东与公司所在国家不同时，问题就出现了。很可能的情况是，股息最初按公司所在国国内税率（即上文所述的 10%）征税，并支付余额给股东，然后股东按其所在国税率缴税。如果这个股东所在国税率是 20%，那么股东将获得净额 72（即 90 – 18）。这就是双重课税的例子，换句话说，同样的股息最初在公司所在国征税，最后在股东所在国征税。

一方面，公司所在国税务机关收取税款；另一方面，股东所在国税务机关也收取税款。虽然对各个税务机关有利，但这种情况对股东显然是不公平的，全球税务机关已经提出了一个解决方案，使税务机关能够得到税收，而且股东以其正常国内税率缴税。

11.10.3 双重征税协定

为了防止双重征税的风险，即同一收入在两个国家征税，两个税务机关将签署双边协定，称为双重征税协定（Double Taxation Treaties，DTT），两个税务机关同意收取较低的税率，称为协定汇率。但是不是所有的国家都有 DTT，全世界有 3 000 多份 DDT。

根据第 10 条：经合组织"收入和资本利得税收模型协定"（2010 年）[①]，预扣所得税不应超过总金额的 15%。两国将相互协商如何在这个限制内达成共识。两国之间商定的比率称为"协定税率"。如果没有 DTT 存在，则全部税额将以"非协定税率"扣除。

表 11 – 36 所示是投资国家与协定税率国家和非协定税率国家的虚拟例子：

---

① 资料来源：OECD（官网），http：//www.oecd – ilibrary.org/taxation/model – tax – convention – on – income – and – on – capital – 2010 _ 9789264175181 – en。

表 11-36　　　　　　　　协定税率和非协定税率国家　　　　　　　单位:%

投资国家	协定税率	非协定税率
协定税率国家	15	—
非协定税率国家	—	20

我们不仅需要知道发行证券的国家及其 DTT 状态，还必须知道投资者/实益所有人的居住国和税务责任状态。这些信息将存储在相关的参考信息数据库中，可以使得投资者能够获得正确的收入。为了受益于 DTT，投资者将需要提供适当的文件证明他们的税务状况，使他们的托管人有权将任何超额纳税进行退税。

11.10.4　退税

一种确保收到正确股息金额的传统方式是通过退税。在退税情况下，投资者最初将被超额征税，并随后被退回差额。这在许多国家来说是问题重重的，因此投资者常常不愿意进行退税。

近年来，投资者被教育他们应该要求他们的托管人代表他们进行这些退税申报，而这是托管人尤其不擅长的东西。由于进行退税对投资者变得更加重要，因此托管人必须找到一种成本有效率的方式提供这种服务。托管人游说了税务机关，并找到了一种与方式与他们共同设计退税服务。

其中一个关键部分是说服税务当局允许托管人证明其客户的税务状况，从源头扣税而不是通过后续退税，来确保股息的税额正确。如果这样，投资者能够在股息支付日便收到正确的股息数额，而不必担心随后退税。

为了使托管人能够确保扣除正确的税额，他们的记录将需要指明其客户的税务状况（例如全额纳税、部分纳税还是不纳税）以及已经发生投资的国家的 DTT 状态。

请考虑以下示例。托管人代表全额纳税或不纳税客户共持有 ABC 集团 5 000 万股，并且客户所在国家与 ABC 所在国家可能有也可能没有 DTT。ABC 宣布派发每股 0.50 股息。表 11-37 说明了如何根据投资者的居住国和其 DTT 状态划分 5 000 万股的头寸。

表 11-37　　　　　　　　协定税率和非协定税率

托管客户	头寸（百万）	税务状况	股息总额（百万）	协定税率国家@15%（百万）	非协定税率@20%（百万）
客户 A	15	全额纳税	7.50	6.38	
客户 B	10	不纳税	5.00	5.00	
客户 C	5	全额纳税	2.50		2.00
客户 D	20	不纳税	10.00		8.00
总计	50		25.00	11.38	10.00

请注意，虽然客户 D 是非纳税人，但股息已扣除 20%。这是因为 D 的所在国和投资国之间没有 DTT。在这种情况下，客户（或其托管人）可能需要单独申请此项退税。

11.11 对其他部门的影响

11.11.1 引言

与其他运营职能一样，公司行为涉及的部门不只是后台运营部门。对这种相互依存关系的承认以及部门之间互相提供信息与援助是必要的。下文对这些相互依存关系进行详解。

11.11.2 前台

涉及前台部门的主要问题是公司行为运营部门团队需要负责在公司行为事件发生时在系统中更新前台的头寸信息（例如输入送股的交易信息）。这是不寻常的，因为往往都是前台部门在其自己的系统中输入交易细节。

如果所得证券在正常结算日期之后收到，比如由于证券不足导致交易失败，那么在发生公司行为事件之前进行正常结算的交易可能是无法实现的。

新证券可能不与旧证券享有同等权益。当前台决定出售该总头寸时，应该有两个单独的交易：一个为旧股；另一个为新股。如果前台不了解这种排序状态，它可能过度出售旧股票，造成结算问题。

示例：

您的持仓为 100 000 股 ABC 公司的普通股。ABC 为每 10 股现有股份发行 1 股新股。新股份将无权享有下一次股息（因此不与旧股份享有同等地位）。正确的头寸如表 11-38 所示。

表 11-38　　　　　　　　　　公司行为事件后头寸

旧股	旧股	新股	注释
证券编码	ABC	ABCN	新股份有不同的参考编码，直到两个头寸在下一次股息后合并成同类股份
头寸	100 000	10 000	两个独立的头寸
交易	卖出 100 000	卖出 10 000	两次交易
错误情况	卖出 110 000		只有 100 000 股旧股可供交割 做市商卖空 10 000 股旧股，还持有 10 000 旧新股

由于前台是公司自营头寸的内部客户，公司行为运营部门有责任让他们有

足够的信息做出及时、准确的决策。需要注意的其他问题包括：
- 为"自愿"类的公司行为事件获得来自前台的指令
- 在发行人的期限内执行指令

11.11.3 客户

客户及其代理人（例如基金经理）是前台部门的外部等同部门，应该以同样的方式对待。同样，公司行为运营部门的责任是让他们有足够的信息做出及时和准确的决策。需要注意的其他问题包括：
- 向客户提供足够的信息，以便他们能够及时准确地做出决策
- 获得客户对"自愿"事件的指令
- 在发行人的期限内代表客户执行指令

11.11.4 结算

结算人员负责确保交易及时解决，并积极管理失败的交易。公司行为的运营部门应当留意任何可能影响正确权利分配的结算失败。

示例 1：

股票已经购买（附息股）。由于结算失败，股票未在登记日之前及时登记。公司行为运营部门必须向卖方经纪人/交易对手方提交索赔申请或确保清算系统正确地赔偿了股息。

示例 2：

股票已经购买（附息股）。由于结算失败，股票未在登记日之前及时登记。公司行为运营部门必须要求卖方经纪人/交易对手方代表买方行事，即出售购股权或接受要约并支付买入金额。卖方经纪人/交易对手方将期望从公司行为运营部门接受款项以支付买入付款。

11.11.5 证券借贷

根据证券借贷协议（SLA）的条款，证券借出人有权从公司行为事件中受益，投票可能是例外。希望投票的证券借出人通常需要在任何投票机会之前召回借出的证券。

与结算失败时的证券收益将首先分配给卖方的情况相同（见上文），在证券借贷的情况下，最初获得收益是证券贷入人。证券贷入人和借出人必须确保任何公司行为事件的收益分配给正确的一方。

11.11.6 对账

虽然现金和证券对账是一种被动事件，但是在这一阶段可以捕捉到任何之

前未记录的或信息记录错误的公司行为事件。这里有两个例子。

1. Yell 集团公司在 2012 年 5 月更名为 Hibu 公司。您在 Yell 集团持有股份，但未注意到该公司名称已更改。因此，您没有对您的证券头寸进行必要的更新。典型的证券对账表将如表 11 - 39 所示。

表 11 - 39　　　　　　　　Yell 集团和 Hibu 公司的对账

发行人	交易日头寸（分类账）	托管人头寸（报表）
Hibu 公司，普通股	0	100 000
Yell 集团，普通股	100 000	0

对账过程会将此识别为"对账中断"，将通过借记 Yell 集团普通股和贷记 Hibu 公司普通股进行纠正。一眼看来，可能看不出这两个头寸密切相关，然而联系托管人或对两个公司进行研究的结果都会显示对账中断的原因。

2. 如果要求提早赎回债券，可能会出现更严重的情况。如果头寸记录未更新且前台试图出售原始头寸，则没有可用于交货的债券。结果将是前台出售不属于自己的债券，即卖空（short）。

11.11.7　定价与估值

我们已经看到，股价可能因为公司行为而改变（例如 1:1 送股会使股价降低 50%）。未能将公司行为事件输入头寸记录意味着前台可能假定证券被低估或高估，并可能被导致相应交易。

示例：

您在 Heineken 持有 50 000 股股份，股价为每股 50.32 欧元。该公司宣布以 1:4 比例送股，因此股价降至每股 40.2560 欧元，如表 11 - 40 所示。

表 11 - 40　　　　　　　　　　　Heineken 送股

Heineken 股份	数量	价格（EUR）	价值（EUR）
现持有	50 000	50.32	2 516 000.00
1:4 送股	12 500	0.00	0.00
总计	62 500	40.2560	2 516 000.00

如果送股没有录入系统，您将只看到 50 000 股股票的头寸，由于每股市场价格为 40.2560 欧元，总市值仅为 2 012 800.00 欧元（即亏损 503 200.00 欧元）。

11.11.8　参考数据

证券数据库中保存的信息必须准确和随时更新，否则可能会错过可预测/自愿和某些强制型公司行为事件。

示例：

您持有500万美元Swire Pacific公司息票率为1.25%的债券头寸，2018年4月到期。根据您的数据库，这是一个有单一赎回日期的纯粹债券。然而这是不正确的，事实上债券有一个内嵌的看跌期权。如果利率处于您或您的客户希望将债券提前卖回给发行人的水平，那么您的数据库将无法向您通知任何可能提前赎回的相关信息（例如日期和价格）。

11.11.9 小结

公司行为是由发行公司发起的，对发行人本身和/或发行人的股东或债券持有人产生影响的情形或事件。

公司行为既可以是给股东的福利（例如向股东支付的现金股利），也可能是对发行人的资产负债表产生影响的"情况"（例如资本化发行）。

某些类型的公司行为称为强制型事件。不需要实益所有人作出选择（例如拆股）。有些事件是可选或自愿的，需要实益所有人作出选择（例如配股发行）。

公司行为有很多类型，从相当简单的行为（例如并股）到复杂耗时的行为（例如敌意收购、有争议的收购要约）。

所有公司行为都是时间敏感的，尤其在处理自愿（或可选）事件时必须小心，因为如果在指定日期未能执行所需行为可能导致重大财务损失。

11.12 附录

附录11.1 公司行为事件类型

公司行为可以分为九个主要的事件类型，其中包含许多子类型：

- 资本变化：送股，并股，授予选票权（enfranchisement），分配，远期拆股（forward stock split），面值变化，资本重组（recapitalisation），重新定值（re-denomination），重新计价（renominalisation），反向股票分割（reverse stock split），配股权发行（rights offers），单位拆分（unit split），资产剥离（spin off），偿债安排（scheme of arrangement）
- 股息：现金股利，现金支付（Disbursement），股息豁免（Dividend Waived），资本返还，以股代息（Scrip Dividend），股票股利，股息再投资计划
- 收益：实际收入，预期收入，调整后的收益
- 付款：现金付款，利息支付，付款豁免（Payment Waived），退还债务（Return of Debt），以暂时股票支付

- 并购：并购，并购选举（Merger Election），认购（offer to buy），收购（takeovers），公司拆分（demergers）
- 赎回：赎回，托管到期，固定赎回，全额赎回，部分赎回，部分预先赎回，预先赎回，偿还，偿债基金赎回
- 回购（repurchases）：购回（buy-back），同意回购（consent），同意投标（consent tender），转换（conversion），交换（exchange），行权（exercise），零星股投标（odd lot tender），部分卖出/保留选择权（partial put/retainment option），强制卖出（put mandatory），可选卖出（put optional），放弃选择权（Relinquishment Option），保留选择权（Retainment Option），要约收购（Tender Offer）
- 股东大会：股东大会，年度股东大会，股东特别会议
- 信息公告：破产，违约，信息，清算，名称更改，新收购要约（new offer），毒丸计划（Poison Pill）

附录11.2　股票和债券的自愿和强制性事件

本附录展示了股票和债券的自愿和强制型事件的列表。这个列表是2016年2月29日证券市场实践群体（SMPG）发布的"SMPG公司行为全球市场实践——2016年标准发布第2部分"的摘录。

EIG+键包含以下信息：

- 公司行为事件名称
- SMPG给出的定义以及提出的意见
- 事件的名称代码（CAEV）
- 强制/自愿/选择指标代码（CAMV）
- 其他技术资料

SMPG公司行为全球市场实践第1部分文件与第2部分电子表格更新相当频繁。因此，全部列表是对访客开放的，可以访问该网站www.smpg.info获取。

进入主页后，点击以下选项：

Market Practices & Documents > Public Documents > 1_Corporate Actions WG > A_Final Market Practices and click on the filename "2_SMPG_CA_Global_Market_Practice_Part_2_SR2016_v1_0.xlsm"。

（注意：如果您下载的文档后缀为".xlsm.html"，请先删除".html"，然后再打开文档。）

第 12 章　证券融资

12.1　前言

在第 7 章"证券清算"中我们了解到，预测是清算流程的重要组成部分。我们需要足够的资金来购买证券，并保证证券其可用性，以便我们将其出售时能够正常交割。

让我们先回顾一下表 12-1 中列示出的几种方案。

表 12-1　　　　　　　　　　　融资选择

交易	说明	融资方案
证券买入	如果无法支付购买款项，我们的融资成本就会上升。如果交易最终被结算，我们就会产生透支费用；如果交易被清算所阻止，我们也需向交易对手支付利息	• 依靠信用额度/透支额 • 出售资产 • 使用证券融资
证券卖出	如果没有足够的证券以供交割，我们就无法得到预期的资金收入，从而失去再投资的机会，同时资金的缺乏也可能导致我们的购买活动无法进行	• 使用证券融资

通过表 12-1 我们知道，证券融资既能够满足我们借入资金以进行购买活动（或其他资金用途）的需求，又能够帮我们借入证券以完成出售（及其他证券交割活动）。

证券融资有三种类型：
- 证券借贷（securities lending & borrowing）
- 回购协议（repurchase）
- 售出/购回交易（sell/buy-back）

学习目标

学完本章后，您将会：
- 了解不同类型的证券融资
- 了解证券融资交易的生命周期
- 认识其中所涉及的风险以及缓释方法
- 理解参与者与中介在其中的角色

12.2 证券融资类型

证券融资是指向融入方临时借出资产以取得相应费用的活动，所涉及的资产类型包括：
- 现金
- 证券：
    - 股票
    - 债券

我们将会看到，现金的借贷主要通过回购协议进行，而售出/购回交易则相对很少被用到；对于证券则主要通过证券借贷来进行类似的融通。

12.2.1 证券借贷

在证券借贷（又称"证券贷出"）交易中，"融出方"将证券（如股票或债券）转让给第三方（"融入方"），同时第三方向融出方以股票、债券或资金的形式提供抵押。①

从法律上讲，证券借贷是一种证券的所有权转让，并附有在将来返还等值证券的不可撤销的承诺。这意味着诸如股票等记名证券将从融出方名下转移到融入方的名下，并在返还时移交回融出方名下。

如果观察证券借贷的动机，我们将看到，融入方会对借来的证券进行出售、贷出或以其他方式处置。为了实现这些操作，融入方必须拥有证券的合法所有权。因此，融出方交出合法所有权则意味着同时交出了证券的处置权，而不仅仅是临时的借出。

"证券借贷协议"消除了证券借贷业务中法律意义和经济意义上的细微差别——这类业务使用的是由国际证券借贷协会（ISLA）发布的全球证券借贷主协议（GMSLA）。

12.2.2 回购协议

回购协议（"Repo"）是指在出售证券的同时附有一份卖方在日后购回证券的协议的证券交易。回购的主要目的是使卖方能够以证券作为抵押品来借入资金。

如果上述回购的定义是从卖方的角度来阐述的，那么从买方的角度来看会

---

① 资料来源：ISLA（官网），"证券借贷——政策制定者指引"，网址：www.isla.co.uk/images/PDF/Publications/sl_a Guide for Policy makers.pdf。

是怎样呢？

对于买方而言，回购协议指的是在购买证券的同时附有一份在未来将标的证券卖还给出售方的协议的证券交易。其主要目的是使买方能够在借出资金的同时收到证券作为抵押品——我们将这种协议称为"逆回购协议"（Reverse Repo）。

在任何特定交易中，都会有一份回购协议（针对卖方）和逆回购协议（针对买方）。

证券回购一般用于筹集资金，即有融资目的，同时也可以是证券需求驱动的行为。对债券"买方"来说，他的目的是为了借入证券，并使用资金作为抵押。

该证券融资类型的法律协议是由证券业和金融市场协会（SIFMA）和国际资本市场协会（ICMA）联合发布的全球回购主协议（GMRA）。

12.2.3 售出/购回交易

我们从上文了解到，GMSLA 和 GMRA 各种版本的文书已经规范了证券借贷和回购协议这两种证券融资活动。与此不同，售出/购回交易传统上是由对于证券的出售及随后的购回组成。这两次交易都不会有正式记录，并被视为相互独立的交易。但随着金融市场不断发展，今天的售出/购回交易会被记录在案，并由 GMRA 文档以及售出/购回交易附件（Sell/Buy-Back Annex）支持。

除了一些运营上的差异，有记录的售出/购回（Sell/Buy-Back）交易类似于回购，而购入/售回（Buy/Sell-Back）交易则类似于逆回购。

无正式记录的售出/购回交易比有有记录做约束的此类交易具有更大的风险。

12.2.4 证券融资总结

表 12-2 总结了证券融资交易的三种类型。

表 12-2　　　　　　　　　证券融资交易总结

特征	证券借贷	回购协议和 有记录的售出/购回交易	无记录的 售出/购回交易
动机	需要特定证券	融资，或需要特定证券	融资
到期时间	开放期限式（含看涨期权）或固定期限	开放期限式（含看涨期权）或固定期限	开放期限式（含看涨期权）或固定期限
交易方法	出售证券，并附有购回等量证券的协议	出售证券，并附有购回等量证券的协议	出售及回购

第 12 章 证券融资

续表

特征	证券借贷	回购协议和 有记录的售出/购回交易	无记录的 售出/购回交易
如何交换	• 证券 vs. 现金 • 证券 vs. 非现金抵押品	• 证券 vs. 现金（如果为需要特定证券） • 现金 vs. 证券（如果为融资）	现金 vs 证券
抵押品种类	• 现金 • 非现金（债券、CDs、LCs、股票等）	• 现金（如果为需要特定证券） • 一般抵押品（如债券）	通常是债券
抵押品替代物	由融入方决定	• 无（如果为需要特定证券） • 由初始卖方决定（如果为融资）	无
哪方的提供者获得回报	• 现金提供方* • 证券借出方	现金提供方	现金提供方
回报形式	• 回扣率（如果是现金） • 贷出费（如果是非现金）	回购利率（作为交易现金的利息支付）	回购利率（以出售价和购回价之间的差额形式支付）
收益 （息票和股息）	产生收益并退还给融出方	支付给初始卖方	通常计入购回价格

注：*现金提供者会得到利息（即现金回扣率），而现金融入方则会将募集到的现金以一个更高的回报率进行再投资（再投资利率）——再投资利率与回扣率之间的差额就是证券融出方的收益。

12.3 市场主体及其动机

12.3.1 引言

我们已经看到，证券融资源于市场主体对现金或证券的需求，并且这种交易会有相应的证券或现金作为抵押品。在本节中，我们将从买方和卖方两个角度来考虑市场主体在交易中的角色。买方动机较为基础和单一，而卖方的则更为复杂。

12.3.2 买方

问题：

下述买方机构通常有什么共同点？

- 中央银行
- 商业银行
- 共同基金

- 交易所交易基金
- 养老基金
- 保险公司
- 主权财富基金
- 公司司库部门
- 基金经理/资产经理/投资经理

答案：

这些主体通常具有以下一个或多个共同特征：

1. 现金充足。
2. 拥有很深的证券资产池并从中获益。
3. 代表客户管理其现金和证券资产。
4. 通常会倾向于风险厌恶。
5. 通常会倾向于持有中/长期资产。

这些特征通常对有现金和/或证券需求的潜在融入方具有很大吸引力。

上述买方机构想要贷出其证券和现金唯一的原因就是——赚取回报收益。这种回报既可以直接体现在费用收入或现金余额的利息上，也可以间接体现在机构减少的托管费用上。同时，证券借贷、特定证券的回购协议和售出/购回交易也对证券市场的流动性增强起到了不可忽视的促进作用。

12.3.3 卖方

机构对证券和现金的需求可能源于以下几个原因：

- 补进空头头寸（需要证券）
- 为建立仓位而进行融资（需要现金）
- 通过临时转让所有权获取收益（需要证券）

问题：

什么类型的机构可能通过上述一种或多种行为获益？

答案：

下列机构类型可能希望通过借入证券获得收益：

- 做市商
- 对冲基金
- 经纪自营商

- 中央银行（证券融资交易促进了中央银行在回购市场上的业务操作）

其动机包括：

- 补进空头头寸（填平空仓）
- 为建立证券多头头寸进行融资
- 预防结算失败
- 减少融资成本
- 通过抵押品降低风险
- 确保二级市场流动性
- 对冲衍生产品活动
- 预防/控制可能导致结算问题和市场混乱的市场"挤压"（squeezes）
- 实现较短的结算周期
- 更有效地利用资本

接下来让我们看看需要融入证券和现金的具体原因。

12.3.4　融入证券填平空仓

12.3.4.1　结算失败管理

示例：

您从一个交易对手处购买了500万美元的债券，并向另一个交易对手出售了400万美元的同种债券，两笔交易在同一结算日进行结算。但由于某种原因，如果在结算日您并没有购买成功，这就使您陷入缺少可出售债券的尴尬境地，从而也会导致第二笔交易的失败。在这种情况下，您就可以通过借入400万美元的债券来完成第二笔交易。这样做有两个好处：

1. 您并不必支付债券的购买价款，从而您拥有了这部分"现金的使用权"①。

2. 您同时可以自主支配本次出售收入。

在购买结算成功时，您就可以偿还这400万美元债券。在这个过程中，您的正现金流投资收益必须大于借入债券的成本。

在第8章，我们已经详细地讨论过失败管理的主题，这里不再赘述。

12.3.4.2　卖空

假如您是一个交易商，预测到一家公司的股价即将下跌，但您却并不持有

---

① 从理论上来说，"资金的使用权"指的是在本次购买需要被结算之前，您可以用这笔资金进行再投资。但在实际交易中，您却要把这笔资金闲置在结算账户中。

该股票的头寸。为了从预测中受益，您需要现在卖出该只股票，并期望在未来股价真正下跌时再把它们买回来。但如果您要实现这次出售，就必须交付您并不拥有的股票——为了结算这笔交易，您必须借入一些股票，直到您购回它们时再进行偿还。

12.3.4.3 做市

作为一个做市商，您必须在任何市场条件下进行双向报价。如果市场对您有更多的"买盘"（buy orders）而非"沽盘"（sell orders）[①]，您可能会陷入缺少证券交割的窘况。在这种情况下，您就需要向其他证券公司借入一些证券，等到您的库存充足时再归还。

12.3.4.4 套利交易

套利策略是指买进一只证券的同时卖出另一只证券，并且这两只证券通常相互关联。这种情况下也需要借入证券以填平空仓。

以可转债套利为例，套利者会购入一份可转债，同时出售等量的标的股份。为了使这一策略发挥作用，套利者需要借入股票，直到套利交易平仓（即买入股票，出售可转换债券并偿还借来的股票）。

12.3.4.5 衍生产品活动

当衍生产品交易者针对单一股票卖出看涨期权时，他是期待自己不会被要求行权并交割标的股票的。

问题：
在什么情况下交易者必须交割标的股票，其主要的风险和收益是什么？

答案：
- 看涨期权的立权人（writer，卖方）不希望标的股价超过盈亏平衡价格。如果这样，他在股价上涨时处于不利地位，而且很有可能被行权。

为了应对行权的可能性，交易商应该持有一些标的股票的头寸，如果没有，就需要借入一些来填平"裸露"（naked）期权头寸。

- 如果是欧式期权，那么就只有一个日期可以行权；但对于可以随时行权的美式期权，交易者从立权时起就需要借入标的股票。
- 立权人（卖方）的收益是期权合同的期权费。

[①] 即卖盘，译者注。

12.3.5 融入现金以建立仓位

交易商购买证券时,可以使用回购协议或售出/购回交易来为购买成本融入现金。交易商可以将购进的证券直接回售给原始出售方,也可以通过回购其他证券来为原始交易融资。

12.3.6 所有权临时转让

当股票的所有权被临时转让时,就可能出现套利机会。然而在一些情况下,证券借贷交易可能不会被接受。来考虑以下三种情况:

12.3.6.1 股息套利

这是一种避税方案,只要投资者所在国与投资、缴税国(外国投资者)之间没有双重征税协定,就可以实行。如果税率为25%,那么外国投资者将获得75%的股息。

使用股息套利的方法,股份可以在派息期间通过中介机构向本地(与发行者同一国家)公司(融入方)贷出。股票融入方有30%的税款抵免优惠,因此可以对公司支付的税款索取退税。因此,对价值为1.00的股息,融入方却能获得1.43 [1.43 × (100% − 30%) = 1.00]。

之后融入方会将股票退还给原始融出方(外国投资者),而在整个过程中创造出来的额外股息,都将由三方共同分享。融出方也可以获得额外贷出费用或人造股利(manufactured dividend)。

问题:

股票融出方会收到多少额外股息,对当地税务机关的影响有多大?

答案:

额外股息为0.68(即0.25的原税收扣减额加上0.43的税收抵免额),所以当地税务局会"损失"0.68的税收。

12.3.6.2 以股代息套利(Scrip Dividend Arbitrage)

当公司宣布派息并允许股东选择收取现金股息或股票股息时,就可能出现套利机会。套利者将在派息期间借入股票,并向融出方承诺支付现金。股票融入方(即套利者)可以根据除息日后数天的平均收盘价,来估计出可用的股份数量。

然而,关于想要现金股息还是股票股息可以在几个星期之后再作决定。根据股价随后的变化,融入方可以选择保留现金,或者选择保留股票并随后出售获利，如下例所示（见表12-3和表12-4）。

表12-3 以股代息套利

持有	10 000	股份		
股息	0.50	每股，共计……	5 000.00	现金
平均收盘价	25.00	每股		
现金股利相当于新股票数量	200	股份	即5 000/25	

在最终决定日，融入方必须决定是收取现金还是股份：

表12-4 决定收取现金或股份

股价变动	价格	融入方采取的行动	结果	现金
上升到	30.00	选择接受股票，卖掉它们并向融出方支付股息	以每股30.00的价格卖出200股	6 000.00
			向融出方支付股息	-5 000.00
			利润	1 000.00
下降到	20.00	选择接受现金并向融出方支付股息	收到股息	5 000.00
			向融出方支付股息	-5 000.00
			利润	0.00

问题：

当股票市价下降到20.00时，为什么融入方不接受股票？

答案：

这样的话融入方会亏损1 000.00。4 000.00（每股股价为20.00的2 000股股票）的出售收益并不能负担支付给融出方的5 000.00股息。

看起来，这种套利似乎让融入方持有了一份有效的看涨期权——要么取得股票（行权），要么放弃（获得现金股息）。

12.3.6.3 行使表决权

一个机构可以通过借入某公司股份，并在其年度股东大会（AGM）或股东特别大会（EGM）上行使表决权来实现对该公司治理决策的影响，而不需要成为其真正的实益所有人。英格兰银行在其2009年出版的《证券借贷——指导原则》中阐明了这一点。

首先，它指出："……借入证券不应该仅仅作为行使投票权之用……"；其次，股票融出方应该："……先认真考虑自己对公司治理的责任再决定是否要在年度股东大会/股东特别大会期间贷出股票……"①

12.3.7 小结

从上文我们看到,公司想要借入证券可能基于很多原因,包括一些可疑的原因如避税和控制目标公司的治理决策,等等。正是由于这些原因,监管机构允许公司机构为了所谓的合规目的进行证券借贷。这些合规目的可以总结如下:
- 促进交易结算
- 促进卖空交易的交割
- 融入证券
- 贷给以上述合规目的为意图的其他融入方

12.4 中介机构

12.4.1 融出方与融入方的关系

现实交易中,几乎不会发生证券的实益所有人直接将证券贷给最终融入方的情况——通常都会有一条"借贷链"或者叫"借贷通道",先是由实益所有人将证券借给第一融入方,接着由第一融入方转贷给第二融入方,依次类推。通常情况下,贷出者并不知道第二融入方是谁。

中介机构分为两种类型:代理类中介机构(agent intermediaries)和委托类中介机构(principal intermediaries)。

12.4.2 代理类中介机构

代理类中介机构为了贷出自己持有的证券,会为其客户提供很多额外的服务。以养老基金为例:养老基金除了会任命一名基金经理来管理其资产外,还会委派一名托管人来照管资产,其职责包括清算与结算、安全持有、资产服务等。

作为证券的实益所有人,养老基金希望利用证券借贷活动来为自己谋取收益,但其自身不大可能拥有直接管理自有证券贷出业务的资源和专业知识,因此可能会全权委派其基金经理或托管人来管理其证券贷出事务。

除了基金经理和托管银行之外,还有专门从事证券借贷业务管理的第三方代理。这三类中介机构作为代理,会帮助客户与证券融入方沟通,管理证券贷

---

① 资料来源:英格兰银行(2009年7月),《证券借贷——指导原则》第7.4节,第18页。详见http://webarchive.nationalarchives.gov.uk/20100114080129/http://www.bankofengland.co.uk/markets/gilts/stockborrowing.pdf。

出计划，并从借贷收益中抽取管理费用。虽然对客户负有审慎义务，但代理类中介机构并不承担接待过程的主体风险。

12.4.3 委托类中介机构

委托类中介机构既可以代表其客户也可以代表自己作为证券融入方。委托类中介和代理类中介之间的主要区别是，委托类中介机构可以进行以下活动：

- 提供基于信用的中介服务。比如，从信用角度出发，融出方可能很乐意贷出现金给委托类中介机构，但并不愿意直接贷给某一融入方。
- 承担流动性风险：通过以"开放期限"形式从融出方借入并以"固定期限"形式再转手贷出给其他融入方的方式。
- 在融出方和融入方之间建立"一对多"的关系类型。比如，委托类中介能够通过向多个融出方借贷来满足单一融入方的需求（反之亦然）。

典型的委托类中介机构包括：

- 经纪自营商：以支持自营交易、做市为目的，并且能够代表其客户的经纪自营商，如机构经纪商。
- 专业性中介机构：可能只提供融出方和其他特定类型金融机构（如做市商）之间借贷服务的专业性中介机构。
- 机构经纪商：为对冲基金和另类投资基金经理提供服务的机构经纪商。

12.4.4 融出方和融入方的选择

证券借贷交易中既需要愿意贷出证券的机构，还需要有融券需求的机构，那么问题就来了，证券融入方怎样以最佳方式来获得所需证券呢？

在回答这个问题之前，我们需要知道怎么样才能算一个好的融出方——从融入方角度来看的"好融出方"。您认为表 12-5 中列出的哪种投资组合类型对潜在融入方更具吸引力？

表 12-5　　　　　　　　　融出方的投资组合特性

投资组合特性	投资组合 A	投资组合 B	投资组合 C
数量	1 000 万美元	10 亿美元	200 亿美元
平均持有规模	25 万美元	500 万美元	1 000 万美元
平均持有数量	40	200	2 000
投资策略	消极式管理	积极式管理	消极式管理
多元性	国内股票及债券	全球股票	全球股票与债券
对风险的态度	风险厌恶型——需要高质量资产作为抵押品	风险中性——可接受的抵押品资产范围更广	风险灵活型——大多数资产类型均可作为抵押品

这三个投资组合都可能吸引潜在的融入方，因为它们可能都包含了许多其所需的证券。但融入方还需要分别考虑一些可能出现的问题：

- 投资组合 A：该组合在地域范围上有所限制（仅包含国内证券），且证券持有量相对较少，平均规模仅为 25 万美元，在对待风险的态度方面也较为保守（只接受高质量抵押品）。但其优点在于，这是一个消极管理的投资组合，意味着其资产池中的证券不会频繁改变。
- 投资组合 B：与 A 相比，该组合的资产池容纳了更多的证券，并且对于抵押品的要求也更为灵活。尽管资产类别较为单一，但其配置组合在确保合理的基础上也更加多元化。而其潜在的缺点在于，该投资组合是进行积极管理的，这意味着融入方借来的任何证券都存在随时被召回的可能性。
- 投资组合 C：该组合似乎是最具有吸引力的一个选项——其证券持有量最大，平均持有规模很可观，投资组合也同时实现了消极管理和多元化。此外，它对于抵押品的要求也非常灵活。

考虑到这些因素，在其他条件相同的情况下，大多数融入方应该会优先考虑投资组合 C。证券融入方只会偶尔考虑一下另外两个投资组合。

如果投资组合 A 和 B 想要贷出证券，就只能寻求代理类中介机构的帮助——比如他们的托管人——并加入其以资产池为基础的贷出管理计划。从另一方面看，投资组合 C 已经具有足够的吸引力，从而委托类中介机构可能会直接将其作为贷出标的。

12.5　协议和指导准则

12.5.1　引言

从法律角度来看，证券融资实际上意味着融出方交出了其证券的处置权，而融入方则获得了处置权。法律协议的目的之一就是将处置/再购回的概念转变为经济学上临时、短期的抵押借贷交易。因此，具有法律效力的协议为证券融资活动提供了有力的支撑。传统上，这些协议是由融出方和融入方/代理人通过双边协商签订的，但随着时间的推移，这些协议已经实现了全球范围内的标准化。

我们可以通过相应的网站找到并免费下载这些协议的文本。但需要注意的是，由于这些协议会定期更新，所以每个文件可能有不止一个版本。

12.5.2　证券借贷协议

我们可以在国际证券借贷协会（ISLA）的官网上找到证券借贷业务的主协

议（www.isla.co.uk/index.php/master-agreements），以及表12-6列出的其他文书。

表12-6 ISLA文本

文件	版本	日期
全球证券借贷主协议（GMSLA）	GMSLA 2010	2012年7月，ISLA对2010版本略微做了改动。
	GMSLA（美国税务附录2013）	2013年11月
	GMSLA（英国税务附录2014）	2013年12月
	英国富而德律师事务所（Freshfields）制定的指导说明	2010年4月
	以前的版本和存档	
轧差意见书（Netting Opinions）	仅限订阅	
证券借贷抵销协议（Securities Lending Set-Off Protocol）	• 附件提交流程 • ISLA制定的2009年版证券借贷抵消协议文本 • 附件格式 • 撤销公告格式	
行业文书	工作实践中的主要文件，包括英格兰银行的"证券借贷及回购委员会——股票借贷指引——2009年7月"。	

网站（www.isla.co.uk/index.php/bestpractices）上提供了一系列关于目前最佳实践做法的文件，表12-7列出了其中的一部分。

表12-7 最佳实践的相关文件

标题	时间
ISLA代理借贷披露的原则性批复——最佳做法	2013年12月
市场指导说明：证券借贷（固定收益）合约对比	2013年4月
固定收益贷款偿还与息票托收	2010年2月
股票借贷记账说明的报告格式	2009年7月
股票借贷的盯市计价	2009年6月
合约对比	2009年4月
股票借贷盯市计价的报告格式	2009年3月
记账对比	2008年12月
返还与召回	2008年12月
人造收入的托收	2008年1月

如果您还没有查阅过这些文件，请下载GMSLA 2010，并熟读其中表明的主

要文件,因为在 12.6 节中,我们将通过这份协议来了解证券借贷的生命周期。

12.5.3 回购协议

国际资本市场协会(ICMA)与现在的证券业和金融市场协会(SIFMA)一起,于 1992 年推出了第一版全球回购主协议(GMRA)。该协议到目前已经更新过三次,最新版本是 GMRA 2011。

我们可以在 ICMA 网站 https://www.icmagroup.org/Regulatory-Policy-and-Market-Practice/repo-and-collateral-markets/global-master-repurchase-agreement-gmra/上找到 GMRA 的三个版本。与此同时,在 2011 年的版本中,我们还可以找到下列文件:

- 全球回购主协议——GMRA 2011
- GMRA 草案的修订版本
- GMRA 2011 标注版本,标注针对 2000 版本的变化
- GMRA 2011 指导说明
- GMRA 2011 的购入/售回附件
- GMRA 2011 的票据附件
- GMRA 2011 的代理方附件
- GMRA 2011 的股票附件
- GMRA 2011 的俄语翻译版

为了确保 GMRA 的有效性以及协议中净额结算规定的可执行性,ICMA 已经获得了涵盖 62 个国家的法律意见书(包括瑞士的补充意见)。这些被称为 GMRA 2013 版法律意见书的文件,包含了 GMRA 的一项核心意见、各种证券借贷协议(SLA)以及涵盖了每项协议的详细附录。

12.5.4 指导准则

英格兰银行的证券借贷及回购委员会分别于 2009 年和 2008 年发布了《证券借贷指导准则》(Securities Borrowing and Lending Code of Guidance)和《金边债券回购指导准则》(Gilt Repo Code of Guidance),这些文件目前正在审查中[1],但我们可以申请查阅[2]。同时,我们也可以在 ISLA 官网上找到 2009 年的"指导准则"(www.isla.co.uk/index.php/master-agreements/industrydoc)。

---

[1] 参见英格兰银行(网络),"指导准则",详见 www.bankofengland.co.uk/markets/Pages/gilts/slrc.aspx。

[2] 地址:英国伦敦 EC2R 8AH,针线街,英格兰银行(HO-1 号),证券借贷及回购委员会秘书处。

12.6 证券借贷的生命周期

在本节中,我们将聚焦于证券贷款的生命周期,并将其分成三个阶段来详细讨论:

第一阶段:借贷交易启动

第二阶段:借贷交易维护

第三阶段:借贷交易结束

证券借贷也是一种抵押活动——您应该还记得我们在第 9 章研究过的非集中清算的衍生产品的抵押品。

我们需要记住的是,实益所有人可以通过以下几种方式来实现证券贷出:

- 委派地方/全球托管人作为代理
- 委派第三方专业代理人作为中介
- 委派委托类代理人作为中介
- 委派自营委托类代理人作为中介
- 上述方式的结合

尽管这些方法在细节上有所不同,但其基本理念是相当类似的。

12.6.1 第一阶段:借贷交易启动

12.6.1.1 融入方接触融出方

借贷可以通过多种方式发起:如随机方式、自动借贷的方式以及使用专门为此设立的电子交易平台的方式等。

通常情况下,是由融入方进行最初的寻找与接触,但更积极的融出方(或其代理人)则会主动向潜在融入方提供"符合其需要的"证券。

此外,融入方如果以委托人的身份参与交易,就可以根据其与融出方的关系以及融出方可贷投资组合的规模和构成,来与融出方进行自由交易。相反,一个代理人则很可能必须根据融出方证券可用余量的比例把借贷需求分配到其所有融出方的账户中。

示例 1:

作为委托人的融入方,更有可能选择那些由于其证券可用性强、证券组合多元化并且与之有合约安排、从而双方拥有更好工作关系的融出方来进行合作;而那些自身规模较小、从而缺乏上一级融出方成规模的借贷、有吸引力的证券较少并且在证券借贷发起和召回上受到更多限制的融出方,则很少被融入方青睐,见表 12-8。

表 12-8　　　　　　　　　　证券借贷示例 1

客户	借贷规模：100 000 股股票		
	可用头寸	借记贷出量	剩余头寸
融出方 A	250 000	100 000	150 000
融出方 B	20 000	0	20 000
融出方 C	15 000	0	15 000
融出方 D	40 000	0	40 000
总计	325 000	100 000	225 000

虽然这四个融出方都有股票头寸，但融入方选择和融出方 A 进行交易。如果这种情况继续下去，那么融出方 B、C 和 D 可能都不会从中受益。

示例 2：

融入方通过寻求全球托管人等代理人的帮助，就可以借入足量的所需证券——全球托管人拥有大量的融出方客户，他会按比例将借贷需求分摊到各个融出方身上，如表 12-9 所示。

表 12-9　　　　　　　　　　证券借贷示例 2

客户	借贷规模：100 000 股股票		
	可用头寸	借记贷出量	剩余头寸
客户 A	50 000	40 000	10 000
客户 B	20 000	16 000	4 000
客户 C	15 000	12 000	3 000
客户 D	40 000	32 000	8 000
总计	125 000	100 000	25 000

在这种情形下，没有一个客户能够满足全部的借入数量需求。但无论情况如何，全球托管人都可以通过一次交易就满足融入方的需求，但需要按照各融出方客户可用头寸的比例来分摊这笔证券需求——我们可以认为全球托管人对待其客户都是公平公正的。

但无论是为自己账户还是作为中介机构为他人账户进行证券借贷，融入方在获得所需的证券数量时都可能会遇到困难。融入方所需的证券可能会是很"独特"的，因此可能非常缺乏流动性。如表 12-9 中的例子所示，如果融入方依次和这四个潜在融出方接触，就会发现没有一方能够满足其融券需求——事实上，该需求只有通过这四个融出方共同贷出证券才能满足。

表 12-10　　　　　　　　　　证券借贷示例 3

客户	借贷规模：100 000 股股票		
	可用头寸	借记贷出量	剩余头寸
融出方 A	25 000	25 000	0
融出方 B	20 000	20 000	0
融出方 C	15 000	15 000	0
融出方 D	40 000	40 000	0
总计	100 000	100 000	0

如果融入方未能成功找到合适的融出方,有一种方法可以让他暂时"持有"所需的部分证券——我们将其称为"冻结",在上面的例子中,融入方可以要求融出方 A 冻结其所有的 25 000 股股票。

冻结只能持续很短的时间,但至少能让融入方获得一部分所需的股票。之后融入方会继续接触融出方 B 和 C 并冻结其所有股票(此时共有 60 000 股冻结),直到最终找到融出方 D 借入剩余的 40 000 股——冻结只能用于这种目的,而不是为了防止其他融入方得到这些股票。冻结是一个短期便利措施,通常在几个小时或在当天收盘后就会过期。

电子平台的使用可以使借贷双方(或其代理人)就可用头寸与融券需求等信息进行及时沟通,从而能够加速整个寻找和交易的过程。

12.6.1.2 条款协商

一旦融入方找到所需证券,就需要开始协商借贷条款了。

这些条款通常包含以下内容(见表 12-11)。

表 12-11　　　　　　　　借贷条款

条款		说明
借贷存续期	定期	证券的需求仅存在于一定时期内,如 1 周、30 天等
	开放式期限	证券可以随时由融出方召回或融入方返还
合格抵押品	现金	双方均可接受的币种。
	非现金	合格的资产,如政府证券、信用证等
费用	回扣率	现金抵押
	溢价或费率	非现金抵押品
交割指令	目标证券和抵押品	银行账户与结算明细

12.6.1.3 交易确认

证券借贷交易应像其他类型的交易一样尽快确认,确认内容应包括合同日期、结算日期和表 12-11 中所述的条款等。

表 12-12 给出了一个证券借贷交易的例子。

表 12-12　　　　　　　　证券借贷交易

交易日期	2017 年 1 月 10 日,星期二	协商证券借贷的日期
结算日期	2017 年 1 月 10 日,星期二	交易日期开始
期限	开放式	随时可召回
证券	玛莎百货	普通股
股票编码	MKS:LSE	证券交易所股票代码
证券价格(GBX)	441.40	便士/股

续表

数量	5 000 000	股	
目标证券价值	£ 22 070 000.00	数量×价格	
交割	DVP 券款对付	从融出方账户<账号>到融入方账户<账号>	
贷出费	25	基点	每年
抵押品	按值交割（DBVs）	抵押品类型	
保证金	5.00%	非美国证券的典型保证金率	
所需抵押品	£ 23 173 500.00	基于目标证券价值×（1 + 的保证金%）	
融出方收益	151.16	每天	每天的贷出费

12.6.1.4 证券交割及抵押品接收

理想情况下，借贷双方应在证券交割的同时完成抵押品接收——这在现金作为抵押品时（券款对付）是可以实现的。但当抵押品为非现金的物品时，由于不太可能同时进行双向交割，就难以实现这种理想的状态。即使证券和非现金抵押品在同一天完成交割，也至少会存在日间风险，因为这两者是在当天的不同时间进行交割的。

根据借贷双方之间的关系，抵押品有可能先于证券进行交割（即预抵押），这样的话，风险敞口就转移给了融入方。还有一种可用的方式被称为按值交割（DBV），我们将在 12.8.5 节中介绍。

理想情况下，借贷双方分别提供的证券和非现金抵押品，都应尽快按照对应资产的标准市场惯例进行结算。例如，定期结算的市场惯例是 T + 3，而资产贷出、归还和召回的交割都是以 T + 0 的惯例执行。较短的交割期会使得借贷交易过程更加高效，特别是在准确性和及时性方面。

图 12 – 1 展示了交易开始时的情况，即融出方开始向融入方交割证券。

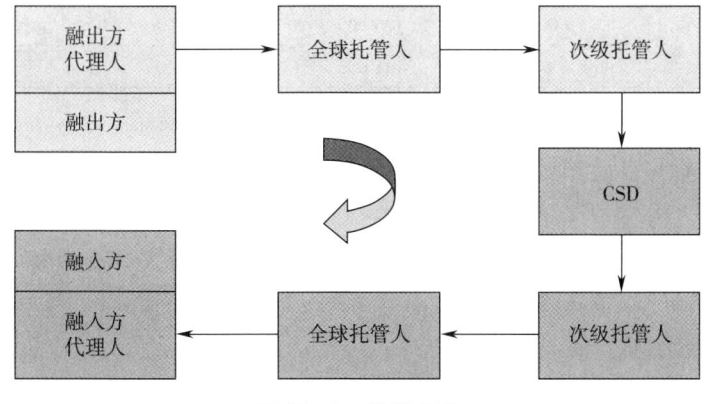

图 12 – 1　借贷启动

借贷交易的第一阶段,即启动部分到此结束。接下来,在融入方归还或融出方召回证券之前,双方必须进行借贷交易的维护与抵押品的管理。

12.6.2 第二阶段:借贷交易维护

12.6.2.1 保证金

在借贷交易的整个生命周期中,必须确保抵押品的价值总是高于借贷资产的价值。这是为了确保始终有足值的抵押品可以进行清算,并在融入方违约时可以用处置抵押品的现金所得来弥补融出方失去证券的损失。

问题:

您认为目标证券的价值会随着抵押品价值的变动而发生相应的增减吗?

答案:

这要取决于借贷资产与抵押资产之间的相关性。如果这两份资产完全正相关,那么随着借贷资产价值的增加,抵押品的价值也会增加。反过来看,如果两种资产完全负相关,那么随着借贷资产价值的增加,抵押品的价值就会相应减少(反之亦然)。

具体可参考下面的例子。

下面的例子(见表12-13)就说明了这种情况。

表12-13　　　　　目标证券与抵押品之间的相关性

	目标证券价值	抵押品价值	差额	结果
开盘	100 000	105 000	5.00%	可接受
收盘§1	95 000	106 000	11.58%	超额抵押
收盘§2	105 000	107 000	1.90%	抵押不足

负相关的例子:

在开盘时,目标证券和抵押品之间的价值差额为5%;当收盘时,如果发生§1的情况,那么目标证券价值下降,抵押品价值上升,双方差额扩大至11.58%,该笔借贷交易出现超额抵押的情况。这时,融入方会想要收回部分抵押品以将二者差额重新降至5%。

正相关的例子:

收盘时如果出现§2的情况,目标证券和抵押品的价值同时增加(虽然不是以相同的比例),二者差额缩小,以致出现抵押不足的状况。如果融入方在此时违约，那么抵押品目前的价值仅仅足够弥补证券的损失，从而使融出方面临风险。

因此，借贷交易维护阶段的一个要点就是确保在任何时候都有足值的抵押品，此外，借贷资产与抵押品之间估值的差额也要维持在预先商定的水平上。我们将这个差额称为接待保证金——上例中的保证金为5%。虽然在这方面没有具体的规定，但各个市场往往有自己的保证金惯例，如表12-14所示。

表 12-14　　　　　　　　　　保证金比率

市场	保证金
美国证券市场	2%
其他所有地区的证券市场	5%

需要注意的是，这些保证金水平是可以协商的，在操作风险（例如结算和托管）更高的市场上，保证金往往也会更高。

问题：
我们应该多久对这些资产进行一次重估？
答案：
对借贷资产和非现金抵押品价值的重估至少应每天进行一次。借贷资产（如股票）往往比给定的非现金抵押品（如债券）具有更高的波动性。

在正常的市场条件下，每日重估（也称为逐日盯市）通常就足以确保保证金基本稳定。融出方或其代理人有权根据其证券借贷协议（SLA）在一天之内要求追加额外保证金（日内保证金追缴）。

保证金追缴可以在融出方发起申请时立即结算，也可以由双方约定一个阈值（该阈值将保证金缺口相比较），一旦超过则立即结算（具体参见表12-15）。

表 12-15　　　　　　　　　　保证金追缴和阈值制度

	目标证券价值	抵押品价值	阈值	需采取的行动	新的抵押品余额
A.	110 000	105 000	无	融入方支付额外的10 500 保证金	115 500
			25 000	会记录应追加的保证金，但并不需要实际支付	
B.	95 000	105 000	无	融出方向融入方偿还5 250 保证金	99 750
			25 000	会记录应减少的保证金，但并不需要实际偿还	

在例A中，目标证券的价值超过了抵押品价值，资金融出方有权向融入方

追缴额外的保证金/抵押品。如果没有阈值，则需要进行保证金追缴；但如果双方约定了一个阈值——比如说是 25 000——则不会产生实际交割，但额外的保证金金额会被记录在册。

在例 B 中，情况正好相反，目标证券价值下降，融入方有权向融出方要求偿还保证金/抵押品。同样，如果没有阈值，则进行交割；在有阈值的条件下而没有超过阈值的，不用实际交付但需进行记录。

12.6.2.2 保证金的应用

融出方每天都应该用前一天的收盘价来重估目标证券与收到的抵押品的价值，以确保保证金维持在正常的水平。如果双方约定了阈值，融出方将会要求追缴更多的保证金，或者融入方就会要求返还一部分抵押品。让我们来看一个由欧洲股票组成的小型投资组合的例子（见表 12-16）。

表 12-16　　　　　　　　　　欧洲证券投资组合

目标股票	数量	价格（EUR）	价值（EUR）
荷兰全球人寿保险公司（Aegon），股票	170 000	6.91	1 174 700.00
德国巴斯夫公司（BASF），股票	15 000	76.59	1 148 850.00
拉法基集团（Lafarge），股票	25 000	54.08	1 352 000.00
雷普索尔公司（Repsol），股票	75 000	18.13	1 359 750.00
目标投资组合价值			5 035 300.00
保证金水平		5%	251 765.00
所需抵押品			5 287 065.00

通过表 12-16 中的结算结果，我们可以看到，为借入价值约 500 万欧元的目标投资组合需付出的抵押品价值约为 530 万欧元。

12.6.2.3 垫头

无论何时，只要使用非现金抵押品，就会存在该标的资产价值下降的风险。因此，融出方同时承担了发行人风险和市场风险——标的证券风险越高，其市场价值下降或发行人违约的可能性就越大。

除了为目标证券提供担保之外，融出方还会对抵押品的市场价值进行一定的折价，以此余量来作为跌价准备（"垫头"）；而这对于融入方则意味着必须提供额外的抵押品，即"过量抵押"（excess）。

问题：

抵押品可以根据风险排序，那么应如何对以下资产类型进行排序？（1 代表低风险，5 代表高风险）

- 现金
- 主要股指的成分股
- 在交易所挂牌的股票（其他）
- 黄金
- 非主权债务（非政府性债务）
- 主权债务（政府债务）

答案：

这些资产排序如下：

现金	1
主权债务	2
非主权债务	3
主要股指的成分股	4（并列）
黄金	4（并列）
在交易所挂牌的股票（其他）	5

低风险的资产类型所需垫头也较小，而资产类型的风险越大，相应垫头也会越大。我们还可以把信用评级和期限因素也纳入我们的风险排序中，如表12-17所示。

表12-17展示了一些标准监管垫头，我们可以从中就不同资产类别所需的垫头水平得出一些结论。

表12-17　　　　　　　　　标准监管垫头

债券发行评级	剩余期限	主权	其他发行人
AAA 到 AA -	< 1 年	0.50%	1.00%
	1~5 年	2.00%	4.00%
	> 5 年	4.00%	8.00%
A + 到 BBB -	< 1 年	1.00%	2.00%
	1~5 年	3.00%	6.00%
	> 5 年	6.00%	12.00%
BB + 到 BB -	所有	15.00%	
	主要股指成分股（包括可转债）与黄金		15.00%
	其他在交易所挂牌的股票（包括可转债）		25.00%
	相同币种的现金		0.00%

由表12-17我们可以得出以下结论：

- 和信用评级较差且债券的剩余期限超过 5 年的融入方相比，具有良好信用评级且债券的剩余期限少于 12 个月的主权融入方所需要支付的垫头更小。
- 对于债券来说，剩余期限越长，违约风险就越大。因此，长期债券往往需要支付更大的垫头。
- 股票抵押品通常需要比主权和非主权债券支付更大的垫头；相比主要股指（如德国 DAX 指数）的成分股来说，非成分股的股票抵押需要支付更大的垫头。
- 同一币种的现金不需要支付任何垫头，但外币现金由于要面临外汇风险，因此可能需要评估其应付垫头水平。

12.6.2.4 收入和公司行为

您一定还记得，无论是被借出的证券还是被交付的抵押品，其法定所有权在交易过程中都已经发生了转移。根据证券借贷协议条款，证券融入方和抵押品接受方都有义务在资产持有期间"创造"收益，并将收益一并交还给证券融出方或抵押品交付方。实际上，现金支付者指的就是支付了代表"收益"数额的现金支付者，因此我们使用了"创造收益"一词。（这是因为，一个发行人一次只能支付一份特定的股利或息票，而"创造收益"则解决了多次收益支付的问题。）

收益：

应付的收益（股利和息票）应是实益所有人如果没有借出证券或交付抵押品而本应收到的金额。

任何付息金额上的差异都会被记入支付方的待结账目。比如，ABC 公司宣布每股派发 2.00 股利，而证券融出方借出了 100 000 股股票。ABC 公司向融入方支付扣除了 20% 预扣所得税（WHT）之后的股利。股票融出方（原始受益人）应获得的是仅扣除 10% 所得税之后的股利（见表 12-18）。

表 12-18　　　　　　　　WHT 差异导致的融入方成本

	参与方	总收益	WHT 税率	净收益
股利支付给	融入方	200 000.00	20%	160 000.00
股利应归属于	融出方	200 000.00	10%	180 000.00
融入方的成本				-20 000.00

在本例中，如果证券贷出机构没有借出这 100 000 股的 ABC 公司股票，那么应收股利将是 180 000.00。

但对于"全额支付证券"（gross paying securities），如欧洲债券，则不会出现这种情况。

投票权：

投票权是不可能被制造出来的，因此在证券融入方得到投票权的同时，融出方也失去了这项权利。融出方（作为证券的实益所有人）唯一可以行使投票权的方法是在表决前及时召回证券，并希望他们能够在投票后重新贷出。

公司行为：

证券融出方有权从发行公司不同类型的公司行为（如送股、配股、收购等）中获得收益。第 11 章中谈到过一些关于公司行为的例子，而从证券借贷的角度来看，这些公司行为可以有不同的处理方法。但一般来说，证券融入方会对融出方（同理，抵押品接受方对提供方）提供相应的补偿。

12.6.3 第三阶段：借贷交易结束

在一定阶段，借贷的证券会被归还。具体归还时间取决于原定持续期是基于定期还是开放期限的形式。

12.6.3.1 固定期限式借贷

融入方必须按照原定的交易条款将借来的证券交还给融出方，而融出方也应将适当数量的抵押品归还给融入方。

12.6.3.2 开放期限式借贷

融出方可以随时召回贷出的证券，融入方也可以随时归还（伴随着适当数量抵押品的归还）。而融出方召回证券最典型的一个原因就是，将贷出的部分或全部证券出售给了其他人。

证券召回和归还会在第 8 节介绍 GMSLA 等价证券交割时详细阐述。融出方必须提前发布通知，提前的时间必须长于证券标准结算时间。相比之下，融入方则只需要向融出方交割证券就可以了（而无须提前通知）。

融出方会面临的一种风险是它的召回活动时间不够提前，从而无法按时完成出售交易的结算；另一种风险则是融入方由于种种原因没能成功归还证券。

12.6.3.3 交割失败

GMSLA 第 9 节中详细介绍了证券和抵押品交割失败时的情况：

● 9.1 融入方未能交付等价证券。这时融出方可以选择继续借贷或终止交易。

● 9.2 融出方未能归还等价抵押品。这时融入方也可以选择继续借贷或终止交易。

● 9.3 两方中任一一方未能交割成功。转让失败方向受让方赔偿所有合理的成本和损失，如利息费用和买进成本等。

向融出方归还证券的流程如图 12-2 所示。

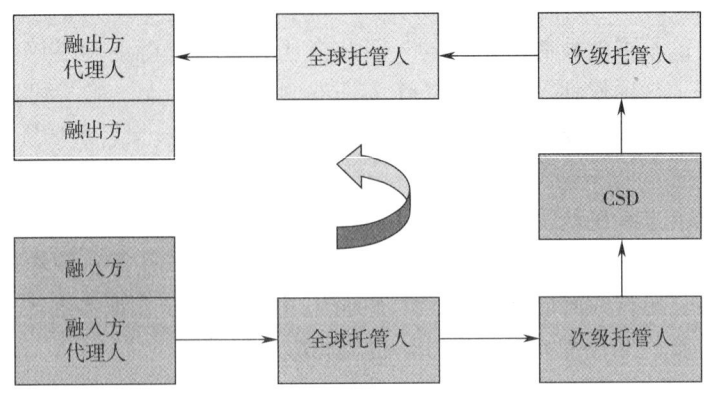

图 12 – 2　借贷交易完成

12.6.4　贷出费用

贷出费会按日累积，但通常是按月支付的。其计算方式取决于融入方提供的担保物类型——前面已经说过，抵押品分为现金类和非现金类两种。

12.6.4.1　现金抵押

如果融入方提供的是现金抵押，那么它将来会要求得到该现金产生的回报。这种回报率被称为"回扣率"（rebate rate）。在借贷期间，融出方则会将这笔现金进行再投资，以期获得相应收益，这种收益率被称为"再投资收益率"（reinvestment rate）。一般来说，再投资收益率应该大于回扣率，二者的差额即为融出方的收益。

示例：

一个实益所有人贷出了价值 1 000 万美元的美国股票，融入方提供保证金为 2% 的现金抵押，并要求 25 个基点的回扣率。假设再投资收益率为 95 个基点。表 12 – 19 展示了融出方收益的计算方法。

表 12 – 19	借贷利差	
交易价值	$ 10 000 000.00	
保证金	2%	美国股票
现金抵押	$ 10 200 000.00	
回扣率	25	基点
回扣金额	$70.83	每天（一年按 360 天计）
再投资收益率	95	基点
再投资收益	269.17	每天（一年按 360 天计）
利差	198.33	每天（一年按 360 天计）

在本例中，利差为70个基点，融出方收益为每天198.33美元，并且每日利差会随着交易价值的变化而改变。

12.6.4.2 非现金抵押品

对于以非现金抵押进行担保的证券借贷，融出方的收益，即贷出费［也称为"非现金溢价"（non-cash premium）］是基于借贷资产市场价值来计算的。（这与现金抵押不同，现金抵押品的回扣率和再投资率都是在抵押品价值的基础上计算的。）

非现金抵押品的费用计算更加简单，因为贷方（或其代理人）不需要进行现金的主动管理。相反，借贷双方都知道借贷资产的价值以及商定的借贷费率，因此可以准确计算出每日的费用。

示例：

一个实益所有人贷出了价值2 500万美元的太平洋沿岸地区股票的投资组合，非现金溢价率为100个基点。表12-20展示了融出方的收益计算方法。

表12-20　　　　　　　　　贷出费用

交易价值	$ 25 000 000.00	
非现金溢价	100	基点
费用	$ 694.44	每天（一年按360天计）

每日的费用会随着交易价值的变化而改变。需要注意的是，贷出费用的计算与非现金抵押品的价值无关。

问题：

假如您作为一家买方机构，以融出方身份进行了市值1亿美元的证券借贷交易，并接受了融入方提供的保证金为5%的非现金抵押品。用作抵押品的资产类型及其市场价值如表12-21所示。应用表12-17中抵押品垫头的相关知识，本例中抵押品是超额还是短缺？盈余或缺口是多少？您需要采取什么行动？

表12-21　　　　　　　　　抵押品评估

用作抵押品的资产	剩余期限（年）	市场价值（美元）	信用评级	所需垫头	抵押品价值
英国金边债券	4	30 000 000	AA+		
美国国债	8	40 000 000	AAA		
A国国债	15	15 000 000	A-		
B国国债	10	5 000 000	BB		
主要股指成分股	—	8 000 000			
其他股票	—	5 000 000			

续表

用作抵押品的资产	剩余期限（年）	市场价值（美元）	信用评级	所需垫头	抵押品价值
黄金	—	2 000 000			
总计		105 000 000			
以美元为单位计价					

答案：

从垫头的计算中得出，本例中的抵押品有 660 万美元的短缺（详细计算见表 12-22）。您应该要求追加更多抵押品，以确保垫头符合协议规定的标准。

表 12-22　　　　　　　　　　抵押品垫头的影响

用作抵押品的资产	剩余期限	市场价值（美元）	信用评级	所需垫头	抵押品价值
英国金边债券	4 年	30 000 000	AA+	2%	29 400 000
美国国债	8 年	40 000 000	AAA	4%	38 400 000
A 国国债	15 年	15 000 000	A-	6%	14 100 000
B 国国债	10 年	5 000 000	BB	15%	4 250 000
主要股指成分股	—	8 000 000		15%	6 800 000
其他股票	—	5 000 000		25%	3 750 000
黄金	—	2 000 000	—	15%	1 700 000
总计		105 000 000			98 400 000
				短缺	-6 600 000
货币以美元为单位计价					

12.7　回购协议的生命周期

12.7.1　交易动机

回购协议（也称为经典回购或回购）是一种广泛应用于美国、欧洲和亚洲的成熟的货币市场工具，具有以下优点：

- 使公司能够借入或贷出现金，并有抵押品（如债券）作担保
- 使做市商既能卖空证券（随后使用现金购回证券）又能为做多证券进行融资（买入证券，立即以回购的方式卖出证券以换取现金）

回购交易和证券借贷交易的驱动因素不同：证券借贷是由证券驱动的，而回购交易可以由证券和现金分布驱动。对于现金需求驱动型的机构，它们除了要求抵押品达到某些质量标准之外，并不太关心收到的抵押品究竟是什么，这

类抵押品被称为"一般抵押品"(General Collateral, GC)。在证券驱动型回购中,抵押品被称为"特殊抵押品"(Special Collateral, SC)。在这类交易中,对特殊抵押品的需求越大,其价格(回购利率)就越低。

- 对于现金融入方来说,回购利率通常低于银行融资利率。
- 对于现金融出方来说,回购交易可以在强流动性的市场中,为其短期、有担保的交易提供具有吸引力的收益。

尽管抵押品产生的经济利益仍然归属于提供方,但其所有权会转移给接收方。

表 12-23 展示了回购交易中买卖双方的交易动机。

表 12-23　　　　　　　　回购动机

回购交易方	证券驱动	现金驱动
买方	证券融入方	抵押品接收方
	抵押品提供方	现金融出方
卖方	证券融出方	抵押品提供方
	抵押品接收方	现金融入方

需要注意的是,回购交易的买卖是与证券的方向一致的——如果投资者出售一份回购交易,那么它就是在出售证券(即贷出证券)。

12.7.2　回购协议类型

回购协议有两种期限类型:

12.7.2.1　固定期限式回购

定期回购(term repo)指的是有特定回购日期的交易,期限范围通常从隔夜(O/N)到 12 个月不等。

12.7.2.2　开放期限式回购

这种回购指的是双方在协商时没有指定回购日期,但可根据任一一方的要求而终止的交易。

回购协议可以通过以下几种方式进行交易:

- 直接协商
- 语音代理(电话协商)
- 另类交易系统(ATS)
- 连接到中央对手方(CCP)的 ATS
- 语音辅助系统

请注意,有几种回购类型具有相同的概念,其不同之处在于具体操作中的细节。

12.7.2.3 经典回购

经典回购交易是在两个交易对手之间协商进行的,其抵押品可以是一个证券组合(一般抵押品,GC),也可以是某一种特定证券(如 2030 年到期,收益率 5% 的 ABC 公司债券)。下面给出了两个例子:示例 A 是由现金驱动型交易,示例 B 则是证券驱动型交易(分别见表 12 – 24 和表 12 – 26)。

表 12 – 24　　　　　示例 A——现金驱动型回购

背景	投资者 A 想要以特定证券作为抵押,借入现金 25 000 000 美元,期限为 1 个月	
对手方	证券交易商 B	
回购利率	0.22%	1 个月
交易日期	2014 年 7 月 8 日,星期二	
结算日期	2014 年 7 月 11 日,星期五	
终止日期	2014 年 8 月 11 日,星期一	
抵押品	2020 年 1 月 27 日到期的收益率 4.60% 的 EDF 债券	欧洲债券(30E/360)
净价	112.7771	YTM 2.13%
应计利息	2.0956	每 100 美元名义值
含息价(交易开始时)	114.8727	净价 + 应计利息
现金总额	$ 25 000 000.00	现金驱动型

本例中,我们知道现金总额而不知道 EDF 债券的名义面值,但通过对债券交易现金总额的计算公式进行整理,我们就可以计算出该指标,如图 12 – 3 所示。

$$现金总值 = 名义面值 \times 全价(\%)$$

$$名义面值 = \frac{现金总值}{全价(\%)}$$

$$名义面值 = \frac{25\ 000\ 000.00\ 美元}{114.8727\%} \approx 21\ 763\ 000\ 美元$$

图 12 – 3　所需债券的名义面值

确切的名义面值应为 21 763 221.37 美元,但由于债券的最小交易单位为 1 000 美元,交易方无法以该金额进行交割。因此,我们将名义总值下调至 21 763 000 美元,并得到新的借贷现金总额 24 999 745.70 美元(有 254.30 美元的小额缺口)。有些证券(如政府债券)的最小交易单位为 0.01 美元,这就使得债券名义总值与所需现金量能够匹配得更加精确。

在结算日,投资者 A 向证券交易商 B 交割债券,并得到相应的现金支付。

由于这是一个定期回购,交易终止日定于一个月后的 2014 年 8 月 11 日(星期一),届时 B 会归还债券,A 也会退还全部现金外加 4 736.06 美元的利息。计算参见表 12-25。

表 12-25　　　　　　　　　　　利息计算

现金总额(美元)	$ 24 999 745.70
回购利率)%)	0.22
期限(天)	31
回购利息(美元)	4 736.06

注意事项:
- 交易开始时的含息价一直到交易结束会保持不变。
- 此交易为现金驱动型,我们使用含息价来计算抵押品的价值。但更为常见的是将保证金制度应用于债券抵押上,我们将在本章后续部分中讨论。

示例 A 展示了现金需求作为交易驱动力的情况,其中投资者 A 想要借入现金。而在示例 B 中,我们将会看到一个经典回购交易,一个交易方(证券交易商 C)想要从投资者 D 处借入特定的证券(见表 12-26)。

表 12-26　　　　　　　示例 B——证券驱动型回购

背景	证券交易商 C 想要借入价值 25 000 000 美元、息票率为 2.125% 的必和必拓公司(BHP Billiton)债券,以现金抵押,期限为 3 个月	
对手方	投资者 D	
回购利率	0.21%	3 个月
交易日期	2014 年 7 月 8 日,星期二	
结算日期	2014 年 7 月 11 日,星期五	
终止日期	2014 年 10 月 10 日,星期五	
目标证券	2018 年 11 月 29 日到期,收益率为 2.125% 的 BHP Billiton 公司债券	欧洲债券(30E/360)
净价	106.5765	YTM 0.60%
应计利息	1.3104	每 100 美元名义值
含息价(交易开始时)	107.8869	净价 + 应计利息
债券名义面值	$ 25 000 000	证券驱动型
现金抵押	$ 26 971 725.00	

在结算日,投资者 D 将债券交割给交易商 C,同时取得相应的现金支付。由于这是一笔固定期限式回购,交易将于 3 个月(91 天)后的 2014 年 10 月 10 日到期。届时 C 将归还债券,D 也会偿还全部现金外加 14 317.49 美元的利息,如表 12-27 所示。

表 12-27　　　　　　　　　示例 B——利息计算

现金总额（美元）	26 971 725.00
回购利率（%）	0.21
期限（天）	91
回购利息（美元）	14 317.49

12.7.2.4　交叉货币回购

在上面的两个例子中，现金和证券都是以同一币种（美元）计量的，但交叉货币回购则会涉及两种不同的货币，表 12-28 给出了一些例子。

表 12-28　　　　　　　　　　交叉货币回购

货币	vs.	证券
美元	vs.	欧元计价证券，如德国国债（German Bonds）法国可替代国债（French OATs）、意大利固息债券（BTPs）、比利时 OLOs 等
日元	vs.	美国国库券
英镑	vs.	日本政府公债（JGBs）

即便在确保交易价值始终被抵押品完全覆盖的情况下，外汇敞口仍然会产生额外的复杂性。

12.7.2.5　股权回购

这类回购合约是以股票而非债券来作为抵押品的。

只有在股票的交割同政府及公司债券一样高效的市场上，这类回购才能顺利地运转。而如果股权从交割方转移到接收方名下需要好几天的时间，那么大量的交易都会由于这个原因被耽误。因此这类回购所需要的理想环境是，股票交割后能够即刻完成其所有权的转移和重新登记。

12.7.2.6　浮动利率回购

这类合约的回购利率并不是固定的，而是每隔特定时间就会重新设置一次的浮动利率。这种回购交易通常在其抵押品也有浮动息票率（如浮息票据 FRN）的情况下使用，并且利率重置日期与 FRN 付息日期一致。

12.7.3　售出/购回交易

如前所述，售出/购回（或购入/售回）仅仅是由两个同时处理、交易日相同而结算日不同的完整交易组成的交易类型。因此，首次交易是一个以现货价格售出，以远期价格买入的交易组合。在示例 C 中（见表 12-29），我们沿用了例 B 的信息——您会注意到，虽然现金流相同，但价格却是不同的。

表 12-29　　　　　　　　　　示例 C——售出/购回

背景	证券交易商 C 想要借入价值为 25 000 000 美元的债券，以现金为抵押品，为期 3 个月（购入/售回）	贷出债券，接受现金（售出/购回）
对手方	投资者 "D"	
定价利率	0.21%	3 个月
交易日期	2014 年 7 月 8 日，星期二	
结算日期	2014 年 7 月 11 日，星期五	
终止日期	2014 年 10 月 10 日，星期五	
目标证券	2018 年 11 月 29 日到期，息票率为 2.125% 的 BHP Billiton 公司债券	欧洲债券（30E/360）
采购价格（净价）	106.5765	YTM 0.60%
应计利息	1.3104	每 100 美元名义值，直到 2014 年 6 月 11 日
采购价格（含息价）	107.8869	净价 + 应计利息
债券名义总值	$ 25 000 000	由投资者 D 向交易商 C 交割
现金总额	$ 26 971 725.00	由交易商 C 向投资者 D 支付
利息	$ 14 317.49	现金总额以 0.21% 的利率计息，共 91 天
售回金额	$ 26 986 042.49	现金金额 + 利息
售回价格（含息价）	107.9442	总还款金额/债券面值总额
应计利息	1.8358	每 100 美元名义值，直到 2014 年 10 月 10 日
售回价格（净价）	106.1084	含息价 – 应计利息

需要注意的是，本例中交易开始和结束时的现金流与经典回购中是相同的，而不同之处则在于购入/售回（或售出/购回）的远期价格是以净价计算的。净价是由偿还现金总额（含息价）减去到结算日累计的应计利息而得到。

现在大多数售出/购回交易会被记录在 GMRA 中，相较而言，那些没有记录在案的交易具有更大的风险，因为它们没有保证金变动追缴的规定，不受法律协议的约束，并且卖方没有任何收取息票的合法权利。

深入了解回购协议与售出/购回交易在使用上的区别于我们是有益的。我们可以在 ICMA 官网上找到一份其关于欧洲回购市场的半年度调查报告[①]（见

---

①　资料来源：ICMA（网络），参见 www.icmagroup.org/Regulatory-Policy-and-Market-Practice/short-term-markets/Repo-Markets/repo/latest/。

表12-30~表12-33)。

表12-30　　合约类型——ATS和三方协议

合约类型	2014年6月	ATS	三方协议
回购协议	85.4%	63.9%	100.0%
有记录的售出/购回交易	13.7%	36.1%	0.0%
无记录的售出/购回交易	0.9%	0.0%	0.0%
总计	100.0%	100.0%	100.0%

资料来源：ICMA 欧洲回购市场调查 §27（2014年6月数据），出版于2014年9月。

表12-31　　回购利率比较——ATS和三方协议

回购利率比较	2014年6月	ATS	三方协议
固定利率	79.6%	86.9%	47.0%
浮动利率	13.2%	13.1%	0.2%
开放期限式回购	7.2%	0.0%	52.8%
总计	100.0%	100.0%	100.0%

资料来源：ICMA 欧洲回购市场调查 §27（2014年6月数据），出版于2014年9月。

表12-32　　交易分析

交易分析	2014年6月
直接协商	53.2%
语音代理（电话协商）	14.0%
另类交易系统（ATSs）	32.8%
总计	100.0%

资料来源：ICMA 欧洲回购市场调查 §27（2014年6月数据），出版于2014年9月。

表12-33　　现金货币分析

现金货币分析	2014年6月
欧元（EUR）	65.7%
英镑（GBP）	10.5%
美元（USD）	14.5%
丹麦克朗（DKK），瑞典克朗（SEK）	2.4%
日元（JPY）	5.4%
瑞士法郎（CHF）	0.1%
其他货币	1.3%
舍入误差	0.1%
总计	100.0%

资料来源：ICMA 欧洲回购市场调查 §27（2014年6月数据），出版于2014年9月。

12.7.4 结算

回购交易的结算有三种形式：
- 指定交割（Specified Delivery）
- 三方回购（Tri – Party Repo）
- 托管回购（Hold – in – Custody Repo）

12.7.4.1 指定交割

大部分证券交易是以券款对付（DVP）的方式结算的。只要回购或售出/购回交易是以某种指定的证券作为抵押品，就应该尽量使用这种方法。

证券交割的另一种方式是纯券过户（FOP），但任何交易在使用这种方法时，都需要确保交易双方是在同一预定结算日进行交割/接收的。

图 12 – 4 和图 12 – 5 分别总结了回购协议和售出/购回交易中的资产流动情况。

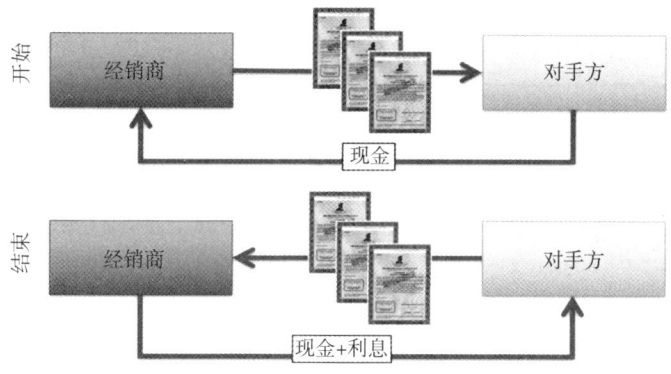

图 12 – 4　回购协议

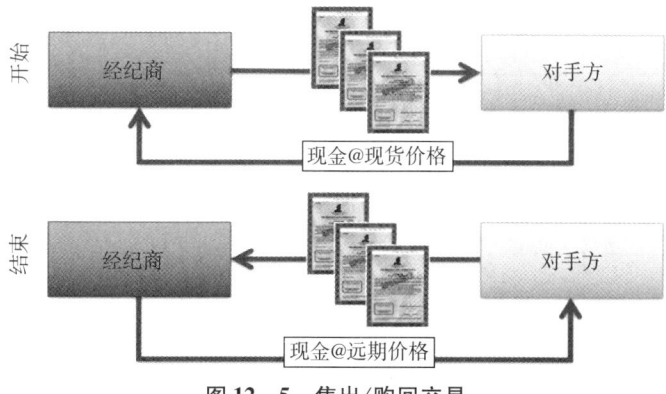

图 12 – 5　售出/购回交易

12.7.4.2 三方回购

交易商可能会将交易完的后续事项外包给第三方托管人管理,从而托管人会与两个交易对手方(买方和卖方)签订一份三方协议。

欧洲的第三方代理通常是由两大国际中央证券存管机构(欧洲清算银行和卢森堡明讯银行)、SIX 证券服务公司、摩根大通和纽约梅隆银行等机构来担任。在美国,回购市场则由摩根大通和纽约梅隆银行主导。

需要注意的是,第三方代理并不会承担交易中的任何风险——而仍然由买方和卖方来承担。此外,第三方代理也不会提供交易场所,交易双方仍然需要通过直接谈判或者另类交易系统来完成交易。

第三方代理的职责是推进和维护回购交易,如表 12-34 和图 12-6 所示。

表 12-34　　　　　　　　　　第三方代理的交易推进过程

推进过程	说明
(1) 代理人接收来自交易双方的指令并尝试匹配它们	
(2) 代理人选择卖方的抵押品	所选抵押品必须满足买方预设的信用和流动性标准、集中度限制和初始保证金要求。
(3) 卖方以货银对付的方式将抵押品转移到代理人账下	卖方贷记现金账户,并借记抵押品账户
(4) 从买方账户扣除现金	按照第(3)条,由代理人持有抵押品
(5) 代理人管理交易进程: ● 对证券/抵押品逐日盯市 ● 维持保证金 ● 抵押品收入托收 ● 根据卖方要求替换抵押品	如果发生以下情况,可能会发生抵押品替换: ● 卖方提出要求(比如,将已被选作抵押品的证券出售给别人) ● 抵押品不再符合买方要求的质量标准

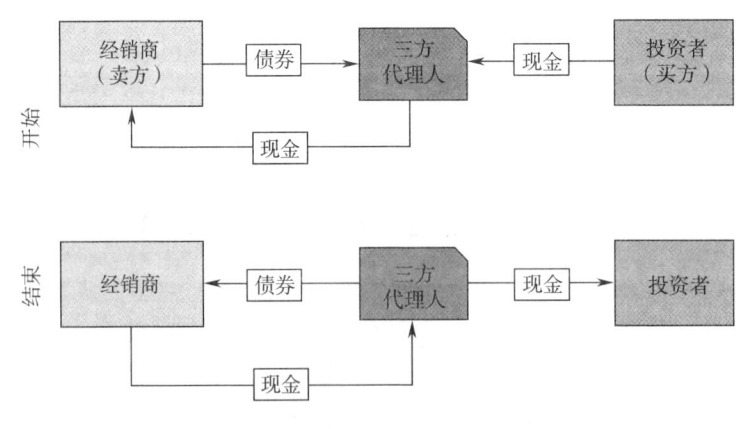

图 12-6　三方回购

12.7.4.3 托管回购

如上所述,比较安全的回购交易包括卖方如实将抵押品交付给买方,或交易中纳入第三方从而形成的三方回购。除上述两种回购方式外,还有一种回购类型称为托管式回购(HIC回购),如图12-7所示,在美国以一般抵押品作为担保的回购交易中得到了广泛的使用。

托管式回购与三方回购的相似之处在于,卖方不必向买方实际交付抵押品。相反,由卖方自己持有抵押品,从而降低了结算成本,并在需要进行抵押品替换时操作更加灵活。而对于买方来说,也不需要耗时耗力亲自管理抵押品。但这种方式的缺点在于买方会承担一定风险,即卖方提供的抵押品可能存在数量不足或质量不达标等问题,甚至可能一物二卖,将同一份抵押品用于其他的HIC交易。

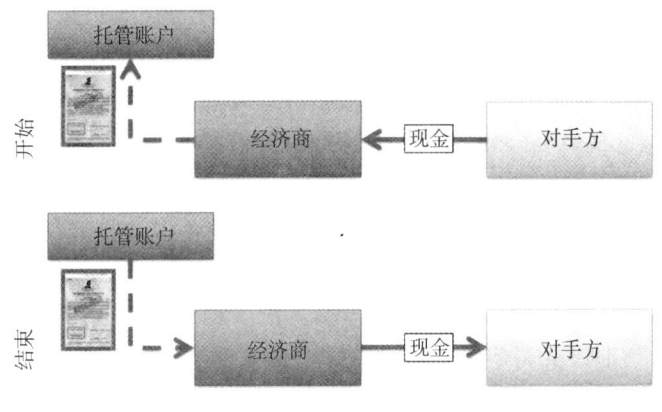

图 12-7　HIC 回购

12.8　抵押品和保证金

12.8.1　专业术语

严格来说,本节标题中的"抵押品"和"保证金"都不是正式用词,甚至在概念上,这两个词指的是同一件事。回购交易起源于债券市场,证券借贷起源于股票市场。但今天,我们既有股票回购,也有债券的证券借贷。

如上文所述,监管回购交易的ICMA和监管证券借贷的ISLA是两个不同的市场协会。

它们分别发布全球回购主协议(GMRA)和全球证券借贷主协议(GMSLA),我们通过表12-35列示了这两份协议中用到的一些专业术语,方便您理解和应用。

表 12-35 主协议术语

活动/协议	术语	说明
回购/全球回购主协议（GMRA）	保证金（证券）	指交易中的抵押品标的证券
回购/全球回购主协议（GMRA）	抵押品	谈及到保证金时常用的术语
回购/全球回购主协议（GMRA）	一般抵押品（GC）	买方并不在意抵押品具体标的证券是什么（只要其满足预先指定的质量标准）
回购/全球回购主协议（GMRA）	特殊抵押品	在购买/交割特定抵押品时使用
证券借贷/全球证券借贷主协议（GMSLA）	抵押品	指融入方向融出方交付的用于为借贷物提供担保的资产
证券借贷/全球证券借贷主协议（GMSLA）	保证金	抵押品的价值与借贷标的价值之间的差额（如 5%）
回购和证券借贷	垫头	这是为了提供风险缓冲而对（抵押品）证券市价计提的折扣率。例如，如果对价值 100 美元的证券计提 3% 的垫头，则抵押品价值为 97 美元。

虽然 GMRA 2011 和 GMSLA 2010 之间存在着差异，但从一份合约的角度来说，其中的许多核心条款（例如违约事件和终止净额结算的规定）是很相似的。

12.8.2 抵押品类型

理想的抵押品类型应该具有的特点是：没有信用风险，流动性极强。有确定的价格发现机制，并且容易出售、能够快速变现。

问题：
哪类资产能够能够较好地符合这种理想型抵押品的特点？
答案：
理想型的抵押品可以是流动性很强的 AAA 级政府债券[①]，它在交易所交易，并以 T+0 方式结算。此外，现金也是一个不错的选择。

12.8.3 回购协议（与售出/购回交易）

最常用的抵押品类型是由高信用度的中央政府发行的证券，政府担保的机构债券和由超国家机构（如世界银行）发行的债券等。在证券驱动型的回购交

---

① 请参阅附录 12.1，由信用评级机构发布的评级信息及其含义。

易中，双方是以现金作为抵押品的。

其他类型的抵押品包括：
- 按值交割（DBV）（后文会进行详细介绍）
- 公司债券（通常是优先无担保债券）
- 资产担保证券（如德国抵押贷款债券"pfandbrief"）
- 股票（特别是主要股指的成分股，如标准普尔500指数）
- 可转换债券
- 货币市场证券（如国库券、大额存单和商业票据）
- （可转让的）银行贷款
- 资产支持证券（ABS）
- 结构化证券，如债务抵押债券（CDO），贷款抵押债券（CLO），信用关联票据（CLN）等
- 住房和商业抵押担保证券（RMBs & CMBs）
- 黄金

请记住，回购交易中的抵押品分为"一般抵押品"和"特殊抵押品"。

12.8.4 证券借贷

可接受的合格抵押品包含上述的许多种类型：
- 现金
- 政府债券
- 公司债券
- 可转换债券
- 股票（特别是主要股指的成分股）
- 信用证
- 货币市场工具（如大额存单等）
- 认股权证
- 按值交割（DBV）

请记住，证券借贷中的抵押品分为现金抵押品和非现金抵押品。

12.8.5 按值交割（DBV）

仔细阅读上文您会发现，有一种特定类型的抵押品对这三种形式的证券融资都是可用的——按值交割（delivery by value，DBV）。DBV是作为现金抵押的替代品被设计出来的抵押品，换句话说，它是一种非现金抵押品。

如果没有DBV，抵押方就必须从自己的证券组合中挑选出证券交付给接收方，这就涉及要向相应的清算所下达交割指令。但如果使用了DVB，抵押方只

需要求清算所打包一套达到指定价值和质量要求的证券组合,接着 DBV 组合就会被清算所交付给接收方。

关于 DBV 组合中包含的证券质量这一问题,我们有 29 种证券类别可供选择,涵盖了一系列不同信用质量和地域分布的证券。表 12-36 展示了其中的一些种类。

表 12-36　　　　　　　　　　DBV 分类列表

DBV 分类列表	说明
F10	FTSE100 指数成分股
GIL	所有英国金边债券
E30	Eurotop 300 指数成分股
INT	所有的国际证券
USS	美国证券

完整的列表见本章末尾的附录 12.2①。

抵押方可以通过集中度限制来要求清算所接受一个多样化的抵押品组合,该限制可以要求任何单只证券的价值不得超过被交割证券组合总价值的 10%。保证金可以一并算入交割证券的总额中。

DBV 可以分为两种类型:

● 隔夜 DBV:抵押品在一天结束时交付,并于第二天早上返还。这种 DBV 适用于隔夜回购等交易类型。

● 定期 DBV:这类 DBV 的期限范围为 1 天至 2 年。这类 DBV 适用于定期融资,而且无须在融资期限内每天滚动发行隔夜 DBV。

12.8.6　回购风险、垫头和保证金

回购风险指的是回购交易双方之间的对手方风险,可以通过计算买卖双方之间对手方风险的差额来衡量。让我们来看一个例子:买卖双方进行了一笔没有任何垫头的单一回购交易。

1. 买方以 1 000 美元现金为抵押回购了市价同为 1 000 美元的证券(如债券)(见图 12-8)。

2. 在购买日,由于证券和购买现金等价,所以没有风险敞口(见图 12-9)。

3. 一段时间后,证券现值为 1 300 美元。与此同时,抵押的现金已经累计了 50 美元的应计利息。此时卖方就面临着一定风险,如图 12-10 所示。

---

① 资料来源:ISLA 的 DBV 分类列表,网址:http://isla.hostinguk.com/docs/Appendix%205-%20DBV%20Class%20List.pdf。

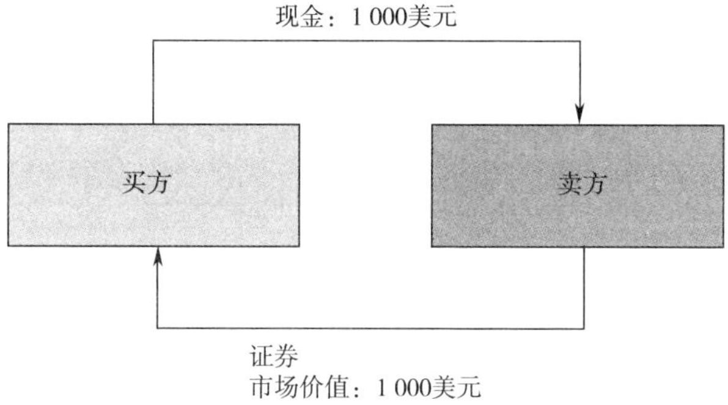

第12章 证券融资

现金：1 000美元

买方 ⇌ 卖方

证券
市场价值：1 000美元

图12-8 初始购买

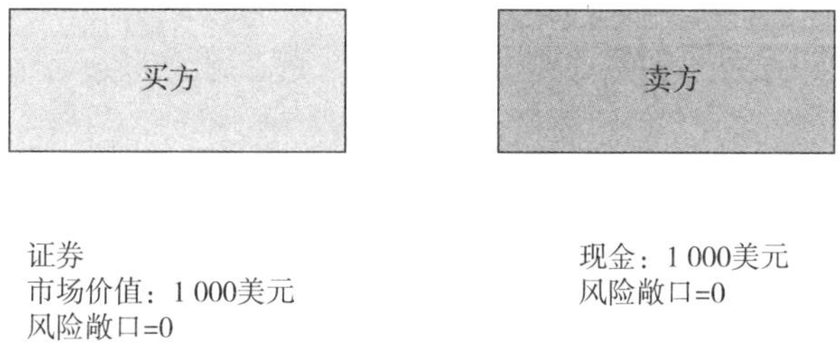

买方   卖方

证券   现金：1 000美元
市场价值：1 000美元   风险敞口=0
风险敞口=0

图12-9 购买日风险敞口

证券   现金：1 000美元
市场价值：1 300美元   回购利息：50美元
风险敞口=0   风险敞口=250美元

图12-10 一段时间后的风险敞口

4. 买方对于卖方的风险敞口是卖方对买方的负债与买方对卖方的负债之间的差额。在这种情况下，买方并不承担风险。

5. 卖方对于买方的风险敞口是买方对卖方的负债与卖方对买方的负债之间的差额。在这种情况下，卖方面临着对手方风险，但可以通过要求买方进一步缴纳保证金来消除。此时如果买方违约，卖方则没有足够的现金来补偿自己的证券损失。

6. 因此，卖方会要求买方追加保证金，以消除其风险敞口，如图12-11所示。

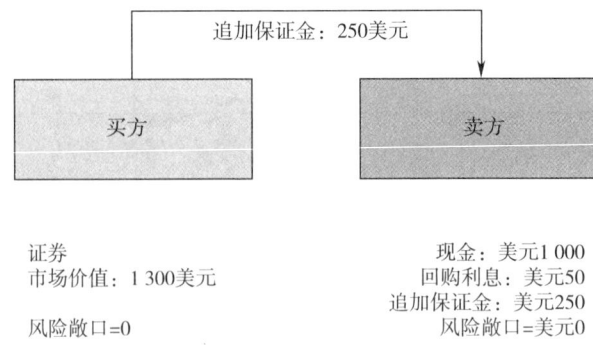

图 12 – 11 追加保证金后的风险敞口

在上例中,我们只考虑了单次交易。

问题:
如果您已经与另一个交易对手方进行过一些交易(既有买入又有卖出),那么您会为每笔交易都进行这样的敞口计算吗?

答案:
理论上,您似乎不得不这么做——您确实可以为每笔交易单独进行保证金支付或接收,但这肯定会造成多笔的支付(从而导致高昂的交易成本)!而一个更高效的办法是,您只需要关注自己对于每个交易对手的风险净敞口即可。

为了计算出您的净敞口,您需要考虑以下因素:
- 所有支付给对手方或从对方处接收的现金,外加该笔现金产生的所有应计利息。
- 所有转让给对手方或从对手方处接受证券的价值。
- 所有债券发行人已经支付但自己或对手方仍未偿还的息票(即人造息票,manufactured coupon)。

12.9 违约与终止条款

12.9.1 引言

通过前面的学习,我们知道了证券融资包括各种形式的抵押借贷交易。抵押是用于减轻交易对手风险(即某一个交易对手方违约的风险)的工具之一。

此外，使用相应主协议、垫头和保证金都有助于实现这一目的。

回购主协议和证券借贷主协议都包含了发生违约时解除交易的相关条款。但首先，我们需要知道导致违约的事件有哪些。

12.9.2 违约事件

上述两个主协议都在各自的第 10 节中对构成违约事件的因素进行了相似的说明，我们对于这些事件进行了总结：

GMSLA 2010（2012 年 7 月修订）

请参阅第 10 节：违约事件（第 18~19 页）和第 11 节：违约事件的后果（第 19~23 页）。

以下情况构成违约事件：

- 未能支付/偿还现金抵押品或交割非现金抵押品
- 未能遵守制造股息的义务
- 未能交割等值的证券或抵押品
- 融出方或融入方任意一方破产
- 错误或虚假的担保
- 承认无能力/不愿意履行协议规定的义务
- 被监管介入，重要资产被依法转移
- 被公示违约或从证券交易所除名，未能满足现金来源要求的
- 未履行协议规定的其他义务且未在 30 天内进行补救

GMRA 2011

请参阅第 10（a）节：违约事件（第 17~18 页）。

以下情况构成违约事件：

- 未能在相应日期支付购买价款或回购价款
- 在正常结算期内，未能在购买日交付目标证券或在回购日交付等价证券
- 在到期时未能支付任何款项
- 未能及时进行保证金转账
- 未按时支付期间收益
- 买方或卖方任意一方破产
- 买方或卖方进行错误或虚假的陈述
- 承认无能力/不愿履行协议规定的义务
- 被公告违约或从证券交易所除名，未能满足现金来源要求
- 未履行协议规定的其他义务且未在 30 天内进行补救

12.9.3 违约事件的后果

在买方/卖方（GMRA）和融出方/融入方（GMSLA）之间义务的处理方式上存在着许多相似之处。在所涉及的双方当中，一方是违约方，另一方则是守约方，处理违约的第一步是由守约方向违约方递交违约通知。

一旦发生违约事件，双方相互的支付和交割义务将被一方向另一方进行现金支付的单一义务所取代。守约方通过确定可交割和可接受的证券市价（称为"违约市价"）以及现金抵押品与其他相关现金的总价值来确定违约方应支付的现金总额。

将所有义务减少为一项单一义务是这两个主协议的关键要素，因为这一轧差的方式确保了守约方可以收到或支付正确的数额。轧差支付还有助于防止违约方利用某些抵押品来抵消其他义务。

您可以查阅具体协议来了解更多详情：

GMSLA 2010（2012 年 7 月修订）——第 11 节：违约事件的后果（第 19 ~ 23 页）

GMRA 2011——第 10 段，（b）到（g），以及（j）到（n）（第 18 ~ 24 页）

12.10 中央对手方（CCP）服务

12.10.1 引言

我们在第 5 章中认识了清算所和中央对手方（CCP），并认识到了它们在交易后环境中扮演的关键性的角色。然而并非所有清算所和中央对手方都能够为证券融资提供专业性服务——尽管这种情况正在改善。

除了可以通过另类交易系统（ATS）执行外，证券融资也是一种双向协商的场外交易类型。交易后续的处理主要是通过内部系统和/或外部以及第三方参与的方法进行内部管理[①]。

过去，清算所和 CCP 会参与到证券交割和现金支付阶段，而清算所甚至不必知道交割和支付的目的。但这种情况已经改变，并随着对 OTC 交易集中清算的监管需求而不断发展演变。这使得清算所和 CCP 能够更快地参与到交易后流程。

在最后一节中，我们将会了解全球金融业中三家重要的 CCP 以及两个国际中央证券托管结算机构（ISCD）：

- 美国期权清算公司（CCP）

---

① 请参阅附录 12.3 中的一系列技术供应商及其官网网址。

官网：www.theocc.com
- 欧洲期货交易所清算公司（CCP）
  官网：www.eurexclearing.com
- 伦敦清算所（CCP）
  官网：www.lchclearnet.com
- 卢森堡明讯银行（ICSD）
  官网：www.clearstream.com
- 欧洲清算银行（ICSD）
  官网：www.euroclear.com

12.10.2　美国期权清算公司（OCC）

OCC 管理着两个项目，它在其中作为其清算成员的 CCP：

1. 股票借贷/对冲项目：该计划允许借贷双方进行双边协商并将其指令发送给 OCC，通过 DTC 的系统进行处理。结算会在 DTC 进行，OCC 负责盯市、保证金管理及进度报告，DTC 则负责处理所有公司行为。

2. 市场借贷项目：与股票借贷/对冲计划有些类似，但不同之处在于，OCC 在该项目中仅作为在 AQS（一个自动化的证券借贷市场）上执行交易的清算机构，即在 AQS 上执行的借贷交易是通过作为 CCP 的 OCC 来进行后续处理的。

12.10.3　欧洲期货交易所清算公司（Eurex Clearing）

欧洲期货交易所清算公司同时为证券借贷和回购交易提供 CCP 服务。

- 证券借贷 CCP 服务：参与者即可以双方协商进行交易，也可以在 SL - X（www.sl - x.com）和 Pirum（www.pirum.com）等电子交易平台上进行交易。该公司同时为欧洲市场上的股票、固收证券和 ETF 等产品的借贷交易提供清算服务，既接受现金抵押品（美元和欧元）也接受非现金抵押品。其中非现金抵押品包括以下证券类型：
- 由主要中央政府发行的债券（如美国、日本和卢森堡等）
- 由超国家机构发行的债券［如欧洲复兴开发银行（EBRD）、国际复兴开发银行（IBRD）、欧洲投资银行（EIB）等］
- 欧洲中央银行和瑞士国家银行发行的债券
- 有回购资格的公司债券（AAA 至 BBB）
- 欧洲、亚太和北美地区主要股指的成分股（如巴黎 CAC40 指数—法国、标普 ASX20 指数—澳大利亚和标普 TSX60 指数—加拿大）
- 部分 ETF

（注意：不包括结构化债券）

- 欧洲回购市场：参与者可以在一般抵押品和特殊抵押品回购中进行匿名交易，欧洲期货交易所清算公司作为 CCP。在这两种回购中，有大约 5 000 只欧元面值的固定收益证券（分为 21 个不同的证券类别）可用于回购交易。这些证券包括：
  - 欧洲政府债券
  - 德国大型抵押贷款债券（Jumbo – Pfandbriefe）和德国抵押贷款债券（Pfandbriefe）
  - 德国复兴银行债券（KfW）、德国国家债券（Laender Bonds）
  - 欧洲资产支持债券
  - 政府机构债券
  - 欧洲企业债券
- 一般抵押品池市场：该市场有一个开放式订单系统，为想要获得安全的美元和欧元现金的参与者提供匿名交易的服务。欧洲期货交易所清算公司会对交易进行处理，使参与者能够将抵押品再次利用，以进行进一步的货币市场交易。参与者可以从一揽子标准化的固定收益证券和股票中选择抵押品——这些证券都可以以美元和欧元进行交易。

12.10.4 伦敦清算所（LCH. Clearnet）

伦敦清算所通过其 RepoClear 服务来对回购交易进行清算。该公司接受经典的固定利率回购，这种回购的首次交易于 T + 0 结算，二次交易在 12 个月内开始。RepoClear 为以下政府债券市场提供清算交易。

澳大利亚	斯洛伐克
比利时	斯洛文尼亚
德国	西班牙
爱尔兰	英国
芬兰	德国大型抵押贷款债券（Pfandbriefe）
葡萄牙	超国家机构、政府机构和主权债券

RepoClear 可以接受由语音代理和屏幕交易系统（ATS）直接执行的交易，伦敦清算所替代原双方交易对手进入交易，来承担交易对手方风险。

对于通过交割完成结算的交易，Repoclear 会对所有第二天结算的所有交割进行轧差计算，从而得出单次证券交割和其对应的单笔现金支付。结算轧差也可能导致多次交割，这受跨境结算监管和最大交割量限额的影响。

在没有债券交割的情况下，来自 ATS 和双边交易的现金都会按货币种类进行轧差，并通过受保护支付系统（PPS）完成支付。

12.10.5 卢森堡明讯银行（CBL）

CBL 为参与者提供两种自动化的证券借贷服务，并承担所有的行政管理职能。

- 自动化证券借贷（ASL）：CBL 会自动辨认 ASL 融出方的可用证券的头寸，并尝试匹配 ASL 融入方的失败交易。CBL 作为代理人、抵押代理和担保方，可以使借贷双方完全不用知道实际交易对手的信息。一旦融入方失败的交易被结算成功，CBL 就会将债券退还给融出方。如果交易后融出方需要将其债券出售，CBL 也会负责召回它们。

CBL 还可以针对 ASL 略做调整，从而使参与者可以管理他们自己独特的策略（如参与者可能会选择延迟借入证券）。

抵押品是融入方向作为担保人的 CBL 提供的保证，其质量和数量由 CBL 进行每日监控。

- 证券借贷服务（ASLplus）：如果说 ASL 对于参与者运营部门来说是一个短期预防交易失败的工具，那么 ASLplus 则更适合于那些想要抓住长期机会的融入方以及想要将其投资组合回报最大化的融出方。在该服务下，CBL 进行自营交易，通常会将证券贷给自营柜台、回购柜台以及其他机构的前台部门。

12.10.6 欧洲清算银行（Euroclear Bank）

欧洲清算银行可以使其参与者自行从现金融出方处借入现金，以完成对交易的结算。作为代理方，欧洲清算银行的职责是识别融券需求、进行资产服务管理，以及执行所需的债券召回活动。

参与者可以定制自己的借贷参与计划，比如排除某些资产类别或个别证券（如仅贷出以美元计价的欧洲债券，或排除特定发行人发行的债券）。此外，欧洲清算银行也负责管理提供抵押品及其重新估值。

12.11 本章总结

证券融资是一种强大的金融工具，使我们能够进行各种活动：
- 进行结算失败管理
- 充分利用自有的证券多头头寸
- 以担保方式借入和贷出现金
- 需要实施我们借入证券的交易策略

证券融资分为"证券借贷""回购协议"和"售出/购回交易"三种类型。证券借贷主要是由证券需求驱动，通过使用现金或非现金抵押品作为担保来借入证券。

回购和售出/购回交易既可以由现金融入需求驱动，通过证券抵押作为担保来借入现金，也可以是（特定）证券融出需求驱动，通过现金抵押来贷出证券。

相比之下，逆回购和购入/售回交易则是以现金融出或特定证券融入为目的开展的。

本章内容在术语上可能存在一些混淆，如"保证金""垫头"等。保证金通常指借贷标的的价值与用于担保的抵押品价值之间的差额。因此，如果借贷标的的价值为100.00美元，抵押品价值应该设置为——比如说——105.00美元，那么本例中的"差额"应该始终维持在5%的水平上。

垫头代表的则是该资产的"抵押价值"，而非其真正的"市场价值"。因此，市值为1 000.00美元的债券可能含有2%的垫头，那么其抵押品价值就会更低，为980.00美元。

传统上来说，证券融资是一种OTC产品，其交易在交易所之外进行，由交易方自行交割和对各种交易（收益管理、逐日盯市、公司行为等）进行监控，并根据自己的需要进行抵押品召回或退还。而现在，我们可以看到这个市场正在发生改变——CCP作为"准交易所"和清算者/管理者在这个市场中发挥着积极作用，ICSD提供了自动化的自动借贷服务，并在借贷双方之间扮演着代理人的角色。

12.12　附录

附录12.1　信用评级（长期）

评级内容	穆迪 Moody's	标准普尔 S&P	惠誉 Fitch
	长期	长期	长期
投资等级（Investment Grade）			
优质（Prime）	Aaa	AAA	AAA
高等级（High Grade）	Aa1	AA +	AA +
	Aa2	AA	AA
	Aa3	AA −	AA −
中上等级（Upper Medium Grade）	A1	A +	A +
	A2	A	A
	A3	A −	A −
中下等级（Lower Medium Grade）	Baa1	BBB +	BBB +
	Baa2	BBB	BBB
	Baa3	BBB −	BBB −
非投资等级（Non‑Investment Grade）			

续表

评级内容	穆迪 Moody's	标准普尔 S&P	惠誉 Fitch
投机（Speculative）	Ba1	BB+	BB+
	Ba2	BB	BB
	Ba3	BB−	BB−
高度投机（Highly Speculative）	B1	B+	B+
	B2	B	B
	B3	B−	B−
重大风险（Substantial Risks）	Caa1	CCC+	CCC
	Caa2	CCC	
	Caa3	CCC−	
极度投机（Extremely Speculative）	Ca	CC	
		C	
违约（In Default）	C	D	RD

注：穆迪投资者服务公司（www.moodys.com/researchandratings）。

标准普尔（www.standardandpoors.com）。

惠誉评级（www.fitchratings.com）。

附录12.2 按值交割（DBV）分类列表

F10	FTSE 100	FTSE 100
F25	FTSE 250	FTSE 250
OTH	Other Equities	Other UK and lrish
F35	FTSE 350	FTSE 350
UKE	AII UK Equity	ALL UK and lrish Equities
UBG	Unstripped BGS	Unstripped British Government Debt
BGS	AII BGS	All British Government Securities
UBN	Unstructured BGS & NBG	Unstripped British Government Non − British Government Securities
GIL	AII Gilts	AII gilts
E30	Eurotop 300	Eurotop 300
EGS	EGS	Eurotop Tier 1 Collateral (includes securities of unrated issuers)
OIS	Other Inteerational	Other Inteerational securities
INT	All Inteerational	All Inteerational securities
USS	U. S. Security	U. S. securities
TSY	Treasury Bill	Treasury bills
ELG	OMO Eligible Sec's	OMO eligible bills
BB1	Eligible Bank Bills	Eligible bank bills
OMM	Other Bills	Other (including LA bills and ineligble bank bills)
CD1	CDs Band1	CDs rated Aaa − Aa3

续表

CD2	CDs Band2	CDs rated A1 – A3
CD3	CDs Band3	CDs rated Baa1 – Baa3
CD4	CDs Band4	CDs rated below Baa3
CP1	CP Band1	CP rated Aaa – Aa3
CP2	CP Band2	CP rated A1 – A3
CP3	CP Band3	CP rated Baa1 – Baa3
CP4	CP Band4	CP rated below Baa3
ACD	AII CDs	AII CDs (specified in conjunction with Issuer ID)
ACP	AII CP	AII CP (specified in conjunction with Issuer ID)
ISS	AII CDs and all CP	AII CDs and all CP (specified in conjunction with Issuer ID)

附录12.3　技术供应商

公司	网址
4Sight	www.4sight.com
Anetics	www.anetics.com
BondLend	www.bondlend.com
Broadridge Financial Solutions	www.broadridge.com
EquiLend	www.equilend.com
eSecLending	www.eseclending.com
Helix Financial Systems	www.helixfs.com
ION Trading	www.iontrading.com
Lombard Risk	www.lombardrisk.com
OnlineStockLoan	www.OnlineStockLoan.com
Pirum Systems	www.pirum.com
PrimeOne Solutions	www.primeonesolutions.com
Quadriserv & Automated Equity Finance Markets, Inc. (AQS)	www.tradeaqs.com
Stonewain Systems	www.stonewain.com
Sungard	www.sungard.com/securitiesfinance

第四部分

第13章 证券的会计处理

13.1 前言

本书的第四部分将带您了解金融市场监督和管控的两个要素——会计和对账。

13.1.1 会计及其作用

如果问您一个非常简单的问题：您值多少钱？——也许您会列出您全部的财产并对它们进行估值，然后加总得到您现在的身价"净值"。

当然，这个问题没有明确的答案，因为每个人都是独一无二的，每个人的净值也会有所不同。那么另一个问题来了，您为什么需要知道自己的身价呢？最显而易见的答案或许是，您对这个问题感兴趣。但重点在于，您并不是唯一一个需要或不得不了解自身价值的人。

比如，政府就会对您的价值感兴趣，因为您的薪资水平决定了您的纳税额度——虽然个人所得税通常在工资下发之前就被扣除了，但政府及其税收部门更希望掌握详细信息以确保您缴纳了足额的税负。

另外，当您从银行贷款时，银行方面也需要确保您的偿还能力，因此可能会要求您提供文件来证明您的薪资水平及其他拥有的资产。类似的例子还有很多。

总而言之，在我们的生活中，一定会有一些机构需要知道某些关于我们财富的信息。

～～～～～～～～～～～～～～～～～～～～

问题：

对于一个公司机构来说——比如您任职的公司——它的价值是多少？有谁对这个信息感兴趣，又是为什么呢？

答案：

实际上，可能会有多方对一个典型的公司机构产生兴趣，表13-1列举了其中的一些。

表 13-1　机构价值——谁会感兴趣

感兴趣的各方	感兴趣的原因
管理人员	管理人员需要这些信息才能做出正确的决策
所有者	所有者/投资者需要了解公司利润及相应的利润分配（如股息）
债权人	债权人关心公司的偿债能力
政府机构	政府机构需要关注公司的税收缴纳及其对监管要求的遵守情况
金融分析师	金融分析师需要据此提出对该公司的投资建议
员工	员工更希望在成功的公司就职，并且其奖金或期权激励计划依赖于公司的业绩表现

这些利益相关方所需的大部分信息都是通过各种形式的财务信息得到的。对于企业内部的工作者来说（如管理人员），他们需要管理会计以进行内部报告的撰写。相较而言，财务会计则用于面向公司外部各方发布的报告。

本章的目的不是深入讨论会计学，而是聚焦于从日常证券交易和由此导致的公司行为事件中产生的财务信息。学习完本章，您应该能够：

- 了解资产和负债的定义，并理解会计恒等式的概念
- 了解证券交易如何影响损益表和资产负债表
- 区分主要的前台"账户"，如交易账户、可供出售和持有到期账户等
- 了解交易的会计生命周期及其对损益表和资产负债表的影响

13.2　会计恒等式

任何公司机构都是由资产以及对这些资产的相应权益组成的，这些权益又分为债权人的权益（债务）和所有者的权益（所有者权益）。

$$资产 = 负债 + 所有者权益$$

资产：公司拥有的经济资源，并为所有者未来的经济利益服务。资产包括有形资产（如现金、应收账款、存货、建筑物和设备）和无形资产（如专利和法定权利）。

负债：用于为资产融资的资源。负债是公司欠其他机构的资金总额，并且代表公司应支付的义务。负债包括借入资金（如银行贷款）、发行的债务型证券（债券）和其他金融负债。

所有者权益：这是所有者或投资者在公司中所拥有的"利益"，由公司最初发行的股票（通过IPO换取资金）来代表。股票交易所为股票的发行和投资者

的交易提供了平台，股票可以在其中实现流通与转让。

13.2.1 主要财务报表

公司需要制备的两份主要财务报表是损益表和资产负债表。下面我们会看到由一个虚构公司 ABC 编制的报表样例。

13.2.1.1 损益表

表 13-2 所示的报表描述了 ABC 公司在特定时期内的收入和支出，本例中则为截至 2013 年 12 月 31 日的 12 个月。在 ABC 的年度报告里会附上该表的注释，以解释其中每一行内容的组成要素。但就我们的目的，这里仅对与证券和衍生产品的相关项目进行解释分析。

表 13-2 ABC 公司损益表 单位：百万欧元

截至 2013 年 12 月 31 日的财年	说明	2013 年
收入		
银行业务利息收入		60 000
银行业务利息支出		(48 000)
银行业务利息	(8)	12 000
投资收益	(9)	7 500
总佣金收入		3 000
佣金支出		(1 000)
佣金收入	(10)	2 000
非交易性衍生产品的估值结果	(11)	(3 000)
净交易收入	(12)	2 000
总收入		20 500
支出		
风险准备金附加		2 000
无形资产摊销及其他折损		300
应付职工薪酬		7 300
其他业务支出		6 000
总支出		15 600
税前利润		4 900
税收		700
税后净利润		4 200

注释：
- 银行业务利息（8）：贷款和证券的利息收入减去贷款、存款和证券的利息支出。
- 投资收益（9）：包括股息、息票和出售投资产品（如股票和债券）已实现的利润/损失。
- 佣金收入（10）：包括经纪费、咨询费、基金管理费、转让手续费、托管费等。
- 非交易性衍生产品的估值结果（11）：这里包括用于经济上对冲风险的衍生产品的公允价值变动，但套期保值会计并不适用于此。衍生产品的公允价值变动会受到市场条件变化的影响，如股票价格、利率和货币汇率等。
- 净交易收入（12）：包括证券（如政府债券、股票和货币市场工具）做市和利率衍生产品（如互换、期权、期货和远期合约）做市的结果。外汇交易结果则包括即期和远期合约、期权、期货和外币资产及负债转换货币而产生的损益。

13.2.1.2　资产负债表

与反映一定时间段公司财务表现的损益表不同，资产负债表展示的是在特定日期某一时刻公司的财产情况。它显示了公司拥有的全部资产以及这些资产对应的权益。需要注意的是，资产负债表只反映特定日期当天的情况，往前或往后一天都无法反映。表 13-3 为 ABC 公司的资产负债表。

表 13-3　　　　　　　　ABC 公司资产负债表　　　　　　　单位：百万欧元

2013 年 12 月 31 日当日	说明	2013 年
资产		
现金和中央银行存款余额		50 000
应收银行款项		40 000
交易性金融资产	（1）	
——交易性资产		110 000
——非交易性衍生产品		14 000
——指定为以公允价值计量且其变动计入当期损益的金融资产		5 000
投资	（2）	
——可供出售投资		200 000
——持有至到期投资		8 000
贷款及预付款项		500 000
持有待售资产	（3）	3 000
资产总额		930 000

续表

2013 年 12 月 31 日当日	说明	2013
所有者权益		
股东权益	(4)	60 000
留存收益		30 000
所有者权益总额		90 000
负债		
次级贷款	(5)	10 000
未到期债券	(6)	160 000
其他借入资金		30 000
应付银行款项		40 000
客户保证金及其他存款		460 000
交易性金融负债	(7)	
——交易性负债		85 000
——非交易性衍生产品		20 000
——指定为以公允价值计量且其变动计入当期损益的金融负债		15 000
持有待售负债	(3)	20 000
负债总额		840 000
所有者权益与负债总额		930 000

注释：

- （1）交易性金融资产：包括用于交易目的的资产和非交易性衍生产品。

- （2）投资：这一项包括"可供出售的资产（AFS）"和"持有至到期的资产（HTM）"两种投资性资产。其中，AFS 既可以是股票也可以是债券，而 HTM 只能是债券。

- （3）持有待售的资产和负债：通过独立的交易而非标准的日常（持续性）业务进行出售，包括（a）极有可能发生但尚未商定的出售和（b）已商定但尚未交割的出售。

- （4）股东权益：包括由普通股和优先股（如果适用的话）组成的股本（授权股本减去未发行股本）以及各种储备金（包括可分配与不可分配的）。

- （5）次级贷款：如果发行人破产，该项资产的受偿优先级低于同一发行人的其他债券。

- (6) 未到期债券：包括固定利率和浮动利率两种债券，通常按债务到期日来确定。
- (7) 交易性金融负债：见（1）。

表 13-4 给出了上文使用的部分重要术语的定义。

表 13-4 术语

术语	定义
交易性资产	• 以在短期内出售为目的而买入的或由管理层认定如此的金融资产。
非交易性衍生产品	• 公司风险管理策略的一部分，且不符合套期保值会计要求的衍生产品。 • 非交易性衍生产品以公允价值计量，并且公允价值变动计入损益表。
持有至到期投资	• 回收金额固定或可确定，到期日固定，且公司有明确意图和能力持有至到期的非衍生金融资产，或由管理层认定如此的金融资产。其初始价值为公允价值加交易成本计量。 • 后续采用摊余成本法，使用实际利率，并减去所有减值损失计量。 • HTM 债券的利息收入计入损益表的利息收入项目。HTM 投资仅包括债券。
可供出售投资	• 这属于非策略性投资，既不是为了交易而持有，也非 HTM 投资。此外，AFS 投资必须具有随时可得的市场价格。
公允价值（又称市场价值）	• 金融工具的公允价值是以资产负债表日可用的市场报价为依据的。 • 该公司持有的金融资产所采用的市场报价为当前买入价，而金融负债所采用的市场报价则是当前卖出价。 • 未在活跃市场上进行交易的金融工具的公允价值是使用估值技术来确定的。有多种估值方法可以选择，而且需要根据每个资产负债表日的市场情况作出假设。

13.3 证券的会计生命周期

13.3.1 引言

一旦交易达成，买卖双方就都承担了某项义务：
- 买方承诺支付资金（以换取购买的证券）
- 卖方承诺交割证券（以换取出售收益）

会计分录应尽早反映出这些义务（最好是在交易日当天），但大部分交易并不在交易日结算，而是根据交易产品的市场惯例延后进行。由于存在这样的时间差，会计分录必须分成两个阶段：

1. 交易日——反映承诺。
2. 结算日——反映承诺已履行。

而这类会计分录是通过复式记账系统，以相应的总分类账目进行传递的。

13.3.2 交易日

如上所述，公司会在交易日将双方义务体现在账目上。比如，公司购买了价值 10 000 美元的证券，如果使用"T 型账"格式，本次购买的会计分录就会如表 13-5 所示。

表 13-5　　　　　　　　　　会计分录（a）

详情	借方	详情	贷方
证券成本	美元 10 000	现金	美元 10 000

但这笔过账存在两个问题：

- 它假设实际上已经支付了现金。但即便是当天结算，交易实际执行和现金实际支付之间也会存在时间差。
- 这笔过账并没有反映交易对手方在本交易中的角色——在结算之前，交易对手方是公司的债权人。

一个更好的方法是将交易日期分录按表 13-6 所示的样子进行记录。

表 13-6　　　　　　　　　　会计分录（b）

详情	借方	详情	贷方
证券成本	$ 10 000.00	债权人（交易对手方）	$ 10 000.00

如果交易资产是股票，而且交易产生（比如）100 美元的经纪佣金费用，则分录如表 13-7 所示。

表 13-7　　　　　　　　　　会计分录（c）

详情	借方	详情	贷方
证券成本	$ 10 000.00	债权人（交易对手方）	$ 10 100.00
经纪佣金	$ 100.00		
总计	$ 10 100.00	总计	$ 10 100.00

如果将交易更改为以 101.2500 的价格购买面额为 100 000 美元的债券，应计利息以年化 4% 的利率计算，计息日期为 65 天（30/360）。按惯例，证券成本应以净价计算，而所有产生的应计利息都要单独加总，如表 13-8 所示。

表 13-8　　　　　　　　　　会计分录（d）

详情	借方	详情	贷方
证券成本	101 250.00	债权人（交易对手方）	101 972.22
应计利息	722.22		
总计	101 972.22	总计	101 972.22

最后，如果这种债券在几天后以 101.50 的净价加上 75 天应计利息出售，则情况如表 13-9 所示。

表 13-9　　　　　　　　　　会计分录（e）

详情	借方	详情	贷方
债务人（交易对手方）	102 333.33	证券成本	101 500.00
		应计利息	833.33
总计	102 333.33	总计	102 333.33

"证券成本"账目的会计分录被细分为几个资产/负债账户之一，在资产负债表中反映。

13.3.3　结算日

交易结算时，资金完成交收，需要对债权人/债务人，以及现金（银行）账户进行之前操作的相反操作，最终产生如上文（a）所示的结果，即证券的购买体现为：借记证券成本，贷记现金账户。贷方账户已被这两个反向分录所清抵。

问题：

请回顾交易（b）至（e）并回答，其结算分录分别是什么？

答案：

（b）至（e）四种交易的结算分录如表 13-10 所示。

表 13-10　　　　　　　　　　结算分录

（b）证券购买结算

详情	借方	详情	贷方
债权人（交易对手方）	$ 10 000.00	现金	$ 10 000.00

（c）股票购买结算

详情	借方	详情	贷方
债权人（交易对手方）	$ 10 100.00	现金	$ 10 100.00

（d）债券购买结算

详情	借方	详情	贷方
债权人（交易对手方）	$ 101 972.22	现金	$ 101 972.22

(e) 债券出售结算

详情	借方	详情	贷方
现金	$ 101 500.00	债务人（交易对手方）	$ 101 500.00

13.3.4 价值重估

我们会对特定证券或证券组合进行重新估值来确定它们的价值。任何证券的真实定价只有在卖出该资产多头头寸（或填平空仓）时才能实现，否则即使您估值得到的结果是准确的，也只能算作对其的"估计"。

例如，您以每股 1 000 日元的价格购买了 100 股股票，并想要对其重新估值。而东京证券交易所对其给出的价格为每股 1 200 日元，意味着每股潜在收益为 200 日元。因此您决定现在就卖出股票获取利润。但当您进入市场时，却发现最优买入价 180 日元。这时，如果您决定执行交易，虽然肯定会赚取利润，但并不会像预期的那么多。

所以，利用任何一个市场价格做估值最多只是提供一个指示性数据。在 OTC 市场中，情况可能更加复杂，因为很难得到一个可用市场的价格。在这种情况下，您可能就需要向一些市场参与者征询意见——他们可能在某个阶段是交易者，或者可以使用一个适当的数学模型来计算价格。

在根据基金的净资产价值（NAV）来计算其基金价格的共同基金行业中，重新估值显得更为重要。为此，基金经理必须计算基金中每只标的证券的价值并减去全部负债[①]。任何定价错误都会造成 NAV 的不准确，从而导致基金的价格失真。错误定价会造成需要向卖方退款或向买方提供额外股份的情况，因而几乎肯定会导致基金经理的亏损。

这类重新估值通常被称为"逐日盯市"（MTM），需要每天执行，并将结果反映到损益表上。

证券的报价一般都包括买入价（bid price）和卖出价（offer price）。那么作为投资者，您应该选择哪种价格来重估您投资组合（如股票）的价值呢？如果您不能确定答案，尝试从资产处置的角度来考虑这个问题。如果您要出售这些股票会得到什么价格？答案是市场的买入价（市场向作为卖方的您报出的价格）。相反，如果您的投资组合含有空头头寸，当您想填平空头时会得到什么价格？

---

① 类似共同基金这样的集合投资计划的 NAV 是以其证券组合总价值减去应计负债、欠贷款银行的资金，欠服务提供者（如投资经理、经纪商、托管人等）的费用，以及其他债务）的结果为基础计算得出的。

答案是市场的卖出价（市场向作为买家的您报出的价格）。

问题：

如果您拥有一份新加坡上市公司的股票组合（见表 13 – 11）并想要重新估值。使用本章结尾处附录 13.1 中的价格，则该投资组合的 MTM 值是多少？其总价值的变动有多大？

表 13 – 11　　　　　　　　　　投资组合

发行方	数量	开盘价	开盘价值	收盘价	收盘价值
魅力能源服务有限公司	1 000 000	0.060	60 000		
星展集团控股有限公司	5 000	17.09	85 450		
普洛斯公司	25 000	3.13	78 250		
怡和合发公司	2 500	34.21	85 525		
新加坡航空公司	7 500	10.33	77 475		
		总计	386 700		
收益（损失）					

答案：

如表 13 – 12 所示，该投资组合现在价值为 390 300 新元，总收益 3 600 新元。

表 13 – 12　　　　　　　　　投资组合价值重估

发行方	数量	开盘价	开盘价值	收盘价	收盘价值
魅力能源服务有限公司	1 000 000	0.060	60 000	0.059	59 000
星展集团控股有限公司	5 000	17.09	85 450	17.30	86 500
普洛斯公司	25 000	3.13	78 250	3.26	81 500
怡和合发公司	2 500	34.21	85 525	34.42	86 050
新加坡航空公司	7 500	10.33	77 475	10.30	77 250
		总计	386 700	总计	390 300
收益/（损失）					SGD 3 600

13.4　损益

13.4.1　引言

如上例所示，新加坡股票组合的总收益为 3 600 新元，其中星展集团、普洛斯及怡和合发的股价有所上涨。但这些都只是理论收益,因为我们在实际卖掉股票之前都不会获得它。因此,我们称这类收益为"未实现收益"。请注意,魅力能源和新加坡航空的股价有所下跌——我们同样称这种损失为"未实现损失"。

我们所使用的基本会计方法取决于我们的投资类型(见表13-13)。

表13-13　　　　　　　　　　投资类型

投资类型	基本会计方法	评估指南
交易性投资	公允价值(市值)计价;其损益(即市值变化)记入"业务收入"	我们为了获取短期收益而对其进行交易
持有至到期投资	摊销成本	我们将其买进并持有至某一固定到期日
可供出售投资	公允价值计价;其损益记入"其他综合收益"	默认类型;类似于交易性投资,但处理损益的方式不同

13.4.2　公允价值(市值)

如果我们对资产进行逐日盯市,实际上就同时计入了损益——换句话说,我们在资产持有期间对损益进行了逐笔记录。相反,如果我们以历史成本定价,对资产以原始购买/出售价格进行估值,那么当我们最终出售多头头寸(或买入以填平空仓)时才能知道总损益的大小。

我们选取上述的一只证券为例,进行每日 MTM 重估,如表13-14所示。

表13-14　　　　　　　　　　重估过程

怡和合发有限公司,股票(C07)		交易账户
日期	详情	价格(SGD)
2014年4月7日	购买6 000股股票	36.77
2014年4月7日	收盘价	35.65
2014年4月8日	收盘价	36.16
2014年4月9日	收盘价	35.00
2014年4月10日	收盘价	34.06
2014年4月11日	收盘价	34.21
2014年4月14日	出售3 500股股票	34.78
2014年4月14日	收盘价	34.42

我们可以观察到,最初的6 000股是以每股36.77新币的价格买进的,因此出售3 500股时,每股损失了1.99新元(34.78新元-36.77新元),亏损总额为6 965新元(3 500股乘以每股1.99新元)。

如果聚焦于这最后出售的3 500股股票,通过逐日盯市并计算损益,我们可以看到,总损失以表13-15所示的方式分散在这七天之中。

表 13-15　　　　　　　　出售 3 500 股怡和合发公司股份

日期	详情	股票数量	价格（SGD）	金额变化（SGD）	收益/亏损	余额（SGD）
2014年4月7日	购买	3 500	36.77	(128 695)	成本	(128 695)
2014年4月7日	收盘价	3 500	35.65	3 920	亏损	(124 775)
2014年4月8日	收盘价	3 500	36.16	(1 785)	收益	(126 560)
2014年4月9日	收盘价	3 500	35.00	4 060	亏损	(122 500)
2014年4月10日	收盘价	3 500	34.06	3 290	亏损	(119 210)
2014年4月11日	收盘价	3 500	34.21	(525)	收益	(119 735)
2014年4月14日	出售	3 500	34.78	121 730	出售所得	1 995
				未实现损益（结转入下期）（SGD）	(8 960)	
				出售实现损益（SGD）	(6 965)	

说明：

1. 虽然我们最初购买了怡和合发有限公司的 6 000 股股份，但这里仅关注 4 月 14 日出售的数量。

2. 每日 MTM 计算的结果导致了 8 960 新元的未实现损失。

3. 4 月 14 日出售时，逐日 MTM 收益为 1 995 新元 [34.78 新元的售价高于上一工作日（4 月 11 日）的收盘价 34.21 新元]。

4. 因此，实现的损失总额为未实现损失与出售日收益之和。

5. 如果我们将最初的购买、出售及股票余额进行重新调整，就会得到 2 500 股最终头寸，价值 86 050 新元，如表 13-16 所示。

表 13-16　　　　　　　　2 500 股怡和合发公司股票最终头寸

日期	详情	股票数量	价格（SGD）	金额变化（SGD）	收益/亏损	余额（SGD）
2014年4月7日	购买	6 000	36.77	(220 620)	成本	(220 620)
2014年4月7日	收盘价	6 000	35.65	6 720	亏损	(213 900)
2014年4月8日	收盘价	6 000	36.16	(3 060)	收益	(216 960)
2014年4月9日	收盘价	6 000	35.00	6 960	亏损	(210 000)
2014年4月10日	收盘价	6 000	34.06	5 640	亏损	(204 360)
2014年4月11日	收盘价	6 000	34.21	(900)	收益	(205 260)
2014年4月14日	出售	3 500	34.78	121 730	出售所得	(83 530)
2014年4月14日	反转未实现损益	(8 960)		(92 490)		
2014年4月14日	反转已实现损益	6 965		(85 525)		
2014年4月14日	收盘价	2 500	34.42	(525)	收益	(86 050)

13.4.3 摊余成本

债券的净价主要取决于以下几个因素：
- 发行人的信用
- 债券距到期的剩余时间
- 包括收益率在内的市场总体情况

如果我们想要购买由 ABC 公司发行、年化息票率 3%、按年支付、期限为 10 年的债券，那么在所有条件都相同的情况下，我们可以使用适当的收益率来计算其净价，如表 13–17 所示。

表 13–17　　　　　　　　给定收益率的债券价格

票面价值	收益率（%）	价格	定价方式
ABC 3% 债券，10 年后到期			
100 000	2.0000	108.9826	溢价发行
100 000	3.0000	100.0000	平价发行
100 000	4.0000	91.8891	折价发行

说明：这里的价格计算使用了 Texas Instruments BAII Plus 计算器的债券计算功能。

由于我们会将该债券持有至到期，且其为平价发售，因此我们可以确认它具有两个特点：
1. 发行人在债券到期时（即 10 年后）只会支付其发行债券所得到的金额。
2. 购买溢价发行的债券会造成损失（购买折价发行的债券则会带来收益）。

～～～～～～～～～～～～～～～～～～～～～～～～～～～～～～～

问题：
假设我们以上述价格购买债券，最终总收益或总损失是多少？
答案：
答案如表 13–18 所示。

表 13–18　　　　　　　　　　到期损益

价格	成本	赎回价值	收益/（损失）
100 000　ABC 公司息票率 3%、10 年后到期的债券			
108.9826	108.9826	100 000.00	(8 982.60)
100.0000	100.0000	100 000.00	0
91.8891	91.8891	100 000.00	8 110.90

～～～～～～～～～～～～～～～～～～～～～～～～～～～～～～～

核对完答案后，我们可以将结果总结如下：

1. 如果您以溢价购买债券,到期时仅能收到债券的票面价值,那么您会损失 8 982.60。

2. 反之,如果您以折价购买债券,到期时也能收到债券面值,因此您将获得 8 110.90 的收益。

3. 如果您购买了平价债券,那么到期时您既不会获利也不会亏损。

对于上述 1 和 2 的情况,总收益/损失会在债券的全部剩余期限(即本例中的 10 年)内进行摊销,而不是在债券到期时作为债券的一个总额来处理。因此,"摊销"可以被描述为:"在债券的寿命期内在金融账户中逐笔增加(或'确认')的金额。"

接下来的电子表格展示了摊销的现金处理方式:

13.4.3.1 平价购买债券

由于既没有收益也没有亏损,我们只需要考虑购买成本,定期息票支付(每年 3 000.00)和赎回所得(100 000.00)即可,如表 13-19 所示。

表 13-19   平价购买债券

日期	收到现金		息票收入		对 ABC 债券的投资
今天	-100 000.00	贷记			100 000.00
第 1 年	3 000.00	借记	3 000.00	贷记	
第 2 年	3 000.00	借记	3 000.00	贷记	
第 3 年	3 000.00	借记	3 000.00	贷记	
第 4 年	3 000.00	借记	3 000.00	贷记	
第 5 年	3 000.00	借记	3 000.00	贷记	
第 6 年	3 000.00	借记	3 000.00	贷记	
第 7 年	3 000.00	借记	3 000.00	贷记	
第 8 年	3 000.00	借记	3 000.00	贷记	
第 9 年	3 000.00	借记	3 000.00	贷记	
第 10 年	3 000.00	借记	3 000.00	贷记	
第 10 年	100 000.00	借记			-100 000.00
	30 000.00	=	30 000.00		0

13.4.3.2 溢价购买债券

这种情况下产生的损失会在 10 年期中被均匀摊销,并被确认为息票收入的减少。本例中每年的损失是 898.26,会从 3 000.00 的年度息票中扣除。如表 13-20 所示,这种溢价/亏损会在债券寿命期内被确认为利息收入的减少。

表 13-20　　　　　　　　　　溢价购买债券

日期	收到现金		息票收入		溢价摊销		对 ABC 债券的投资
今天	-108 982.60	贷记					108 982.60
第 1 年	3 000.00	借记	2 101.74	贷记	898.26	贷记	108 084.34
第 2 年	3 000.00	借记	2 101.74	贷记	898.26	贷记	107 186.08
第 3 年	3 000.00	借记	2 101.74	贷记	898.26	贷记	106 287.82
第 4 年	3 000.00	借记	2 101.74	贷记	898.26	贷记	105 389.56
第 5 年	3 000.00	借记	2 101.74	贷记	898.26	贷记	104 491.30
第 6 年	3 000.00	借记	2 101.74	贷记	898.26	贷记	103 593.04
第 7 年	3 000.00	借记	2 101.74	贷记	898.26	贷记	102 694.78
第 8 年	3 000.00	借记	2 101.74	贷记	898.26	贷记	101 796.52
第 9 年	3 000.00	借记	2 101.74	贷记	898.26	贷记	100 898.26
第 10 年	3 000.00	借记	2 101.74	贷记	898.26	贷记	100 000.00
第 10 年	100 000.00	借记	0		0.00		0.00
	21 017.40	=	21 017.40		8 982.60		

13.4.3.3　折价购买债券

这种情况的处理和溢价类似，只是方向相反。每年会摊得收益 811.09，并被确认为年息票收入 3 000.00 的增加。如表 13-21 所示，这种折扣/收益会在债券寿命期内被确认为利息收入的增加。

表 13-21　　　　　　　　　　折价购买债券

日期	收到现金		息票收入		溢价摊销		对 ABC 债券的投资
今天	-91 889.10	贷记					91 889.10
第 1 年	3 000.00	借记	3 811.09	贷记	811.09	借记	92 700.19
第 2 年	3 000.00	借记	3 811.09	贷记	811.09	借记	93 511.28
第 3 年	3 000.00	借记	3 811.09	贷记	811.09	借记	94 322.37
第 4 年	3 000.00	借记	3 811.09	贷记	811.09	借记	95 133.46
第 5 年	3 000.00	借记	3 811.09	贷记	811.09	借记	95 944.55
第 6 年	3 000.00	借记	3 811.09	贷记	811.09	借记	96 755.64
第 7 年	3 000.00	借记	3 811.09	贷记	811.09	借记	97 566.73
第 8 年	3 000.00	借记	3 811.09	贷记	811.09	借记	98 377.82
第 9 年	3 000.00	借记	3 811.09	贷记	811.09	借记	99 188.91
第 10 年	3 000.00	借记	3 811.09	贷记	811.09	借记	100 000.00
第 10 年	100 000.00	借记			0.00		0.00
	38 110.90	=	38 110.90		8 110.90		

13.4.4 计算惯例

在上一节，对于怡和合发股票损益的计算很简单，因为分别只有一次购买和出售。而当您的证券经过几次较频繁的交易后，情况就会变得稍微复杂一些。在下面的例子中，您会看到几次购买与一次出售组合的情况，而这里的问题就变成出售证券带来了多少收益或损失。

有三种方法可以解决这个问题，但每种方法都给出了不同的答案：

- 先进先出法（FIFO）：出售价格与第一次购买的价格进行比较。
- 后进先出法（LIFO）：出售价格与最后一次购买的价格进行比较。
- 加权平均成本法（WAC）：将出售价格与之前所有购买的平均加权成本进行比较。

图 13-5 给出了一个例子，即对法国家乐福超市（CA：PAR）的股票进行了几笔购买和一笔出售交易时的情况。

表 13-22　　　　　　　　　　家乐福股票交易

操作	数量	单价（欧元）	总价（欧元）	WAC（欧元）
买入				
买入①	100.00	27.56	2 756.00	27.56
买入②	200.00	27.66	5 532.00	27.63
买入③	400.00	27.20	10 880.00	27.38
买入④	1 000.00	27.25	27 250.00	27.30
买入⑤	250.00	27.38	6 845.00	27.31
买入⑥	500.00	27.38	13 690.00	27.33
总共买入	2 450.00		66 953.00	27.33
卖出				
卖出 1	1 000.00	27.41	27 410.00	
赢利/亏损				
FIFO			-150	亏损
LIFO			30	赢利
WAC			82.24	赢利

以每股 27.41 欧元的价格出售 1 000 股股票，获得了 27 410.00 欧元的出售收入。但采用不同的计算惯例，得到的损益金额也有所不同：

- FIFO：损失 150.00 欧元，因为首次购买价格较高，为每股 27.56 欧元。
- LIFO：收益为 30.00 欧元，因为最后一次购买的价格是每股 27.38 欧元。
- WAC：同样获得了收益，但收益为 82.24 欧元。

因此，我们采用不同的计算惯例，就会得到三种不同的损益结果。那么问题就来了：这三个结果中哪个是正确的？——答案是这三个都正确。因此，您可能需要在某个特定时间选择最适合的惯例：比如，如果您想要将利润最大化就选择 WAC，但如果想减少税负就可以选择 FIFO。但需要注意的是，会计领域里一个重要的原则就是一致性——我们在处理诸如损益计算这样的会计项目中应保持前后一致：如果您开始使用了 WAC，那么后续应该以同样的方式进行计算。

已实现的收益计入损益表的贷方，已实现的损失则记入借方。

13.5 衍生产品的会计生命周期

13.5.1 引言

我们之前看到，交易账户中的证券最初以公允价值计量（价值变化而产生的损益记录到损益表中）。与此大致相同，衍生产品也以公允价值计量。

现货市场证券和衍生产品之间的关键区别在于，后者一旦发生价值变动，我们就需要收取/支付相应的收益/损失。为什么会这样呢？为了理解这个问题，您首先需要了解现货证券和衍生产品之间的主要区别。对于现货证券，您需要在原始交易日后很短一段时间内进行全值结算，而交易的结算消除了买卖双方之间原有的交易对手风险。

然而，对于衍生产品，您可能（也可能不）需要在未来某个时间才支付相关衍生资产的全部经济货币价值，而这个未来的时间可能是在交易日的几周、几个月或几年之后。就导致了交易一方长期暴露在另一方的违约风险中。而通过每天支付或收取逐日盯市估值变化的金额，交易双方都可以将自己的经济风险控制在隔夜而非较长期限内。

接下来两节的内容将带我们了解场内衍生产品（ETD）和场外衍生产品的不同会计处理。这里需要注意的是，由于来自行业监管方面的压力，场外衍生产品的情况正在发生根本性的变化。这个我们将在本节稍后讨论。

13.5.2 场内衍生产品

如上章所述，一旦一笔 ETD 交易被执行，买卖双方都需要在清算所进行登记。一旦清算所匹配了买卖双方的信息，它就分别成为了买方和卖方分别的交易对手。这意味着，如果交易一方违约，那么清算所会负责处理后续头寸的平仓。显然，这种做法将清算所置于一个潜在风险很大的位置上，特别是如果出现了几个交易方同时违约的危机情况。因此，清算所必须具备健全的风险管理系统，其中一项减缓风险的措施就是向其客户索要保证金。保证金既可以是现金，也可以是合格的非现金资产，如高信用等级的国债、公司债券和货币市场工具。

因此,"保证金"指的是公允价值变动,在交易对手和清算所之间支付/接收。对于所有的 ETD 产品,都是由清算所规定应付的保证金数量以及支付期限。

保证金有两种类型:

13.5.2.1 初始保证金

这是由清算所会员向清算所支付的可收回的押金,其金额根据合约的风险状况而定。设置初始保证金的目的是,一旦有会员违约,清算所能够持有足够的资金来代表其会员填补在上一次保证金支付和会员头寸平仓之间产生的所有损失。初始保证金是以该头寸在一段固定时间内可以承受的最大损失为基础计算出来的,可以用现金或非现金抵押品进行支付。初始保证金是资产负债表项目。

传统上,每一份开放期限式合约都要作为一笔单独的交易缴纳保证金。但现在,大多数清算所都采用了将类似衍生产品合约归集为一个"投资组合"的过程,对投资组合进行压力测试,并计算保证金金额。该流程的原始框架被称为标准组合风险分析(SPAN),由芝加哥商品交易所(CME)开发,随后授权给其他一系列国际清算所使用。这种一站式的方案实现了更加准确的风险敞口轧差,并能够更加高效地利用抵押品。

13.5.2.2 变动保证金

这是通过逐日盯市并计算得到的开放头寸的盈利或亏损数额。变动保证金通常由清算所在每个工作日结束时计算得出,并在下一个工作日结算。与清算所持有至头寸平仓或交易到期时的初始保证金不同,变动保证金是由清算所向合约的损失方收取并支付给对应收益方的。变动保证金是损益表项目。

我们可以通过使用指数期货合约(FTSE 100 指数期货)的传统方法来了解初始和变动保证金制度如何运行(见表 13-23)。

表 13-23　　　　　　　　　　指数期货合约

合约条款		
FTSE 100 指数期货		
交易编码-Z	市场-英国伦敦国际金融期货期权交易所(NYSE LIFFE London)	产品类型——指数期货
交易单位	合约规定,每一指数点数价值£10(如指数为 6 600.0 时价值£ 66 000)	
报价	指数点数(如 6 600.0 点)	
最小价格变动单位/价值	0.5/£ 5.00	
交割月	3 月、6 月、9 月、12 月(最近 4 个可用于交易的月份)	
合约标准	基于交易所交割结算价格(EDSP)的现金结算	

资料来源:NYSE LIFFE(网络),见 https://globalderivatives.nyx.com/en/products/index-futures/Z-DLON/contract-specification。

第 13 章 证券的会计处理

交易详情见表 13-24。

表 13-24　　　　　　　　交易详情

详情		价格
交割月份	2013 年 12 月合约	
交易	投资者购入 10 份合约（交易开始）	6 712.00
交易日期	第 1 天	
合约规模（£）	10.00	每份合约
初始保证金（£）	1 000.00	每份合约
第一天 FTSE 100 指数	6 703.50	
第二天 FTSE 100 指数	6 666.50	
第三天 FTSE 100 指数	6 683.00	
第四天	投资者出售 10 份合约（交易结束）	6 715.50

从表 13-24 可知，这笔交易总体来看是获利的（以 6 712.00 点开始，6 715.50 点结束）。需要注意的是，交易在第 1 天结束时处于亏损状态，因为合约指数收于 6 703.50 点。下面两张表格分别显示了每日市场价格及其对初始保证金和变动保证金的影响（见表 13-25）以及现金项目的会计处理（见表 13-26）。

表 13-25　　　　　　　　保证金计算

日期	方向	合约	价格	收盘价格	初始保证金（£）	变动保证金（£）	支付/收取
第 1 天	买进	10	6 712.00		(10 000.00)		支付
	带入下一日	10		6 703.50		(850.00)	支付
第 2 天	来自上一日	10	6 703.50				
	带入下一日	10		6 666.50		(3 700.00)	支付
第 3 天	来自上一日	10	6 666.50				
	带入下一日	10		6 683.00		1 650.00	收取
第 4 天	来自上一日	10	6 683.00				
	出售	10		6 715.50	10 000.00	3 250.00	收取
					0.00	350.00	
总收益/损失	350.00	收益					

表 13-26　　　　　　　　会计分录

日期	详情	借方（£）	贷方（£）	备注
第 1 天	期货初始保证金	10 000.00		资产负债表资产方
	期货变动保证金	850.00		损益表
	银行		10 850.00	资产负债表资产方

续表

日期	详情	借方（£）	贷方（£）	备注
第2天	期货变动保证金	3 700.00		损益表
	银行		3 700.00	资产负债表资产方
第3天	期货变动保证金		1 650.00	损益表
	银行	1 650.00		资产负债表资产方
第4天	期货初始保证金		10 000.00	资产负债表资产方
	期货变动保证金		3 250.00	损益表
	银行	13 250.00		资产负债表资产方

	对账	借方（£）	贷方（£）	余额（£）
总计	期货初始保证金	10 000.00	10 000.00	0.00
	期货变动保证金	4 550.00	4 900.00	350.00
	银行	14 900.00	14 550.00	(350.00)

13.5.3 场外衍生产品

对于进行集中清算的 ETD 交易来说，保证金制度是清算所减轻风险的一个要素。而除了 SwapClear [1999 年由伦敦清算所（LCH. Clearnet）发起] 这个著名的例子之外，其他 OTC 衍生合约通常都不进行集中清算，而由买卖双方通过合适的方式来减轻交易中的对手方风险。

通常情况下，对 OTC 合同的价值重估每天都会进行（与集中清算环境中的方式大致相同），而代表合约价值的抵押品也会由产生风险的一方交付给在面临风险的一方。这是一个很典型的双边活动，但随着国际互换与衍生产品协会（ISDA）的协议的普遍使用，这种活动正在逐步实现正式化。主要协议类型[1]如下：

- ISDA 主协议
- ISDA 信用支持文件
- ISDA 释义

---

[1] 资料来源：http://www.isda.org/publications/pubguide.aspx。这些文件有的仅向 ISDA 公开；有的仅针对会员公开；有的也面向非会员，供其免费下载。

- 监管文件

ISDA 的 2014 年保证金调查（2014 年 4 月发布）显示，在所有清算的和非清算的 OTC 衍生产品交易中，有高达 91% 的交易使用了抵押协议，而其中的 87% 使用的是 ISDA 协议①。

为了能够计算出抵押品的正确数量，我们需要对合同进行估值。如果我们可以从中央渠道获得价格，如通过交易所或清算所，那么重新估值的过程会很容易。然而，场外衍生产品交易的双边特性导致了它不可能有中央定价机制，因此市场参与者不得不使用一系列定价系统和模型来确定一个公平的价格，而这就很可能导致同一笔交易的不同对手方得出不同的估值结果。

预计到 2014 年，所有非清算的场外衍生产品合约都将通过清算所进行集中清算。从理论上讲，清算所也不会因此而花费太多额外的精力，只要他们（a）理解合同内容并（b）能够对其进行价值重估。因此 SwapClear 对一系列常规的利率互换交易进行了清算②。SwapClear 每天都会根据零息票收益率曲线来对清算所会员头寸进行重新估值，并将发布的结果提供给其会员。这是清算服务的关键特征之一，能够确保估值过程的独立性。

13.6　本章总结

在本章中，我们了解了金融活动对其利益相关各方"开放和透明"的重要性，这就要求我们对业务领域的活动进行适当的记录，包括以下事项的详细情况和相关现金流的会计记录：

- 证券和衍生产品交易
- 收益（息票和股息）
- 公司行为活动
- 通过保证金支付维持我们的开放头寸

我们还注意到，证券及其衍生产品的交易过程确实在逐渐发生着变化，包括对 OTC 衍生产品进行集中清算的要求。但在可预见的将来，场外衍生产品交易是否会转移到交易所仍然有待观察。

---

① 资料来源：ISDA（网络），ISDA 2014 保证金调查，http://www2.isda.org/search?headerSearch=1&keyword=surveys。

② SwapClear 最初只对 4 个主要币种的普通型利率互换交易进行清算，但如今范围已经扩大到 17 个币种：美元、欧元和英镑合约可长达 50 年，日元可长达 40 年，澳元、加元、瑞士法郎和瑞典克朗 30 年，新西兰元 15 年，剩下的 8 种货币都为 10 年。它也会清算隔夜指数互换交易，对于欧元、英镑和美元长达 30 年，对瑞士法郎和加元为 2 年。见 www.lchclearnet.com/swaps/swapclear_for_clearing_members（2013 年 11 月 19 日，星期二）。

13.7 附录

附录 13.1　　　　　　　新加坡股票收盘价（SGX）

发行方	收盘价（SGD）
魅力能源服务有限公司	0.0590
星展集团控股有限公司	17.3000
普洛斯公司	3.2600
怡和合发公司	34.4200
新加坡航空公司	10.3000

资料来源：新加坡股票交易所——市场信息（www.sgx.com）。

第14章 对 账

14.1 引言

不管您在公司哪个部门，您总是需要知道您的头寸是什么，是与证券相关还是与现金相关。当您认为拥有的头寸，或者不存在或金额不对时，就会出现问题。换句话说，您需要确保您认为自己所有的头寸确实如实存在。在本章中，您将了解为什么您需要知道这一点以及如何实现它。

学习本章后，您将：
- 了解维持有效对账制度的重要性
- 能够比较不同类型的对账方法并评估其优势和劣势
- 能够执行对账并评估相关运营部门工作的有效性
- 能够描述监管要求
- 能够完成手动对账流程，并可以设计自动化对账系统

现对一潜在问题打个比方：您的记录显示您的银行账户中有 1 000.00 美元。您会收到一份银行对账单，其中显示的现金余额为 1 000.00 美元。然后，相信您的账户中有足够的资金，随后您支付了 900.00 美元。

您相信自己的现金余额为 1 000.00 美元，当您随后收到通知表明您有几百美元透支时，您会感到惊讶。除了透支外，您还需要支付透支利息。您为什么会透支？您的银行账户出了什么问题？

这就是对账可以起效的地方。例如，彻底调查后您可能发现，您最近开了张 350.00 美元的支票，但未能将其记入您的账本。如果您记录了这笔开支，您便会知道只有 650.00 美元（而不是 1 000.00 美元）的余额，并且付款 900.00 美元将使您的账户透支。

14.2 对账的重要性

准确和及时的对账将确保前台和运营部门清楚且确定地知道其资产余额，以及这些资产在哪里持有。

我们可以从两个角度来考虑"对账"这一概念：
1. 将我们的内部记录（我们的分类账）和外部实体的记录（例如银行对账

单、仓库报表、经纪商报表、审计请求等）进行比较。

2. 将资产（包括自营资产、客户资产）的所有权与其持有方（银行、交易对手方、托管人等）比较。

14.2.1 内部记录与外部记录

表 14-1 显示了内部与外部现金记录的例子。

表 14-1　　　　　　　　　　内部与外部现金记录

分类账（我们的银行账户）		银行对账单（ABC 银行）	
期初余额（美元）	80 000.00	期初余额（美元）	80 000.00
		减去清算项目（美元）	(5 000.00)
期末余额（美元）	80 000.00	期末余额（美元）	75 000.00

- 两个期初余额一致（80 000.00 美元）
- 您的分类账期末余额与银行对账单期末余额不一致，需要进行对账调查

问题：
　　以下哪一项陈述是您调查出的最可能的结果？
　　（a）您期待获得的现金尚未收到，或
　　（b）已发生意外现金付款。

回答：
　　正确答案是（b）。您的银行似乎已经结清了某笔付款，但是您尚未登记在册。可能会出于以下的原因：
　　（a）您忘记登记条目
　　（b）您登记的条目的起息日在账单日之后
　　（c）您在（正确）起息日之前完成的付款
　　（d）未经授权付款

确定原因后，您应该根据问题发生的原因而采取纠正措施（见表 14-2 所示）。

　　a）登记正确的条目。
　　b）将不正确的起息日取消，将付款日记为起息日。
　　c）要求收款人退还您的款项并在正确的起息日付款，或更改起息日（更有可能）。

d) 调查未经授权的付款,将案件提交给上级处理。

表 14-2　　　　　对账后账目——问题（a）至（c）

分类账（我们的银行账户）		银行对账单（ABC 银行）	
期初余额（美元）	80 000.00	期初余额（美元）	80 000.00
减去付款（美元）	(5 000.00)	减去清算项目（美元）	(5 000.00)
期终余额（美元）	75 000.00	期终余额（美元）	75 000.00

纠正问题（a）至（c）将产生对账后的分类账/银行余额。但是,纠正问题（d）,第一步可能是通过"杂项支付"（或其他临时账户）,使分类账在调查期间与银行对账（见表 14-3）。

表 14-3　　　　　具有未授权付款的对账账目——问题（d）

分类账（我们的银行账户）		银行对账单（ABC 银行）	
期初余额（美元）	80 000.00	期初余额（美元）	80 000.00
减去未授权付款（美元）	(5 000.00)	减去清算项目（美元）	(5 000.00)
期末余额（美元）	75 000.00	期末余额（美元）	75 000.00

14.2.2　所有权和托管人

以下是一个证券所有权和持有人的例子（见表 14-4）。

表 14-4　　　　　　　对账后的债券头寸

BNP 2.50% 债券,2025 年 6 月 30 日到期			
所有权	数量（欧元）	数量（欧元）	托管人
交易台	5 000 000.00	(5 000 000.00)	SGSS
客户账户	150 000.00	(150 000.00)	BNYM
总计	5 150 000.00	(5 150 000.00)	

在这个例子中,总所有权由我们自己的资产（交易台的专有头寸）的所有权和我们的客户的资产的所有权构成。资产位于两个托管银行（法国兴业证券（SGSS）和纽约梅隆银行（BNYM））。

问题：

托管人中的信息是否表明标的交易已结算？

回答：

是的,交易已结算,而出售对手方已将证券交割给了我们指定的托管人。

问题：

如果从交易对手方"经纪商"处购买的 3 000 000 欧元债券没有结算，您将看到什么？

回答：

您将看到 SGSS 持有的 2 000 000 欧元债券和"经纪商"持有的 3 000 000 美元，如表 14-5 所示。您可能希望与经纪商联系并请求确认交易尚未完成。

表 14-5　　　　　　未结算头寸的对账债券头寸

2.50% BNP 债券，2025 年 6 月 30 日到期				
所有权	数量（欧元）		数量（欧元）	托管人
交易柜台	5 000 000.00		(2 000 000.00)	SGSS
			(3 000 000.00)	"经纪商"
客户账户	150 000.00		(150 000.00)	BNYM
总计	5 150 000.00	vs	(5 150 000.00)	因此结算系统完成对账

您在上述示例中看到的是现金和非现金资产的直接对账。您更要知道，对账过程倾向于将交易日的公司分类账中的头寸与外部实体（例如托管人或银行）记录的实际（即已结算）的头寸进行比较。

为了使对账更加彻底，我们必须收集与以下内容相关的数据：

非现金资产

- 每个资产的每笔交易
- 每个资产的交易头寸（即每个资产的交易总额）
- 未平仓交易（即已交易但尚未达到预定结算日期）
- 结算失败的交易（即已达到预定结算日期但未结算成功的交易）
- 受其他变动影响（例如公司行为或证券借贷活动影响）的头寸
- 已结算的交易
- 每个资产的已结算头寸（即每个资产的已结算交易的总额）

现金

- 记录为公司在分类账中的收款，但没有进入银行账户的项目。例如收到来自客户的支票，但公司尚未存入银行，或者仍然在银行清算过程中
- 记录为本公司在分类账中的付款，但没有从银行扣款项目。例如给供应商开的支票尚未提交付款或已提交但尚未清算
- 银行已扣款但公司未记入分类账的项目

- 银行已经收到款但公司未记入分类账的项目

我们可以看看本章后面的一些例子。同时,我们需要考虑不同类型的对账,记住,我们总是将"我们"的头寸与"他们"的头寸进行比较。

14.3 对账类型

对账有五种基本类型,如表14-6所示。

表14-6　　　　　　　　　　　　对账类型

类型	涉及	注释
1. 交易与交易	每笔交易	前台头寸与运营头寸
2. 交易头寸	一个交易账户(或一个客户)记录的交易总额	前台头寸与运营头寸
3. 未平仓交易	每笔交易	运营头寸与托管人/经纪商/交易对手方
4. 证券头寸	一个交易账户(或一个客户)持有的证券头寸的总额	运营头寸与托管人
5. 现金头寸	账户中的现金余额和资金流动	运营头寸与托管人/银行

类型1和2是"内部对账",以确保交易商的临时记录簿与运营部门的结算系统对账一致。

类型3、4和5是"外部对账":

- 类型3与资产和现金价值相关
- 类型4仅与非现金资产相关
- 类型5仅与现金相关

14.3.1 对账方式

证券组合的对账可以通过在同一日期对所有证券对账来执行,例如,6月30日。这被称为"总计数法"(Total Count Method)。这是大多数组织中使用的更常用的标准方法。

有一种替代方法,称为"滚动存货法"(Rolling Stock Method),其中特定证券在一个日期对账,其他特定证券在其他日期对账。然而,所有证券必须在合理期间(通常为6个月)完成全部对账。

问题:

这两种方法的优点和缺点分别是什么?

回答：

其优缺点如表 14-7 所示。

表 14-7   总计数与滚动存货法

总计数方法		滚动存货法	
优点	缺点	优点	缺点
对账关注于一日	这可能导致长时间的工作量繁重	工作量可以在 6 个月期间更均匀地分配	存在一个或多个证券头寸可能被漏掉和数额不对的风险

对账部门必须具有系统和控制措施，以缓解滚动库存方法中漏掉一些头寸的风险。

14.3.2 对账——例子

我们将进行两次对账：第一次是 Nostro（银行往来账户）对账；第二次是证券头寸对账。

14.3.2.1 Nostro 对账

康纳利有限公司今天收到银行对账单，显示××年××月 31 日闭市的余额为 4 290.00 英镑。会计师不能理解这一点，因为他自己的记录表明余额只有 2 700 英镑。

我们将使用我们的分类账（见表 14-8）和相应的银行对账单（见表 14-9）进行银行对账，以解释此差异。

表 14-8   分类账报表

截至××年××月 31 日的分类账					
日期	贷记	金额（英镑）	日期	借记	金额（英镑）
××月1日	由上期结转	2 000.00	××月2日	进货	400.00
××月8日	V. Carlton	1 000.00	06 MMM ××月6日	进货	200.00
××月11日	T. Horton	750.00	××月10日	工资	500.00
××月28日	B. Radley（a）	600.00	××月30日	物业账单	200.00
			××月30日	进货（b）	350.00
			××月31日	结转入下期	2 700.00
	总计（英镑）	4 350.00		总计（英镑）	4 350.00

表 14-9　　　　　　　　　　　　　　银行对账单

截至××年××月31日的银行对账单

日期	详情	注意事项	借记（英镑）	贷记（英镑）	余额（英镑）
××月1日	期初余额			2 000.00	2 000.00
××月8日	支票 01234		(200.00)		1 800.00
××月10日	现金	(c)	(500.00)		1 300.00
××月12日	保险费	(c)	(300.00)		1 000.00
××月13日	收款			1 750.00	2 750.00
××月15日	支票 01233		(400.00)		2 350.00
××月25日	收款	(d)		2 150.00	4 500.00
××月30日	电力公司		(200.00)		4 300.00
××月31日	银行收费	(c)	(10.00)		4 290.00
××月31日	期末余额				4 290.00

程序如下：

● 检查分类账和银行对账单的期初余额是否一致。在这个例子中，两者一致，因此，我们可以继续。

● 勾选两个记录共有的条目。注意：银行对账单上的收款数额可能是来自多个客户的付款支票数额总和，例如，××月13日的1 750英镑的收款可以来自以下支票：

V. Carlton　　　　1 000.00 英镑
T. Horton　　　　 750.00 英镑
　　　　　　　　　1 750.00 英镑

另外请注意，支票不一定按照开具的顺序入账，因此您可能需要搜索重复条目。

最多，您将留下四组不匹配的项目。字母（a）到（d）可以参考上面的分类账和银行对账单中的注释：

a）在公司分类账中记录的收款条目，但还未记入银行对账单。例如，从供应商处收到但公司尚未在银行存入账户的支票，或者仍在银行结算过程中的金额。

b）在公司分类账中记录的付款条目，但还未从银行对账单中扣除。例如，为供应商开具的支票尚未由供应商提交银行存入。

c）在银行账户中已扣除但未由公司记入分类账的项目，例如，自动转账和银行费用，公司可能很容易忘记记账。

d）在银行账户中已存入但未由公司记入分类账的项目。

因此，项目（c）和（d）可能需要输入分类账以使其更新。然而，（c）和（d）也有可能表示银行错误付款或扣款的项目，这些项目需要提请银行注意。

下一步是制定"银行对账账单",即从银行对账单余额开始,并通过输入不匹配的项目,算出现金分类账的余额(见表14-10)。

表14-10　　　　　　　　　　银行对账单对账到分类账

截至××年××月31日的银行对账报告		
	英镑	英镑
银行对账单余额		4 290.00
(a) 添加未记入银行账户的项目		600.00
小计		4 890.00
(b) 减去未提交给银行付款的支票		(350.00)
小计		4 540.00
(c) 添加银行已扣款但未记录到分类账的支出:		
• 保险费	300.00	
• 银行费用	10.00	310.00
小计		4 850.00
(d) 减去银行对账单中未记入分类账的收入		(2 150.00)
总计		2 700.00

总计数额为2 700.00英镑,与分类账结转入下期的余额数值一致。

同时,我们也可以从现金分类账的余额开始,对账到银行对账单余额(见表14-11)。

表14-11　　　　　　　　　　分类账对账到银行对账单

截至××年××月31日的银行对账报告		
	英镑	英镑
分类账的余额		2 700.00
(a) 减去未记入银行账户的项目		(600.00)
小计		2 100.00
(b) 增加未提交给银行付款的支票		350.00
小计		2 450.00
(c) 减去银行已扣款但未记录到分类账的支出:		
• 保险费	(300.00)	
• 银行收费	(10.00)	(310.00)
小计		2 140.00
(d) 增加银行对账单中未记入分类账的收入		2 150.00
总计		4 290.00

总计数额为4 290.00英镑,与银行对账单余额结余数字相符。

14.3.2.2 证券头寸对账

您为您的客户 Threshfield 投资者管理资产,并且您希望与您的客户的托管人 Big Bank Plc 协调仓库头寸(见表 14-12)。

表 14-12 仓库对账

资产	证券头寸	托管人头寸	差额	头寸一致(是/否)
BARC:LSE	1 200	1 200	0	是
BP:LSE	400	600	200	否
GSK:LSE	200	200	0	是
HSBA:LSE	400	0	-400	否
RDSB:LSE	100	100	0	是
VOD:LSE	2 400	1 200	-1 200	否

看来三个证券的头寸不一致(即有对账中断)。我们需要调查发生中断的原因。为此,我们需要更多的信息。调查显示,以下交易有问题,如表 14-13 所示。

表 14-13 交易的问题

资产	详情	数量	问题
BARC:LSE	我们的购买	500	CSEC
BARC:LSE	我们的出售	500	USEC
BP:LSE	我们的出售	200	未平仓交易
HSBA:LSE	我们的购买	400	CSEC
VOD:LSE	1:1 送股	1 200	尚未收到送股

CSEC:交易对手方没有可用证券。

USEC:您没有可用证券。

请注意,即使 BARC:LSE 头寸一致(即表 14-12 中数值一致),有两个方向相反数额一致的未平仓交易(见表 14-13)。

表 14-14 所示为完整的对账报告。

表 14-14 对账报告

	期初证券余额 & 对账日期 ××年××月××日							
证券编码	证券余额	托管人余额	差额	失败交易	未执行交易	证券借贷	其他未执行	差异的原因
BARC:LSE	1 200	1 200	0	+500 -500	0	0	0	昨日交易日开市时买入 500 股,原因 CSEC。昨日卖出 500 股,原因 USEC 未平仓交易,计划明日开市平仓
BP:LSE	400	600	200	(200)	0	0	0	
GSK:LSE	200	200	0	0	0	0	0	

续表

证券编码	证券余额	托管人余额	差额	失败交易	未执行交易	证券借贷	其他未执行	差异的原因
期初证券余额 & 对账日期 ××年××月××日								
HSBA：LSE	400	0	(400)	0	0	0	0	交易失败；原因 CSEC
RDSB：LSE	100	100	0	0	0	0	0	
VOD：LSE	2 400	1 200	(1 200)	1 200	1 200	0	0	尚未收到送股

这个投资组合对账无误，即使有对账中断需要被调查，以确保及时结算。送股的预期接收日期应早已通知公司行为部门。

14.4 对账自动化

传统上的对账，一边是公司内部分类账余额；另一边是外部对账单。对账人员在银行对账单上找到一个条目后，便将分类账上的对应的条目勾掉。一旦这项工作完成，对账员将制备一份对账中断列表，将其分发给有关部门，以便采取行动。对账人员的工作是确保调查工作按时完成，不会拖延。因此，传统的对账是一个纸质而非电子化的、人工密集且耗时的过程。

问题：

这种方法的弊端是什么，为什么会是这种情况？

回答：

有几个弊端，如表 14 - 15 所示。

表 14 - 15　　　　　　　　　手动对账的弊端

弊端	注释
特定资产类型的对账	在一种特定资产类型上执行对账，而不管其是否与另一种资产类型相关联，例如，证券交易与现金交易。任何错误都会导致两个异常情况：一个是现金；另一个是证券
时间问题	手动对账是一个被动过程，在交易发生一段时间以后才进行。在对任何可能的问题进行调查时，都很难避免该问题的发生，因为手动对账费时费力
操作风险问题	大量对账中断和待决调查将导致前台和运营部门不能100%确定其头寸。例如，如果您不知道自己拥有多少股（以及托管人是谁），任何公司行为都可能导致财务损失
成本问题	这是执行对账、调查中断和解决问题的资源成本
容量问题	如果有跨多资产类别的大量交易（例如现金、股票、债券、衍生产品等），则对账过程可能会更有问题

当今，我们可以依靠自动化将分类账与银行对账单进行初步比较，并出具对账中断报告。在这个阶段，才会发生人工干预。

对账软件旨在跟踪交易的整个生命周期：从交易确认到结算、托管和资产服务等各个阶段。这意味着在生命周期的任何阶段，都可以实时地自动进行对账"匹配"，并且可以对异常情况进行自动化处理、调查和跟踪。这将有助于降低运营成本和操作风险。理想情况下，对账软件应成为整个系统的一部分，该系统可以自动跟踪和控制公司内外（外部例如基金经理与其全球托管人之间）的金融交易和内部流程。

14.5 本章总结

对账时，对所有资产类型都进行对账是极其重要的，这样才能将"您以为您有的"变成"您确信您有的"，而且"资产被托管在正确的地方"。完整的对账行为不仅给您这样的信心，而且还能确保您公司的行为符合监管要求。

在对账中，我们比较两组记录。即我们的内部记录（分类账头寸）与外部记录（银行对账单、托管余额、交易对手方报表等）。也可以是其他内部资料，例如我们的交易记录（临时记录簿）与我们的结算记录：即前台资料与后台资料。

操作对账人员从结算日期的角度执行对账，因为他们关心结算日发生了什么（或应该发生什么）。这与前台从交易日期角度考虑其活动形成对比。这导致操作人员必须了解已交易但尚未结算的资产（未平仓交易）或结算失败的资产。